本书系国家社会科学基金一般项目（项目批准号：18BFX115）研究成果

民法典背景下
身份行为的体系化研究

A Systematic Study of Family Status Action From the Perspective of the Civil Code

田韶华 / 著

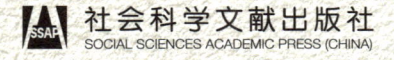

社会科学文献出版社
SOCIAL SCIENCES ACADEMIC PRESS (CHINA)

目 录

导 论 　　　　　　　　　　　　　　　　　　　　001

第一编　身份行为总论

第一章　身份行为的基本范畴　　　　　　　　　009
第一节　身份行为相关概念之厘定　　　　　　　009
第二节　身份行为的界定　　　　　　　　　　　027
第三节　身份行为的类型　　　　　　　　　　　037
第四节　身份行为的法律属性　　　　　　　　　048

第二章　身份行为体系化的证成及路径考探　　　060
第一节　身份行为体系化的提出及证成　　　　　060
第二节　身份行为体系化路径的理论考察　　　　074
第三节　我国身份行为体系化的路径选择　　　　081

第三章　身份行为的比较法概观　　　　　　　　087
第一节　大陆法系的身份行为制度　　　　　　　087
第二节　英美法系的身份行为制度　　　　　　　097
第三节　两大法系身份行为制度的比较与启示　　105

第四章　身份行为理论体系的基本架构　　113
第一节　身份行为体系化的规范基础　　113
第二节　身份行为制度的价值取向和基本原则　　126
第三节　身份行为的要件　　137
第四节　身份行为效力瑕疵的一般理论　　155
第五节　身份行为代理之禁止与例外　　164

第二编　基本身份行为

第五章　基本身份行为概说　　175
第一节　基本身份行为的类型　　175
第二节　基本身份行为的体系定位　　181

第六章　基本身份行为要件的展开　　188
第一节　基本身份行为的意思表示　　188
第二节　基本身份行为的登记　　195
第三节　基本身份行为的意思能力　　201
第四节　基本身份行为的合法性要件　　206

第七章　基本身份行为的效力瑕疵　　211
第一节　基本身份行为的不成立　　211
第二节　基本身份行为的无效　　219
第三节　基本身份行为的撤销　　239
第四节　基本身份行为未有效缔结的法律后果　　255

第八章　基本身份行为的若干争议问题　　274
第一节　登记程序瑕疵之身份行为的效力　　274
第二节　基本身份行为效力认定中的利益冲突与协调　　283

第三编 衍生身份行为

第九章　身份关系协议概说　293
第一节　身份关系协议的界定及类型　293
第二节　身份关系协议与身份情谊行为的界分　301
第三节　身份关系协议的体系定位　310

第十章　身份关系协议制度的特殊构造及具体展开　318
第一节　身份关系协议的解释及漏洞补充　318
第二节　身份关系协议的效力　324
第三节　身份关系协议的履行与违约救济　346

第十一章　具体身份关系协议的若干特殊问题　360
第一节　夫妻忠诚协议的效力　360
第二节　基于婚姻财产协议的不动产物权变动　369
第三节　父母子女关系协议中的权利保护　382
第四节　意定监护协议的制度构造　390

结　语　399

主要参考文献　403

后　记　415

导 论

一 研究缘起

《中华人民共和国民法典》(以下简称《民法典》)的颁布与实施，标志着我国民法的体系化达到了新高度。体系化的重要特点即整体结构的和谐一致，这不仅是对民法典本身的要求，同时也是对民法各具体制度的要求。身份行为是法律行为中与财产行为相对应的一个概念，系指以发生身份关系变动为目的的法律行为。其在我国民法典中可谓类型多样，诸如结婚、协议离婚、收养、协议解除收养以及夫妻财产制协议、离婚协议、赡养协议等均可纳入身份行为的范畴。与财产行为相比，身份行为无论是在立法层面还是在理论层面，均未达到像财产行为那样的体系化程度，更未形成像财产行为那样成熟的理论体系，这使其在以体系化著称的《民法典》中颇不协调，在一定程度上也给司法实践带来了困扰。

从法学的体系化思维出发，身份行为具有较大的体系化建构空间。一方面，建立在提取"公因式"基础上的法律行为制度尽管能够反映出各类法律行为的共性，但并不能完全展现出各类行为的个性，再加上其主要是以财产行为为模型而建构的。这使民法总则中的民事法律行为制度对身份行为并不具有完全的可适用性，故身份行为应当有能够彰显其独特个性的理论体系。另一方面，身份行为在体大思精的民法中看似微乎其微，实则横跨婚姻家庭法、民法总则以及合同法等各领域，联结着民事法律行为、合同等诸多制度，可谓牵一发而动全身。这使其体系化问题不仅关涉其本身与家庭法，同时也关涉家庭法与民法总则以及民事财产法的关系，最终会影响民法典的科学性和体系性。那么，身份行为能否体系化，如何体系化，在家庭法回归民法的时代就成为颇有价值的问题。

二 研究目的与意义

在民法的体系化进程中,法律行为这一概念和制度发挥了重要作用。虽然在理论上法律行为被区分为财产行为和身份行为,但显然,无论是立法还是理论,均将焦点对准财产行为,身份行为并未引起应有的关注,以至于其作为一种独特的法律行为类型,并未发挥类型应有的体系建构功能。本书的研究目的即在于揭示身份行为有别于财产行为的特质,以及此种特质对于身份行为制度建构的影响,并在此基础上发现和建立各身份行为法律规范之间的内在关联以将其组织为一个有机整体,使身份行为以整体、系统的面貌呈现,最终构建一个既能够体现身份行为的独特性又与法律行为制度具有内在契合性的身份行为理论体系。

本书的研究意义主要体现在三个方面。一是以体系化思维方式构建身份行为理论体系,进一步拓展我国身份行为研究的视野和深度,彰显身份行为在法律行为中的独特地位及意义,促进身份行为理论体系的形成。同时揭示法律行为作为一个高度抽象概念的意义及局限性,推动法律行为理论研究的丰富和深入。二是通过对身份行为这一沟通家庭法与民法典其他各编的"桥梁"的深入研究,使民法教义学在家庭法中的作用得以彰显,促进家庭法与民法典的实质性交融,进一步推动家庭法的完善。三是以实定法为基础,发现和探寻身份行为法律规范的体系脉络,并借助这一体系对现行立法及其缺漏之处作出合乎体系且符合身份行为特性的解释及法律续造,从而为司法实践提供一定的指引和参考。

三 研究框架与内容

本书采取总分结构,分为身份行为总论、基本身份行为和衍生身份行为三编。第一编系对身份行为特质及一般理论体系的阐述,第二编和第三编则分别对身份行为的两大类型即基本身份行为和衍生身份行为各自的枝分体系予以研究。在内容上侧重于对身份行为基本理论问题的研究,同时兼顾各具体身份行为的特殊问题。现对各编内容作如下简介。

（一）第一编：身份行为总论

该编主要是对身份行为特质的阐述及对其理论框架的概观性描述，主要内容如下。

第一章是对身份行为范畴的界定。该章从身份行为的相关概念（身份、身份关系、身份权以及家庭法）出发，对身份行为的内涵予以界定。认为身份行为是以发生身份关系变动之法律后果为目的的民事法律行为。其可分为基本身份行为、衍生身份行为和补助身份行为三大类。基本身份行为包括结婚、离婚、收养、协议解除收养等以直接发生身份变动为目的的身份行为，衍生身份行为包括夫妻财产制协议、离婚协议、赡养协议等以身份上权利义务变动为目的的身份行为，补助身份行为则指第三人对他人实施身份行为的同意。此外，该章通过对事实先在性理论的扬弃，肯定了身份行为的法律行为属性，并揭示了其区别于财产行为的特质。

第二章从法学的体系化思维出发，论证了身份行为体系化在我国的必要性、可行性及意义。在此基础上，考察了身份行为体系化理论在日本、德国、法国以及我国台湾地区等大陆法系国家和地区的发展，指出我国身份行为体系应当由内在体系和外在体系构成。内在体系方面应当着力探寻身份行为制度的价值取向和基本原则，外在体系方面则应当与身份行为的内生逻辑秩序相契合。身份行为的体系化应从宏观、中观和微观三个层面展开。宏观层面应注重身份行为在整体架构上的体系安排，中观层面应注重身份行为与法律行为的体系衔接以及自身的体系构造，微观层面则应注重身份行为具体制度的构造。

第三章是比较法考察。主要对日本、德国、法国、葡萄牙等大陆法系国家和地区，以及美国、英国、加拿大、澳大利亚等英美法系国家和地区的相关身份行为立法进行考察。指出虽然各国及地区都未在立法层面实现身份行为的体系化，但均在身份行为的具体制度构造中体现出有别于财产行为的内容。各国及地区的身份行为立法既有差异，也有共性。其中共性体现在家庭法价值的一以贯之、与法律行为或合同制度的和而不同以及意思自治与公权力干预并重等几个方面，这在一定程度上体现了身份行为制度的规律性，为我国身份行为理论体系的构建提供了有益借鉴。

第四章是对身份行为理论体系框架的研究，主要包括以下内容。一是身份行为体系化的规范基础，指出身份行为的法源并不具有封闭性，除家庭法之外，民法典总则编及其他分则编均具有成为其法源的可能性，但后者在身份行为中的适用应当受到一定的限制。二是由身份行为的价值取向和基本原则构建的内在体系。三是由身份行为的要件、效力以及代理制度等所构建的外在体系。特别对身份行为的意思表示、身份行为能力、身份行为的效力瑕疵以及身份行为代理等制度予以深入阐述，得出如下结论：身份行为的效力瑕疵类型体系主要包括不成立、无效以及可撤销；身份行为能力以意思能力为判断标准；身份行为原则上不适用代理，仅在特殊情形下存在例外；等等。

（二）第二编：基本身份行为

该编对结婚、协议离婚、收养、协议解除收养等基本身份行为的理论建构予以研究，主要内容如下。

第五章是基本身份行为概述。主要立足于我国民法典，对基本身份行为的类型体系及在法律行为中的体系地位予以阐述。指出我国的基本身份行为主要包括婚姻身份行为和亲子身份行为。就后者而言，除了收养、协议解除收养等行为，任意认领、人工生育子女协议等也应纳入其中。基本身份行为在法律行为中属于形成性身份行为，其中的双方或多方身份行为属于共同行为，而非合同行为。这一定位为后文有关此类身份行为的要件及效力瑕疵等制度的理论建构提供了基础。

第六章是对基本身份行为要件之特殊问题的研究。该章是在第四章第三节的基础上对基本身份行为要件的展开，主要包括基本身份行为效果意思的认定、基本身份行为登记的性质及效力、基本身份行为意思能力的认定等内容。就效果意思的认定而言，创设性身份行为要求当事人具有依社会一般观念形成身份上的共同生活的实质意思，而解消性身份行为则不作此要求。就基本身份行为登记而言，其作为基本身份行为的成立要件，是能够产生私法效果且与基础法律关系不可分离的行政行为。而对于基本身份行为意思能力的认定，行为人对特定身份行为的性质以及基于该性质所产生的后果具有理解能力即为已足，不要求其对所有的法律后果特别是财产后果均具有理解能力。

第七章是对基本身份行为效力瑕疵问题的研究。分别针对身份行为不成立、无效、可撤销这三种瑕疵状态的事由、补正、认定途径及主张主体等问题展开分析，并在此基础上对基本身份行为未有效缔结的法律后果予以细致研究。在效力瑕疵的认定上，有如下几点结论。应将是否违反公共利益和身份行为本质作为界定无效和可撤销的标准；除任意认领之外，原则上，民事法律行为的意思表示瑕疵类型在基本身份行为上均可得适用，但各瑕疵事由应当有符合身份行为性质的认定标准；基于对既成身份关系的尊重，无效事由的消失、确认乃至有条件的转换、补办登记等均可作为效力瑕疵的补正事由。在身份行为效力瑕疵的后果上，创设性身份行为的无效和撤销不应具有追溯力，解消性身份行为则反之。而在否定追溯力的前提下，有关财产给付的返还规则等具有一定的特殊性。

第八章是针对基本身份行为若干特殊问题的探讨。主要包括登记程序瑕疵情形下基本身份行为的效力，以及基本身份行为效力认定中身份利益的冲突与协调。指出登记程序瑕疵是否构成对当事人意思表示的实质影响，决定了对基本身份行为效力的判断。在不构成实质影响时，基本身份行为的效力不应当受到登记程序瑕疵影响，反之，则应当根据瑕疵事由对基本身份行为的效力予以认定。例如，被冒名结离婚应当认定为身份行为不成立；使用虚假身份信息办理身份行为登记的情形应视为构成欺诈等。对于基本身份行为效力认定中（主要是协议离婚或收养无效或被撤销情形下）与第三人身份利益的冲突，应从法律的安定性以及身份秩序的稳定性出发予以协调与解决，财产法上的保护善意第三人规则在此并不具有完全的可适用性。

（三）第三编：衍生身份行为

该编的研究对象是夫妻财产制协议、离婚协议、赡养协议等衍生身份行为。由于衍生身份行为绝大多数体现为身份关系协议，故该编主要围绕身份关系协议展开研究。

第九章是身份关系协议概述。主要立足于我国民法典，对身份关系协议的界定、类型体系予以梳理。并在考察两大法系关于情谊行为与法律行为或合同的界定标准的基础上，对我国应当如何界定身份关系协议和身份情谊行为进行探讨。指出协议所涉内容是否属于法律的调整范围、当事人是否具有效果意思是两个重要的判断标准。在此基础上，对身份关系协议在法律行为中的体系定位予以分析，指出身份关系协议具有合同、身份行为以及关系契约的多重属性。

第十章是对身份关系协议制度的特殊构造的论述。目的在于揭示身份关系协议在准用民法典合同编时的特殊性。主要包括三项内容。一是身份关系协议的解释及漏洞补充。二是身份关系协议的效力。重点关注身份关系协议效力认定中的自主性审查、公平性审查以及合法性审查。特别指出鉴于家庭权力结构失衡以及家庭领域公共利益的存在，身份关系协议效力的认定应当注重个人自由与家庭利益、公共利益之间的平衡。三是身份关系协议的履行与违约救济。在梳理民法典合同编可得准用身份关系协议的法律规范的基础上，对情事变更规则以及违约金制度在身份关系协议中的适用予以重点分析。

第十一章对具体身份关系协议的若干问题进行了研究。主要包括夫妻忠诚协议的效力、基于婚姻财产协议的不动产物权变动、父母子女关系协议中的权利保护以及意定监护协议的制度构造等。不以离婚为前提的夫妻忠诚协议应属身份情谊行为，而以离婚为前提的夫妻忠诚协议的效力应得到法律的承认；为方便和维系夫妻共同生活，夫妻财产制协议应当具有直接发生物权变动的效力，而离婚财产分割协议则不具有这一效力；父母责任协议应当贯彻儿童利益最大化原则，并且法院应加强对于父母责任协议内容的审查；赡养协议则应赋予被赡养人任意解除权，以尊重和保护被赡养人的自主意志及利益；意定监护协议应当围绕"协议"和"监护"之双重属性进行制度建构；等等。

第一编
身份行为总论

民法典背景下身份行为的体系化研究

第一章
身份行为的基本范畴

第一节　身份行为相关概念之厘定

一　民法上的身份

（一）私法上身份概念之厘清

身份是一个古老而又令人熟悉的概念，自社会学的角度观察，其是一个表彰差异化社会关系的表层符号，是社会组织与社会群体的基础构成要素，对于社会秩序的维系具有特殊的意义。①然而，由于其长期以来被贴上"社会等级""特权"等标签，特别是1861年英国法史学家梅因在《古代法》一书中提出"从身份到契约"的著名论断之后，"身份"这一概念在法学领域便渐渐被边缘化。但其在私法领域并未消亡，如在我国，《民法典》的许多法条中都出现了"身份"一词。②但这些法条中"身份"的所指并不相同，有的指身份证等个人身份信息，有的指婚姻家庭中的身份，有的指合同关系中的身份，如此多元的使用场景使私法中"身份"的内涵极不确定，由此影响了诸如身份关系、身份权、身份行为等诸多涉身份概念的界定。故在研究身份行为之前，有必要首先对私法上身份的概念予以厘清。

对于私法上的"身份"所指为何，学界可谓众说纷纭，归纳起来主要有以下几种观点。一是地位或资格说。认为身份是指民事主体在特定社会关系

---

① 〔德〕马克斯·韦伯：《经济与社会》（下卷），林荣远译，商务印书馆，1997，第253页。
② 参见《民法典》第15条、第25条、第464条第2款、第764条、第1001条、第1034条第2款、第1195条第1款等。

中所享有的地位及不可让与的资格,①或自然人在群体中所处的据之适用特别规范的地位。②二是法律关系及利益说。认为身份指的是在人格平等的基础上社会成员之间的相互关系及由此产生的利益,③身份即意味着不同的利益份额。④三是区别说。认为身份表现为个人或团体所处的相较于其他个人或团体的有利的或不利的状态,⑤或者诸如姓名、住所等建立在平等基础上的单纯差别。⑥

众说纷纭的阐释,使"身份"这一概念的内涵变得扑朔迷离。笔者认为,要厘清私法上身份的概念,首先需要明确什么是法律上的身份。在英文语境下,身份主要有identity和status两种不同的表述。其中identity源于拉丁语identitas,其字面上的意思为"同一性",引申义为人或事物的等值表达式,主要用以表述以姓名、年龄、住所、国籍等为表征的"身份"。此种"身份"在本质上是一种社会识别码,并非通常意义上所说的法律上的身份。⑦而status源于拉丁语status,其含义为"站立""直立",引申义为"社会地位",强调的是个体在社会关系中所处的法律地位及其差异性,常用来表述法律上的身份。⑧在中文语境下,身份也作"身分"。"身",在古汉语中指人的身体以及自我、出身;"分",在古汉语中则为"别也"。"身"与"分"结合成"身分"一词,"身分"就是能把某人与他人区别开来的出身、地位以及资格等。可见,中文语境下的身份与英文中status的意思基本相同,均系对个体所处法律地位差异性的表述。就此而言,所谓法律上的身份,即指与特定的"身份人"所结合之固有的法律上的地位。⑨

---

① 郭明瑞:《人格、身份与人格权、人身权之关系——兼论人身权的发展》,《法学论坛》2014年第1期。
② 张俊浩主编《民法学原理》(修订第三版上册),中国政法大学出版社,2000,第11页。
③ 姚辉:《民法的精神》,法律出版社,1999,第222~223页。
④ 童列春:《身份权研究》,法律出版社,2018,第7~11页。
⑤ 徐国栋:《人身关系流变考》(上),《法学》2002年第6期。
⑥ 李中原:《人身关系六题——与徐国栋先生商榷》,《法学》2003年第1期。
⑦ 《民法典》第15条、第25条、第1034条、第1195条以及第1196条中的"身份"皆应归于此类。
⑧ 〔英〕戴维·M. 沃克:《牛津法律大辞典》,北京社会与科技发展研究所组织翻译,光明日报出版社,1988,第855页。
⑨ 陈棋炎:《亲属、继承法基本问题》,台湾三民书局,1980,第12页。

基于上述理解，私法上的身份可作如下界定：个体在特定民商事法律关系中所处的据之享有特别权利义务的地位。值得说明的是，虽然身份存在于特定的民商事法律关系中，而且能够给特定的身份人带来一定的利益，但无论是法律关系还是利益都只是"身份"在私法上的后果而并非"身份"本身。故在前文所述观点中，那些将私法上的身份界定为"利益"或"利益份额"的认识尚值商榷。私法上的身份与其他法律上的身份一样，具有如下特征。（1）差异性。身份的意义在于区别和差异，这在法律上表现为赋予特定的个人或群体特殊的权利和义务。（2）法定性和固有性。身份是法律安排的结果，个体能够具有何种身份以及何种身份上的权利义务原则上均由法律规定。（3）稳定性和非互换性。即身份之于主体系长期存在而非暂时存在，且不具有互换和转让的可能性。（4）对偶性或相互性。即身份不是孤立的，一种身份存在，必然有与之相对的另一种身份存在。[①]

（二）私法上身份的类型体系

关于私法上身份的类型，学者一般将其限定于婚姻家庭领域，主要包括各类亲属如父母、子女、夫妻等身份。正如史尚宽先生所言，"民法上所谓身份，是基于亲属法上之身份，有一定身份然后得享有之权利也"。[②]如此理解的一个重要原因在于，自梅因作出"从身份到契约"这一论断后，人们普遍认为，除婚姻家庭领域之外，身份现象在现代私法中已经不复存在，取而代之的，是没有特权的、平等的契约关系。但这一认识在今天遭到了质疑。在社会学家看来，如果将"特权""不平等"这些标签与身份相剥离，仅仅将身份作为用以标识个体在社会中所处的位置，以及由此导致的权利义务的差异性的一个表层符号来看待的话，则身份实际上是组织社会的一种工具，其广泛地存在于社会生活的各个领域。特别是20世纪以后，随着社会经济各方面的深刻变化，尤其是经济地位差距的加大，近代民法所建构的抽象的平等已经无法满足社会的需求，因具体人格的差异性而出现的消费者、劳动者等经济弱者的地位应当得到特殊的保护，而这种地位也是一种身份。[③]由此得

---

① 徐国栋：《人身关系流变考》（上），《法学》2002年第6期。
② 史尚宽：《民法总论》，中国政法大学出版社，2000，第21页。
③ 周湖勇：《人身关系法论纲——从人格权法到人身关系法》，《社会科学研究》2016年第5期。

出的结论是：现代私法上的"身份"并非仅仅存在于婚姻家庭领域。诸如妇女、少数民族、消费者、劳动者、未成年人以及合伙人、合作社社员等，皆为私法上的身份。①

对于上述学者的观点，笔者基本上持赞同态度。应当看到，梅因的"从身份到契约"这一论断是基于古代法制中人格不平等与人身依附关系存在的背景提出的。例如，古罗马法即将人区分为家父、家子、市民、外国人、无城邦人以及自由人、奴隶等不同的身份，并在法律人格上予以区别对待，同时具有自由人、市民与家父三种身份的人，方可具备法律人格。②就此而言，在古代法上，身份实乃人格的要素和基础。而至近代，法律否定了人格的身份属性，所有的自然人均被认为具有法律人格，从而实现了人格平等，由此终结了人格意义上的身份差序格局。③但如果认为私法上的身份现象在这一过程中全部消失，则显然扩大了这一结论的适用范围。事实上，在现代私法中，除夫妻、父母、子女等亲属身份外，还有其他类型身份的存在，如未成年人、消费者、劳动者等因处于弱势地位而应受到特殊保护的身份，代理人、财产管理人、遗嘱执行人等具有从事某种特定民商事活动资格的身份，以及合伙人、集体经济组织成员、法定代表人、股东、董事、监事等标识个体在特定社会组织中所处地位的身份等。

仔细分析上述私法中的身份现象，不难发现家庭领域亲属身份的独特性。亲属身份之外的其他身份固然体现出一定的身份差异，但在近现代民法人格平等的理念下，此种"身份人"仍然是独立的个体，"身份"存在的目的并非使具有相对的身份的个体之间形成所谓的"身份关系"，而在于通过此种身份使个体获得相关财产利益、从事某种民商事活动的资格或法律的特殊保护。因此，此种身份仅具有手段性、工具性而不具有目的性，系手段性身份。而对于家庭，正如有学者所言，其作为能满足人类繁衍以及情感需求并履行扶养照顾义务的亲密生活共同体，并没有也不可能被人格所取代，共

---

① 徐国栋：《民法哲学》（增订本），中国法制出版社，2015，第613~615页。
② 尹田：《民法典总则之理论与立法研究》（第2版），法律出版社，2018，第73页。
③ 郭明瑞：《人格、身份与人格权、人身权之关系——兼论人身权的发展》，《法学论坛》2014年第1期。

同生活的维持依然是家庭的最高目标。①因此，对于亲属身份而言，其存在的目的为身份关系的存在和维系，而非个人的财产利益，故此种身份实乃目的性身份。就此而言，亲属身份在私法身份的大家庭中可谓独具价值，也正因如此，对其的法律调整才独具特色和意义。

（三）作为民法调整对象之"身份关系"中的"身份"

如前所述，尽管私法上的身份类型不限于亲属身份，但是，亲属身份与其他类型身份的差异性决定了它们在私法上的表现有所不同。就手段性身份而言，其"身份"属性已经被主体制度或财产制度等所吸收，故受到主体法、财产法或社会法的调整。就目的性身份即亲属身份而言，身份关系本身即为法律关注的重心，故受到家庭法的特别调整。而作为民法调整对象之"身份关系"中的"身份"显然指亲属身份（《民法典》第464条第2款、第1101条中的"身份"即指此类）。

所谓亲属，是一定范围的人基于婚姻和血缘所产生的特定社会关系的外在表现和身份称谓。②亲属身份的意义正如恩格斯所言："父亲、子女、兄弟、姊妹等称呼，并不是单纯的荣誉称号，而是代表着完全确定的、异常郑重的相互义务，这些义务的总和构成这些民族的社会制度的实质部分。"③是故，亲属身份实为婚姻家庭制度乃至许多社会制度构建的基础。关于亲属身份的类型，各国民法规定不一，依《民法典》第1045条第1款，亲属身份包括配偶、血亲和姻亲。然而，并非所有的亲属均受到法律的调整。被法律调整并因此在亲属之间形成相应权利义务的，在我国主要指近亲属，包括配偶、父母子女、兄弟姐妹、祖父母、外祖父母以及孙子女、外孙子女（《民法典》第1045条第2款）。而从我国民法典婚姻家庭编第三章的内容来看，近亲属关系实际上相当于家庭关系，而所谓的"近亲属身份"亦即家庭身份。

需要指出的是，在调整婚姻家庭关系的法律规范中，还存在"扶养

---

① 张翔：《论家庭身份的私法人格底蕴及其历史演变》，《法律科学（西北政法大学学报）》2011年第2期。
② 杨大文、龙翼飞主编《婚姻家庭法》（第八版），中国人民大学出版社，2020，第65页。
③〔德〕恩格斯：《家庭、私有制和国家的起源》，载《马克思恩格斯选集》（第4卷），人民出版社，2012，第37页。

人""受扶养人""继承人""监护人""被监护人"这样的称谓,其是否具有亲属或家庭身份的地位?对此,笔者认为,虽然上述称谓也系对家庭法上地位的标识,但其地位是依附于夫妻、父母、子女等亲属身份而产生的,在本质上是对权利、义务主体的一种描述。所谓"扶养人""受扶养人""继承人""监护人"等实乃享有扶养请求权、继承权、监护权或者承担相应义务的人,这是基于夫妻、父母、子女等身份而产生的法律后果,故此种法律地位并不具有独立性,不能与夫妻、父母、子女等亲属身份的地位相提并论。

二 身份关系

(一)身份关系的界定

依《民法典》第2条,民法调整平等主体间的人身关系和财产关系。对于"人身关系",通说认为其包括人格关系和身份关系。所谓身份关系,一般认为其是自然人基于彼此的身份所发生的身份上的结合关系。上述看似清晰的界定实际上充满了含混之处,因为就特定身份人的结合关系而言,其既包括身份本身的结合,也包括基于特定身份而产生的人身或财产上的结合。那么,所谓的"身份关系"究竟指何种结合?

对此,学者的观点不尽一致。主流观点认为,亲属关系中只有那些不具有财产内容的关系才为身份关系,[①] "夫妻之间的财产关系属于夫妻之间的附属关系而非夫妻关系本身的内容"。[②] 也有学者认识到亲属间的财产结合也具有一定的身份性,故试图在不否定主流观点的前提下对身份关系作扩张性解读。即将身份关系区分为广义和狭义两种:狭义的身份关系仅指因身份上的非财产利益而产生的人身性关系;广义的身份关系则不仅包括狭义的身份关系,还包括那些虽然以特定的身份为基础,但具有财产内容的身份财产关系,如继承关系、扶养关系等。[③] 由此可见,在"身份关系"这一概念上,目

[①] 杨立新:《中华人民共和国民法总则要义与案例解读》,中国法制出版社,2017,第36页;余延满:《亲属法原论》,法律出版社,2007,第6页。
[②] 徐国栋:《民法哲学》(增订本),中国法制出版社,2015,第93页。
[③] 王礼仁:《婚姻诉讼前沿理论与审判实务》,人民法院出版社,2009,第37页。

前学界存在着"亲属人身关系""广义身份关系""狭义身份关系"等不同的说法,上述观点作为理论学说均有一定的道理,但落实到法律适用层面则不免令人疑惑。例如,《民法典》第464条第2款规定:"婚姻、收养、监护等有关身份关系的协议,适用有关该身份关系的法律规定;没有规定的,可以根据其性质参照适用本编规定。"那么,其中的"身份关系"应作何解?是仅指人身非财产关系,还是也包括财产关系?显然,不同理解之下所得结论也有所不同。职是之故,有必要对"身份关系"这一概念予以厘清。

从理论溯源上看,我国学者将身份关系限定在特定身份人之间的非财产关系的观点源于民法调整对象理论。据徐国栋教授的考证,我国民法调整对象理论是在对苏联民法理论的继受和改造的基础上发展而来的。苏联1964年《民事立法纲要》第1条规定,苏维埃民事立法调整在共产主义建设中商品货币引起的财产关系以及与财产关系有关的人身非财产关系。虽然该条中的"人身非财产关系"被学者解释为仅指知识产权人的"身份关系",但其中所蕴含的"人身关系"与"财产关系"相对立的观念,则为我国20世纪60年代的民法理论所继受,并且"人身关系"进一步被改造为"没有财产内容而具有人身属性的社会关系"。1986年,我国《民法通则》颁布之后,"人身关系"被解释为人格关系和身份关系的总称,这被认为是我国民法理论在20世纪80年代的创造。[①]经过上述改造和发展,我国民法的调整对象形成了人身关系和财产关系的二元体系。由于财产关系被普遍界定为具有财产内容或经济内容的社会关系,人身关系自然就被理解为不具有财产内容的社会关系。正是在上述认识的基础上,我国学者一般认为,身份关系的内容主要是精神和伦理层面的权利和义务,其虽然往往与财产发生一定的联系,但在本质上与人格关系一样,具有非财产性。[②]

上述理论对于民法调整对象的界定固然具有重大意义,但这并不意味着其就没有进一步发展的空间。仅就本书的研究而言,笔者认为,将身份关系归于非财产关系的传统认识值得商榷。首先,身份的意义在于差别对待,而所谓差别对待,即基于特定身份的需要安排特定的权利义务,至于这些权利

---

① 以上内容参见徐国栋《民法典草案的基本结构——以民法的调整对象理论为中心》,《法学研究》2000年第1期。
② 王利明:《民法总则》,中国人民大学出版社,2017,第30页。

义务是否具有财产内容并非考虑的因素，故不能因为亲属关系建立在身份的基础上，就断然认为其就一定不具有财产内容。事实上，婚姻家庭所具有的养老育幼、维护家庭共同生活关系的职能决定了特定身份人之间不可避免地会发生财产上的结合关系（如夫妻之间的共同财产关系，父母子女间的抚养、赡养关系等），这也是婚姻家庭的题中应有之义。故法律对这些财产关系的规定也是基于身份的安排，是身份利益的体现。其次，人身关系和财产关系是依据社会关系是否具有财产内容而作的分类，这一标准固然适用于一般社会关系但忽略了家庭关系的特殊性。家庭领域中的财产关系虽然具有财产内容，但与物权、债权这种追求个人利益最大化的一般财产关系相比，其财产性较弱，而身份性更强，体现的是家庭关系对于财产关系的反作用，故其并非单纯的物权关系或债权关系，不能与后者相提并论。

综上所述，传统民法理论以是否具有财产内容为标准将民法调整对象划分为人身关系和财产关系固然具有高度的涵盖性，但这一分类方法因过于简单而不能体现具体社会关系的复杂性，从而在规范意义上有失周延。而鉴于家庭财产关系的特殊性，将其纳入身份关系不仅能够反映家庭关系的全貌，而且能够体现出家庭身份对于此种财产关系的影响，从而能够直观地显现家庭关系的生机勃勃。[①] 故此，有必要对《民法典》第2条中的"财产关系"作狭义理解，即将其界定为由财产法调整的财产支配关系和财产流转关系；而对"人身关系"中的"身份关系"则应作广义理解，即将其界定为由自然人基于特定亲属身份而发生的相互关系，在本质上是身份人之间的共同生活关系。其表现为共同生活所必需的一束关系，而不是其中的一种或几种关系，是否具有财产内容并非界定身份关系的标准。

（二）身份关系的特征

与财产关系相比，身份关系具有以下特征。

1. 身份关系为本质的社会结合关系

17世纪的法国学者让·多玛曾经指出，人类结合有两大类型，即家庭结合和社会结合。前者是一种本质的、非经济的结合，后者则为便宜的、计

[①] 〔德〕萨维尼：《当代罗马法体系》（第一卷），朱虎译，中国法制出版社，2010，第300~301页。

算的、经济的结合。①家庭结合的特殊性在于亲属关系具有"存在的相互性",即亲人们本质上互相参与对方的存在,他们相互是对方的一部分。②故亲属身份的结合是基于人类社会的本性所必然发生的一种结合,而非出于利益的短暂结合,在本质上具有人伦性。相反,财产关系则以个体经济利益追求为其结合目的,为目的社会或利益社会的结合。③

2. 身份关系以形成身份共同体为目的

身份关系的目的在于使具有对等身份的人协力结合组成一个共同体,如婚姻共同体、亲子共同体以及家庭共同体等。每一个"身份人"都是这个共同体的构成一员,为着永久或者长期共同生活而通力合作,原则上并不具有私人利益的对立性。而在财产关系中,除合伙、公司等组织的设立行为外,典型的债权关系则并不具有形成共同体的特性。即使是公司这样的组织体的设立,也以彼此独立的个体地位和个体利益为起点,与身份关系的存在有着本质的区别。

3. 身份关系具有长期性、安定性、依赖性和非计算性等

身份结合以血缘、情爱、责任等为纽带,追求长久而安定的共同体关系,故具有长期性、安定性和依赖性。其人伦特性决定了共同体关系的维系建立在身份和情感的基础上,而非在对经济利益的考量的基础上,故具有非计算性、非转让性等特点。相比之下,财产关系在理性思考的基础上,以追求特定经济利益为目的,计算理性是必不可少的手段,故财产关系具有计算性、暂时性以及可转让性等特点。④

4. 身份关系的内容具有相互性与法定性

一方面,身份关系是具有对等身份的人之间的结合关系,故具有相互性;另一方面,身份制度实际上是由立法者预先设置的一种法律生活模式,在此种模式中,身份关系中的当事人各自按照法律的规定享有特定的权利义

---

① 转引自尚继征《揭开身份的面纱——私法上的身份和身份权利研究》,法律出版社,2014,第162页。
② 〔美〕司马少林(马歇尔·萨林斯):《亲属关系是什么,不是什么》,陈波译,商务印书馆,2018,第1页。
③ 史尚宽:《亲属法论》,中国政法大学出版社,2000,第10页。
④ 〔美〕麦克尼尔:《新社会契约论》,雷喜宁、潘勤译,中国政法大学出版社,1994,第12~15页。

务，从而形成特定的身份秩序。故无论是夫妻关系、父母子女关系还是其他近亲属关系，当事人的权利义务均由法律规定，这一点与奉行私法自治的合同法迥然不同。

5. 身份关系具有保护性和利他性

一方面，身份关系的养老育幼功能决定了在身份共同体内，强者要尽到保护弱者的责任，故身份关系具有保护性；① 另一方面，家庭关系的目的在于完善人的伦理和道德生活，而其最重要的伦理即要求在超越"于己有利性"的基础上，给予对方不计报酬的照顾和付出，故身份关系具有高度的利他性。② 而财产关系的目的则在于实现个人利益的最大化，利己性是其本质特征。

身份关系的上述特征不仅使其区别于财产关系，进而形成家庭法与财产法的分野，也使家庭生活被认为具有永恒的品质和内在的价值而受到尊重。③ 故无论是当事人、法律还是法院，均应尽力维护婚姻家庭关系的稳定和圆满，这被认为是符合公共政策的。

（三）身份关系的类型

基于前文对身份以及身份关系的理解，笔者将身份关系作如下几种分类。

1. 夫妻关系、亲子关系与其他近亲属关系

这是以身份的类型为标准作的分类。其中，其他近亲属关系主要指兄弟姐妹及祖孙间的关系，此种身份关系与亲子关系均既包括自然血亲关系也包括拟制血亲关系。在这三种身份关系中，最为重要和基础的无疑是夫妻关系和亲子关系。

2. 基本身份关系与具体身份关系

这是以身份关系的内容为标准所作的分类。所谓基本身份关系，是以身份结合本身为内容的身份关系，如夫妻、父母子女关系及其他近亲属关系等。所谓具体身份关系，是以身份人共同生活的内在要求为内容的身份关系，包括三种：一是人身性身份关系，其是不具有财产内容的身份关系，如

---

① 徐国栋：《民法哲学》（增订本），中国法制出版社，2015，第149页。
② 毋国平：《婚姻财产关系中一般财产法规则之适用——兼以物权法归属规则为例》，《晋中学院学报》2015年第1期。
③ 〔英〕约翰·伊克拉：《家庭法和私生活》，石雷译，法律出版社，2015，第88页。

夫妻之间的同居关系、父母对子女的照护关系等；二是财产性身份关系，其是具有财产内容的身份关系，如夫妻共同财产关系；三是混合性身份关系，其是兼具人身属性和财产属性的身份关系，如夫妻、父母子女等近亲属之间的扶养关系等。

3. 核心身份关系和边缘身份关系

这是以身份关系所处的地位为标准所作的分类。核心身份关系是体现身份关系内在的、本质的、必然的要求的身份关系，主要包括身份结合本身的关系、人身性身份关系，以及体现养老育幼、保护弱者之家庭职能的混合性身份关系。而边缘身份关系所体现的，则并非身份关系内在的、本质的以及必然的要求，典型的如夫妻财产关系。

三 身份权

（一）身份权类型的理论争议

身份关系经由法律调整即成为身份法律关系（以下若无特别说明，笔者在同一意义上使用这两个概念），而身份法律关系的内容即特定身份人之间的权利义务。其中身份权尤其受到重视。所谓身份权，是指民事主体基于特定身份关系产生的，为维系该种身份关系所必需的、专属其享有的并以特定身份利益为客体的权利。①

关于身份权的类型，学者之间存在较大的分歧。其中在身份权的产生基础这一层面，主要有以下观点：一是认为身份权包括亲权、配偶权和继承权；② 二是认为身份权包括亲权、配偶权和监护权；③ 三是认为身份权包括配偶权、亲权以及除配偶、未成年子女与父母之外的其他近亲属之间的亲属权；④ 四是认为身份权包括亲权和配偶权。⑤ 在身份权的内容这一层面，则主要存在以下理解。一是将身份权分为支配的身份权（包括继承权、父母对未成年

---

① 杨立新：《人身权法论》（修订版），人民法院出版社，2002，第103页。
② 王泽鉴：《侵权行为》（第三版），北京大学出版社，2016，第192～193页。
③ 王利明：《人格权法研究》（第二版），中国人民大学出版社，2012，第47页。
④ 杨立新：《亲属法专论》，高等教育出版社，2005，第59、273～276页。
⑤ 徐国栋：《民法哲学》（增订本），中国法制出版社，2015，第93页。

子女的保护教养权以及财产上的管理权等）、形成的身份权（包括婚姻撤销权、任意认领权、婚生子女否认权等）和请求的身份权（包括同居请求权、离婚损害赔偿请求权、离婚帮助请求权等）。① 二是将身份权分为广义的身份权和狭义的身份权。狭义的身份权是以身份利益为客体的非财产性权利，包括概括身份权和具体身份权。前者是指一组具有共同产生基础的身份权的组合，如亲权中的身上照顾权；后者则分为形成权性质的身份权、支配权性质的身份权和请求权性质的身份权（此三类身份权与前述第一种观点的理解基本相同）。而广义的身份权是基于特定身份产生的权利，不仅包括上述狭义身份权所指非财产权利，还包括继承权、亲权中的财产照管权等具有财产内容的权利。② 三是将身份权分为财产权性质的身份权（如夫妻日常家事代理权、受扶养权、继承权以及父母对未成年子女财产上的权利等）、人格权性质的身份权（如夫妻姓名权、生育权以及夫妻人身自由权等）与纯粹的身份权（如夫妻对于同居、忠实享有的权利以及父母对未成年子女人身上的照顾权等）。③ 此外，还有学者将死亡赔偿金请求权、子女交还请求权、失踪和死亡宣告申请权等也纳入身份权的范畴。④

上述争议说明我国理论界对于身份权的类型体系尚未形成统一的认识，该问题直接关系到对本书的研究对象即身份行为的理解，故不可不辩。

（二）身份权类型的理论梳理

笔者认为，学界在身份权类型体系上的争议，究其根本，乃是对于身份权的理解分歧，故有必要先对身份权的基本理论问题予以厘清。

首先，身份权是特定身份关系中的一方当事人享有的，并得对另一方当事人主张的身份上的权利。就此而言，死亡赔偿金请求权、子女交还请求权、失踪和死亡宣告申请权等并非身份权，因为其虽然以身份为基础但并非针对身份相对人行使。

---

① 史尚宽：《亲属法论》，中国政法大学出版社，2000，第36~37页。
② 余延满：《亲属法原论》，法律出版社，2007，第123页。
③ 钟国才、张继承：《身份权类型的理论认识与评价——基于类型化思维的思考》，《南昌大学学报》（人文社会科学版）2010年第5期。
④ 叶英萍、李永：《民法典视域下亲属身份权之重塑》，《西南政法大学学报》2016年第1期。

其次，身份权是当事人围绕身份关系的建立、存续和保障而享有的利益，此种权利并非来自当事人间的人格独立，而是来自身份的妥协。① 因此，那些人人都享有的、应纳入人格权或公民基本权利范畴的权利，如夫妻姓名权、生育权及夫妻人身自由权等，并非身份权。

再次，身份权不能排除以财产利益为内容的权利。与身份关系应当包含财产性的内容相一致，身份权也不应当将具有财产内容的身份上的权利排除在外。而且正如前文所述，身份关系中的财产权虽然具有财产内容，但并非为了实现个人利益的最大化，而是为了维护身份秩序，其与人身性权利一样，均是法律基于身份的安排，故在本质上仍是身份权。

最后，身份权不应排除义务性的"权利"。身份权的特殊性在于，其不仅仅为权利主体的利益，同时也为相对人的利益而存在。② 因此，所谓身份权，实际上是以义务为中心的权利，是身份上权利义务的综合体现。故不能仅仅因为义务色彩浓厚，而将某些身份上的权利如监护权排除在身份权之外。

（三）身份权的类型体系

1. 基于身份权产生基础的分类

从身份权的产生基础来看，其可以分为配偶权、亲权、其他亲属权。配偶权是基于配偶身份产生的、指向夫妻共同生活的权利，包括同居请求权、忠实请求权、扶养请求权、日常家事代理权、法定共同财产制下的财产权等。亲权是基于父母和未成年子女关系产生的、指向未成年子女的保护和教养的权利，包括保护教养权、抚养权以及财产管理权等。至于其他亲属权，主要是基于近亲属的身份而享有的权利，包括扶养请求权等。

2. 基于身份权内容的分类

从身份权的内容来看，其可以分为人身性身份权、财产性身份权以及兼具人身和财产双重属性的身份权。人身性身份权包括夫妻间的同居请求权、忠实请求权，父母对未成年子女的教养保护权、探望权等。财产性身份权包括夫妻间的共同财产权等。至于兼具人身和财产双重属性的身份权，最为典

---

① 张翔：《论家庭身份的私法人格底蕴及其历史演变》，《法律科学（西北政法大学学报）》2011年第2期。
② 梅夏英：《民法权利客体制度的体系价值及当代反思》，《法学家》2016年第6期。

型的是夫妻、父母子女以及其他近亲属间的扶养请求权和监护权。

值得说明的是，对于将监护权纳入身份权，学界不乏持否定观点者。有的学者认为，即使是亲属监护权，也不过是以一定的亲属身份为媒介的财产法上的资格，监护人与被监护人之间并不存在共同生活关系，故监护权并非身份权；①有的学者认为，近亲属的监护权应纳入亲权或亲属权的范围，而近亲属以外的自然人、社会组织以及民政部门的监护权则并非身份权；②还有的学者认为，监护权所体现的是一种合法的身份利益，但不能说是身份权。③对此，笔者认为，从我国民法典的规定来看，监护包括家庭监护、社会监护与政府监护。虽然监护是一项公共任务，但实际上完成这一任务的多是私人，故在由私人实施的家庭监护和社会监护中，监护关系仍属于私法范畴。就家庭监护而言，监护人的设立建立在亲属身份的基础上，而近亲属承担监护职责是法律对家庭身份关系之伦理要求的回应，同时也是家庭成员间的一种情感诉求。④故家庭监护制度的目的仍然在于维护特定的亲属身份秩序，这使家庭领域内的监护权具有鲜明的亲属身份色彩。⑤由于此种监护利益同样是基于家庭身份而产生的，故家庭监护权也应当属于身份权。⑥至于社会监护，监护人与被监护人之间并不存在亲属关系，故此种监护具有一定的社会公益性质，但其在法律规范上与家庭监护并无二致，故不妨将此类监护关系看作一种法律拟制的身份关系。⑦在此认识的基础上，本书对社会监护中的监护职责或监护权与家庭领域的监护权一并考察。

3. 基于身份权与身份上的共同生活密切程度的分类

从身份权与身份上的共同生活的密切程度来看，其可以分为核心身份权与边缘身份权。前者是指体现身份关系以及身份上的共同生活的内在的、本质的、必然的要求的权利。人身性身份权以及具有经济供养内容并体现家庭

---

① 陈棋炎：《亲属、继承法基本问题》，台湾三民书局，1980，第34页。
② 尚继征：《揭开身份的面纱——私法上的身份和身份权利研究》，法律出版社，2014，第185页。
③ 付翠英：《〈民法典〉对身份权的确认和保护》，《内蒙古社会科学》2021年第4期。
④ 张善斌、宁园：《论未成年人监护的价值理念——以国家干预及其尺度为视角》，《武汉理工大学学报》（社会科学版）2016年第6期。
⑤ 夏吟兰：《民法分则婚姻家庭编立法研究》，《中国法学》2017年第3期。
⑥ 段厚省：《论身份权请求权》，《法学研究》2006年第5期。
⑦ 段厚省：《论身份权请求权》，《法学研究》2006年第5期。

职能的扶养请求权均属于此类。至于监护权，由于其关涉被监护人的利益保护，亦应纳入核心身份权的范畴。反之，夫妻共同财产权、离婚时的经济补偿请求权和经济帮助请求权等则属于边缘身份权。二者相比，前者受到法律更多的保护，对其的限制或剥夺也因此受到法律更多的干预。

  这里需要说明的是继承权的性质。从上述学者关于身份权类型的观点来看，学界对于继承权是否应纳入身份权的范畴存在较大的争议。否定的观点认为继承权应属财产权，因为其客体为财产，继承仅为财产继承。[①]肯定的观点则认为继承权系以继承人有特定身份为前提的专属于该继承人的权利，应为身份权。[②]对此，笔者认为，对于继承权的性质，应当视其发生阶段而分别予以界定。依学界通说，继承权分为客观意义上的继承权与主观意义上的继承权。前者发生在被继承人死亡之前，在本质上系成为继承人的期待，此种期待并非民事权利，其也就并非身份权。后者发生在被继承人死亡之后，是继承人实际享有的可以继承被继承人遗产的具体权利。对于此项继承权的性质，应当看到两点：一方面，其作为具有特定亲属身份关系的人相互享有的权利，体现了法律对于家庭扶养职能以及家产安定性的考量，[③]具有一定的身份权属性；但另一方面，其行使的直接结果是发生遗产权利的转移且不以扶养需要为必要，故其直接目的并非维系和保障身份上的共同生活，而是继承人个人财富的增长，这使继承权又具有鲜明的财产权属性。[④]相较之下，后者在继承权中更为突出，故此项权利虽然有身份的元素，但就其整体属性或核心属性而言应属财产权，更具体来说，是基于身份的财产权。

四　家庭法

（一）家庭法的界定及其与财产法的分野

  一般认为，私法所调整的社会关系可以分为两个部分，即人类经济生活关系和人类家庭生活关系，调整人类经济生活关系的法称为财产法，主要包

[①] 韩世远：《财产行为、人身行为与民法典适用》，《当代法学》2021年第4期。
[②] 林诚二：《民法总则》（上册），法律出版社，2008，第79页。
[③] 陈棋炎、黄宗乐、郭振恭：《民法继承新论》（修订四版），台湾三民书局，2009，第3~4页。
[④] 郭明瑞：《身份法之立法原则》，《北方法学》2013年第1期。

括物权法和债法等,调整人类家庭生活关系的法则称为家庭法。传统意义上的家庭法系指调整婚姻和血亲关系的法律规范的总称,而现代意义上的家庭法还包括有关监护以及规范其他家庭关系的法律制度。①虽然家庭法在各国及地区的法律体系中均占据重要地位,但其表述并不一致。日本一般称之为"亲属法",英美法系国家和地区一般称其为家庭法(family law)。至于家庭法在欧洲大陆法系国家和地区民法典中的称谓,尽管我国学者多将其译为"亲属法",但有学者指出,《德国民法典》第四编的标题为Familienrceht,直译应为"家庭法"而非多数学者所称的"亲属法"。②这一观点为一些德国文献的译作所采用。③

在笔者看来,家庭法的表述较亲属法更为妥当。这不仅因为家庭作为一个亲属共同体,无论是从社会功能还是从对于个人的意义而言,其价值都远远高于亲属,而且因为这一概念的包容性也远远大于"亲属",能够更好地回应社会的变革并满足社会的需要。④在我国,《民法典》第五编的名称为"婚姻家庭",尽管从文义解释来看这意味着该编所谓"家庭"乃基于婚姻的家庭,但仍不妨以"家庭法"称之。值得说明的是,在大陆法系民法理论上,还有一个与家庭法相关的概念即身份法。身份法有广义和狭义两种理解。广义的身份法包括继承法,而狭义的身份法则否。虽然笔者认为继承权具有一定的身份权属性,但继承权的核心属性乃财产权。而且从继承法的规定来看,其内容并非仅仅针对继承权的规定,而是涉及遗产分配、债务清偿等诸多财产问题,故更偏重于财产法。在上述理解的基础上,除非有特别说明,本书所称身份法皆作狭义理解,与家庭法同义。

家庭法在民法中的独立地位源于其与财产法的对立和分野。在罗马法时

---

① 〔德〕迪特尔·施瓦布:《德国家庭法》,王葆莳译,法律出版社,2022,第1页。
② 俞江:《论民法典"家庭法编"的体系构造》,载何勤华主编《民法典编纂论》,商务印书馆,2016,第71~72页。"亲属法"在德文中为Verwandtschaft,为《德国民法典》第四编"家庭法"第二章的标题。
③ 郑冲、贾红梅翻译的《德国民法典》(法律出版社,1999)、陈卫佐译注的《德国民法典》(第5版)(法律出版社,2020)、王葆莳翻译的《德国家庭法》(〔德〕迪特尔·施瓦布:《德国家庭法》,法律出版社,2022),均使用了"家庭法"这一表述。
④ 俞江:《论民法典"家庭法编"的体系构造》,载何勤华主编《民法典编纂论》,商务印书馆,2016,第58~84页。

代,以《学说汇纂》为代表的罗马法分为人法、物法和诉讼法三类,家庭法并未取得独立地位。《法国民法典》借鉴此种编纂结构,将民法典分为人法、财产法和财产的取得方式三部分,家庭法的内容被分别规定在"人法"和"财产的取得方式"中,也未能形成自己独立的体系。这种将家庭法与财产法混同的编纂体系未被德国所接受。德国著名法学家萨维尼认为,家庭法与财产法具有本质的差异,在民法体系中应当自成体系。①这一观点对《德国民法典》以及后世民法体系的构建产生了深远的影响。《德国民法典》在体例结构上即将家庭法作为独立的一编,由此明确了其在民法中的独立地位。瑞士、日本等许多大陆法系国家和地区的民法典均沿袭这一体例。此外,家庭法与财产法的分野这一言说不仅为大陆法系所接受,在英美法系也得到了普遍的认可。英美法系普遍认为,家庭和市场是两个截然不同的领域,而家庭法因此具有有别于财产法的特质。②

(二)家庭法的特质

虽然家庭法与财产法同属民法,但家庭法之所以能够自成体系,完全是由于其具有迥异于财产法的特质,这主要体现在以下几方面。

1. 立法本位上的整体主义

近代民法以个人主义为出发点,个人不仅被认为是社会福利的最终归属者,也被认为是具有理性自主决定能力、能够对自身利益作出最佳判断的"经济人"或"理性人",③与之相呼应,民法以保护个人利益、实现个人价值为基本理念,这在民事财产法上得到了充分体现。家庭法的理念则有所不同,因为无论是婚姻还是家庭,都并非简单的个人的混合体,而是以情感信赖和经济支持为重要基础的共同体。这个共同体在伦理上被看作彼此依赖、相互合作且无论是身体、情感还是经验均超越个体结合的团体,④而维系家庭

---

① 〔德〕萨维尼:《当代罗马法体系》(第一卷),朱虎译,中国法制出版社,2010,第260~267页。
② Frederik Swennen, ed., *Contractualisation of Family Law-Global Perspectives*, Springer International Publishing Switzerland, 2015, pp.9-10.
③ 熊丙万:《私法的基础:从个人主义走向合作主义》,《中国法学》2014年第3期。
④ 〔美〕司马少林(马歇尔·萨林斯):《亲属关系是什么,不是什么》,陈波译,商务印书馆,2018,第20页。

共同体、保护和促进家庭共同体的利益则为家庭法的终极目的。就此而言，虽然从形式上来看，现代家庭法完成了从家族主义到个人主义的转型，但整体主义仍然是家庭法的立法本位和出发点。①但其建立在承认和尊重每一个家庭成员的独立人格和权利的基础上，故不同于古代的家庭本位。

2. 立法目的上的保护性

家庭法的保护目的主要体现在两个方面。一是对婚姻、家庭的保护。婚姻、家庭是国家、社会赖以建立的基础，其不仅承担着养老育幼、生活扶助等诸多福利功能，在培育亲情、塑造健康人格、提供精神支持方面更是发挥着重要作用，是任何机构都不能替代的，因此国家有义务对其提供保护。这一点在《世界人权宣言》以及许多国家和地区的宪法中均有所体现。②在我国，《宪法》第49条第1款、《民法典》第1041条第1款对此也作了明确的规定。故家庭法的重要功能即保护在宪法上具有独立价值的婚姻和家庭，且家庭法将促进婚姻家庭的持续和稳定、保障婚姻家庭功能的实现作为立法宗旨。③二是对家庭弱者的特别保护。现代家庭最重要的功能在于相生相养，尤其是为家庭弱者提供协助和照顾，这构成了国家、社会给予家庭特殊法律地位的重要原因。正因如此，对家庭弱者提供特别的保护乃家庭法的核心。④事实上，对儿童和妇女等家庭弱者利益的承认构成了许多国家和地区推动家庭法修改的主要动力。

3. 内容上的伦理性和身份性

一方面，家庭关系浓厚的伦理色彩决定了家庭法上的许多制度不仅是家庭伦理道德规范的转化，也体现社会主流价值观的基本要求。这使家庭法区别于技术特色及商品化属性较为突出的财产法。另一方面，家庭法所调整者，乃具有特定家庭身份的当事人之间的身份生活，家庭法主要关注身份的创设、解消与身份上的权利义务。虽然家庭法上也存在诸如夫妻财产制、亲属间的扶养关系等具有财产性质的内容，但这些制度的主要目的仍在于维护

---

① 夏吟兰、薛宁兰主编《民法典之婚姻家庭编立法研究》，北京大学出版社，2016，第16页。
② 《世界人权宣言》第16条第3项规定，家庭是社会的基本单元，应受社会和国家的保护。《德国基本法》第6条第1款规定，婚姻和家庭受国家之特别保护。
③ 王锴：《婚姻、家庭的宪法保障——以我国宪法第49条为中心》，《法学评论》2013年第2期。
④ Jens M. Scherpe, *Marital Agreements and Private Autonomy in Comparative Perspective*, Hart Publishing, 2012, p.1.

和稳定身份秩序,而非实现个人财产利益的最大化,故不能因此否定家庭法的身份法特色,更不能将家庭法认定为特殊身份者之间的财产法。

4. 法律规范的强行性

家庭法的保护性、伦理性、身份性以及整体主义色彩决定了家庭法虽为私法,但却具有极为强烈的强行法特点,私法自治在这里受到了极大的限制。个人"只能在法律规定的框架下通过私法自治来确定人的法律地位"。① 例如,当事人虽然可以基于意思自治而结婚,但结婚的条件以及夫妻间身份上的权利义务却由法律规定,当事人并无内容上的形成自由。与此同时,应当看到的是,国家保护婚姻和家庭并不意味着要全面干预和介入家庭生活,家庭法上的强行性规范只为维护婚姻家庭秩序、保障婚姻家庭的职能而存在,至于个人家庭生活的运行则仍然交由家庭自治解决而不受国家的干预。诚如有学者所言,法律对于婚姻家庭的调整,实际上是为家庭自治的秩序提供制度性保障,"让家门里有一个融合了伦理的法律秩序"。②

第二节 身份行为的界定

一 身份行为概念的提出

在上一节中,笔者厘清了民法上的身份、身份关系以及身份权的含义,接下来便要讨论身份关系的变动。所谓身份关系的变动,即身份法律关系的产生、变更和消灭。但对于不同类型的身份关系,其变动的所指也有所不同。对于基本身份关系而言,其变动主要指身份本身的形成或解消。对于具体身份关系而言,其变动系指身份上权利义务的产生、变更和消灭。从身份权的角度来看,身份关系的变动则是指身份权的产生、变更和消灭。

身份关系变动的原因因身份关系类型的不同而有所不同。在基本身份关系中,对于配偶关系而言,其产生基于结婚行为,终止则基于协议离婚行为、法

---

① 〔德〕维尔纳·弗卢梅:《法律行为论》,迟颖译,法律出版社,2013,第15页。
② 苏永钦:《寻找新民法》(增订版),北京大学出版社,2012,第71页。

院的离婚判决以及一方或双方的死亡。对于父母子女关系或其他亲属关系而言,其产生基于出生、收养或认领,终止则基于一方或双方死亡、协议或裁判解除收养等。在具体身份关系中,其变动原因有二:或者是身份关系的变动,例如夫妻间的同居义务因离婚而消灭,成年兄姐因父母的去世而对弟妹承担监护责任等;或者是当事人之间的某种约定,如赡养协议使子女依约定向父母给付赡养费的义务得以产生,子女抚养协议使不直接抚养子女的一方承担依约定给付抚养费的义务,意定监护协议使监护关系得以产生等。

在上述身份关系变动的原因中,诸如结婚、协议离婚、收养、协议解除收养以及意定监护协议、赡养协议、子女抚养协议等,均是基于当事人的意愿而发生的,可谓家庭法上的自治行为,此类行为通常被称为身份法律行为或身份行为(本书使用"身份行为"这一概念)。但对于何谓身份行为,其内涵与外延如何界定,尚有待进一步探讨。

二 身份行为概念的理论分歧

美国法理学家E.博登海默说:"概念乃是解决法律问题必须的和必不可少的工具。没有限定严格的专门概念,我们便不能清楚地和理性地思考法律问题。"[1]因此,对概念的考察和界定,往往是研究问题的起点。身份行为的研究也不例外。但正如有学者所言,给研究对象下一个正式而明确的定义,要比研究本身困难得多。[2]身份行为的界定尤其如此。其作为一个学理概念,不仅不同国家和地区的学者对其的认识不同,即使在同一国家和地区,学者对其的界定也是众说纷纭,这使其并不像法律行为、代理等概念那样有着相对稳定的共识。但即使如此,梳理各国及地区学者对这一概念的理解,对于我们深入认识身份行为的内涵仍然有着重要的意义。

(一)日本学者对于身份行为的界定

身份行为作为一个学理上的概念源于日本民法理论,系由日本身份法的

---

[1] 〔美〕E.博登海默:《法理学:法律哲学与法律方法》(修订版),邓正来译,中国政法大学出版社,2004,第504页。
[2] 〔美〕威廉·J.古德:《家庭》,魏章玲译,社会科学文献出版社,1986,第11页。

创始人中川善之助教授所创，并为日本学界及实务界所普遍接受。在日本，身份行为通常被界定为以发生身份关系的变动为目的的行为。[①]这一界定过于笼统，不足以体现出身份行为的内涵，故学者多以类型说明来辅助理解这一概念，而正是在对身份行为类型的阐述中，观点的分歧得以体现。

中川善之助教授将身份行为分为三种，即形成的身份行为、支配的身份行为和附随的身份行为。形成的身份行为是直接产生身份之创设、消灭、变更后果的法律行为，结婚、协议离婚、收养、协议解除收养以及任意认领等皆属之；支配的身份行为系基于身份而对他人为身份法上的支配的法律行为，父母行使亲权的行为（如对未成年子女的保护、教养以及财产管理等）属之；附随的身份行为系附随于身份关系之行为，又可分为附随于身份行为的行为与附随于身份法上事实的行为，前者如夫妻财产制契约，后者如继承的抛弃。[②]

我妻荣教授等认为身份行为是以个人意志改变身份关系的行为，包括纯粹身份行为和其他身份行为。前者包括结婚、协议离婚、收养以及子女姓氏的变更等；后者包括夫妻财产契约、设定子女监护人的协议以及离婚、协议解除收养关系和放弃继承等。[③]

于保不二雄教授将身份行为分为纯粹身份行为、身份的财产行为、身份监护行为三种。纯粹身份行为与中川教授所谓的"形成的身份行为"同义，身份监护行为与中川教授所谓的"支配的身份行为"同义，至于身份的财产行为，则主要包括夫妻财产制契约、继承权的放弃等。[④]与前述中川教授的观点相比，这一观点只是在各类身份行为的名称上有所不同，在具体内容上并无实质差异。

外冈茂十郎教授认为，身份行为是指以身份关系的变动为第一目的或直接目的的行为，既包括以自身身份关系的变动为直接目的的行为，如结婚、

---

① 山畠正男「身分行為の理論」『北大法学論集』（第31巻3—4号）北海道大学大学院法学研究科，1981。
② 转引自林秀雄《夫妻财产制之研究》，中国政法大学出版社，2001，第187~188页。
③ 〔日〕我妻荣、有泉亨：《日本民法亲属法》，夏玉芝译，工商出版社，1996，第7~10页。
④ 于保不二雄「身分行為の法定代理」『法学論叢』39巻1号，转引自史尚宽《亲属法论》，中国政法大学出版社，2000，第9页。

协议离婚、收养、协议解除收养、认领等行为，也包括以他人身份关系的变动为直接目的的行为，如继承人的废除，还包括以变动亲属关系或家族关系为目的的行为，如监护人的指定、遗嘱执行人的指定或卸任等。但以财产关系变动为目的的行为，如夫妻财产制契约、夫妻财产管理行为，则并非身份行为。①与前述观点相比，该说将身份上的财产行为排除在身份行为之外。

值得注意的是，虽然中川教授对于身份行为的三分法得到了多数学者的赞同，然而，无论是中川教授还是其他学者，他们针对身份行为的相关研究均主要围绕形成的身份行为而展开，因为学界普遍认为能与财产行为形成对应的，其实就是形成的身份行为，其作为最纯粹的身份行为，展示了身份行为的本质。②有的学者进一步将形成的身份行为局限于结婚、协议离婚、收养、协议解除收养这四种行为，认为只有这四者才具有共通性，才能够作为身份行为理论的基础。③由此可见，在日本，尽管学界对于身份行为外延的理解有宽有窄，但普遍认为只有形成的身份行为才能够担当起构建有别于财产行为的身份行为理论体系的重任。

（二）我国台湾地区学者对于身份行为的界定

我国台湾地区学者对日本民法上身份行为的概念既有继受也有发展，一般认为，所谓身份行为，系指当事人实施的能够发生身份关系变动效果的法律行为。④但对于这一概念的外延，学者之间同样存在颇多分歧。

史尚宽先生继受日本中川教授的观点，将身份行为分为形成的、支配的和附随的身份行为。其各自所包含的类型与中川教授的观点基本一致。⑤

陈棋炎先生认为，身份行为是以纯粹亲属的身份之得丧为目的的行为，是个人取得或丧失在人伦秩序上亲属生活关系之资格的行为，仅指形成的身份行

---

① 〔日〕外冈茂十郎：《身分行为能力论》，https：//www.docin.com/p-42395888.html，最后访问日期：2023年1月23日。
② 岗林伸幸「身分行为论——中川理论批判と身分行为」『同志社法学』7号、2009年。
③ 山畠正男「身分行为の理论」『北大法学论集』（第31卷3—4号）北海道大学大学院法学研究科、1981。
④ 唐敏宝：《身分行为之研究——以身分行为之体系化为中心》，台湾政治大学1997年硕士学位论文，第23页。
⑤ 史尚宽：《亲属法论》，中国政法大学出版社，2000，第9页。

为。而且所谓身份，仅包括夫妻、亲子以及家长家属三者，从而身份行为仅限于结婚、协议离婚、收养、合意解除收养以及自愿认领这几种行为。①

施启扬教授认为可以从广义和狭义两个角度理解身份行为。广义上的身份行为系指可发生身份法上效果的一切法律行为，包括任意认领、限定继承、继承抛弃等单方行为，以及结婚、协议离婚、收养、协议解除收养、达成夫妻财产制约定等双方行为；狭义身份行为则仅指形成的身份行为，包括结婚、协议离婚、收养、协议解除收养以及任意认领等行为。②

王泽鉴先生认为，身份行为可分为发生亲属法上身份效果的身份行为（如结婚、收养、认领等）及发生继承法上身份效果的继承行为（如继承权的抛弃、遗嘱等）。③

此外，还有学者将身份行为分为纯粹身份行为和身份财产行为。前者系以发生或解消身份关系为直接目的的法律行为，亦即形成的身份行为；后者则为虽基于身份发生但却以财产关系变动为目的的行为，如日常家事代理、夫妻财产制契约、协议分割遗产以及继承权的抛弃等。④

与日本一样，我国台湾地区不少学者尽管在概念上对身份行为持较为宽泛的理解，但在研究层面，则多将其限于形成的身份行为。⑤

（三）德国及法国民法理论中的"身份行为"

虽然身份行为是在法律行为之下作为与财产行为相对应的概念而提出的，但在法律行为的发源地——德国，其民法理论中并不存在"身份行为"这一概念，学者更多地使用"亲属法或家庭法上的法律行为"这样的表述。如德国学者拉伦茨即将法律行为分为债法上的行为、物权法上的行为、亲属法上的行为和继承法上的行为。在亲属法领域发生效果的法律行为主要有结婚、调整夫妻财产关系的合同、确定非婚生子女亲子关系等。⑥弗卢梅也持上述见解，并认为

---

① 陈棋炎：《亲属、继承法基本问题》，台湾三民书局，1980，第10页。
② 施启扬：《民法总则》（修订第八版），中国法制出版社，2010，第201~202页。
③ 王泽鉴：《民法概要》（第二版），北京大学出版社，2011，第69页。
④ 唐敏宝：《身分行为之研究——以身分行为之体系化为中心》，台湾政治大学1997年硕士学位论文，第26页。
⑤ 史尚宽：《亲属法论》，中国政法大学出版社，2000，第16~33页。
⑥ 〔德〕卡尔·拉伦茨：《德国民法通论》（下册），王晓晔等译，法律出版社，2003，第434页。

诸如结婚、夫妻财产合同等均属于亲属法上的法律行为。①显然，德国学者所谓的"亲属法上的法律行为"类似于身份行为，但并不局限于日本以及我国台湾地区学者所谓的"纯粹或形成的身份行为"，而是相当于广义的身份行为。

法国民法理论中也没有"身份行为"的概念，但是存在"人身性行为"这一概念，其是指与财产性行为相对立的行为，可以分为单纯的人身性行为（规定于《法国民法典》第459条）和严格人身性行为（规定于《法国民法典》第458条）。单纯的人身性行为既可以由成年人自己实施，也可以由他人协助或代理实施。而所谓严格人身性行为，是指那些与个体独一无二的存在相关的行为，②除法律有特别规定，非经本人同意不能实施，也不能由他人协助或代理实施，主要包括申报子女出生、认领子女、为子女选用姓氏或者改姓、对其本人或子女的送养等（《法国民法典》第458条）。就此而言，所谓"严格人身性行为"与"身份行为"有一定的相似之处。

（四）我国大陆地区学者对于身份行为的界定

受我国台湾地区民法理论的影响，我国大陆地区学者普遍接受了"身份行为"这一概念，但对其内涵的理解则有所差异。多数学者将其界定为以身份关系变动为效果，③或发生亲属关系产生、变更、消灭的法律后果的行为。④也有的学者将其界定为以发生身份上效果为目的的行为。⑤还有的学者将其界定为旨在创设或消解身份法律关系，⑥或旨在发生、变更或消灭身份关系的法律行为。⑦而在身份行为外延的理解上，学者之间更是存在较大的分歧，有最广义说、一般广义说、中义说和狭义说几种不同的观点。

最广义说对身份行为的类型划分，列举如下。（1）亲属行为和继承行

---

① 〔德〕维尔纳·弗卢梅：《法律行为论》，迟颖译，法律出版社，2013，第15页。
② 〔法〕斯泰法尼·莫位齐尼·才登伯格：《特殊弱势群体的人身性行为》，载李贝编译，马宏俊、王蔚审定《法国家事法研究文集——婚姻家庭、夫妻财产制与继承》，人民法院出版社，2019，第208页。
③ 杨代雄：《法律行为论》，北京大学出版社，2021，第87页。
④ 杨立新：《亲属法专论》，高等教育出版社，2005，第41页。
⑤ 梁慧星：《民法总论》（第五版），法律出版社，2017，第169页。
⑥ 张作华：《认真对待民法中的身份——我国身份法研究之反思》，《法律科学（西北政法大学学报）》2012年第4期。
⑦ 冉克平：《论意思自治在亲属身份行为中的表达及其维度》，《比较法研究》2020年第6期。

为。前者如结婚、收养、非婚生子女认领等，后者如遗嘱、遗赠扶养协议等。（2）既得身份行为和期待身份行为。前者如结婚、离婚、收养以及继承等，后者如怀孕、婚约等。（3）具有形成权的身份行为、可支配的身份行为以及可请求的身份行为。具有形成权的身份行为包括身份法上的同意、解除、撤销、命名、居所指定、非婚生子女的认领以及行为能力宣告申请等，可支配的身份行为包括父母对子女的教育、惩戒和夫妻间的同居以及财产管理行为等，可请求的身份行为包括扶养费请求、同居请求以及死者近亲属的损害赔偿请求等。① 上述观点可以说是对身份行为的最广义的理解。

一般广义说与日本中川教授三分法的主张相同，也将身份行为分为形成的、附随的和支配的身份行为三种。② 其外延较最广义说要狭窄。

中义说将身份行为区分为能够引发身份关系变动的行为和能够引发身份关系当事人之间财产关系变动的行为两类。前者包括结婚、协议离婚、收养、解除收养等行为，后者包括离婚协议、夫妻财产约定等能够引发财产法上后果的行为。③ 与一般广义说相比，其剔除了支配的身份行为。

狭义说认为身份行为仅指形成的或纯粹的身份行为，而这里的"身份"仅指夫妻、亲子这两种基本身份关系，身份行为也因此主要包括结婚、协议离婚、收养以及协议解除收养等。④

与日本以及我国台湾地区一样，我国大陆地区的不少学者对于身份行为的外延持较为宽泛的理解，但在对身份行为作更加深入的研究时，一般仅将其限于形成的身份行为。

三 身份行为概念的争点及理论梳理

（一）学界关于身份行为概念的主要争点

分析上述观点，不难看出，学者对于"身份行为"这一概念的争点主要

---

① 丁慧：《身份行为基本理论的再认识》，《法学杂志》2013年第1期。
② 杨立新：《亲属法专论》，高等教育出版社，2005，第45页。
③ 王雷：《论身份关系协议对民法典合同编的参照适用》，《法学家》2020年第1期。
④ 张作华：《认真对待民法中的身份——我国身份法研究之反思》，《法律科学（西北政法大学学报）》2012年第4期。

集中在两个方面。一是身份行为的内涵。分歧主要是身份行为的法律效果究竟为"身份的变动""身份上的效果",还是"身份法律关系的变动"。二是身份行为的外延。在这一点上,学者的理解最为多元:最广义说几乎将身份上所有的行为都纳入身份行为的范畴,一般广义说认为身份行为包括形成的身份行为、支配的身份行为和附随的身份行为,中义说认为身份行为包括形成的身份行为和身份财产行为,狭义说则将身份行为限于形成的身份行为。

此外,一个颇令人困惑的问题在于,尽管有不少学者对身份行为的内涵和外延持较为宽泛的理解,认为其不限于形成的身份行为,但对于身份行为的研究却又多仅限于形成的身份行为。那么,那些同样被认为是身份行为的支配的身份行为、附随的身份行为,究竟为何没能进入学者的视野?是因为它们只是徒有身份行为之名,并无身份行为之实?还是因为此类行为的相关问题原则上可以适用民法的一般规定,故没有特别研究的必要(一些学者持此观点)?①对上述问题的回答,同样有赖于对身份行为概念的厘定。

(二)身份行为概念的理论梳理

在笔者看来,学界之所以对身份行为的界定存在如此大的分歧,主要原因在于身份行为是一个学理概念,而非法律概念,学术观点不同,自然在理解上也有所不同。但应当看到的是,身份行为是作为与财产行为相对应的概念提出的,实际上是对法律行为类型化的结果,而类型化是立法和法学研究的常用方法,其意义并非仅在于实现对研究对象的分门别类,更在于从中归纳、抽象和提炼出特定类型的特征及共同适用的规则。如果将一种行为理解为一种类型的话,那么"该类型下的个别规定之间应当具有意义脉络的一致性或者内在联系性"。②这种"一致性"虽不要求一种类型下的个别规定在所有的特征上均应逐一吻合,但至少要求其在"整体上"具有共同的特征。③只有这样,才能针对这些共同特征形成共同的规则,从而达到提炼概念的目的。以此标准审视前述观点对身份行为的界定,有以下几个方面的问题需要厘清。

---

① 杨立新:《亲属法专论》,高等教育出版社,2005,第50~51页。
② 〔德〕卡尔·拉伦茨:《法学方法论》,陈爱娥译,商务印书馆,2003,第342页。
③ 黄茂荣:《法学方法与现代民法》,中国政法大学出版社,2001,第474页。

首先，身份行为与财产行为是法律行为的两大分类，从逻辑上而言，身份行为的上位概念应为法律行为，其所涵盖的行为类型也均应属于法律行为，但最广义说和一般广义说所列举的身份行为类型显然并不均为法律行为。第一，诸如行为能力宣告申请、亲权丧失宣告请求等行为，在性质上乃引发法院依职权作出相应裁决的表示，仅仅具有程序法上的意义，并非民事法律事实。①第二，如继承行为等行为在本质上并非人的行为举措，属于典型的非行为事实，而谈不上是法律行为。第三，在支配的身份行为中，无论是父母对未成年子女的照顾、抚养、惩戒，还是夫妻间的同居、财产管理等行为，在构成上均不要求行为人有相应的意思表示，这些行为本身也不是为了通过表达相应的意思而产生某种法律后果，故应属于事实行为而非法律行为。②就此而言，在最广义说和一般广义说所列举的身份行为类型中，有不少应排除在法律行为范畴之外，如果将其归于身份行为这一概念之下，会使"身份行为"这一概念过度一般化，难以从中抽象出共同的行为模式。

其次，身份行为作为能够引发身份关系变动的行为，其外延取决于身份关系的类型，故对其外延的描述应当能够涵盖所有类型的身份关系，而不应基于研究的目的予以限制。就此而言，笔者有两点认识。（1）对"身份关系"的理解不应仅限于基本身份关系，也应当观照到具体身份关系。权利义务是法律独特的调整方法，身份的获得与身份上的权利义务具有直接的联系，将身份行为仅仅限制在"身份"的变动不足以体现出法律对身份关系调整的全部内容。（2）就具体身份关系的变动而言，不应将其限于人身性内容的变动，也应将财产性内容的变动纳入其中。就此而言，中义说和狭义说对于身份行为外延的理解均失之狭窄。

最后，身份行为作为一种民事法律事实，对其法律效果的描述应当符合民法教义学。而依民法理论，所谓民事法律事实，是能够引起民事法律关系变动的客观情况。据此，身份行为应当是能够引起身份关系变动的法律行为。而无论是"身份法上的效果""身份上的效果"还是"身份的变动"均非对身份行为法律后果的严谨表达。

---

① 屈茂辉：《不动产登记申请的法理与规则》，《法学研究》2007年第2期。
② 陈棋炎：《亲属、继承法基本问题》，台湾三民书局，1980，第122~123页。

综上所述，目前有关身份行为的界定或失之过宽，或失之过窄，有必要立足于其体系定位及特性，对其内涵予以重新界定。

四 身份行为概念的再界定

正如有学者所言，构建抽象、一般概念式的体系是民法典的体系基础。[①] 对于身份行为而言，明晰其概念同样是构建身份行为体系的基础。基于前文的分析，"身份行为"这一概念正如同法律行为，是在提取身份法上的法律行为"公因式"的基础上而形成的一个抽象概念，对其的界定不仅应当与民法教义学相契合，同时也应当具有足够的包容性，以便能够将具有共同特征的家庭法上的行为，尽可能地涵摄在内。在上述认识的基础上，笔者认为，所谓身份行为，是以发生身份关系变动之法律后果为目的的民事法律行为，更具体来说，是指民事主体通过意思表示设立、变更、终止身份关系的行为。身份行为具有以下特征。

首先，身份行为是一种民事法律行为。尽管有学者在理论上对身份行为的法律行为属性提出疑问，但是，身份行为正是在法律行为的框架内被提出的、与财产行为相对应的概念。可以说，身份行为之法律行为属性已成为学界通说，这也构成了本书研究的基础，故应当肯定身份行为是法律行为（对于这一结论，笔者将于后文详加论证）。身份法上的非法律行为如公法行为、事实行为均应排除在身份行为的范围之外。

其次，身份行为的目的在于发生身份关系的变动。这是界分身份行为与财产行为的最为重要的标准。因此，一方面，尽管当事人基于特定身份实施的行为之类型有很多，但只要不以发生身份关系的变动为第一目的，就不是身份行为。就此而言，夫妻间的赠与、借贷等行为尽管发生在夫妻之间，但很明显是以财产关系的变动为目的的，故其并非身份行为。另一方面，即使当事人之间不具有身份关系，但只要行为的目的指向身份关系，即属于身份行为。如结婚、婚前协议的当事人在行为实施之初并不具有特定的身份关系，收养行为的收养人和送养人之间也不具有身份关系，但显然，这些行为

---

① 〔德〕卡尔·拉伦茨：《法学方法论》，陈爱娥译，商务印书馆，2003，第316页。

均为身份行为。

再次，身份关系的变动，不仅包括基本身份关系的变动，也包括具体身份关系的变动。前者指身份本身的变动，最为重要的是夫妻关系以及亲子关系的变动。后者则指身份上权利义务的变动，又包括两种情形。一是因身份的变动而发生的身份上权利义务的概括变动，例如因结婚行为而产生夫妻之间的权利义务，因离婚行为而消灭夫妻之间的权利义务。二是身份未予变动而仅仅发生身份上权利义务的变动，婚姻财产协议、赡养协议即为典型的例证。上述行为的内容虽有所不同，但均为维系家庭共同生活而存在，具有共同的亲属身份属性，这使它们可以归于身份行为概念之下一并研究。

最后，身份关系的变动，不仅包括身份关系的产生与解消，也包括身份关系的变更。例如，离婚父母签订的子女抚养协议实际上就是对子女抚养权的变更，婚内财产分割协议则是对夫妻财产关系的变更。

综上所述，本书所界定的身份行为，并不局限于学者通常所谓的"纯粹的或形成的身份行为"，但也未涵盖家庭领域内的所有法律行为，而是以"身份"和"身份权"为基础，以"发生身份关系变动为目的"为核心，同时辐射身份变动和身份权变动的行为。本书将以此探寻家庭法中围绕身份关系变动的意思自治行为的意义脉络和共同规则，并在此基础上构建身份行为的理论体系。然而，鉴于身份行为内涵的丰富性，单凭概念尚难以对其范畴有一个全面的把握，欲知全貌，尚需对身份行为的类型体系作一了解。

第三节　身份行为的类型

一　家庭法上类型法定原则与身份行为类型的确定

（一）家庭法上类型法定原则的含义

民法的核心理念即私法自治，其意味着个体在私法领域内可以依"自己的意愿"形成法律关系。[1]而对这一理念贯彻最为充分的是合同法。在缔

---

[1] 〔德〕维尔纳·弗卢梅：《法律行为论》，迟颖译，法律出版社，2013，第1页。

结合同的过程中,当事人不仅有缔约自由,也有决定合同类型和内容的自由,这充分体现了合同自由原则。与之相对应的是类型法定原则(numerus clausus),其是指法律关系的种类和内容由法律事先预设,当事人并无创设的自由,其在本质上是对私法自治的限制。①这一原则在民法上主要适用于决定权利的归属和针对人所形成的法律关系中,最为典型的是物权关系和家庭关系。物权法上的类型法定原则(numerus clause of property rights)不仅为一些国家和地区的物权法所明定,在理论界也广受重视。然而,家庭法上的类型法定原则(numerus clause of family)却较少为学界所关注。从为数不多的阐述中可以看出,学者对于家庭法上的类型法定所指为何,在认识上并不一致。如德国学者拉伦茨教授在论及亲属关系时提到,对于亲属关系的内容,当事人不能自由约定和处分,除法律规定的亲属法行为外,当事人不得从事其他亲属法方面的行为。其强调的是亲属关系的内容和亲属身份行为的类型法定。②弗卢梅教授认为,所谓类型法定,是指只能在法律框架下通过私法自治来确定人的地位,如只能按法律所规定的权利义务来形成婚姻关系。③其强调的是婚姻关系的内容法定。瑞士学者斯温南教授则使用了"家庭关系的类型法定原则"这一表述,该原则是指家庭关系的形成和解消均由法律规定。④而我国学者刘征峰博士则将家庭法上的类型法定理解为家庭关系的种类法定。⑤综上所述,对于家庭法上的类型法定原则,其含义并不像物权法上的类型法定原则那样明确而具体,学者对此的论述基本上是碎片化的,未能形成系统而深入的阐述,对"定什么、不定什么,以及定在哪儿"这样基础性问题的思考尚未展开。

笔者认为,所谓家庭法上的类型法定,是指家庭关系或身份关系的类型法定,主要包括以下三个方面的内容。一是身份类型法定。即当事人在家庭

---

① 刘征峰:《家庭法中的类型法定原则——基于规范与生活事实的分离和整合视角》,《中外法学》2018年第2期。
② 〔德〕卡尔·拉伦茨:《德国民法通论》(下册),王晓晔等译,法律出版社,2003,第435页。
③ 〔德〕维尔纳·弗卢梅:《法律行为论》,迟颖译,法律出版社,2013,第15页。
④ Frederik Swennen, ed., *Contractualisation of Family Law-Global Perspectives*, Springer International Publishing Switzerland, 2015, p.268.
⑤ 刘征峰:《家庭法中的类型法定原则——基于规范与生活事实的分离和整合视角》,《中外法学》2018年第2期。

中能够拥有何种身份，系由法律规定，不被允许自由创设。二是身份关系的内容法定。即身份关系的权利义务由法律规定，除非法律另有规定，当事人只享有为便于实施而将其具体化的自由。三是身份关系变动的方式法定。即当事人只能以法律规定的方式产生、变更和消灭身份关系。身份关系的类型法定原则意味着只有那些以法律规定的方式且按法律规定的内容形成的身份关系类型，才是为法律所认可的身份关系。而那些违反类型法定原则的"关系"则并非法律上的身份关系，其或者不为法律所关注，或者被判定为非法，从而不能受到法律的保护。

（二）家庭法上类型法定原则的原因

身份关系实行类型法定的原因不同于物权法定。物权法之所以实行物权法定，主要原因在于物权具有绝对性，若允许当事人任意创设，恐使第三人遭受不测之损害。而身份权则是具有特定身份的当事人之间可得行使的权利，主要是一种相对权。即使其在某种程度上具有绝对权的特点，但其存在主要是为了构建身份秩序，而不是为了对抗不特定的其他人，故不能将身份关系类型法定的原因归结为身份权的绝对性。在笔者看来，身份关系类型法定的原因主要包括以下几个方面。

首先，履行国家保障家庭权义务的需要。通说认为，所谓家庭权，是宪法赋予家庭及家庭成员享有的家庭生活受尊重和保障的权利。[1]这意味着立法者应通过构建完善的法律规范体系，使家庭获得国家立法的认可与保护，从而使家庭成为一种具有法律规范效力的制度，而不仅仅是一种社会生活事实。对于立法者而言，制定旨在维护和延续家庭的法律制度乃是其义务。[2]因此，国家有必要通过强行法的方式建构婚姻家庭制度，以最大程度地保障家庭权中亲属关系权利的实现。

其次，维护身份秩序及社会生活秩序安定的需要。婚姻、家庭具有维护人伦秩序、养育子女、对家庭成员提供照顾和慰藉以及稳定社会秩序等重要社会功能，故身份行为不仅涉及个人身份的变动，也涉及婚姻人伦秩序的维

---

[1] 张燕玲：《家庭权及其宪法保障——以多元社会为视角》，《南京大学学报》（哲学·人文科学·社会科学版）2011年第4期。
[2] 刘练军：《民法典应承载宪法对家庭之制度性保障》，《法制与社会发展》2018年第2期。

系以及子女健康成长等公共利益。而国家为确保婚姻、家庭秩序的稳定与圆满，对身份关系的类型、变动的方式以及当事人的权利义务，有必要制定相关规范予以明确，而不能完全交由个人自治解决。

最后，维护法律理想家庭形态的需要。婚姻、家庭虽然是一种生活秩序，但在纳入法律调整的范畴时，法律要建构的则是其所认为的理想秩序。而所谓家庭法，实际上是要求人们按立法者的设想开展家庭生活的规范体系。如此建构的婚姻、家庭模式必然是一种固定化的要求，而非私法自治的结果。反映到立法中，即法律对于理想家庭的形成、运行及解消，多基于意识形态的理想价值作强行规定，以确保立法目的的实现。

综上所述，家庭法实行身份关系的类型法定，乃是基于维护身份秩序、社会秩序等公共利益以及法律形塑理想化家庭模式的需要。这一认识有助于明确国家介入身份关系的界限，以及身份关系类型法定"定什么"和"不定什么"的范畴。具体来说，对于涉及公共利益的身份关系，法律应进行类型和内容的强制；而对于不涉及公共利益的家庭事务，法律则应给予私人自治更多尊重而不应强行干预。而后者，正是家庭法上类型法定原则不应统摄的范围。

（三）家庭法上类型法定原则的缓和

虽然类型法定原则对于维系法律理想家庭形态以及身份秩序具有重要意义，但其因限制了新型身份以及身份关系的发展，故也具有一定的局限性。而随着家庭观念的变迁以及科技的发展，如同物权法定原则，身份关系的类型法定原则也出现了一定的缓和，这主要体现在以下几个方面。

一是家庭模式多元化所导致的对新型身份的承认。基于对婚姻家庭的高度认同，现代家庭法向来以一夫一妻及其婚生子女所组成的核心家庭为规范重点，对于其他类型的家庭或者不予规范，或者予以制度性歧视。然而，随着社会的变迁，婚姻观念、生育观念呈现多元化趋势，家庭形态也从单一性向多元化发展，诸如异性非婚同居、同性同居、单亲家庭等家庭模式在实践中现实地存在，这给家庭法带来了极大的挑战。针对家庭建构的新观点认为，法律上的家庭制度，并非由社会演进自然形成的，而系由法律依其特定规范目的而形塑、建构并一再重构者。①因此，对核心家庭的特殊保障，并不能成为阻止法律承认其他家庭模式的理由。正是在这一观念的推动下，一些国家和地区在传统的婚姻家庭关系之外，逐渐将一些新型的家庭关系（如同性婚姻、同性伴侣、异性非婚伴侣等）纳入法律的调整范围，当事人因此获得相应的身份，这使身份关系的类型得以丰富化。②

二是人类辅助生育技术发展所导致的亲子关系产生方式的变化。繁衍后代是人类基本的愿望之一，也是传统意义上家庭的重要功能，那些有生育意愿但出于身体原因而无法生育的人毫无疑问是痛苦的。人类辅助生育技术的诞生，给部分不孕夫妇带来了福音，同时也使代孕成为可能。所谓代孕，是指由委托父母与代孕者协商，将通过医疗技术培育成功的受精卵移植到代孕者的体内受孕，生育后将子女交由委托父母，由委托父母抚养并取得亲权的一种辅助生育技术。尽管代孕在一些国家和地区存在合法性障碍，并为法律所禁止，但有的国家和地区对其予以不同程度的承认，这使亲子关系的产生方式发生了改变。

三是家庭领域新型私人自治行为的出现。虽然身份关系的类型法定严格限制身份法上的私法自治，但应当看到的是，随着家庭观念的变化和社会经济的发展，身份领域自治色彩也愈加浓厚，一些原本由国家或法院掌控的事务逐渐纳入家庭自治的范围。例如，在英美法系，离婚一直是法院裁量权的范围，但越来越多的国家和地区允许当事人在婚前或婚内对离婚的后果予以预先约定。再如，收养的后果是被收养人与亲生父母的法律关系消灭，但在一些国家和地区，也开始允许当事人通过协议的方式确立不完全收养的方式等。

（四）家庭法上类型法定原则对身份行为的影响

身份行为是导致身份关系变动的重要原因，故如果从身份行为的角度来看，所谓身份关系的类型法定，在某种程度上也可以说是身份行为的类型法

---

① 施慧玲：《民法典亲属编之理想家庭图像：从建构制度保障到宽容多元价值》，《月旦民商法杂志》总第17期（2007年）。
② Elizabeth S. Scott, Robert E. Scott, "From Contract to Status: Collaboration and the Evolution of Novel Family Relationships," *Columbia Law Review* 115（2015）.

定,是指当事人可实施的身份行为的种类以及身份行为的内容是法定的。但这一原则在家庭法上的适用并不是绝对的,而呈现出一定的差异性。

对于以基本身份关系(如夫妻、父母子女等家庭身份关系)的变动为内容的身份行为,类型法定原则的适用较为严格。一方面,这意味着,当事人可得实施的能够导致基本身份关系变动的身份行为的类型是法定的,法定类型之外的行为不能发生身份法上的效果,并非身份行为。例如,两个同居男女之间的同居行为,并不能使其获得"配偶"的身份。另一方面,当事人所实施的身份行为的内容是法律规定的,除非法律允许,否则当事人并无权予以变动。

但对于以身份上权利义务的变动为内容的身份行为而言,类型法定原则的适用较为宽松。虽然其在某种程度上也呈现出类型法定的特点,例如,对于夫妻财产制协议而言,一些国家和地区的立法采取了封闭式立法模式,即当事人只能在法律规定的夫妻财产制中选择,而不能任意独创。但在协议的内容方面,当事人则具有更多的意思自治的空间。而无名家庭协议也并非一概为法律所排斥。

此外,在家庭法上类型法定原则缓和的背景下,传统的身份行为类型也存在扩张的可能性。例如,在承认同居伴侣亦为一种民事身份的国家和地区,同居协议即为形成相应身份的身份行为;在承认代孕合法性的国家和地区,代孕合同即为确定亲子关系的身份行为;在承认不完全收养的国家和地区,当事人之间所达成的不完全收养合意亦为一种身份行为。而许多家庭协议如婚前以离婚为预设的婚姻财产协议等也突破了禁区,为越来越多的国家和地区所认可。

二 身份行为的类型体系

在类型法定原则之下,各国及地区对于身份行为领域内私人秩序的容许程度不一,这使不同立法例之下身份行为的类型也有所不同。下面主要立足于我国民法典,并基于前文关于身份行为概念的分析及身份行为理论,对身份行为的类型予以理论层面的梳理,以便将符合身份行为本质特征的行为纳入这一范畴,并归纳出符合身份行为特性的处理规则。

（一）基本身份行为、衍生身份行为与补助身份行为

1. 基本身份行为

所谓基本身份行为，是指以基本身份关系（身份结合本身）变动为直接目的，且可以直接使身份关系发生变动的身份行为。对于此种行为，学界多以纯粹身份行为或形成的身份行为称之，但笔者认为上述称谓不足以体现此种行为在身份行为类型体系中的地位，故使用"基本身份行为"这一表述。基本身份行为有如下特点：其一，其系婚姻财产协议、离婚协议等以身份权利与义务为内容的身份行为的基础，就在身份行为类型体系中的地位而言，具有基础性；其二，其目的及效果在于直接引发身份的变动，其就法律效果而言，具有形成性；其三，身份变动的结果是使法律所规定的权利义务全部发生，不存在依当事人的选择而部分发生效力的情形，故其就内容而言，具有概括性。

基本身份行为主要包括两种类型。一是创设性身份行为。其是指能够产生身份关系，即导致身份关系从无到有发生积极变动的身份行为，主要包括结婚、收养、非婚生子女的任意认领等。二是解消性身份行为。其是指能够消灭身份关系，即导致身份关系从有到无发生消极变动的身份行为，主要包括协议离婚和协议解除收养等。此外，随着类型法定原则的缓和，为一些国家和地区所认可的代孕协议、不完全收养协议及相应的解除协议等也属于基本身份行为。

2. 衍生身份行为

所谓衍生身份行为，是指称以具体身份关系（身份上的权利义务）的变动为目的而实施的身份行为。衍生身份行为的存在，表明私人自治的适用在现代家庭法中已经从身份行为的形成、解消扩展到婚姻家庭中的权利、义务。与基本身份行为相比，衍生身份行为具有以下特点：其一，其建立在既有身份关系的基础上，以身份上的权利义务为内容，相对于基本身份行为而言，具有衍生性；其二，其法律后果并非引发身份本身的变动，而是引发身份上权利义务的变动，其就效果而言，或具有形成性，或具有请求性，或具有支配性；其三，其所涉及的权利义务并非身份上权利义务的整体，而是其中某些具体的方面，故其就内容而言，具有具体性。

衍生身份行为可以分为双方或多方行为即身份关系协议以及单方行为。除监护遗嘱等极少数单方行为外，大部分衍生身份行为是身份关系协议，包括但不限于以下几种：（1）婚姻关系协议，如夫妻财产制协议、离婚财产分割协议等；（2）父母子女关系协议，包括夫妻离婚时达成的子女抚养、探望协议，子女与父母之间达成的赡养协议等；（3）其他身份关系协议，如收养关系协议、监护关系协议等。

3. 补助身份行为

在法律行为类型体系中，补助行为是指不具有实质内容，仅作为其他法律行为生效要件的法律行为，典型的如法定代理人的同意等。[①]身份行为中的补助行为也主要表现为第三人对他人身份行为的同意或许可。此类行为的目的在于使他人的身份行为发生效力，最终导致身份关系的变动，故其也可以纳入身份行为的范畴。

补助身份行为在各国及地区的民法上主要有两种表现。一是作为身份行为参与权的同意。即他人的身份行为将会对第三人的身份关系产生重大影响，故使第三人以同意权人的地位参与该身份行为，典型的如有的国家规定的收养人的配偶、被收养人的生父母对收养行为的同意等。在我国，《民法典》第1096条规定，监护人送养孤儿时，应征得对孤儿有抚养义务的人的同意。此处之"同意"即为此类补助身份行为。二是行为能力补足的同意，如有的国家规定的行为能力欠缺者的法定代理人对其签订夫妻财产制协议的同意等。在我国，鉴于身份行为所具有的人身属性和确定性，原则上并不存在第三人补足身份行为能力的可能性，故此类补助身份行为在我国不应得到承认，后文将作详述。

（二）人身性身份行为、财产性身份行为和混合性身份行为

人身性身份行为是以身份本身或人身非财产性权利义务为内容的身份行为，基本身份行为、探望权协议即属此类。财产性身份行为是以财产性权利义务为内容的身份行为，夫妻财产制协议、离婚财产分割协议等皆属之。混

[①] 张俊浩主编《民法学原理》（修订第三版上册），中国政法大学出版社，2000，第247页；〔德〕维尔纳·弗卢梅：《法律行为论》，迟颖译，法律出版社，2013，第1064页。

合性身份行为是以兼顾人身性和财产性的权利义务为内容的身份行为，典型的如子女抚养费协议、赡养协议以及监护协议等。

值得说明的是，一些学者以财产性或混合性身份行为发生财产关系变动的法律后果为由，将其纳入财产行为的范畴。[①] 笔者认为这一观点尚值商榷。诚然，上述行为均以财产为内容，所发生的后果也是财产关系的变动，但仅以此为由将其排除在身份行为之外未尽妥当，因为在一个行为具有多个要素或特征的情形下，对其性质的认定不能仅从其中之一而得出结论，必须从其整体属性和核心特质出发予以把握，这样才能形成针对其本质特性的法律规则。

应当看到的是，对于子女抚养协议、赡养协议而言，其目的在于发挥婚姻家庭特有的养老育幼功能，所关涉者乃身份上的核心权利义务，其身份法的属性更为深厚。对于婚内财产协议或离婚财产协议这类协议而言，协议订立或者是为了维系夫妻共同体，或者是为了对夫妻共同体解消时的财产予以清算，其所指向的财产关系均属于夫妻关系的范畴，争多竞少并非建立在等价有偿的基础上，而往往凝聚了当事人就家庭贡献、个人过错等多方面因素的考量，体现了一种不同于纯粹财产契约的伦理性特点，故上述协议虽然具有一定的财产内容，但就内核而言仍属于身份法的范畴。

综上所述，虽然上述身份行为均涉及财产关系的变动，但此种财产关系作为身份关系的一部分，其变动并非纯粹的经济利益的再分配，而是以满足家庭成员共同生活的需要为目标，这使身份财产关系具有显著的家庭伦理特征和永久的身份特性。故从此种身份行为的整体属性和核心特质出发将其认定为身份行为更为妥当。[②]

（三）主身份行为和附随身份行为

主身份行为和附随身份行为是对两种相互依存的身份行为的分类。能够独立存在的身份行为为主身份行为，基本身份行为均属主身份行为。不能独立存在的、需依附于主身份行为的为附随身份行为，诸如夫妻财产制协议、

---

① 陈永强：《夫妻财产归属约定的法理明晰及规则适用》，《中国法学》2022年第2期。
② 姚辉：《夫妻财产契约中的物权变动论》，《人民司法》2015年第4期。

离婚财产分割协议、离婚时的子女抚养协议等皆为附随身份行为。需要注意的是，附随身份行为均为衍生身份行为，但是衍生身份行为并不均为附随身份行为。例如，赡养协议就并非依附于基本身份行为而存在。

三 身份行为类型的排除

（一）婚约

所谓婚约，系指当事人为结婚而作的事先约定。对于婚约的性质，学界不无争议，有财产行为说、纯粹的身份行为说、特殊的法律行为说[①]以及具有预约性质的契约说[②]和仅产生道德约束力的事实行为说[③]等不同的观点。对此，笔者认为，虽然婚约在古代具有重要意义，但其在现代社会已丧失身份法上的地位。婚约本身并不产生当事人之间身份变动的结果，故并非基本身份行为；且其所约定者并非身份上的权利义务，故也并非衍生身份行为。而由于其本身并没有法律强制力，应将其界定为具有道德拘束力的情谊行为。[④]

（二）对瑕疵身份行为的撤销

在身份行为存在效力瑕疵属于可撤销行为时，法律即赋予一方当事人以撤销权，撤销权人可依单方意思表示使该行为归于无效，而此种行使撤销权的行为即为撤销行为。典型的，如《民法典》第1052条、第1053条所规定的对婚姻的撤销。此种行为虽然在我国民法上需要通过诉讼方式行使，但仍属于单方法律行为意思自治的范畴。[⑤]撤销行为虽然在后果上也能够引起身份关系的变动，但由于其系直接针对"身份行为"而非"身份关系"，不属于身份行为的范畴。[⑥]

---

① 戴瑀如：《身分行为的特殊性》，《月旦法学教室》总第93期（2010年）。
② 金眉：《民法典体系下的婚约性质之辨》，《政法论坛》2022年第6期。
③ 谢鸿飞：《法律行为的民法构造：民法科学和立法技术的阐释》，中国社会科学院研究生院2002年博士学位论文，第104页。
④ 冉克平：《"身份关系协议"准用〈民法典〉合同编的体系化释论》，《法制与社会发展》2021年第4期。
⑤ 许中缘：《论民法中单方法律行为的体系化调整》，《法学》2014年第7期。
⑥ 张作华：《亲属身份行为基本理论研究》，法律出版社，2011，第33页。

(三）继承法上具有财产相关性的行为

此类行为最为典型的体现是继承权放弃、遗嘱及遗赠扶养协议。这三类行为均为继承法上的法律行为，关于三者的性质，学界争议较大，有身份行为说[①]、财产行为说[②]以及兼具身份行为和财产行为的双重属性说[③]等不同的观点。对此，笔者认为，继承权放弃的直接结果是遗产财产权利的丧失，遗嘱的直接目的也在于实现个人自由和私有财产权利，二者均非以身份关系变动为直接目的，故就整体属性来看，将二者定位于财产行为更为恰当。至于遗赠扶养协议，虽然"扶养"一词似乎具有身份色彩，但扶养人为法定继承人之外的个人或组织，协议的订立并非为了建构家庭关系或履行家庭法上的义务，因此，遗赠扶养协议并非身份行为，而是财产行为。[④]更具体来说，其是实现财产与扶养行为交换的财产协议。[⑤]

在上述认识的基础上，身份行为的类型体系如图1-1所示。

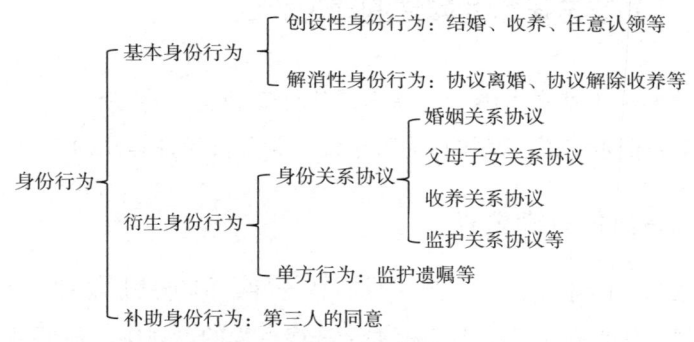

```
                    ┌─ 创设性身份行为：结婚、收养、任意认领等
         ┌─基本身份行为─┤
         │          └─ 解消性身份行为：协议离婚、协议解除收养等
         │                      ┌─ 婚姻关系协议
         │          ┌─身份关系协议─┤ 父母子女关系协议
身份行为 ─┤ 衍生身份行为─┤            │ 收养关系协议
         │          │            └─ 监护关系协议等
         │          └─ 单方行为：监护遗嘱等
         └─ 补助身份行为：第三人的同意
```

图1-1　身份行为的类型体系

需要说明的是，虽然从分类的周延性角度而言，身份行为包括上述三种类型，但其主体显然是基本身份行为和衍生身份行为。至于补助身份行为，其仅作为特定身份行为的效力控制机制而存在，且并无实质内容，故在身份

---

① 王泽鉴：《民法总则》，北京大学出版社，2009，第256页；刘凯湘：《民法总论》（第三版），北京大学出版社，2011，第273页。
② 杨代雄：《法律行为论》，北京大学出版社，2021，第87页。
③ 史尚宽：《继承法论》，中国政法大学出版社，2000，第265页。
④ 缪宇：《遗赠扶养协议中的利益失衡及其矫治》，《环球法律评论》2020年第5期。
⑤ 何丽新：《论遗赠扶养协议的扩张适用》，《政法论丛》2012年第3期。

行为类型体系中并不具有实质意义。有鉴于此，本书的研究主要围绕基本身份行为和附随身份行为展开，但有关身份行为的共通性结论对补助身份行为也有适用的余地。

第四节 身份行为的法律属性

身份行为是否属于法律行为，关系到此类行为在民事法律事实中的体系定位，这对其理论建构具有重要意义。[①]针对这一问题的争议主要围绕基本身份行为而展开，故本节主要围绕基本身份行为之法律行为属性问题展开分析，在此基础上再对身份行为的法律属性予以归纳总结。

一 身份行为之法律行为属性的理论争议

目前学界对于基本身份行为是否属于法律行为，存在法律行为肯定说、法律行为不完全否定说、法律行为否定说、关系行为说等几种不同的观点。

（一）法律行为肯定说

该说认为，基本身份行为虽然具有特殊性，但仍然是法律行为的一种。例如，在德国学者拉伦茨、弗卢梅关于法律行为的论述中，他们都认为亲属法上的法律行为具有特殊性，但仍将其纳入法律行为的框架予以探讨，并未将其排除在法律行为之外。我国学者也多支持该说。如在论及结婚行为时，有学者认为，结婚行为是以当事人的意思表示为核心，以发生夫妻关系的法律上效果为目的的法律行为。[②]不少学者将这一认识进一步提升，认为结婚、协议离婚、夫妻财产制协议、协议收养等身份行为均是典型的法律行为，[③]

[①] 对于大陆法系民法上的"法律行为"，《民法典》称为"民事法律行为"，本书在同一意义上使用这两个概念。
[②] 鲁春雅：《法律行为制度研究》，法律出版社，2019，第193页。
[③] 申晨：《民法典婚姻家庭编的回归与革新》，《比较法研究》2020年第5期；杨代雄：《法律行为论》，北京大学出版社，2021，第87页。

并认为身份行为实为法律行为的下位概念,"其与债权行为、物权行为一样,皆为法律行为的特例"。①

(二)法律行为不完全否定说

该说认为,基本身份行为并不具有法律行为的全部特征。日本中川善之助教授持此观点。该说的立论基础为事实先在性理论。所谓事实先在性,是指亲属身份的种类和内容均在人伦秩序上早已确定,即较法律规范"先在地"存在,故为了变动身份关系而为的身份行为,往往仅具有宣示性,而不像财产行为那样具有创设的效果。②例如,非婚生子女的任意认领,只是对已经存在的亲子关系所为的宣示而已。同样,结婚的行为是对男女双方已经具有的感情基础的宣示;两愿离婚仅是对已经破裂的婚姻关系予以确认宣示,而不是创设出一个破裂的婚姻;收养行为也不过是对已经存在的拟制的亲子关系加以确认宣示而已。③就此而言,基本身份行为虽然有当事人的自由意思,但意思的作用仅限于当事人意欲成立身份关系,并不具有法律行为应当具备的"设权性"特征。④然而,该观点并不否认基本身份行为的意思表示属性,只不过,其认为身份上的意思表示与身份事实为一体两面的关系,二者不可分离。⑤

(三)法律行为否定说

该说认为,基本身份行为并非法律行为。我国台湾地区学者陈棋炎先生持此种观点。其在事实先在性理论的基础上进一步作出阐述。一方面,身份先于意思表示而产生,在人类生活中,有何身份,该身份应有何内容,皆无意思表示干预之余地,是故"身份行为毋庸以意思表示为要素";另一方面,仅有身份行为并不能使身份法上的效果发生,须产生人伦秩序上亲属的身上的共同生活事实,始有发生亲属的身份法效果之可能。而身份上的共同生活事实,是法律制定以前

---

① 朱庆育:《法典理性与民法总则——以中国大陆民法典编纂为思考对象》,《中外法学》2010年第4期。
② 中川善之助『新订亲族法』(新订版)青林书院、1905、24页,转引自张作华《亲属身份行为基本理论研究》,法律出版社,2011,第45页。
③ 泉久雄「身分行为」星野英一编『民法讲座』(第7卷)有斐阁、1988、8页。
④ 冉克平:《民法典总则的存废论——以民法典总则与亲属法的关系为视野》,载易继明主编《私法》(第15辑),华中科技大学出版社,2008,第307页。
⑤ 张作华:《亲属身份行为基本理论研究》,法律出版社,2011,第45页。

就已经存在的事实，法律不过是对既已存在的秩序加以规定而已。故亲属身份得丧的效果，是根据亲属的身份上的共同生活关系这一人伦秩序上的事实，而非依据当事人的效果意思和法律规定。①不难看出，该说深受事实先在性理论的影响，而且比该理论走得更远，不仅否定了基本身份行为的创设性，而且进一步否定了此种行为的表意性，从而在逻辑上否定了基本身份行为的法律行为属性。

（四）关系行为说

该说认为，基本身份行为应属关系行为。所谓关系行为，是指将法律关系直接作为行为法效目标或客体的表意行为，其有别于传统意义上的法律行为。我国学者张作华博士持此观点。该观点建立在如下认识的基础上，即基本身份行为并不是对既已存在的身份关系的确认或宣示，而是一定程度上的创设。事实先在性并不能否定此种创设性。此种创设仍然是通过意思表示完成的，是故基本身份行为具有表意性，是表示行为。且身份关系在法律上发生何种权利义务均由法律规定，故基本身份行为虽然有当事人的自由意思，但并不具有法律行为应当具备的"设权性"特征。在此认识的基础上，该观点认为应当对传统法律行为的概念予以改造，即在传统的设权行为之外，承认一种新的法律行为类型——关系行为，其类型包括行使形成权的行为、物权行为以及设立合伙、法人或社团章程的共同行为。基本身份行为作为设立身份共同体的共同行为也属于关系行为，如此可将基本身份行为纳入法律行为的范畴。②

从上述争议来看，在基本身份行为是否属于法律行为的问题上，法律行为不完全否定说和法律行为否定说均以事实先在性为立论依据，而法律行为肯定说和关系行为说则均体现出对该理论的否定。故有必要首先针对事实先在性理论进行分析，再对身份行为是否具有法律行为的属性进行探讨。

二 事实先在性理论之反思

如前所述，对基本身份行为之法律行为属性持否定态度的观点皆以日

---

① 陈棋炎：《亲属、继承法基本问题》，台湾三民书局，1980，第599~601、129页。
② 张作华：《亲属身份行为基本理论研究》，法律出版社，2011，第192~212页。

本中川教授所提出的事实先在性理论为立论基础。该理论称谓中所谓的"事实"是指结婚、生子等身份事实；所谓的"先在"，即先于法律而存在。所谓的"事实先在性"即先有结婚、生子等事实，再由法律调整。其核心意思在于，虽然身份关系为法律所调整，但身份关系的内容和效力，大多以社会习俗为基础，故其作为一种人伦秩序在法律存在之前业已存在：先有身份生活事实，法律再为评价而加以规范；非先有法律，然后成立身份关系。身份行为实际上只具有对已经存在的身份事实的宣示功能，而并不具有创设功能。这构成了其与财产行为的本质区别，因为在财产法领域，常常是法律先行存在，财产行为仅在法律容许的范围内且符合法律所要求的要件后，才发生当事人希望发生的"事实"。例如，买卖行为必须在所有的要件都具备后，才发生所有权变动的事实，在此之前并不存在所有权转移的事实。①

事实先在性理论对于日本以及我国台湾地区有关身份行为的研究可谓影响至深，②我国大陆地区也有许多学者对此表示赞同，认为"事实先在性是亲属身份关系具有的重要品质"，③"其产生于亲属的自然属性，是人类社会得以延续和发展的最基本的人伦关系与社会基础"。④但即使在该理论的发源地日本，该说也受到强烈的质疑，质疑者认为该理论与法秩序不相符合。⑤在我国，也有学者认为，所谓的"事实先在性"对非婚生子女的自愿认领行为固然适用，但并不适用于结婚、离婚、收养等行为。⑥还有学者认为，"事实先在性"理论只能够解释或说明制定法与人伦秩序法的关系问题，但并不能以此否定身份行为的法律行为属性。⑦对此，笔者认为，事实先在性理论的确揭

---

① 王泽鉴：《民法概要》（第二版），北京大学出版社，2011，第504页。
② 史尚宽：《亲属法论》，中国政法大学出版社，2000，第18页；王泽鉴：《民法概要》（第二版），北京大学出版社，2011，第504页。
③ 姜大伟：《论〈民法总则〉对亲属身份行为的调整——兼评我国〈民法总则〉相关之规定》，《学术论坛》2017年第5期。
④ 夏吟兰、李丹龙：《民法典婚姻家庭编亲属关系通则立法研究》，《现代法学》2017年第5期。
⑤ 〔日〕青山道夫：《身份行为与〈民法〉第90条》，转引自〔日〕加藤雅信等编《民法学说百年史：日本民法施行100年纪念》，牟宪魁等译，商务印书馆，2017，第898页。
⑥ 冉克平：《论婚姻缔结中的意思表示瑕疵及其效力》，《武汉大学学报》（哲学社会科学版）2016年第5期。
⑦ 张作华：《亲属身份行为基本理论研究》，法律出版社，2011，第46~48页。

示出身份生活关系与身份法律关系以及法律规定之间的联系，但以此否定法律以及身份行为在身份关系建构中的作用则未免过于绝对。

首先，从法律关系与事实上生活关系之间的联系这一角度观察，可以发现，法律关系原则上均具有经验基础，即在法律调整之前，一般均存在"先在的"生活关系。不仅身份关系如此，财产关系亦如此。就身份关系而言，正是基于现实存在的父母子女关系、配偶关系，法律的调整才有基础。就财产关系而言，契约作为当事人通过自我约束进行自我决定的行为，便是先于法律存在的生活关系的典型代表。① 正如弗卢梅所言，许多法律行为在获得法律认可之前即已存在于人们的交易活动中。② 如果说在这一点上身份关系与财产关系有什么区别的话，那就是，在将财产上的生活关系上升为法律关系的过程中，此种生活关系实际上根据立法者的意志和价值判断被适当地改造；相比之下，身份法更多地体现出对既存人伦秩序的尊重，不仅法律所承认的身份类型受到生活事实的限制，而且法律对身份上权利义务的规定也源于对伦理规则的肯定或确认。就此而言，与其说"事实先在性"是身份关系的特性，倒不如说"人伦秩序先在性"为此特性。既然生活关系先于法律而存在的"事实先在性"在财产关系中也存在，那么，我们并不因此否定财产行为的法律行为属性，而仅将其作为否定基本身份行为之法律行为属性的立论依据，这便缺乏足够的合理性。

其次，从身份关系的角度观察，应当看到，身份关系固然为一种客观生活关系，但在其已经为法律所调整的情形下，此种生活关系便上升为法律关系。当然，由于法律关系是被法律调整的生活关系，一个具体的生活关系只有在符合法律规定的要件时，才能够成为法律关系。身份关系也是如此，于符合法律要件之前，并不存在关于身份关系产生或消灭的"事实"。婚姻、收养、监护等身份关系概莫能外。正是因为婚姻和家庭必须依赖一定的法律规则而存在，这种存在便成为一种制度性事实而非单纯的生活事实。③ 就此而言，在现代社会，法律已经取代"人伦秩序的身份生活事实"而成为身份关系发生变动的依据，法律对于身份关系的基础和形塑作用不容忽视。然而，

---

① 陈自强：《法律行为、法律性质与民法债编修正》(下)，《台湾本土法学杂志》总第6期(2000年)。
② 〔德〕维尔纳·弗卢梅：《法律行为论》，迟颖译，法律出版社，2013，第27页。
③ 王锴：《婚姻、家庭的宪法保障——以我国宪法第49条为中心》，《法学评论》2013年第2期。

亲子关系似乎是一个例外，因为父母子女关系作为一种最紧密、最自然的血缘联系似与法律无关，无论法律是否规定，其均客观存在。但这一理解已经不能适应复杂的社会生活以及生殖技术的发展，在非婚生子女认领、代孕以及捐精的情形下，亲子关系显然只能通过法律的规定来认定。

综上所述，从法律关系的产生基础来看，单纯的身份上的生活事实的确先于法律而存在，但从身份关系的角度观察，在法律已将特定身份关系纳入法律调整的情形下，此种身份关系即身份法律关系，其基于法律存在，而非先于法律存在。亲子关系虽然说是一种例外，但这一例外并不足以全面否定上述结论。就此而言，以事实先在性理论为基本身份行为非法律行为的立论依据之妥当性尚值商榷。

三 身份行为之法律行为属性的证成

（一）法律行为的概念与特性

"法律行为"这一概念是理性法学的产物，其最早由德国学者海瑟提出并最终为《德国民法典》所接受。[1] 德国民法理论认为，法律行为是指个体基于法律秩序按照自己的意思形成法律关系的行为，其目的在于通过制定规则来形成、变更或消灭法律关系，在本质上是实现私法自治功能的工具性行为。[2] 源于德国民法的法律行为制度使私法自治原则得以贯彻和体现，同时也因其整合了合同、处分、结婚、遗嘱等诸多行为和零散的规则，而使民法更具有逻辑性和体系性，因此为许多大陆法系国家和地区的民法典所继受。《民法典》第133条将民事法律行为界定为"民事主体通过意思表示设立、变更、终止民事法律关系的行为"，其就内涵而言，与德国民法上的法律行为并无二致。

法律行为具有如下特征。一是目的性。法律行为的目的在于通过私人自治行为设定规则以产生、变更或消灭法律关系。二是表意性。法律行为的核心要素是意思表示，意思表示作为法律行为的技术特征，体现了个体

---

[1] 谢鸿飞：《论法律行为概念的缘起与法学方法》，《私法》2003年第1期。
[2] 〔德〕维尔纳·弗卢梅：《法律行为论》，迟颖译，法律出版社，2013，第28页。

在法律关系中的自我意愿和自我决定权。三是设权性。行为人通过意思自治方式所制定的规则一经获得法律的认可即在当事人之间发生法律效果，这意味着法律关系本身乃法律行为创设的结果。四是容许性。个体能够通过法律行为设定规则以形成法律关系，归根结底源于法律对此种行为的允许和认可。

（二）身份行为属于法律行为

笔者认为，尽管基本身份行为具有一定的特殊性，但其就法律属性而言，仍然可以纳入法律行为的范畴，理由如下。

1. 基本身份行为具有目的性和容许性

身份行为是以发生身份关系的变动为目的的行为，其与合同行为一样，旨在按照个体意愿自主形成法律关系。例如，结婚行为的目的是按照当事人双方的意愿形成婚姻关系；协议离婚行为的目的在于按照当事人双方的意愿解除婚姻关系。就此而言，身份行为毫无疑问具备法律行为所具备的自主形成法律关系的目的性。此外，基于身份关系的类型法定原则，身份关系应由何种行为产生、变更和消灭，均由法律明确规定，对于基本身份行为而言尤其如此，故身份行为具有容许性。

2. 基本身份行为具有表意性

法律行为的核心要素即意思表示，是否具有表意性是决定身份行为是否属于法律行为的关键因素。否定身份行为之表意性的主要立论依据是"事实先在性理论"，而正如笔者前文所述，这一理论只是表明身份上的生活关系先于法律秩序存在，并不意味着身份法律关系先于法律存在，更不意味着身份法律关系先于意思表示存在。身份行为作为身份法上的私人自治行为，以自主形成身份法律关系为目的，势必要求个人意愿的存在及其表示，故不可谓没有意思表示，而正是该意思表示构成了身份关系变动的基础。例如，对于结婚行为，虽然男女双方在结婚之前已经具有感情基础，但如果当事人没有缔结婚姻的意思表示，则不能成立婚姻关系；虽然婚姻关系双方在协议离婚之前感情已经破裂，但如果当事人没有解除婚姻的意思表示，则婚姻关系也不能自行终止。就此而言，身份行为并非无意思表示存在的余地。即使身份上的共同生活事实对于身份关系的维系至为重要，但无论如何强调此种重要性，也都不能否定身份行为中意思表示的存在，更不能否定意思表示与身份关系变动之间的联系。①

3.基本身份行为具有设权性

无论是法律行为完全否定说还是不完全否定说，均否定了身份行为的设权性，主要原因有二：一是基于事实先在性理论，认为身份关系先于法律而存在，作为身份关系变动原因的身份行为只是对身份关系的宣示，而非创设，故身份行为并不具有创设身份关系的目的和功能；二是认为法律行为的设权性意味着当事人可以依私人自治创设权利义务，但身份关系的权利义务却由法律规定，故身份行为不具有设权性。笔者认为上述理由值得商榷。

首先，对事实先在性理论的理解已如前述，事实先在性只意味着身份上的生活事实是法律调整的基础，并不意味着特定身份关系的形成能够先于身份行为而存在。例如，没有结婚行为或收养行为，就不可能"自动"形成婚姻关系或收养关系。即使非婚生子女认领行为以事实上亲子关系的存在为前提，但是，也唯有通过认领，才能取得法律上认可的亲子关系，这也是一个不争的事实。因此，在身份行为之前，实际上并无身份法律关系的存在，就此而言，身份行为应当具有创设身份法律关系的功能。

其次，诚如反对者所言，身份关系的内容系由法律规定，并非如合同行为那样完全由当事人的意思决定，但这并不能成为否定身份行为之设权性的充分理由。基本身份行为的法律后果有二：一是发生身份的变动，二是发生身份上权利义务的变动。前者显然是当事人通过私法自治行为发生的结果；至于后者，尽管其由法律规定，但应当看到的是，法律行为的要旨在于法律对个体在法律关系形成过程中"个人意愿"的认可，其强调正是行为人的意愿而非法律引导出法律效果。②就此而言，设权性的本质并不在于当事人可以完全自由地设定具体的权利义务，而在于其可以按照"自己的意思"形成法律关系。③至于当事人所享有的设权自由的范围和程度并非认定是否具有设权性的唯一或主要标准。如果将设权自由仅仅理解为"设立规则"的话，真正符合这一条件的恐怕就只有债权合同，诸如物权行为、公司设立行为均应排

---

① 张作华：《亲属身份行为基本理论研究》，法律出版社，2011，第47页。
② 常鹏翱：《事实行为的基础理论研究》，北京大学出版社，2016，第122页。
③ 〔德〕维尔纳·弗卢梅：《法律行为论》，迟颖译，法律出版社，2013，第28页。

除在法律行为之外。而事实上，民法理论从未否定过这两类行为的法律行为属性，因此，对于身份行为也应当作同样对待。

最后，应当看到的是，即使对于内容上具有设权自由的合同行为，也存在一定数量的法律规定的权利义务，但合同行为并不因此而被否定"设权性"。根本原因在于，这些法定的效果仍然是基于当事人之间的协议而产生的，是源于对私法自治的承认。这与那些仅以事实状态为基础并完全依据法律的规定产生法律后果的事实行为存在本质的区别。就此而言，当事人是否具有内容上的设权自由，以及多大程度上具有内容设定自由仅决定私法自治的范围，而不能作为判断表意行为是不是法律行为的标准。正是在这一意义上，无论是实行内容自由的合同行为，还是实行类型法定的物权行为，均被认定为法律行为。基于上述认识，身份关系的权利义务"虽然并非通过私法自治行为确定，但却是基于私法自治行为而产生"。[①]就此而言，身份行为并非不具有设权性，只不过与具有内容上设权自由的债权行为相比，其设权空间受到较大的限制而已。

至于有学者主张将基本身份行为界定为关系行为，再通过将关系行为纳入法律行为使身份行为纳入法律行为，笔者认为这并无必要。"法律行为"这一概念只是建立在"意思表示"这一所有法律行为共同特征的基础上，至于是否实行类型法定并非界定法律行为的标准。故从范围来看，其既包括内容和种类较为自由的债权行为，也包括实行类型法定的物权行为、身份行为等。因此，所谓的"关系行为"本身就已经在法律行为的涵摄范围之内，并无必要对法律行为的概念予以改造。但该观点敏锐地发现了"关系行为"区别于债权行为的特性，这一点值得称道。

综上所述，虽然基本身份行为在设权性上具有一定的特殊性，但在本质上仍然是自然人自主安排或设计私人生活、依其意愿塑造法律关系的法律工具，完全可以被"法律行为"这一概念所涵摄。[②]至于身份关系协议等衍生身份行为以及第三人的同意这类补助身份行为，其法律效果与典型法律行为一样，均由当事人的意思表示所决定，故在应定性为法律行为这一点上并无疑

[①] 〔德〕维尔纳·弗卢梅：《法律行为论》，迟颖译，法律出版社，2013，第5页。
[②] 冉克平：《论意思自治在亲属身份行为中的表达及其维度》，《比较法研究》2020年第6期。

义。就此而言，身份行为虽然类型多样，但在法律属性上均属法律行为。而且所有类型的身份行为均可以在法律行为的分类体系中找到对应的位置。例如，认领、第三人同意等属于典型的单方行为，结婚、协议离婚、收养、协议解除收养，以及夫妻财产制协议、离婚协议和赡养协议属于双方或多方行为等。

四 身份行为作为法律行为的特殊性

虽然身份行为与财产行为同属法律行为，但二者却存在本质上的差异，而身份行为的特殊性也正体现在其与财产行为的区别中。这主要表现在以下几个方面。

1. 法律效果的身份性

身份行为以发生身份关系的变动为目的，无论是身份本身的变动，还是身份上权利义务的变动，都具有浓厚的身份色彩，这突出体现在前文所述身份关系所具有的本质结合性、长期性、安定性、保护性、利他性等特征上。上述特征使身份行为与以发生财产法上效果为直接目的的财产行为具有本质区别，即使身份行为的内容包括财产内容，其因鲜明的身份伦理内核，也不能与财产行为被等同对待。

2. 意思表示的非理性、非计算性与高度的人身性

财产行为的主体被假设为具有完全理性的、完备的信息收集和处理能力的并追求自身利益最大化的经济人。[1]因此，财产行为中的意思表示具有计算性。但家庭是一个以伦理、感情、互惠、利他为基础和核心的领域，对于多数人而言，情感、对于家庭的爱和责任这些"非理性"因素对决定的影响更为重要。一个身份行为的实施者不能被期待像一个经济理性人那样"深思熟虑"地去作决定。故身份行为中的意思表示具有鲜明的非理性和非计算性特点。[2]此外，身份行为关涉身份上的共同生活以及个人福祉，因此必须体现当事人本人的意思，这使此种行为具有高度的人身性。

---

[1] 景玉琴：《经济学的理性传统》，《社会科学研究》2007年第2期。
[2] 于飞：《公序良俗原则研究——以基本原则的具体化为中心》，北京大学出版社，2006，第200页。

3. 内容的非交易性

浓厚的身份色彩使身份行为与财产行为相比，具有非交易性的特性。交易的本质是财产性权利的让渡，而财产性权利之所以可以被交易，是因为其内在地包含了劳动力成本和生产资料成本，可以用价格表示它的商品价值，这为其进入市场流通提供了基础。[1]而在身份行为中，无论是身份还是身份上的人身性权利，均非财产性权利，均不得以金钱来衡量其"价值"，故不能作为交易的对象。即使是财产性的身份关系协议也不例外。例如，对于夫妻财产制协议、离婚财产分割协议而言，虽然其在内容上具有财产性，但当事人实施此类行为的目的并非通过自己的"给予"从对方那里"换取"财产性权利，而是与对方建构新的关系或秩序，故不能认为维持或解除婚姻的承诺与财产权利的获得之间构成交易或交换的关系。

4. 意思自治的受限性

意思自治虽然是私法的核心理念，但无节制的自治有可能导致特定个体利益特别是社会公共利益的损害，故公权力的适度干预就成为必要，相较于财产行为，身份行为中的意思自治受到更多的限制。究其原因，主要在于身份行为除涉及当事人的利益外，还关乎社会秩序与社会公益。就基本身份行为而言，当事人对于身份的类型、形成或解消身份的途径以及身份上的权利义务并没有自由决定的空间。就子女抚养协议、赡养协议等涉及核心身份关系的身份行为而言，约定并不能免除扶养人的法定扶养义务；即使是自治空间较大的夫妻财产制协议等财产性身份行为，其内容也并非完全由当事人自主决定。就此而言，身份行为是一种意思表示受限的行为。而且越是接近身份关系核心领域，意思自治的空间就越小；而在身份关系的边缘领域，意思自治受限的程度相对较弱。

5. 形式上的强制性

身份行为作为创设、消灭、变更身份关系的行为，不仅涉及当事人的利益，也影响第三人的利益和公共利益，故除少数衍生身份行为外，绝大多数身份行为都有法定形式的要求。例如，在我国，结婚、协议离婚以及收养、协议解除收养均要求办理相应的登记，并要求当事人在登记人员面前作出相

---

[1] 何建华：《经济正义论》，复旦大学2004年博士学位论文，第159页。

应的意思表示。夫妻财产制协议、离婚协议等均要求书面形式。此种形式要件不仅是对身份行为形式的要求，也是对意思表示形式的要求。这在一定程度上体现了身份行为的严肃性和法律对于身份行为的重视。

　　正如德国学者弗卢梅所认为的那样，法律行为是一个抽象的概念，因其而存在的各种行为类型，如买卖合同、债权让与、所有权转移、结婚、遗嘱等，虽然均具有自己的个性，但都可以被置于抽象的法律行为概念之下去理解。[①] 将身份行为统辖于法律行为概念之下，不仅彰显了家庭法对个人意思自治的尊重，也使身份行为可以依托成熟的法律行为制度进行相应的理论建构。但与此同时，应当看到的是，"法律行为"这一概念只是对各种类型的法律行为的抽象，而非法律行为本身，各类法律行为之间不仅具有共性也具有差异性，而法律应当"基于每一法律行为的内容寻求不同的解决方案"。[②] 身份行为即属于法律行为类型体系中独具特色的一种，而针对其个性进行相应的制度建构正是本书的研究目的之所在。

---

① 〔德〕维尔纳·弗卢梅：《法律行为论》，迟颖译，法律出版社，2013，第27页。
② 〔德〕维尔纳·弗卢梅：《法律行为论》，迟颖译，法律出版社，2013，第39页。

第二章
身份行为体系化的证成及路径考探

第一节 身份行为体系化的提出及证成

一 身份行为体系化的提出

（一）体系化：一个法学的思维方式

"体系"（system）这一概念源于古希腊，其最初的含义指在宗教寺院内安设梁柱等建筑方面的基本作业。之后，其转指整体与部分的关系，也被用于描述所有种类的组合物。17世纪，随着自然科学以及哲学的兴起和发展，人们对于体系的认识也更加深入，体系被界定为"一个依原则所构成的知识整体"，或"一个经过穷尽枝分的整体"。[①] 由此，体系是由诸多个体按一定秩序和内在的意义关联构成的有机、统一整体。所谓体系化，是体系的动态概念存在，意指使事务具备体系的属性。体系化的任务就是将既有零散的知识依照一项统一的原则和逻辑联系起来，从而形成一个在逻辑上相互关系的理论架构，使知识以整体的方式表现出来。[②] 从常识上看，任何科学的理论建构都需要体系化，否则便是杂乱无章的，因此，体系性是科学最重要的特征，体系化为科学化所必需的"方法"。

法学作为一门科学，体系构建正是其走向科学化的必由之路，[③] 而体系化思维实际上是法学之科学属性的内在要求。法学的体系化思维早在罗马法时代就已经萌芽，并经近代法学家的努力而发扬光大。其内涵正如德国学者

[①] 黄茂荣：《法学方法与现代民法》，中国政法大学出版社，2001，第425、427页。
[②] 梁迎修：《方法论视野中的法律体系与体系思维》，《政法论坛》2008年第1期。
[③] 谢鸿飞：《民法典的外部体系效益及其扩张》，《环球法律评论》2018年第2期。

拉伦茨所言，法律体系强调各具体法律规范并非孤立存在，而是法秩序的一部分，其间有着一定的脉络关联，法学的重要任务即"发现个别规范、规整之间，及其与法秩序主导原则间的意义脉络"，并以体系的形式将之表现出来。[1]而体系化的结果，即形成一个逻辑清晰的、具有内在一致性的、至少在理论上无漏洞的规则体系。[2]此种体系化思维方式，以及基于此的法学体系化建构的意义，主要体现在以下几个方面。

一是有助于法学的科学化与可持续发展。一方面，体系化思维将法学中的各种概念、类型、规则等以整体的、逻辑的方式予以表现，使人们对法的认识更加概观、系统和理性，这有助于法学的科学化。另一方面，面对不断出现的新情况、新问题，法学体系本身所具有的自我繁殖、演进新知的能力，可以帮助人们在既有体系的基础上对学理和规范进行更高程度的拓展和分析，以应对不断变化的社会实践。这使看似封闭的内容因体系的存在而具有了开放性和延伸性，有助于推动法学的可持续发展。[3]

二是有助于立法的科学化。以实定法为研究对象的法学与其他学科的不同在于，其不是认知性或描述性的，而是规范性的，正如有学者所言，"法学就法规范内容所作的陈述，其本身对于该规范内容亦有影响"，[4]法学的体系化实际上是对法律规范体系的理论建构，其目的就是发现并建立法律规范之间的内在关联，使法规范形成一个和谐统一的整体。立法者在立法时如果能够遵循已经相对稳定的理论体系，就不会造成法律规范之间的矛盾与冲突。就此而言，法学的体系化有助于促进法律体系的科学化。

三是有助于法律的适用。一方面，体系具有枝分性特征，其所包含的概念、类型等工具以及涵摄的思维方法为系统掌握并理解法律规范提供了便利，有效降低了法律适用的难度。另一方面，体系也具有法律解释的功能。体系化思维意味着，法官在适用法律时，不能孤立地、恣意地理解任何一个法律规范，而必须根据特定规范的立法精神、上下文关系以及在某个法域甚

---

[1]〔德〕卡尔·拉伦茨：《法学方法论》，陈爱娥译，商务印书馆，2003，第16页。
[2]〔德〕马克斯·韦伯：《经济与社会》（下卷），林荣远译，商务印书馆，1997，第16页。
[3] 赵宏：《基本原则、抽象概念与法释义学——行政法学的体系化建构与体系化均衡》，《交大法学》2014年第1期。
[4]〔德〕卡尔·拉伦茨：《法学方法论》，陈爱娥译，商务印书馆，2003，第77~78页。

至整个法律体系中所处的位置，作出符合体系的解释，如此可以保障法律解释的正确性与统一性，避免司法活动中可能存在的个案恣意及体系违反。①

四是有助于确保法的安定性和正义目标的实现。法的安定性要求法院必须依法裁判并在司法中实现"类案类判"，这一目的的实现有赖于法律的一致性、持续性和稳定性。而体系化使法律成为一个可以自洽、自足并具有稳定性和可预期性的领域，法官可以依据客观的事实、明确的规则和充分的逻辑进行法律解释和裁判，由此保障了法律的安定性。②同时，法体系所具有的一致性使法律规范在价值判断上保持高度统一，有助于法律的终极目标即正义价值的实现。

（二）体系化思维在身份行为理论建构中的适用

鉴于体系化所具有的重要价值，体系化思维方法遂成为法律理论建构所必需的基本方法。这一方法不仅适用于法学整体或某一个部门法，也适用于特定的法律制度。身份行为制度虽然处于法学体系中位阶较低的位置，但"联通的神经、血脉却贯通着整体"。身份行为作为一类特殊的法律行为，不仅有着迥异于财产行为的特质，而且与民法典总则编以及其他各编均具有一定的意义关联，其制度设计应如何实现与民事法律行为规范的衔接，是否能够又应如何完成其自身的体系构建就成为需要认真研究的问题。正是在这个意义上，笔者提出了身份行为的体系化这一观点。

所谓身份行为的体系化，即发现、建立各身份行为法律规范之间的内在关联，并依据一定的合乎逻辑和目的的方法将其组织为一个有机整体的过程。这不仅包括将各种分散的身份行为法律规范建构为一个整体，还包括将身份行为制度归于既有的民事法律行为制度体系下，使身份行为规范的脉络以整体、系统的面貌呈现。这一体系是以身份行为法律规范为基础并利用概念、类型、原则、规则、法解释学等元素构建的理论体系，是法学体系中民法学体系下的"子体系"。然而，上述结论仅是依循法学体系化思维得出的结果，如果此种体系化并不具有必要性或可行性，而仅仅是一个逻辑推演结

---

① 顾祝轩：《体系概念史——欧陆民法典编纂何以可能》，法律出版社，2019，第191页。

② 谢鸿飞：《民法典的外部体系效益及其扩张》，《环球法律评论》2018年第2期。

果的话，则无异于为了体系化而建构一个"空中楼阁"式的理论，显然并无实益。因此，对于身份行为的体系化，尚需从其必要性和可行性两方面予以证成。

二 身份行为体系化的必要性与可行性

（一）立法视角下身份行为体系化的必要性

1.我国身份行为的立法现状

在《民法典》之前，我国有关身份行为的立法主要在《婚姻法》《收养法》《民法通则》以及相关司法解释中，这些规定大部分被《民法典》所吸收，同时《民法典》也有进一步修正和完善。《民法典》中的身份行为主要有结婚、协议离婚、收养、协议解除收养等基本身份行为，以及夫妻财产制协议、离婚协议、赡养协议等衍生身份行为。《民法典》相关规定主要包括以下几个方面。

（1）婚姻家庭编对于身份行为的规定。婚姻家庭编是对《婚姻法》和《收养法》的整合、编纂，集中体现了民法典对身份行为的规范，较之前的规定，主要在以下几个方面予以完善。一是对婚姻的实质要件以及无效婚姻、可撤销婚姻的事由进行了修正，删除了禁止疾病婚以及疾病婚无效的规定，将隐瞒重大疾病增设为可撤销婚姻的事由（第1053条）；同时在婚姻被宣告无效和撤销的后果中增加了无过错方的损害赔偿请求权（第1054条第2款）。二是在协议离婚中增加了离婚协议内容方面的要求。即离婚协议应当有离婚合意，以及在子女抚养、财产及债务处理等方面的意思合致（第1076条第2款）。三是完善了收养关系成立的要件，但在收养行为以及协议解除收养行为的效力瑕疵等问题上则无太大的变化。

（2）总则编对于涉监护关系身份行为的规定。一是增设了父母可以以遗嘱的形式为子女设定监护人（第29条），二是规定了多个具有监护资格的人之间可以通过协议确定监护人（第30条），三是增设了成年人可在具有完全行为能力时以协议的方式预先为自己设立将来可能需要的监护人（第33条）。

（3）合同编的相关规定。这主要是指《民法典》第464条第2款，该条文规定，对于涉及婚姻、收养以及监护的身份关系的协议，在没有特别法律规定时，可以根据其性质参照适用合同编的规定。该条文在一定程度上将身份关系协议纳入合同法的调整范围。

除《民法典》之外，民法典司法解释以及其他相关法律法规也有关于身份行为的规定，这主要包括以下三种。一是《最高人民法院关于适用〈中华人民共和国民法典〉婚姻家庭编的解释（一）》（以下简称《民法典婚姻家庭编解释一》）中的有关规定，如其第45条、第48条、第52条对于父母离婚时签订的子女抚养协议的规定，第69条对于诉前离婚协议以及登记离婚后离婚协议效力的规定，第70条对于离婚财产分割协议撤销的规定，等等。二是《最高人民法院关于适用〈中华人民共和国民法典〉总则编若干问题的解释》（以下简称《民法典总则编解释》）中的有关规定，如其第7条、第8条、第11条针对监护遗嘱、协议监护、意定监护协议等问题作出了明确的规定。三是《老年人权益保障法》第20条对于赡养协议的规定等。

2.现行立法上身份行为制度的体系缺陷

虽然我国现行立法有关身份行为的规定较之前有了较大的完善，但如果以体系化的视角检视之，则仍然存在一定的问题，这主要表现在以下几个方面。

一是身份行为制度各自为政，未能形成一个体系化的整体。如前所述，《民法典》对于身份行为的规定主要集中在婚姻家庭编，且各具体身份行为分散规定在该编的各个部分，如结婚行为规定在结婚制度中，离婚行为、离婚财产分割协议规定在离婚制度中，夫妻财产制协议规定在家庭关系中等。这样的安排与婚姻家庭编本身的特点有关，因为婚姻家庭编是将与家庭相关的法律关系放在家庭法的大类下进行聚合处理，其建立在彼此生活事实相类似的基础之上，而并非如合同编、物权编那样是根据法律后果的相似性提取"公因式"的产物，① 故对各具体身份行为只能在不同的生活事实中予以规定。也正因如此，各具体身份行为的制度设计缺少应有的脉络关联，未能形成一个体系化的架构。例如，对于婚姻的效力瑕疵而言，《民法典》规定了无效和可撤销两种瑕疵类型，但对于收养的效力瑕疵，则只规定了无效一种，至于收养是否存在可撤销这种瑕疵类型，则不得而知。对于民事行为能力不完全者实施的身份行为，依《民法典》第1113条，收养应当是无效的；但依第1051条以

---

① 王泽鉴：《民法总则》，北京大学出版社，2009，第21页。

及《民法典婚姻家庭编解释一》第17条，结婚行为的效力似乎并不受影响。①

二是身份行为制度内容不完整，存在法律漏洞。例如，无论是结婚、协议离婚、收养还是协议解除收养，法律均规定以登记为要件，但对于当事人未登记应如何评价，则未设明文；再如，关于身份行为的效力瑕疵，《民法典》对婚姻设置了无效和撤销两种瑕疵形态，对于收养和离婚财产分割协议，则仅分别规定了无效或撤销，对于其他身份行为，则未设明文。那么，其他身份行为是否也存在无效及撤销的可能性？又如，对于婚姻的无效及撤销，法律仅规定了重婚、有禁止结婚的亲属关系和未达法定婚龄三种无效事由，以及胁迫和隐瞒重大疾病两种撤销事由，那么，行为人欠缺身份行为能力、存在重大误解或其他欺诈行为的情形，是否影响婚姻的效力？还有，对于"有关身份关系的协议"，依《民法典》第464条第2款，在婚姻家庭编未予规定时，可以参照其性质适用合同编的规定，那么，何谓"有关身份关系的协议"？"依其性质参照适用"又应当作何解释？在依其性质不能参照适用合同编时又应当如何处理？对于这些问题，《民法典》并未给出相应的答案，从而存在较大的解释空间。

三是与《民法典》总则编的法律适用关系不甚清晰。从《民法典》的体例安排来看，除监护关系之身份行为规定在总则编外，有关婚姻、收养等身份行为均规定在婚姻家庭编，虽然学界通说将身份行为纳入民事法律行为的类型体系，但由于长期以来我国的婚姻家庭法游离于民法之外，其与民法总则的关系实际上处于割裂状态，即使回归民法成为民法典的一部分，其区别于财产法的"特殊性"也使得其与民法典"貌合神离"。这主要表现在目前有关身份行为的规定与民法总则中法律行为规范的关系并未得到厘清：相关规定或者与民法总则中的规定一致（如关于婚姻无效及被撤销的后果），或者对民法总则采取了选择性适用（如婚姻无效及或撤销的事由），或者存在制度缺失（如婚姻或收养不成立的缺失，以及协议离婚及协议解除收养效力的缺失）等。而对于婚姻家庭法未予规定的事项，能否适用民法总则特别是民事法律行为的规定，以及若有适用，适用的范围和程度如何，直接关系到身份行为制度所存在的法律缺失能否通过总则编予以弥补的重大问题，这一

---

① 《民法典》第1051条仅规定了婚姻的三种无效事由，依《民法典婚姻家庭编解释一》第17条，当事人以《民法典》第1051条规定的三种无效婚姻以外的情形请求确认婚姻无效的，人民法院应当判决驳回当事人的诉讼请求。

问题大大困扰了民法学者特别是家庭法学者，被称为"迎面就压得透不过气来的学问上重大压力"。①虽然《民法典总则编解释》第1条第1款对分则各编规范缺失情形下总则编的适用予以肯定，但"根据其性质不能适用的除外"的规定使此种适用仍然面临着不小的困境。

四是身份行为的制度设计未能充分体现出家庭法的特色。如前所述，身份行为作为家庭法上的行为，具有浓厚家庭法特色。而与财产法相比，家庭法的特色在于其重视婚姻家庭关系的安定性、伦理性以及对女性、未成年子女等特殊利益者的保护。从目前身份行为的立法来看，上述特色虽然有所体现，但在如何全面贯彻上述理念以使身份行为的制度设计与整个家庭法的原则和价值取向相协调这一点上，现行立法尚有不足。不仅身份财产法与一般财产法趋于一致，就连纯粹身份法也依循财产法的规则进行设计，"身份法俨然成了财产法的再现"。②例如，根据《民法典》第1054条第1款和第1113条第2款的规定，无效的或者被撤销的婚姻以及无效收养均自始没有法律约束力。那么，在婚姻或收养关系当事人已经依法尽到相应义务的情形下，使当事人的关系回到"原点"是否可能，是否公平？再如，对于夫妻财产制协议或离婚财产分割协议，婚姻家庭编对其内容并无限制，对协议可能存在的缔约地位不平等以及实质不公平少有考量，这不仅使家庭法的特色未能充分体现，在一定程度上也制约了婚姻家庭功能的实现。

（二）司法实践视角下身份行为体系化的必要性

在司法实践中，结婚、离婚、收养、夫妻财产制协议等身份行为引发的纠纷不在少数，但由于现行身份行为立法较为粗疏，司法实践在处理这类纠纷时，存在着不少难题和分歧，这主要表现在以下几方面。

一是对于民法总则的规定能否适用于婚姻家庭法未予规定的情形存在分歧。例如，对于当事人请求确认协议离婚无效的，有的法院以不属于民事诉讼的受案范围为由驳回，③有的法院则适用民法总则的规定予以处理；④对于请

---

① 陈棋炎：《亲属、继承法基本问题》，台湾三民书局，1980，第2页。
② 李拥军：《我们期待着属于中国的家庭法》，《法制与社会发展》2019年第4期。
③ 参见湖南省新化县人民法院（2019）湘1322民初1622号民事裁定书。
④ 参见上海市闵行区人民法院（2009）闵民一（民）初字第2247号民事判决书。

求确认"假结婚"无效的，有的法院以婚姻法未予规定为由不予支持，①有的法院则判决结婚行为无效；②对于请求确认欠缺行为能力的当事人所缔结婚姻或离婚无效的，有的法院以法律并未禁止限制行为能力人缔结婚姻为由认为婚姻并非无效，③有的法院则以登记离婚已由行为能力欠缺者的法定代理人追认为由确认离婚有效。④

二是对于登记要件欠缺或登记程序瑕疵对当事人实体关系的影响存在分歧。例如，对于欠缺登记要件的"婚姻"，法院多认为双方系同居关系；而对于欠缺登记要件的"收养"，有的法院认为收养关系不成立，⑤有的法院认为收养行为无效，⑥有的法院则认为其不影响收养关系的成立。⑦再如，在当事人以登记存在瑕疵而主张结婚或离婚行为无效的情形下，法院多以不属于民事诉讼受案范围为由驳回起诉；而在相关收养民事纠纷中，有的法院则认为程序瑕疵不影响收养的效力。⑧此外，对于双方或一方未亲自办理登记的情形，有的法院认为进行了婚姻登记即表明意思表示已达成，故婚姻关系已经成立；⑨有的法院则认为当事人之间不存在婚姻关系。⑩

三是对于身份关系协议纠纷的裁判存在规则不一或有失公平的现象。一方面，对于何谓身份关系协议，司法实践的认识颇不一致。从裁判文书来看，几乎所有发生在婚姻家庭领域的协议如夫妻财产制协议、离婚协议、夫妻忠诚协议、子女抚养协议等，都曾在不同的裁判文书中被界定为身份关系协议，但也不乏持反对观点者。另一方面，对于身份关系协议的效力认定规则存在认识上的分歧。由于我国民法对于身份关系协议的内容并未作限制，当事人以离婚协议或夫妻财产制协议显失公平（如协议约定一方净身出户）

---

① 参见湖北省武汉市武昌区人民法院（2018）鄂0106民初2640号民事判决书。
② 参见河南省唐河县人民法院（2015）唐民一初字第992号民事判决书。
③ 参见北京市西城区人民法院（2015）西民初字第8582号民事判决书。
④ 参见吉林省高级人民法院（2019）吉民申2923号民事裁定书。
⑤ 参见云南省迪庆藏族自治州中级人民法院（2021）云34民终169号民事判决书。
⑥ 参见重庆市开州区人民法院（2019）渝0154民初3855号民事判决书。
⑦ 参见江苏省南通市中级人民法院（2017）苏06民终1496号民事判决书，该案被评为2017年度全国法院十大民事行政案件之一。
⑧ 参见江苏省南通市中级人民法院（2017）苏06民终12号民事判决书。
⑨ 参见山东省济南市中级人民法院（2014）济民五终字第185号民事判决书。
⑩ 参见黑龙江省齐齐哈尔市铁锋区人民法院（2015）铁民初字第611号民事判决书。

为由诉请撤销协议的，法院多不予支持。至于理由，法院或者认为婚姻双方对财产具有更大的分配自由，显失公平不是撤销离婚协议的法定事由；①或者认为婚姻当事人之间的财产分割协议很难完全用公平来衡量，亦无从判断是否显失公平等。②上述理解使"公平原则"这一民法的基本原则在身份关系协议中几无适用的余地。

综上所述，对于身份行为，我国目前无论是立法层面还是司法层面均存在一定的问题，这些问题从表面上看是身份行为法律规范及其适用的不足，而从更深层次的角度看，则反映了身份行为的独特性在现行法律规定中体现不足，"身份行为"这一独特的法律行为类型远未发挥"类型"所应有的体系构建功能。而在立法不甚完备且又缺乏成熟理论体系的情形下，相关解释便存在着相当大的不确定性，这严重影响了法的安定性。有鉴于此，有必要在理论层面构建一个合乎目的和逻辑的身份行为理论体系，以使法院可以借助体系把握各身份行为规范之间以及身份行为规范与法律行为、合同、物权等相关法律规范之间的脉络关联，从而对身份行为法律规范作出"合乎体系"的解释。对于存在法律漏洞之处，也可以借助体系确保漏洞填补作业不偏离身份行为的立法目的。这不仅有助于身份行为理论体系的完善和司法适用，也有助于法的安定性和家庭法目标的实现。

（三）理论视角下身份行为体系化的可行性

基于法学方法论，法律规范的体系化必须具有相应的基础，"只有当实证法的素材本身具有这样的统一性，它才有被体系化的可能性"。③而所谓的"统一性"取决于规范的内容或者其调整的社会事实具有一定的相似性。④

那么，各类身份行为及其规范之间是否具有这样的相似性呢？如果从家庭法的视角来看待这一问题的话，答案可能不容乐观。因为虽然家庭法与物权法、合同法同属于民法的组成部分，但在学者看来，调整家庭关系的法律规范系建立在真实的家庭生活的基础上，而不同种类的家庭关系只具有构成

---

① 参见福建省霞浦县人民法院（2018）闽0921民初3584号民事判决书。
② 参见《山东省高级人民法院2011年民事审判工作会议纪要》（鲁高法〔2011〕297号）。
③ 〔德〕卡尔·拉伦茨：《法学方法论》，陈爱娥译，商务印书馆，2003，第49页。
④ 谢鸿飞：《民法典的外部体系效益及其扩张》，《环球法律评论》2018年第2期。

要件上的相似性，并不像物权、债权的各类型那样具有法律效果上的相似性，因此家庭关系并不能以抽象化和概念化的形式呈现。这决定了家庭法只是将各种家庭关系作聚合处理，而不可能再作进一步的抽象，①也就不可能作严格意义上的"体系化"处理。笔者认为上述观点具有一定道理。如果将家庭法上的夫妻关系、父母子女关系、祖孙关系与物权法上的所有权关系、用益物权关系、担保物权关系作一比较的话，能够很明显地看出后者是一种基于不同层次的概念构造，而每一层的归类都是基于不同领域的不同社会事实在法律效果上的相似性，这种相似性在很大程度上取决于法律的"创设"与"改造"。而前者则为真实的生活事实，并非抽象出的"概念"，这些关系被统合到家庭法中，只是因为它们均发生在家庭领域，而并非像各类物权那样具有法律效果方面的相似性，因此，也就无法对上述"概念"所涵摄的类型构建统一的规则。就此而言，家庭关系很难像财产关系那样形成逻辑一致、层级分明的枝分结构以及体系。

然而，这是否意味着身份行为难以体系化？笔者认为不然。首先，如前所述，身份行为是在抽象出结婚、协议离婚、收养、协议解除收养，以及离婚协议、夫妻财产制协议等身份法上法律行为共同特征的基础上所形成的概念，这些不同类型身份行为的存在为身份行为的体系化提供了素材和基础。其次，身份行为作为一个抽象的概念，并非如夫妻、父母子女、祖孙关系一样是先于法律存在的真实的生活事实，而是如同合同、侵权行为等概念一样，是理论创造的产物，故具有进一步抽象而形成层级的可能性。再次，各具体身份行为虽然多分散规定于婚姻家庭编的各个部分，但它们之间并非仅仅具有发生领域的相似性或初级相似性，而是也具有构造以及法律效果上的相似性，如均具有意思表示、均产生身份关系的变动等，可以形成相应的解释框架。同时，身份关系是一种不同于财产关系的社会关系，这使得各类身份行为在法律行为体系中具有一定的独特性。而正是这种相似性和独特性使进一步抽象出各具体身份行为及其法律规范的共通特性或规则成为可能。最后，根据具体法律效果的不同，可以对身份行为作出不同层次的构造安排，如第一层是身份行为，第二层是基本身份行为、衍生身份行为和补助身份行

---

① 徐涤宇：《婚姻家庭法的入典再造：理念与细节》，《中国法律评论》2019年第1期。

为，基本身份行为在第三层中可分为结婚、协议离婚、收养、协议解除收养等，衍生身份行为则可分为婚姻关系协议、父母子女关系协议、收养关系协议、监护关系协议等。这使身份行为的体系化具有了实现的可能性。

综上所述，身份行为有着不同层级的类型构造，并且在法律效果上能够实现部分统一，在解释论层面也可以构建层层递进的解释框架，故而具有体系化的可行性。

三 身份行为体系化的意义

身份行为的体系化当然具有法学体系所固有的功能或效益，即前文所提及的消除矛盾、填补漏洞、演进新知，以及确保法律解释的正确性和法的安定性等，这对于解决我国现行身份行为制度的立法不足以及法律适用问题显然具有积极的作用。而如果将身份行为置于民法典之下，身份行为体系化的意义还表现在以下几个方面。

（一）有助于相对独立的身份行为理论体系的形成

众所周知，"法律行为"这一概念是在提取合同、遗嘱、婚姻等行为的共性即意思表示的基础上抽象而成的概念，这一概念统摄了私法中所有以意思表示为要素的行为，实现了民法典各分编中上述行为的统一，同时也使统摄各编的总则编成为可能。然而，基于"法律行为"这一抽象概念所建构的制度能否适用于所有的法律行为却是值得怀疑的，因为这些行为作为"理性行为"，是通过理性的算计达到特定目的的一种行为。在法律的构架中，这些行为被抽离了全部价值、伦理的因素，只剩下"私法上的效果"。[①]而对于合同、物权移转、身份行为以及单方行为等具体法律行为类型而言，它们均具有与其产生基础相关的丰富的个性，但这些个性都在抽象出"法律行为"的过程中被剥离，故这些行为未能为"法律行为"这一概念所涵盖，因而仅从法律行为制度本身尚不能把握这些行为的全貌。正是在这一意义上，有学者指出，"法律行为"这一概念虽然有阐释和体系化价值，但作为一个认知

---

① 谢鸿飞：《论法律行为概念的缘起与法学方法》，《私法》2003年第1期。

工具，其对于私法秩序的规范意义有限。①

就此而言，民法总则中的法律行为制度乃是基于体系构建的需要，抽离了各类具体表意行为的个性，而仅就其共同问题予以规范的制度，然而，正是那些被剥离的个性才能彰显各具体行为的特性，才使得被法律规范的事实和法律规范本身生机勃勃。因此，只有在法律行为的共性之外，注意到各种法律行为所具有的个性，才能对具体法律行为作出有针对性的制度设计。而身份行为恰恰是极具个性的一类法律行为，其无论是在价值判断上还是在技术特征上都具有与财产行为相异的特质，应当有自身相对独立的理论体系。但长期以来身份行为并未像财产行为那样受到学界的广泛关注，这使其在民法理论中并未发展出独立的身份行为理论体系，在一定程度上影响了身份行为以及法律行为理论的深化和拓展。而对身份行为予以体系化思考，有利于相对独立的身份行为理论体系的形成，同时对法律行为理论的丰富和发展也具有重要意义。

（二）有助于提升家庭法的科学性

在大陆法系国家和地区，家庭法虽然为民法典的一部分，但在民法的发展进程中，却呈现出与财产法截然不同的发展路径。从方法论的角度来看，财产法主要是通过以抽象概念及逻辑推演方式建构规则的"技术化"路径完成了其科学化的转向，但家庭法的立法技术却迥然不同。②首先，家庭法规则的"先在性"决定了法律技术对身份关系的介入有限。正如马克思在《论离婚法草案》一文中所指出的那样，婚姻法的立法者"不是在创造法律，不是在发明法律，而仅仅是在表述法律，他用有意识的实在法把精神关系的内在规律表现出来"。③对既存人伦秩序的尊重和"认可"使抽象概念、逻辑等法律技术对身份法的"改造"有限。④其次，家庭强烈的伦理特

---

① K. Zweigert & H. Kötz, *An Introduction to Comparative Law*, Vol. 2, 2nd Edition, trans. by Tony Weir, Clarendon Press, 1987, pp.5–6.
② 刘征峰：《论民法教义体系与家庭法的对立与融合：现代家庭法的谱系生成》，法律出版社，2018，第34页。
③ 《马克思恩格斯全集》（第1卷），人民出版社，1995，第347页。
④ 张作华：《亲属身份行为基本理论研究》，法律出版社，2011，第46~48页。

性使其被视为一个情感的、伦理的、道德的所在，与理性的、个人主义的、道德中立的市场是两个完全对立的领域，而以贯彻家庭伦理精神为目的的家庭法被视为一个有别于财产法的领域，这被称为家庭法例外主义（family law exceptionalism）。① 这决定了家庭法并非逻辑主导的体系，而是价值主导的体系。而正如有学者所言，任何价值判断均为判断者个人信念及确信的表达，对之无法以科学的方式审查。② 由此导致的结果是，家庭法上的制度不仅无须通过逻辑证成其合理性，而且还具有可自由裁量的特征。正是基于家庭法的上述特性，在民法技术化、科学化的进程中，家庭法呈现出本土化、伦理化以及非科学化的去技术化构造，与财产法形成了强烈的反差。③

笔者并不否认家庭法与财产法的本质区别，但与此同时也不认为科学性和价值性就不能在家庭法中并存。正如严格依概念法学的形式逻辑规则构建的抽象的、封闭的民法体系具有其自身缺陷一样，完全背离科学性的家庭法也不足取。事实上，20世纪以来，无论是在大陆法系还是在英美法系，家庭法例外主义均遭到了来自学者的不同程度的质疑，一些传统规则也逐渐发生改变。例如，英美法系长期以来奉行夫妻间侵权责任豁免原则，夫妻间的合同也不具有强制执行的效力，但到目前为止，上述制度在许多国家和地区都已经被废除，合同法和侵权法在家庭法领域已经有了相当大的适用余地。④ 这说明，在特定的领域，家庭法也存在科学化的必要性和可行性。而身份行为不仅涵摄了婚姻、收养、监护等多个部分，还横跨婚姻家庭法、民法总则以及其他分则，存在较大的体系构建空间。其虽非婚姻家庭法的核心制度，却决定着诸多身份关系的形成、解消以及身份上义务的履行，可能牵一发而动全身，实乃婚姻家庭法中的基础制度。就此而言，身份行为的体系化建构对于提升家庭法的科学性具有积极的意义。

---

① Janet Halley, "What is Family Law?: A Genealogy Part I," *Yale Journal of Law & the Humanities* 23（2011）: 3.
② 尹田：《物权法理论评析与思考》（第二版），中国人民大学出版社，2008，"序言"。
③ 刘征峰：《论民法教义体系与家庭法的对立与融合：现代家庭法的谱系生成》，法律出版社，2018，第37~40页。
④ Camille Carey, "Domestic Violence Torts: Righting a Civil Wrong," *Kansas Law Review* 62（2014）: 696.

（三）有助于民法典的进一步体系化

对于大陆法系而言，法律体系化最为典型和精致的体现即法典编纂。可以说，正是法学对于体系性和科学性的追求，才使民法的法典化成为可能。而这在采潘德克顿体系的《德国民法典》中达到了极致。该法典也因此成为19世纪德国法律科学的集大成者。至于大陆法系其他国家和地区的民法典，无论是否采纳了潘德克顿体系，均是体系化思维的结果，只是体系化的方法不同而已。

我国民法典的编纂也经历了一个漫长而曲折的过程，在这一过程中，尽管有学者认为我国应当采取不强调逻辑和体系的松散式的立法模式，但主流观点认为，民法典的重要特征即体系性以及由此所决定的逻辑性，这不仅是民法典的内在要求，也是民法典的生命。[①]因此，体系性、逻辑性、科学性也是我国民法典的当然追求。而正如有学者所言，法典体系化的特点即整体结构的和谐一致，而且该整体结构不仅在实体法上反映出法律条文的独立性、连贯性和统一性，也体现出各部分间的整体和谐。[②]这提出了两点要求：一方面，民法典的编纂在反映民法各部分独立性的同时，也应当注意总则与分则之间的衔接，以实现民法典的整体和谐；另一方面，民法典的各个部分之间也要做到连贯与和谐。身份行为作为法律行为的一种独特类型，对其的体系化建构不仅关涉身份行为规范内部的和谐统一，也关涉婚姻家庭法与民法总则以及民事财产法的关系，最终影响到民法典的科学性和体系性。故对身份行为予以体系化建构，实为民法典之体系性特点的要求。

综上所述，身份行为的体系化不仅是法学体系化思维方式的内在要求，也具有现实的必要性与可行性，对于身份行为理论体系的形成、法律行为理论的拓展、家庭法的科学化以及民法典的体系化均有着积极的作用。接下来的问题是：身份行为应依循何种路径进行体系构建？其应当脱离法律行为另起炉灶，还是融入法律行为框架内？其应当是以形式为主导的体系还是以价

---

① 王利明：《关于我国民法典体系的再思考》，载《人大法律评论》编辑委员会编《人大法律评论》（2003年卷第一辑），法律出版社，2013。
② 〔法〕让·路易·伯格：《法典编纂的主要方法和特征》，郭琛译，《清华法学》2006年第2期。

值为主导的体系？其应当是一种开放式的体系还是一种封闭的体系？对此，笔者将在下文展开详尽分析。

第二节　身份行为体系化路径的理论考察

如前所述，"身份行为"这一概念主要出现在日本以及我国海峡两岸的民法理论中，身份行为体系化理论也主要为日本及我国台湾地区学者所主张，而随着《民法典》的实施，身份行为体系化也开始为我国大陆地区的民法理论所关注。故以下主要就日本、我国海峡两岸的相关理论进行梳理，同时对其他国家和地区的理论发展予以简单介绍。

一　身份行为体系化理论在日本的产生与发展

（一）身份行为体系化理论在日本的提出

日本民法上的身份行为类型较为全面，既包括结婚、协议离婚、收养、协议解除收养、任意认领等基本身份行为，也包括夫妻财产制协议、子女抚养协议等附随身份行为。虽然其民法典针对上述行为在不同程度上作出了不同于法律行为的规定，但与我国一样，相关规定也存在着不甚全面之处，由此留下了大量的可解释空间。尽管日本家族法（包括民法典中的亲属编与继承编）的解释学积淀远不如财产法的丰富，但在相关学者的努力下，相较于其他国家和地区，其解释学仍然取得了相当大的进展，并集中体现在日本身份法之父中川善之助教授所创建的身份法学中，身份行为的概念及其体系化理论，正是由其提出的。

从日本家族法的发展来看，身份行为的特殊性在明治时期并未得到重视，大正时期虽有法院和学者对此予以关注，但身份行为制度远未达到体系化的程度。[1] 至昭和时期，中川善之助教授基于当时的家族法思想，在其所著

---

[1] 〔日〕加藤雅信等编《民法学说百年史：日本民法施行100年纪念》，牟宪魁等译，商务印书馆，2017，第895~896页。

的《身份法的基础理论》（1939）一书中详细阐述了家族法的基础理论，核心观点在于强调家族法具有不同于财产法的独立性，身份关系相较于财产关系应受到法律的特别对待。在此基础上，中川教授围绕结婚、协议离婚、收养、协议解除收养以及认领等家族法上的行为提出了身份行为体系化理论。该理论的立论基础主要有二：一是事实主义，二是绝对意思主义。[①]具体来说，其认为对身份关系是否成立或有效的判断，最为重要的条件有两个：第一，是否存在依习俗所认定的身份事实，这是由身份关系的事实先在性所决定的；第二，是否具有真正想成立或解消社会观念上的身份关系的意思。如果存在社会观念或习俗上认为的身份关系事实，并且该关系体现了当事人的真实意思，即使欠缺法律上的形式要件，也应当赋予一定的法律效果。相反，如果不存在身份关系的实态，即使具备法律上的形式要件，也不应当赋予相应的法律效果。[②]上述特点使身份行为具有不同于财产行为的法律构造。基于上述认识，中川教授进一步认为身份行为不能为法律行为制度所涵摄，其在身份行为能力、效果意思、无效与撤销等方面具有自己的独特性，在亲属法对身份行为无特别规定时，应类推适用亲属法的规定，而不应适用民法总则关于法律行为的规定，从而构建了有别于法律行为的身份行为解释论。具体而言，中川教授的身份行为体系化理论主要包括以下几个方面的内容。[③]

（1）身份行为能力。身份行为能力的判断标准为意思能力而非民法总则中的民事行为能力，当事人只要具有意思能力即具有身份行为能力。

（2）身份行为的构成。身份行为系由意思（效果意思）、事实（身份的生活事实）及方式（即户籍登记）等三种要素构成。若欠缺方式，则身份行为不成立；但在欠缺意思和事实的情形下，纵使具备方式，身份行为亦属无效。效果意思与身份的生活事实系一体两面，身份行为从客观上讲，是身份的生活事实，从主观上讲，是身份的效果意思。是故，没有事实参与的单纯

---

① 山畠正男「身分行為の理論」『北大法学論集』（第31卷3—4号）北海道大学大学院法学研究科、1981。

② 〔日〕加藤雅信等编《民法学说百年史：日本民法施行100年纪念》，牟宪魁等译，商务印书馆，2017，第870页。

③ 中川善之助『身分法の総則的課題』岩波書店、1941、194—214頁；岗林仲幸「身分行為論——中川理論批判と身分行為」『同志社法学』7号、2009年；山畠正男「身分行為の理論」『北大法学論集』（第31卷3—4号）北海道大学大学院法学研究科、1981。

的意思并非真正的效果意思。

（3）身份行为的无效与撤销。若欠缺身份行为的效果意思，则纵使登记，身份行为亦完全无效；若仅欠缺形式要件，则仅是在法律上欠缺效力，仍然具有事实身份行为如事实婚姻的效力。由于身份关系的变动会对当事人的全部社会关系产生重大影响，若无特别规定，身份行为并非无效或可撤销。财产法中的无效事由，在身份法上仅得撤销。民法总则中关于法律行为无效和可撤销的大部分规定对于身份行为均不适用。

（二）对中川理论的批判与发展

二战后，日本从基本理念上对家族法进行了根本性的修正，而以家族法的特殊性质为前提的中川理论遂遭到批评。一些学者对中川教授的身份行为体系化理论提出了疑问。如有的学者认为，身份法并非与财产法截然对立，家庭关系也考虑计算的因素，故在法律上不应过度强调家庭关系的非计算性和非理性。有的学者对绝对意思主义提出批判，认为身份行为的意思不能等同于社会习俗上的意思，仍应遵从法律的判断。还有的学者指出，中川理论立足于事实主义，使习俗与法理优先于法规，将事实上的身份关系看作法律上的概念，使婚姻法的规定空洞化，导致家庭法之实定法学性质削弱。但也有学者坚定地维护中川理论，认为该理论与日本国民的法律常识、法律意识颇相匹配，日本就应确立遵循日本传统和习俗的家族法。[1]无论学界如何争议，不可否认的是，时至今日，中川教授提出的理论仍是家族法的支柱，其通说地位从未被动摇。[2]但由于中川理论的提出具有一定时代性，而随着时代的变迁，该理论也在不断地发展。

二 身份行为体系化理论在我国海峡两岸的发展

（一）我国台湾地区身份行为体系化理论的发展

我国台湾地区亲属法律制度上身份行为的类型体系与日本的大致相同，

---

[1] 上述批评或拥护中川理论的观点，参见岗林仲幸「身分行为论——中川理论批判と身分行为」『同志社法学』7号、2009年。

[2] 〔日〕加藤雅信等编《民法学说百年史：日本民法施行100年纪念》，牟宪魁等译，商务印书馆，2017，第870页。

也较为完备，其规范内容与日本民法上的一样，也存在着诸多不同于法律行为的规定。但这些规定主要体现在结婚、收养领域，除此之外的其他身份行为的相关问题多未体现，即使是结婚、收养行为，也有许多未尽事宜。如此就产生了一个问题：对于亲属编未予以规定的事项，应当如何适用法律？对此，我国台湾地区的许多学者都认识到身份行为特别是形成的或纯粹的身份行为的特殊性，并从法解释学的角度展开了较为深入的研究。但与日本不同的是，我国台湾地区学者对于身份行为的研究多聚焦于其与民法总则的法律适用关系，通说认为，民法总则的规定对于身份行为并不具有完全的可适用性，后者应当具有独特的制度构造。①至于这一制度的构造特殊性及体系构建，则以史尚宽和陈棋炎两位先生的阐述最为详尽。

　　史尚宽先生认为，身份行为较财产行为在制度构造上的特殊性主要体现在以下几个方面。(1)对于形成的身份行为，具备意思能力即为已足，而与财产有关的附随的身份行为，则应具备财产法上的行为能力。(2)身份的效果意思与身份的生活事实有密切的关系，不伴有事实之单纯的效果意思，非真正的效果意思。完全欠缺效果意思，而仅有形式存在者，身份行为无效。(3)身份行为无效属于相对无效而非绝对无效，无效身份行为得为追认或转换。(4)身份行为不得附条件和期限。(5)身份行为原则上不适用代理等。②此外，针对台湾地区亲属法律制度未予规定的协议离婚的无效及撤销，史尚宽先生认为，除性质上不能或不宜适用而应排除适用或变通适用外，其应适用总则的规定。③不难看出，上述理论虽深受日本中川理论的影响，但并未否定身份行为的法律行为属性，其所主张的身份行为的特殊构造仍是在法律行为的框架内经过局部修补而构建的，从而并未完全脱离法律行为的制度框架。这一主张得到了多数学者的支持。

　　与前述主张不同，陈棋炎先生则在否定身份行为之法律行为属性的基础上，建构了独立于法律行为之外的身份行为体系化理论。其理论与中川理论一样，认为亲属的身份上的共同生活秩序，是法律存在之前业已存在的人伦秩序，法律只不过将这些业已存在的人伦秩序加以法律上的规定而已。故原

---

① 王泽鉴：《民法概要》(第二版)，北京大学出版社，2011，第504页。
② 史尚宽：《亲属法论》，中国政法大学出版社，2000，第16～33页。
③ 史尚宽：《亲属法论》，中国政法大学出版社，2000，第465～468页。

则上民法对这种客观存在的亲属身份上的共同生活关系秩序,同样应赋予法律意义,相关解释要与人伦理性相一致。其理论进一步认为,身份行为并非法律行为,有关法律行为的规则对身份行为皆不适用。故身份行为无所谓意思表示,无所谓行为能力,身份行为是否成立应以是否存在"共同生活事实"决定,身份行为的无效实乃不成立,身份行为的撤销实乃强制解消,契约的概念在亲属的共同生活关系上无从存在等。该理论最终主张,身份秩序为人伦秩序,与法律秩序的本质互异,而纯粹的身份生活秩序应不依赖民法典而另行立法,以使之适用纯粹的亲属身份法上的独特原理。[①]不难看出,上述理论受日本中川理论的影响至深,但由于彻底否定了身份行为的法律行为属性,较后者走得更远。这一完全脱离法律行为的理论建构并未获得我国台湾地区学者的一致认可。

(二)我国大陆地区身份行为体系化理论的发展

与日本和我国台湾地区一样,我国大陆地区民法上身份行为的类型也较为齐备,除任意认领之外,诸如结婚、协议离婚、收养、协议解除收养、设立监护人的遗嘱或协议,以及夫妻财产制协议、离婚协议、赡养协议等均得到了立法的承认。在《民法典》颁布之前,这些行为一直存在于民法之外的婚姻法领域,故有关其与民法总则中法律行为的关系问题并未得到应有的关注,更毋论相关体系化理论研究。但随着《民法典》的颁布及实施,婚姻法正式成为民法典的一部分,身份行为与民法总则中法律行为的法律适用关系乃至与整个民法体系的关系遂受到学者的广泛关注。但如前所述,我国大陆地区民法理论通说认为,法律行为制度乃统合财产法与家庭法上法律行为的一般规则,身份行为只是法律行为的一个特例,因此,有关身份行为的理论建构主要在法律行为的框架之内展开,由此呈现出不同于日本的身份行为体系化路径。

与日本和我国台湾地区一样,我国大陆地区学者对于身份行为的研究也主要是围绕基本身份行为而展开的,其中有少数学者关注到身份行为的体系化问题。如有的学者认为,身份行为属于特殊的法律行为,其在行为能

---

① 以上内容参见陈棋炎《亲属、继承法基本问题》,台湾三民书局,1980,第124~130页。

力、无效与撤销的认定与法律后果、代理、附条件与附期限等方面与财产行为具有较大的区别，并不能完全适用法律行为的规定，但也不排除适用的可能性。在此认识的基础上，有学者对身份行为之能力、成立与生效、无效与撤销等规则进行了较为系统的建构。[1] 体现出身份行为的理论建构既应重视身份行为的特殊性，又应重视其与法律行为乃至民法的体系的关联。也有学者从广义身份行为的视角构建身份行为的理论体系，认为身份行为包括纯粹身份行为和身份财产混合行为。对于前者的体系化，应从外部和内部两个层面入手。外部体系化即通过类型化的方式建构形成的身份行为的基本制度，内部体系化则基于婚姻家庭法特殊价值所形成的价值体系。而身份财产混合行为兼具家庭法与财产法的双重价值取向，工具性价值较强而伦理因素较弱，其体系构建既应当注意与合同编、物权编的体系衔接，也应当注意自身特殊性。[2]

三 其他国家和地区在身份行为体系化方面的努力

至于其他国家和地区，虽然相关法律也存在关于身份行为的规定，但身份行为的类型并不像日本和我国这样完备。如在德国、法国、瑞士等大陆法系国家和地区以及绝大多数英美法系国家和地区，收养并非基于合意的安排，而是由法院予以决定或宣告的，故不存在私人收养和协议解除收养的身份行为。在德国、瑞士以及美国、英国、加拿大等国，离婚即使两愿也需经法院的裁判，故也不存在协议离婚这样的身份行为。身份行为类型的不全面使学者对于构建独立于财产行为之外的身份行为理论体系多未予以关注，这些国家和地区也就未能发展出日本民法那样的身份行为体系化理论建构。

但即使如此，从一些国家及地区民法典关于身份行为的规定以及学者的有关论述中，仍然可以看出其在身份行为体系化方面的努力。例如，在德国，学者多将结婚、夫妻财产合同等归入亲属法的法律行为，但鉴于《德国民法典》

---

[1] 杨立新：《论亲属法律行为》，《南阳师范学院学报》（社会科学版）2005年第5期；张作华：《亲属身份行为基本理论研究》，法律出版社，2011，第93~158页。
[2] 冉克平：《论意思自治在亲属身份行为中的表达及其维度》，《比较法研究》2020年第6期。

对于结婚等身份行为的特殊规定，学界一般认为此类行为在行为能力、意思表示瑕疵、效力等方面具有区别于一般法律行为的特性。[①] 就此而言，德国对于身份行为的理论建构并未脱离法律行为的制度框架，而是建立在将身份行为作为特殊法律行为对待的基础上。此外，上述国家和地区虽然并未形成身份行为体系化的一般理论，但从其有关身份行为的法律规范来看，其实内置了家庭法的理念并使其制度设计有别于财产行为的制度设计，从而使这些规范也有一定的规律可循。对此，笔者将于下一章介绍，此处不赘。

四　身份行为体系化路径的理论检视

综上所述，身份行为体系化理论主要在日本和我国台湾地区获得了一定的发展，近年来也受到了我国大陆地区学者的关注。究其原因，一是日本及我国海峡两岸的身份行为类型体系最为完备，且在立法层面存在较大的解释空间，故具备在解释论层面形成体系化理论建构的条件。二是日本和我国民法均有总则编以及法律行为的概念和制度建构，而身份行为面临着如何解决其与总则编法律行为规范的关系问题，这在一定程度上促成身份行为朝体系化方向发展。而在其他国家和地区，则由于身份行为的类型体系并不全面，理论上多围绕某类特定身份行为如结婚行为或婚姻财产协议而展开分析，未能针对身份行为这一类行为形成体系化的理论建构。

学者在身份行为体系化方面所作出的努力极大地丰富了法律行为的理论体系，并唤起了学界对于家庭法以及身份行为的关注，具有十分重要的意义。从日本以及我国海峡两岸的理论发展来看，身份行为的体系化呈现出两种路径：一是以"事实先在性"为基础构建独立于法律行为之外的身份行为理论体系，此为日本通说并为我国台湾地区陈棋炎教授所主张；二是在法律行为的框架内构建不同于财产行为的身份行为理论体系，此为我国海峡两岸民法通说所主张。对于前一种路径，本书在第一章第四节对其立论基础即"事实先在性理论"已有批评，其对我国并不具有借鉴意义。但该路径所体现出的体系化思考方式仍值肯定。对于后一种路径，鉴于身份行为所具有的法律行为属性，应当

[①] 〔德〕迪特尔·施瓦布：《德国家庭法》，王葆蒔译，法律出版社，2022，第45～52、122～123页。

说其具有一定的合理性。然而，这一路径的主要目的在于解决身份行为与民法总则中法律行为规范的法律适用关系，在身份行为自身的体系构建方面尚无足够的理论自觉。在体系构建上也多集中于对基本身份行为的一些具体制度的研究，对基本身份行为与衍生身份行为的体系整合尚有不足。就此而言，身份行为体系化构建的路径尚有待于作更加深入的探索。

第三节 我国身份行为体系化的路径选择

一 法学体系构建的方法论

（一）法学体系构建方法论的发展

法学体系化思维的实质是探寻各种具体的法规范如何经由"关联"组成一个整体。至于这一整体应当以何种形式表现出来，则取决于构成体系的素材的属性和体系构建的目的。[①]由于这一问题关系到法学体系构建的方法论问题，学者对其不惜笔墨，进行了广泛而深入的探讨，其中影响较大的有概念法学、利益法学和评价法学。

"概念法学"这一称谓最早出现在耶林于1884年所著的《法学上之诙谐与严肃》一书中，耶林以批判的口吻指出："任何法学以概念进行操作，法律思维等同于概念思维，在这等意义下任何法学皆为概念法学。"[②]依相关学者的见解，概念法学是在抽象出一般概念的基础上，通过涵摄的方法将抽象程度较低的概念归于"较高等"的概念之下，直至抽象出"最高"概念，从而形成由不同层级的概念所构成的体系。[③]就此而言，基于概念法学的"体系"是通过对抽象概念的运用、法律素材的归类整合以及形式逻辑规则的使用而建立的，其在形式逻辑的作用下，保证了体系的整体和谐。该学说强调逻辑体系的自足性和无漏洞性，认为法律问题仅凭借逻辑性的思考操作即可，无

[①] 谢鸿飞：《民法典的外部体系效益及其扩张》，《环球法律评论》2018年第2期。
[②] 转引自吴从周《概念法学、利益法学与价值法学：探索一部民法方法论的演变史》，中国法制出版社，2011，第5页。
[③] 〔德〕卡尔·拉伦茨：《法学方法论》，陈爱娥译，商务印书馆，2003，第317页。

须使用任何其他外在的知识，体现出对形式逻辑的极度崇拜。

利益法学是在批判概念法学的基础上，适应法律社会化的时代需要而产生的，其于20世纪初为德国学者海克所创（但其核心思想可追溯到19世纪后期耶林所倡导的目的法学）。① 按照海克的观点，利益冲突是法律的起源和基础，法律产生于对利益冲突的决断。而所谓利益，是指"生活价值"和"对生活价值的追求"，它包括个体利益、群体利益、共同体利益、公共利益和人类利益等。而对于个案中上述利益的冲突，法官必须通过发现业已隐含在制定法中的利益评判规则来解决。利益法学将法体系区分为内在体系与外在体系。内在体系是通过利益法学的方法所形成的利益冲突决定的体系，外在体系则是为了描述内在体系，通过概念的分类和编排而产生的体系。②

评价法学又称为价值法学，是在利益法学的基础上发展而来的。德国的许多法学家都对该学说作出了不同程度的理论贡献，而其中最具有影响力的是拉伦茨教授。评价法学认为，利益错综复杂且存在冲突，法律不可能完全肯定或否定某种利益，因此，单纯利用利益衡平的方法并不能实现妥当调整，法律应当对这些利益进行价值取舍，以实现对它们的均衡保护。③价值取舍的标准应当参照"正义的理念"，而法律价值体系则是实现正义的保障。基于上述理解，拉伦茨也将法学上的体系区分为内在体系和外在体系。内在体系即价值体系，是由法律思想、法律理念或法律原则构成的价值判断体系。外在体系即法律形式上的构造，是为了描述内在体系以及易于概观，而以概念及类型等为基础，依形式逻辑的规则形成的抽象体系。④ 内在体系与外在体系的关系是：前者的不同价值维度需要通过后者体现，而后者中的概念、类型、规则则必然受到前者的影响。就此而言，内在体系决定了外在体系，而外在体系则彰显了内在体系。

综上所述，法学的体系构建经历了从概念法学到利益法学再到评价法学的变迁，三者在方法的选择上不尽一致。概念法学借助抽象概念构建形式逻

---

① 张文龙：《目的与利益：法范式的"哥白尼革命"——以耶林和海克为中心的利益法学思想史之考察》，《清华法律评论》2015年第1期，第123页。
② 方新军：《融贯民法典外在体系和内在体系的编纂技术》，《法制与社会发展》2019年第2期。
③ 许中缘：《体系化的民法与法学方法》，法律出版社，2007，第121页。
④〔德〕卡尔·拉伦茨：《法学方法论》，陈爱娥译，商务印书馆，2003，第46、316页。

辑体系，利益法学以利益裁断间的关联构建利益评判体系，而评价法学则以法律原则构建价值判断体系。①应当说，上述学说均对法学以及法学体系的发展作出了重要贡献，也均有各自的价值之所在。但以形式逻辑为核心的概念法学体系广为学者诟病，因为其过高估计了逻辑体系本身的作用，忽视了法学是以追求正义为目的的科学，不仅导致法学与社会生活脱节，也使法学本应具备的价值导向和精神内核空洞化。利益法学虽然克服了概念法学的不足，开启了法学的社会面向，但始终未能对立法者应以何种标准去衡量和解决利益冲突这一核心问题提供明确的答案，因此其无法有效避免衡量过程中的恣意。②此外，其对法的内在基本价值体系关注不足，故而未能触及法律适用的本质。③相较之下，评价法学将价值导向的思考方式引入法体系的构建，不仅解决了法律的评价标准问题，也体现出法的本质和精神，无疑更符合法学的本质。

（二）法学体系构建中逻辑与价值的统一

需要指出的是，虽然强调价值一致性的评价法学被认为是当今法学中占支配地位的学说，但这并不意味着形式逻辑在法学的体系构建中就毫无价值。要之，反对概念法学不等于否定法学概念，更不等于否定逻辑。正如有学者所言，概念法学的弊端不在于它所代表的形式理性，而在于它所主张的逻辑万能。无论对概念法学作出何种批判，我们今天民法理论研究所使用的基本方法仍然是概念法学的方法，④因为对于科学而言，没有概念不可能思考，没有逻辑便没有体系。法律必须通过外在逻辑来保障其价值判断的一贯性、法律整体的一致性及法律适用的确定性。是故，法学的体系构建既不能单纯依靠逻辑也不能单纯强调价值判断，其应当是由外在体系（概念、类型和规则）与内在体系（价值判断）构成的统一体。⑤

---

① 梁迎修：《方法论视野中的法律体系与体系思维》，《政法论坛》2008年第1期。
② 吴从周：《概念法学、利益法学与价值法学：探索一部民法方法论的演变史》，中国法制出版社，2011，第267页。
③ 张文龙：《目的与利益：法范式的"哥白尼革命"——以耶林和海克为中心的利益法学思想史之考察》，《清华法律评论》2015年第1期，第123页。
④ 尹田：《物权法理论评析与思考》（第二版），中国人民大学出版社，2008，"序言"。
⑤ 赵宏：《基本原则、抽象概念与法释义学——行政法学的体系化建构与体系化均衡》，《交大法学》2014年第1期。

二 我国身份行为体系化的路径

上述体系构建方法不仅适用于法学以及作为法学分枝的民法学，也适用于民法中的物权法、合同法等各部分以及民法的具体制度。身份行为也不例外，其理论体系也应当是上述双重体系的结合。笔者认为在上述方法论之下，身份行为的体系构建应当从宏观、中观和微观三个层面进行。宏观层面应注重身份行为在整体架构上的体系安排，中观层面应注重身份行为与法律行为的体系衔接以及自身体系构造，微观层面则应注重身份行为具体制度的构造。

（一）宏观层面：双重体系的整体架构

在宏观层面，身份行为的体系化应当依内在体系与外在体系相结合的思路形成身份行为的整体架构。内在体系方面应当着力探寻身份行为制度的价值取向和基本原则，外在体系方面则应当与身份行为的内生逻辑秩序相契合。二者有一定关系：内在体系乃外在体系的基础，身份行为的逻辑体系不能偏离身份行为制度的价值取向及基本原则；外在体系则为内在体系的外在表达，身份行为的价值判断也要受到客观逻辑体系的制约。

基于这一路径，身份行为的体系化具有以下特点。其一，身份行为理论体系并非一个单纯的形式逻辑体系，而是融入了价值判断、依其自身特点构建的有机体系。其二，这一体系的涵盖范围，不仅包括基本身份行为，也包括与基本身份行为具有同样价值理念，且在一定程度上具有相同技术特征的衍生身份行为和补助身份行为。其三，鉴于身份行为类型的多样性，这一体系的构建不以绝对统一性为目的，而是追求统一性与多样性的结合，不仅应体现身份行为作为一类行为的特性，也应体现不同类型身份行为的个性。

（二）中观层面：与民事法律行为的体系融合与体系分化

在明确身份行为的体系化应朝内在体系与外在体系之双重体系构建方向发展这一认识的基础上，于中观层面，需要解决置于《民法典》婚姻家庭编下的身份行为与总则编的体系关联以及其自身体系构建的问题。

身份行为与《民法典》总则编的体系关联实际上是身份行为在民法典中的体系定位问题。从外在体系的视角来看，此种关联主要体现在身份行为与总则编之法律行为制度的关系上。虽然身份行为有别于财产行为，但其在法律属性上仍然属于法律行为的一种，其由于本身无法成为一个自给自足的体系，在制度构造上离不开法律行为的基本原理和规范。就此而言，身份行为的外在体系构建不应完全脱离法律行为理论。将身份行为体系一定程度上融入法律行为制度能够为身份行为提供一个具有统领意义的理论框架，并为其具体制度设计提供依据和指引。而从内在体系的视角来看，身份行为作为法律行为的一种，法律行为所遵循的民法基本原则诸如平等、公平、诚信等亦应为身份行为所遵循。总之，通过建立身份行为与民法典总则编的体系关联，可以使身份行为找到其在民法典中的定位及规范之间的脉络关联，不至于使其处于民法典之中而脱离民法典。

不过，正如前文所述，法律行为制度固然对立法的科学性和体系性具有重要意义，但其忽略了每一类具体法律行为的差异性，以至于各类行为的个性无法在抽象的过程中彰显。特别是，即使是德国学者也认为，民法总则中的法律行为制度是以债权合同特别是买卖合同为模型而设计的，故其规则并非总能够适用于所有的法律行为。[①]就此而言，民法总则中的法律行为制度对于身份行为并不具有完全的涵摄性。这使身份行为与法律行为之间存在一定的体系分化。从内在体系的角度看，身份行为固然应当遵循民法基本原则，但显然，身份行为的身份法属性决定了婚姻家庭法的价值判断和基本原则才是其价值体系的中心，身份行为的体系化因此应首先完成其自身价值体系的构建，发现主导性原则并使之具体化于各规则中。从外在体系的视角看，基于法律行为的局限性和身份行为的特殊性，法律应当为身份行为构造寻求不同的解决方案。即以身份行为的概念和类型为基础，基于内在体系的投射，构建相对独立的逻辑体系和分析框架，以解决实际问题。这使身份行为的外部体系较民事法律行为而言也具有体系分化的一面。

将身份行为体系既融入法律行为体系又在一定程度上与之分离，可以借助法律行为制度的"骨骼"，并补充能够体现身份行为特质的"血液"，使身

---

① 〔德〕维尔纳·弗卢梅：《法律行为论》，迟颖译，法律出版社，2013，第37页。

份行为制度充满个性并生机勃勃，避免身份行为与财产行为同质化导致的不公平结果。同时，这也使婚姻家庭法在制度层面实现与民法典的有机整合，使其向民法的回归具有实质意义。①

（三）微观层面：具体制度建构

身份行为微观层面的体系化建构即具体制度的建构，其核心内容即具体制度的理论阐释及内容呈现。在这一层面，应当将内部体系的不同维度的价值呈现于具体制度设计之中，同时要注意外部体系中各具体制度之间在逻辑上的一致性和契合性。此外，还需要注意身份行为具体制度与民法典合同编、物权编等的体系关联与体系分化，最终构建内嵌于民法典的逻辑体系，同时打造具有独特构造的身份行为具体制度，这在某种程度上体现了婚姻家庭法与民法的"和而不同"及"不同而和"。而这些具有逻辑统一性与价值一贯性的具体制度最终会使身份行为以体系化、整体化的面貌呈现。

对于上述三个层面的身份行为体系化建构，最为理想的状态是落实到立法中，即经由立法的完善实现身份行为在制度层面的体系化。但正如有学者所言，在后《民法典》时代，中国民法学最为紧迫的使命是解释《民法典》，使其各项制度能够得到统一、平等的适用。②因此，对于围绕身份行为所产生的诸多问题，理论界更应重视法律的解释与适用。故本书以《民法典》的相关规定为依据，以解释论为视角，着力构建一个较为系统的、能够契合身份行为特性的身份行为理论体系。在此方面，绝大多数国家和地区未在立法层面实现身份行为的体系化，但在具体制度构造中规定了有别于财产行为的内容，这对我国身份行为体系化建构具有一定的借鉴意义。故接下来对两大法系的身份行为制度进行一个较为概观的比较法考察。

---

① 韩世远：《财产行为、人身行为与民法典适用》，《当代法学》2021年第4期。
② 谢鸿飞：《后〈民法典〉时代的中国民法学：问题与方法》，《社会科学研究》2021年第1期。

第三章
身份行为的比较法概观

第一节 大陆法系的身份行为制度

一 日本民法上的身份行为制度

日本民法上的身份行为主要见于其民法典第四编亲属编，包括基本身份行为、衍生身份行为以及补助身份行为。

（一）基本身份行为

《日本民法典》在基本身份关系的形成及解消方面赋予了当事人极大的自主权，其规定的基本身份行为类型包括结婚、协议离婚、收养、协议解除收养、任意认领等。①其对结婚、收养的条件及效力等问题予以较为详细的规定，并在许多方面体现出与总则编法律行为制度的不同。如在形式要件方面，一般要求进行登记；在身份行为能力方面，规定成年被监护人可以独立实施结婚、收养、协议离婚以及协议解除收养行为而无须被监护人的同意；②在结婚、收养行为的效力瑕疵方面，将违反结婚、收养实质要件之强制性规定行为认定为可撤销而不是无效；对于导致婚姻或收养可撤销的意思表示瑕疵事由，仅规定了欺诈、胁迫，而未规定重大误解；明确在瑕疵被补正的情形下不能对婚姻或收养予以撤销；明确婚姻和收养的撤销仅向将来发生效

---

① 参见《日本民法典》第731~739条、第763条、第779条、第792~801条、第779条、第811条等。
② 参见《日本民法典》第738条、第764条、第799条、第812条。

力；等等。①但对协议离婚和协议解除收养的效力等问题未予以具体规范，仅规定参照结婚行为进行处理。②

（二）衍生身份行为

《日本民法典》上的衍生身份行为主要指具有附随身份行为性质的身份关系协议和行为，主要包括以下三种。（1）婚前夫妻财产制契约（第755条）。此种契约原则上所涉及的是夫妻婚内财产的归属或管理，但只要不违反公共政策，夫妻财产制契约也可以涵盖离婚时夫妻的经济请求。③此种契约登记后才能对抗第三人，且在婚姻登记后不得变更（第756条、第758条）。（2）离婚时的子女抚养、监护和财产分割协议（第766条、第819条、第768条第1款和第2款）。④不过法律对于上述协议的效力、履行以及违约责任等问题未设明文。（3）监护关系身份行为。日本的监护关系行为主要指监护遗嘱和意定监护协议。前者规定在《日本民法典》第839条，即最后对未成年子女行使亲权的人，可以通过遗嘱为未成年子女指定监护人。后者规定于1999年日本制定的《意定监护契约法》中，即允许委托人以协议的方式为自己预设监护人。该法对意定监护协议的形式、监护人的选任和职责以及协议的解除等问题予以规定。

（三）补助身份行为

《日本民法典》上的补助身份行为主要表现在收养及任意认领领域。如第783条第1款规定，父亲认领胎内的子女须取得母亲的同意；第796条规定，有配偶者收养时应得其配偶同意；第797条第1款规定，收养未满15岁的未成年人，应得其监护人的同意；第782条规定，认领成年子女，应得该成年子女的同意；等等。特别是第806条之2以及第806条之3分别对欠缺上述同意的后果——可撤销，以及基于欺诈或胁迫的同意的后果——撤销及补正，予以规定，与收养行为的效力瑕疵制度保持了一致。

---

① 参见《日本民法典》第742~749条、第802~808条。
② 参见《日本民法典》第764条、第812条。
③ 松久和彦「ドイツにおける夫婦財産契約の自由とその制限」『立命館法学』4号、2008年。
④ 根据《日本民法典》第771条，上述条款也适用于裁判离婚。

二 德国民法上的身份行为制度

德国民法上的身份行为主要见于其民法典第四编家庭编，此外，《供养补偿法》中也有相应的规定。就身份行为的类型而言，主要涉及基本身份行为和衍生身份行为，同时也有少量的补助身份行为。

（一）基本身份行为

《德国民法典》上的基本身份行为有结婚、任意认领、收养等。与日本相比，德国的身份行为类型体系有以下特殊之处。一是收养并未采取协议模式，而是采取由法院审查并宣告的模式，故并不存在协议收养和协议解除收养行为。但当事人的意思表示或合意仍是最重要的因素，[1]收养关系的有效成立不仅需要收养人的申请（同意），还需要被收养人、被收养人的父母、被收养人的配偶以及收养人的配偶等人的同意，[2]故法院的宣告也可以认为是对当事人收养合意的认可，就此而言也可以将收养纳入身份行为的范畴。二是虽然依《德国民法典》第1566条，离婚当事人可以就离婚达成合意，但德国并不存在协议离婚这种身份行为。这不仅是因为离婚结果仍应经法院判决才能达成，更为重要的原因是，离婚判决的作出并非对当事人离婚合意的同意，而是推定两愿离婚满足了判决离婚标准（即婚姻确定破裂）。因此，当事人的合意并不能直接决定婚姻的状态，协议离婚也就无从谈起。[3]

至于《德国民法典》对于身份行为的具体规定，主要体现于结婚和收养领域。其内容包括二者的实质要件、形式要件以及废止等。其中对于收养的规定主要围绕收养中的同意而展开，包括同意的方式（第1750条）、同意之意思表示瑕疵的后果（第1760条）、同意免除（第1749条第3款）或替代（第1748条）等。与《日本民法典》一样，《德国民法典》对于基本身份行为的规定在许多方面与法律行为有所不同。例如，在收养同意能力方面，其规定，即使表意人为限制行为能力人，被收养人生父母以及收养人配偶对于收养的同意，也无须法定代理人同意（第1750条）；在结婚、收养的效力瑕疵

---

[1] 〔德〕迪特尔·施瓦布：《德国家庭法》，王葆莳译，法律出版社，2022，第508页。
[2] 参见《德国民法典》第1749条第1款和第2款、第1747条第1款等。
[3] 〔德〕迪特尔·施瓦布：《德国家庭法》，王葆莳译，法律出版社，2022，第197页。

形态上，仅规定了可废止一种；在瑕疵事由的选择上，不仅未完全接纳民法总则的规定，还规定在瑕疵被补正的情形下不得废止；在废止的后果上，规定仅向将来发生效力；等等。①需要说明的是，德国民法上的可废止制度与法律行为可撤销制度相比，区别主要在于：前者在法律后果上仅向将来发生效力，而后者则具有追溯力。但在基于一方的请求而丧失其效力这一点上二者则是相通的，故此种可废止与日本民法上的婚姻或收养的撤销一样，均为可撤销法律行为制度的特例。此外，对于违反形式要件的后果，《德国民法典》虽未作规定，但在解释上一般认定为不成立。

（二）衍生身份行为

《德国民法典》上的衍生身份行为主要包括以下两类。（1）涉及婚姻关系的协议，包括夫妻财产制协议（第1408条），婚前、婚内或离婚时针对离婚后扶养事宜签订的协议（第1585条之3），以及离婚时就财产分割、子女抚养和养老金补偿等签订的离婚协议②等。就婚姻财产协议的缔约能力而言，依第1411条第1款，限制民事行为能力人订立夫妻财产制契约，应得法定代理人的同意。就婚姻财产协议的内容而言，当事人具有相当大的自由，包括变更法定或约定的财产制、完全排除或废止法定财产制、修改或补充法定财产制的具体内容、排除增益补偿，以及全部或部分排除养老金补偿等，这充分体现了合同自由理念。③此外，《德国民法典》对于夫妻财产制协议的形式有着严格的规定，即要求以公证的形式作成（第1410条、第1585条之3），非经登记不得对抗第三人（第1412条）。（2）涉及父母子女关系的行为，主要包括：一是亲权行使分工协议（第1627条）；二是离婚时就父母照顾、交往权、子女抚养等问题达成的协议；④三是涉及监护关系的行为，包括第1776条规定的父母为未成年子女指定监护人的监护遗嘱，以及第1896条第1款和

---

① 参见《德国民法典》第1314～1318条、第1760～1764条。
② 参见《德国民法典》第1587条、《关于家庭事件和非诉事件的程序的法律》第133条第1款第1项，以及《供养补偿法》第7条第1款第2项。
③ 〔德〕迪特尔·施瓦布：《德国家庭法》，王葆莳译，法律出版社，2022，第120～121页。
④ 根据《关于家庭事件和非诉事件的程序的法律》第133条第1款第1项的规定，当事人可以在离婚时就子女照顾、抚养等问题达成协议。

第2款规定的与意定监护协议功能相当的预防性代理权授予制度。

值得说明的是，虽然《德国民法典》对于上述身份关系协议的内容并没有明确而具体的限制，但在司法实践中，相关限制仍然存在。一方面，出于未成年子女利益最大化的考虑，除离婚时在诉讼程序之下所达成的子女抚养协议之外，法律原则上不承认其他父母子女关系协议的约束力。而且在任何情况下，面向未来全部或部分放弃子女抚养费的约定都是无效的（第1614条第1款）。另一方面，夫妻财产制协议中广泛的合同自由所导致的实质非正义逐渐为法院所关注，法院在诸多案件中基于对当事人缔约地位不对等或具体情事的考量，对协议的效力或强制履行力予以否定，突显了对弱势一方的保护。①

（三）补助身份行为

德国民法上也有关于第三人同意之补助身份行为的规定，如法定代理人对限制民事行为能力人或受辅助人的夫妻财产制契约的同意（第1411条第1款）、母亲对其子女被认领的同意（第1595条）等。

三 法国民法上的身份行为制度

法国民法上的身份行为分别规定在其民法典第一卷"人"中的第五编至第十编，以及第三卷"取得财产的各种方式"中的第五编、第一编中，主要涉及基本身份行为和衍生身份行为和为数不多的补助身份行为。

（一）基本身份行为

《法国民法典》上的基本身份行为主要有结婚、协议离婚、任意认领等。就身份行为的类型而言，有以下几个特殊之处。一是对于协议离婚，根据法国2016年11月通过的离婚制度改革法案，离婚双方达成离婚协议后，协议经各自律师联署签名并递交公证人审查存档即可完成离婚手续，而不必再交由法院裁判（第229条）。这一修正体现了立法者对婚姻当事人自由意志的尊

---

① 〔德〕迪特尔·施瓦布：《德国家庭法》，王葆莳译，法律出版社，2022，第122页。

重。二是对于收养,法国民法既未采取日本的立法例,也未采取德国的立法例,而是采取由收养人申请,政府的社会服务部门在进行综合评定后作出选择,并由法院宣告的模式,这使收养的成立并非建立在收养人与被收养人协议的基础上,但是送养人的同意是必需的。因此,法国民法并不存在收养行为和协议解除收养行为,仅存在独立的送养行为。

就身份行为制度而言,《法国民法典》对结婚行为的规定最为详尽,包括实质要件、形式要件以及无效等,其中体现出结婚行为与一般法律行为的不同之处。例如,对于结婚的效力瑕疵仅规定了无效一种,无论是违反实质要件还是具有欺诈等事由,均被认定为无效(第180~199条)。有关婚姻无效的后果较一般民事法律行为也有所不同,体现了对善意配偶一方的保护(第201条、第202条)。此外,对于身份行为的实施,《法国民法典》第459条和第458条区分了两种人身性行为,即单纯的人身性行为和严格意义上的人身性行为。前者或者由成年人自己实施,或者在行为人特定意识状态下由第三人辅助或代理实施;后者则只能由行为人本人实施,包括部分基本身份行为,如认领、送养等。

(二)衍生身份行为

《法国民法典》上的衍生身份行为主要包括以下几种。(1)婚前财产协议(第1387~1397条)。该协议可以在婚前订立并在婚前或夫妻财产制实施两年之后变更。(2)离婚协议。即夫妻可以在协议离婚以及离婚诉讼中,就离婚后果达成协议。其内容包括夫妻财产制的清算、财产分割(第230条、第265-2条)、离婚补偿金的支付以及子女的抚养(第278条)等。上述两种协议原则上要求以公证文书的形式订立。(3)父母之间就亲权的行使方式以及子女生活费、教育费分担订立的协议。该协议由家事法官予以认可(第373-2-7条)。(4)涉及监护关系的协议。一是《法国民法典》第477条规定的未来保护委托协议,即委托人与受托人签订的,考虑到自己将来失能的可能性,预先为自己或受己监护的子女指定保护人的协议。二是家庭特许监护协议。这是2015年10月15日法国出台的《关于家庭法的简化与现代化的第2015-1288号法令》规定的一种协议,是指在受保护人未能通过未来保护委托协议事先为自己指定保护人的情况下,基于所有家庭成员的合意，由受保护人的一名或多名近亲属尤其是子女承担保护职责（第494-1~494-12条）。①

根据《法国民法典》的规定，无论是离婚协议还是涉及父母子女关系的协议均不能排除司法审查权。如果法院认为离婚财产协议对配偶一方的利益保护不够或对子女利益保护不充分，法院得拒绝认可该协议并且不宣判离婚（第373-2-7条、第232条第2款）。在离婚补偿金协议中夫妻双方权利与义务的约定不平衡时，法院也得拒绝承认该协议（第278条第2款）。

（三）补助身份行为

《法国民法典》关于补助身份行为的规定主要体现在第148~150条，规定未成年人结婚应得父母或祖父母的同意，但同意权人应有同意的能力。

四 葡萄牙民法上的身份行为制度

虽然《葡萄牙民法典》在内容上更接近于《法国民法典》，但在形式上却深受《德国民法典》的影响，这使其体例安排和内容独具特色。其有关身份行为的规定主要体现在第四卷"亲属法"中，同样包括基本身份行为和衍生身份行为及少量的补助身份行为。

（一）基本身份行为

《葡萄牙民法典》规定的基本身份行为主要有结婚、协议离婚、任意认领等。就其类型而言，有以下特殊之处。一是协议离婚需经法院宣告或由民事登记局局长宣布（第1775~1778条）。此种离婚系离婚协议与法官或登记局局长的批准的结合，故可以认为存在协议离婚这种身份行为。② 二是与法国的规定一样，收养是制度性的而非合同性的。收养关系需经法院判决而设定，不存在因当事人的合意而成立收养的情形，故不存在协议收养及协议解

---

① 〔法〕梅拉尼·贝索：《家庭特许监护制度介绍》，载李贝编译，马宏俊、王蔚审定《法国家事法研究文集——婚姻家庭、夫妻财产制与继承》，人民法院出版社，2019，第150~152页。

② 〔葡〕威廉·德奥利维拉、弗朗西斯科·佩雷拉·科埃略：《亲属法教程》，林笑云译，法律出版社，2019，第575页。

除收养的行为。但是，收养也需要经过相关当事人如12岁以上的被收养人、收养人的配偶、被收养人的父母等的同意（第1981条），《葡萄牙民法典》对此种同意的方式和时间予以规定（第1982条）。有鉴于此，有学者认为，收养是由私法行为和公法行为这两种行为所构成的复杂行为。①

就相关制度而言，《葡萄牙民法典》主要针对结婚行为作了较为具体的规定，包括结婚的实质要件即结婚障碍（第1600～1609条）、形式要件（第1615条）、欠缺结婚要件情形下婚姻的不成立（第1628条）和可撤销（第1631～1642条）等。有关婚姻效力瑕疵事由、瑕疵的补正、撤销的后果等方面的规定较一般民事法律行为有所区别，如未将欺诈列为婚姻撤销的事由，规定瑕疵事由消失后不得撤销婚姻，以及在婚姻被撤销的后果上体现出对善意方的保护，等等。②同时，对完全收养中同意的主体、方式、时间以及意思表示瑕疵等问题也予以明确规定。

（二）衍生身份行为

葡萄牙民法上的衍生身份行为主要包括以下几类。一是婚前协议。《葡萄牙民法典》亲属编第九章第三节专节规定了婚前协议，对此种协议的内容、形式、不可变更性以及失效等问题予以规定。如未成年人、禁治产人或准禁治产人订立婚前协议需得法定代理人的同意（第1708条）；协议应以公证书形式或者通过在民事登记局局长面前缮立之笔录订立（第1710条）；协议仅在登记后，方对第三人产生效力（第1711条）；等等。二是离婚协议。即允许当事人在两愿离婚时，就财产分割、扶养、亲权行使以及家庭居所之归属等问题达成约定（第1775条第2款）。三是亲权行使协议。即在婚姻关系存续期间，父母须就亲权的行使达成协议，对重大问题未达成协议的，由法院裁决（第1901条第2款）。四是在分居或离婚时夫妻之间就子女抚养问题达成协议（第1775条第2款）。

《葡萄牙民法典》对上述协议也予以一定的限制，这主要表现在以下几个方面。一是对婚前协议内容的禁止性规定。如不得变更夫妻间的权利义务以及

---

① 〔葡〕威廉·德奥利维拉、弗朗西斯科·佩雷拉·科埃略：《亲属法教程》，林笑云译，法律出版社，2019，第64页。
② 参见《葡萄牙民法典》第1631～1648条。

双方对子女的权利义务，不得将法律规定不应属于夫妻共同财产的财产设定为共同财产（第1699条），等等。二是法院对离婚协议具有司法审查权，法院若认为协议不足以保障夫妻之一方及子女的利益，则有权要求夫妻修改协议的内容，或拒绝认可协议并驳回离婚申请（第1776条）。三是法院对亲权行使协议或离婚时的子女抚养协议也具有审查权，协议如果被认为并非出自父母的真意或者不符合未成年人利益，将不被批准。特别是，由于父母责任是不能被放弃的，任何以合同的方式放弃或转移父母责任的行为，都是被禁止的。①

（三）补助身份行为

《葡萄牙民法典》对补助身份行为的规定并不多见。如第1708条规定，未成年人、禁治产人或准禁治产人需得法定代理人许可方能订立婚前协议；第1857条规定，对成年子女等的认领需经其本人的同意或相关代理人的同意；等等。但对于上述许可或同意的行使规则，法律未设明文。

五 我国台湾地区"民法"上的身份行为制度

我国台湾地区与日本一样，在结婚、离婚、收养、解除收养、非婚生子女的认领以及意定监护人的选定等方面，均允许当事人以自治行为为之，因此，其身份行为的体系较为完备。其关于身份行为的规定主要见于其"民法"第四编亲属编，主要也是针对基本身份行为和衍生身份行为而设，同时也有少量关于补助身份行为的规范。

（一）基本身份行为

我国台湾地区"民法"上的基本身份行为主要包括结婚、协议离婚、收养、协议解除收养、任意认领等。相较于其他立法例，我国台湾地区在身份行为类型上的一个特殊之处在于，其"民法"亲属编的第六章规定了"家"这一以永久同居生活为目的而同居的亲属团体（第1122条），而家属（相当

---

① 〔葡〕威廉·德奥利维拉、弗朗西斯科·佩雷拉·科埃略：《亲属法教程》，林笑云译，法律出版社，2019，第565页。

于家庭成员）身份的取得，不仅有基于自然事实的情况，也有基于亲属契约或单独行为的情况，而除了收养、认领，入家之合意及同居之事实也可以成为取得家庭身份的法律行为。① 至于身份行为的具体制度，规定较为全面的是结婚和收养。"民法"分别对结婚和收养的实质要件、形式要件予以规定。② 结婚和协议离婚均需书面形式、证人签名并办理户政登记，而收养以及养子女系未成年人的终止收养则需要书面形式并申请法院认可。③

对于违反结婚或收养实质要件的后果，我国台湾地区"民法"视情形分别规定了无效和撤销两种效力瑕疵形态（第988～997条）。此外，对于协议终止收养的无效和撤销也予以规定（第1080条之2、之3）。无效事由除了违反实质要件，还包括对形式要件的违反。④ 撤销事由除了意思表示瑕疵，也包括部分对实质要件的违反。⑤ 就意思表示瑕疵事由而言，仅规定了欺诈和胁迫（如第997条）。此外，对于无效或撤销的补正制度也予以规定（如第989条）。就撤销的后果而言，规定仅向将来发生效力，而不具有一般法律行为被撤销后的溯及既往的效力（如第998条）。以上身份行为制度均体现出与法律行为制度的不同。但对协议离婚仅规定了形式要件，至于效力瑕疵问题，则既未设明文，也未像《日本民法典》那样规定准用结婚的规定。

（二）衍生身份行为

我国台湾地区"民法"对衍生身份行为的规定主要体现在以下几个方面。（1）关于夫妻财产制契约（第1007条）等财产性协议的规定。如规定此类协议既可以在婚前也可以在婚后订立，其订立、变更或废止，均应以书面为之（第1007条），且非经登记不得对抗第三人（第1008条）。（2）关于离婚协议的规定。虽然"民法"对于协议离婚情形下当事人对财产分割等问题可达成协议未设明文，但显然这是协议离婚的题中应有之义，有学者认为两

---

① 史尚宽：《亲属法论》，中国政法大学出版社，2000，第793页。
② 参见台湾地区"民法"第980～985条、第1073～1076条、第1079条。
③ 参见台湾地区"民法"第982条、第1050条、第1079条、第1080条。
④ 如台湾地区"民法"第988条规定，结婚不具备结婚方式者无效。第1079条之4规定，违反收养方式者，收养无效。
⑤ 如台湾地区"民法"第989条规定，未达法定婚龄者，婚姻可撤销。

愿离婚的情形下也可以对离婚后的扶养费予以约定。[①]（3）关于父母子女关系协议的规定。这类协议如子女姓氏选择协议（第1059条）、离婚子女抚养协议（第1055条第1款）等。此外，规定子女抚养协议应受儿童利益最大化原则的限制，在协议不利于子女时，法院得依申请或依职权为子女利益改定之（第1055条第2款）。（4）关于监护关系之行为的规定。一是监护遗嘱。即最后对未成年子女行使亲权的父或母，得以遗嘱指定监护人（第1093条）。二是意定监护协议。我国台湾地区于2019年5月24日通过了"民法"增订亲属编第四章第三节第1113条之2至之10的条文，对意定监护协议的订立、生效、意定监护人的撤销等问题予以明确的规定，丰富和完善了成年监护制度。

（三）补助身份行为

我国台湾地区"民法"也存在相关补助身份行为，如有配偶者被收养应得他方配偶的同意（第1076条）、子女被收养时应得其父母的同意（第1076条之1），以及未成年人结婚、离婚需经法定代理人同意（第981条、第1049条）等。相关规定对于上述同意行为进行了一定的规范，例如规定行为人需有同意能力；对于上述同意缺失的后果，或者规定为无效，或者规定为可撤销；在父母对子女未尽保护教养义务或拒绝同意显然不利于子女时，可无须父母同意；等等。但对于上述同意行为的效力瑕疵等问题，未设明文。

此外，《瑞士民法典》等也有相关身份行为制度，但与上述立法例相比，其无论是在身份行为的类型还是在相关具体规定上均相对简单，笔者对此不再予以详述。

第二节　英美法系的身份行为制度

虽然英美法系不存在法律行为以及身份行为这样的概念，但并不意味着其就不存在身份行为制度。事实上，诸如结婚、婚姻财产协议等身份行为在

[①] 王泽鉴：《民法概要》（第二版），北京大学出版社，2011，第534页。

英美法系也同样存在。而且，虽然英美法系具有判例法传统，但对于结婚、离婚等制度则多以成文法的形式规制，无论是概念还是规则都较为明确，这使我们可以套用大陆法系"身份行为"的概念对英美法系的相关制度予以介绍。需要指出的是，虽然英美法系在家庭法上也有关于第三人同意的规定，如未成年子女结婚需经父母同意，但是法律对于此种同意行为本身并未作具体调整。故以下主要针对英美法系国家和地区对基本身份行为和衍生身份行为的规定予以介绍。

一 美国家庭法上的身份行为制度

在美国，身份行为乃家庭法调整的对象，但美国并没有一部统一的全国性家庭法，而是由各州分别立法。为统一立法，美国全国统一立法委员会（Uniform Law Commission）及美国法律协会（American Law Institute）就家庭领域的相关问题起草并通过了一些供各州参考的标准法案，如《统一结婚离婚法》（Uniform Marriage and Divorce Act）、《统一婚前协议法》（Uniform Premarital Agreements Act）、《统一婚前和婚内协议法》（Uniform Premarital and Marital Agreements Act）、《统一亲子关系法》（Uniform Parentage Act）以及《统一监护和保护程序法》（Uniform Guardianship and Protective Proceedings Act）等，这些标准法案为各州立法不同程度地采纳，由此推动了各州立法的统一，以下主要介绍其中涉及基本身份行为和衍生身份行为的规定。

（一）基本身份行为

美国法上的基本身份行为包括结婚、认领非婚生子女、有关父母身份的协议等。关于基本身份行为的类型体系，美国法呈现出以下特点。一是不存在协议离婚和协议收养行为。与德国的协议离婚一样，美国的协议离婚也必须经过法院的裁判，而离婚判决并非对当事人合意的许可而是基于离婚标准作出的裁判，[①] 故美国并不存在协议离婚这种私法上的行为。至于收养，依美国法，收养需要通过法院或专门的私人收养机构的审查，且收养机构所作出

---

① 参见 Uniform Marriage and Divorce Act, Sec.305（a）。

的收养决定通常是最终决定，不可复审。①因此，尽管收养需要送养人（父母）和被收养人本人的同意，但收养并非一种合同制度的安排，不存在协议收养这一私法行为，当然也不存在协议解除收养行为。二是基于人工辅助生育技术的亲子关系协议得到一定程度的认可。如《统一亲子关系法》在对代孕协议予以规制的前提下承认了此类协议的效力，即协议约定的意向父母是代孕子女的法律上的父母，而代孕者及其配偶均非法律上的父母。②

美国对基本身份行为的具体规定也主要体现在结婚领域。各州法律对结婚的实质要件和形式要件一般均设明文，在婚姻效力瑕疵的问题上，一般采无效和撤销双轨制，这一模式为多数州的家庭法所采纳。③无效婚姻一般包括禁婚亲结婚、重婚、当事人未达法定婚龄的婚姻。可撤销婚姻一般包括受欺诈、胁迫而缔结的婚姻等。而合同法关于协议的效力及当事人缔约能力的基本规则也可适用于家庭法。④此外，美国也承认婚姻的效力瑕疵可因补正而转为有效。如根据《统一结婚离婚法》第207条（b）项，结婚障碍消除后，婚姻即合法有效。

（二）衍生身份行为

与基本身份行为相比，美国有关衍生身份行为特别是身份关系协议的立法和实践呈现出极大的丰富性。⑤此种行为主要包括两种。

1.婚姻关系协议

在美国早期的司法实践中，法院由于担心将合同引入婚姻领域会破坏婚姻制度，一般采取禁止或限制婚姻协议的做法。而随着家庭观念的变迁和家庭法的变化，这一做法有所改变。为适应时代的发展，美国全国统一立法委员会于2001年颁布《统一婚前协议法》（Uniform Premarital Agreement Act），

---

① 〔美〕哈里·D.格劳斯、大卫·D.梅耶：《美国家庭法精要》（第5版），陈苇译，中国政法大学出版社，2010，第95页。
② 参见Uniform Parentage Act, Sec. 809。
③ 参见California Family Code, Sec. 2200–2201, 2210–2212; Texas Family Code, Sec. 6.102–6.111, 6.201–6.206。
④ 〔美〕哈里·D.格劳斯、大卫·D.梅耶：《美国家庭法精要》（第5版），陈苇译，中国政法大学出版社，2010，第36页。
⑤ Brian Bix, "Agreements in Family Law," *Minnesota Legal Studies Research Paper* 12-43（2012）.

对婚前协议的签订及效力问题予以规定。2012年，该委员会又颁布《统一婚前和婚内协议法》，将婚前协议和婚内协议予以同等对待。对于上述法案，各州的适用情形不完全一样，如科罗拉多州、北达科他州等适用2012年的法案；①而绝大部分州如亚利桑那州、得克萨斯州、阿肯色州、佛罗里达州以及新墨西哥州等仍然适用2001年的《统一婚前协议法》。②虽然各州的规定不尽一致，但它们均表现出对婚前或婚内婚姻财产协议效力的肯定。此外，在《统一结婚离婚法》以及各州的家庭法中，分居协议、离婚和解协议也获得了认可。

从上述规定来看，美国家庭法上的婚姻关系协议主要包括婚前协议、婚内协议、分居协议以及离婚和解协议等。对于婚前协议和婚内协议而言，法律允许当事人就婚姻关系存续期间、分居时、婚姻解除时等情形下的婚姻权利义务进行约定，并主要对其订立的形式（要求书面形式）、程序（如要求各方进行财产披露，以及规定各方有机会获得独立的法律咨询意见等）和内容（如不得对子女的抚养带来不利影响，不得对提起分居或离婚的当事人予以惩罚等）予以一定的限制，同时规定了协议不具有强制执行力的特别情形。例如，如果协议改变或剥夺了配偶一方受扶养的权利并将其置于受政府救济的境地，则协议对法院没有约束力；婚姻财产协议在显失公平的情形下对法院也没有约束力；等等。③对于分居协议与离婚和解协议而言，当事人虽然可以对离婚后果包括财产的分割和配偶扶养费，以及子女监护权、抚养费、探视权等问题达成书面协议，但双方就子女监护、抚养和探视达成的协议对法院不具有约束力。④就此而言，虽然离婚或分居时达成的协议与婚前或婚内协议相比在内容和程序上的限制较少，但其内容仍然要受到法院的审查。

2.父母子女关系协议

就有关父母子女关系的协议而言，美国法上主要规定了非法律上的父母之间的共同亲权协议、离婚时子女监护与抚养协议，以及生父母在子女被收

---

① 参见2020 Colorado Revised Statutes, Sec.14-2-301-Sec. 14-2-313; North Dakota Century Code, Chapter 14-03.2。

② 参见Arizona Revised Statutes, Title 25-202; Texa Family Code, Sec. 4.001-4.010; Arkansas Code of 1987, Subchapter 4; 2019 Florida Statutes, Sec. 61.079; New Mexico Statutes, Chapter 40; New Mexico Statutes, Chapter 40。

③ 参见Uniform Premarital and Marital Agreements Act, Sec.5, 9-10等。

④ 参见Uniform Marriage and Divorce Act, Sec.306。

养后仍然与子女保持联系的开放性收养协议等。离婚时子女监护与抚养协议对法院并不具有约束力，所有州都要求法院对此种协议予以审查，但除非此类协议在表面上对子女明显不利，否则法院一般不会质疑协议的内容。①但在子女抚养费的问题上，联邦政府要求各州制定儿童抚养的指引规定以确定具体的标准，法院需要据此对协议内容进行审查，子女抚养条款如果不符合儿童抚养指引规定的话，则将得不到法院的认可。

3. 涉监护关系的身份行为

依美国《统一监护和保护程序法》第202条，父母可以通过遗嘱或其他书面的方式，为已经出生或将来出生的未成年子女预先指定监护人。但此项指定需要由法院依法作出批准。美国还有一种类似于意定监护的持续性代理权授予制度，其是指委托人根据自己的意愿，将委托事项交付给代理人，并明确代理权在委托人丧失意思能力后持续有效的一种制度安排。②受任人基于此种授权获得了一定范围内的代理权，从而排除了监护制度的适用。

二 英国家庭法上的身份行为制度

英国在婚姻家庭关系的态度上趋于保守，无论是在基本身份行为的规定还是在身份关系协议的规定上，均对当事人的意思自治予以较多的限制。相关的法律主要有1973年《婚姻诉讼法》（Matrimonial Causes Act 1973）、1996年《家庭法》（Family Law Act 1996）、1989年《儿童法》（Children Law Act 1989）以及2002年《儿童收养法》（Adoption and Children Act 2002）等。相关规范也主要针对基本身份行为和衍生身份行为展开。

（一）基本身份行为

英国允许当事人以自由意志形成或解消身份关系的情形主要发生在结婚领域。1973年《婚姻诉讼法》对结婚的实质要件、形式要件以及婚姻的无效和可撤销制度予以明确的规定。根据其第11条，不满足实质要件和形式要

---

① 〔美〕哈里·D.格劳斯、大卫·D.梅耶：《美国家庭法精要》（第5版），陈苇译，中国政法大学出版社，2010，第359页。
② 李霞：《成年监护制度研究——以人权的视角》，中国政法大学出版社，2012，第250页。

件的婚姻均为自始无效，但如果根本不存在婚姻，则无所谓无效。根据其第12条，基于胁迫、错误、欺诈和其他原因的婚姻为可撤销婚姻。此外，根据1987年《家庭法改革法案》（Family Law Reform Act 1987）第27条，在已婚的条件下，妻子经丈夫同意而人工授精生育的子女，视为夫妻双方的子女。这可以认为是基于当事人的意思确立了父母身份。然而，在下列领域，并不存在当事人意思自治的空间。一是离婚。与美国的离婚一样，英国的离婚虽然也可以基于当事人的合意向法院提出，但婚姻系因法院的判决而非当事人的意愿解消的，当事人的意愿只是法院判决时考虑的因素，故英国并不存在真正意义上的协议离婚。二是收养。在英国，根据2002年《儿童收养法》，儿童收养因法院颁布的收养令而产生，因此，虽然收养也需要被收养人的父母或监护人的同意以及收养协议，但其并非一项合同安排，故不存在协议收养及协议解除收养这样的身份行为。①三是代孕。虽然英国不禁止私人代孕协议，但协议本身并不能直接产生父母子女关系，根据2008年修订的《人工授精与胚胎学法》（Human Fertilisation and Embryology Act 2008）第54条，委托他人代孕或通过助育生育子女的已婚父母或民事伴侣等可以向法庭申请亲权命令，该命令在法律上将该子女视为申请人的子女。

（二）衍生身份行为

英国法上的衍生身份行为也主要涉及婚姻关系和父母子女关系两大领域，与美国制度相比，相关法律制度呈现出强烈的法律父权主义思想。

涉及婚姻关系的协议主要包括以下几类。一是就婚姻关系存续期间的财产关系或婚内扶养费达成的协议。二是在分居或离婚时就财产问题达成的协议。需要指出的是，在英国，夫妻离婚时的财产问题包括夫妻财产的分配、财产补偿、配偶扶养费等，全部由法院基于自由裁量而作出。尽管在理论上当事人也可以就上述事项达成协议，但当事人在协议中既不能排除既定的法律规则和司法裁量权，也不能阻止另一方当事人就协议约定的事项向法院起诉请求裁决。②当事人之间的协议只能包含在法院签发的同意令中而发生效

---

① 〔英〕凯特·斯丹德利：《家庭法》，屈广清译，中国政法大学出版社，2004，第427页。
② 参见Matrimonial Causes Act 1973, Sec.34（1）。

力。但这并非当事人的协议具有效力，而是法院的同意令具有效力。①因此，法院对离婚协议可谓承担着监督者的角色，其有权废止或改变协议的条款。至于当事人针对未来可能出现的婚姻解除后果达成的协议，英国法基于公共政策的理由一般不承认其法律效力，但近年来法院的态度有所松动，较为明显的突破是英国最高法院审理的拉德马赫诉格拉纳一案。在该案中，针对当事人签订的以离婚为预设的婚姻财产协议，法院认为，如果协议确实是夫妻双方在自愿、没有受到不当影响并且知晓协议法律意义的基础上签订的，则应该认可其法律效力。②

涉及父母子女关系的协议主要有以下几类。一是收养人与送养人之间就被收养子女与送养人之间的联系、探视达成的协议。之所以允许此类协议，是因为一般认为被收养的儿童与亲生家庭联系可能更符合儿童的最大利益。③二是非法律上的父母取得父母责任的协议。如在经过所有具有父母责任的父母同意的情形下，可以通过协议将父母责任转移给继父母。④三是离异父母就子女在各自的家庭居住的时间分配，以及非直接抚养的父母一方的抚养费支付问题达成的协议。⑤虽然法律并不禁止当事人就父母子女关系达成协议，但需要注意的是，在英国，有关父母子女关系的一项基本原则是：法院在关于子女利益和抚养上的司法权不能被协议所排除。⑥因此，法院在作出与子女有关的决定时并不必然对父母之间的协议予以许可。

在监护关系领域，英国也允许父母以遗嘱为子女指定监护人。⑦此外，英国也存在与美国持续性代理权授予相似的永久性代理权授予制度，⑧但其增加了登记、创设保护法院等措施对代理权的行使予以监督，使此种制度与日本及我国台湾地区的意定监护制度更为接近。

---

① 〔英〕凯特·斯丹德利：《家庭法》，屈广清译，中国政法大学出版社，2004，第183页。
② 参见 *Radmacher* v. *Granatino*，[2010] UKSC 42，[2011] 1 A.C. 534。
③ 〔英〕凯特·斯丹德利：《家庭法》，屈广清译，中国政法大学出版社，2004，第433页。
④ Jens Martin Scherpe and Brian Sloan, "Contractualisation of Family Law in England & Wales: Autonomy vs. Judicial Discretion," in Frederik Swennen, ed., *Contractualisation of Family Law - Global Perspectives*, Springer International Publishing Switzerland, 2015, p.174.
⑤ 参见 Child Support Act 1991 (England and Wales), Sec. 9。
⑥ 参见 *AI* v. *MT*, [2013] EWHC 100 (Fam), [2013] 2 FLR 371, [12] (Baker J)。
⑦ 参见 Children Act 1989 (England and Wales), Sec.5, 6。
⑧ 李霞：《成年监护制度研究——以人权的视角》，中国政法大学出版社，2012，第254~262页。

三 其他国家和地区家庭法上的身份行为制度

英美法系其他国家和地区在基本身份行为特别是结婚、离婚的规定上与美、英两国大同小异，但关于身份关系协议的规定则各具特色。以下仅以加拿大和澳大利亚两国为例予以介绍。

加拿大的家庭法充分体现出其对意思自治的尊重，各省的家庭法均有对身份关系协议的规定，相关规定涵盖了夫妻关系和父母子女关系两大领域。如《安大略省家庭法》（Family Law Act［Ontario］）的第四部分以"家庭合同"为题对家庭合同予以专门规定。其中，涉及夫妻关系的协议包括婚姻合同（其内容与美国的婚姻财产协议基本相同，同时可以包括除探望权和监护权之外的对子女的抚养教育权利的约定）、分居合同（与婚姻合同的内容相同，同时可以包括分居时对子女的探望权与抚养权的约定）、非婚父母之间的父母责任协议等。法律对家庭合同的形式（如要求书面形式、当事人和证人签字等）、合同内容的限制（如婚姻合同中限制一方婚姻住宅权利的条款无效）、法院对于儿童抚养教育问题的司法裁量权以及家庭合同的废止事由等予以明确的规定。此外，不列颠哥伦比亚省、阿尔伯塔省等的家庭法也都作出了类似的规定。[①]特别值得一提的是《不列颠哥伦比亚省家庭法》（Family Law Act［British Columbia］）上的父母子女关系协议。该法所规定的父母子女关系协议类型包括父母责任协议、儿童的监护人与非监护人之间的探望协议、夫妻分居时的子女抚养协议等，法律对协议的内容、形式以及法院的效力审查等予以不同程度的规定。如父母责任协议和子女抚养协议，只有在分居后或当事人打算分居并为分居的后果签订协议时，才有约束力；[②]如果探望协议违反儿童利益最大化原则的话，法院可以废止该协议。[③]

澳大利亚1975年《家庭法》（Family Law Act 1975）对夫妻间的财产协议予以专章规定。[④]据此，当事人可在婚前或婚姻关系存续期间签订书面婚姻财

---

① 参见 Family Law Act（British Columbia），Sec. 92-93；Matrimonial Property Act（Alberta），Sec. 3；Family Property Act（Saskatchewan），Sec. 38；等等。
② 参见 Family Law Act（British Columbia），Sec. 44，148（1）。
③ 参见 Family Law Act（British Columbia），Sec.58（4）。
④ 参见 Family Law Act 1975，Part ⅧA—Financial Agreements。

产协议，对未来可能发生的婚姻解除所产生的财产问题予以约定。① 但此类协议只有在满足法律规定的条件时才具有约束力。如在形式和程序上，婚姻财产协议需经双方签字，在签字之前任何一方均应从律师那里得到独立的法律咨询。② 在内容上，婚姻财产协议中涉及一方当事人生活费用或儿童抚养费的条款无效，除非该条款具体说明了生活费或抚养费条款所指向的对象以及具体金额，或者用以支付抚养费部分的相关财产的价值。③ 此外，如果法院发现在协议生效的时候，考虑到协议的条款和效力，配偶一方处于没有养老金等社会保障待遇就无法生存的境地，则婚姻财产协议中的任何条款均不能排除或限制法院在判定扶养费问题上的裁量权。④ 若协议存在欺诈、无效或撤销等不具有强制执行力的情形，以及导致一方处于实质困难境地或显失公平等情形，法院可以废止或终止协议。⑤

第三节 两大法系身份行为制度的比较与启示

前文的介绍向我们展示了两大法系独具特色的身份行为制度，这些制度展现出个性与共性并存，差异性与相似性同在的特点，彰显了身份行为制度所具有的丰富性和生动性，同时也为我国身份行为理论体系的构建提供了有益镜鉴。

一 两大法系身份行为制度的差异

（一）关于身份行为的类型

从前文介绍中可以看出，各立法例上的身份行为类型呈现出较大的差异性，这无论是在基本身份行为领域还是在衍生身份行为领域均有所体现。

---

① 参见 Family Law Act 1975, Sec. 90B, 90C。
② 参见 Family Law Act 1975, Sec. 90G（1）。
③ 参见 Family Law Act 1975, Sec. 90E。
④ 参见 Family Law Act 1975, Sec. 90F。
⑤ 参见 Family Law Act 1975, Sec. 90K（1）。

就基本身份行为而言，在大陆法系，结婚和认领这两类身份行为得到了普遍的认可，但其他身份行为则不尽然。一方面，收养和协议解除收养行为仅存在于日本和我国台湾地区；而在法国、德国、葡萄牙等多数国家和地区，收养则是通过法院颁布收养令或有关政府机关宣告的方式实现的，在此种立法例下，并不存在完全基于意思自治的收养行为。另一方面，协议离婚在日本、法国、葡萄牙民法以及我国台湾地区"民法"上得到了认可，但在德国则不存在完全基于合意的离婚行为。在英美法系，除结婚这一身份行为被普遍认可外，离婚、收养领域的身份行为则多未被承认。这表明，在英美法系，离婚和收养始终处于司法审查或行政审查之下，而并非一种基于合同的安排。但美国法对人工辅助生育技术之于父母子女身份认定的影响予以回应，对代孕情形下的亲子关系协议予以一定程度的承认，这显示出一定的开放性。总之，就基本身份行为的类型体系而言，日本民法和我国台湾地区"民法"规定的最为完备，涵盖了结婚、收养、离婚、解除收养以及任意认领等多个类型；而英美法系国家和地区立法上的基本身份行为的类型较少，这体现出这些国家和地区在身份关系的形成及解消问题上的较强控制力以及对私人秩序的限制。

就衍生身份行为特别是身份关系协议的类型而言，两大法系的立法均不同程度地体现出对当事人意思自治的尊重。身份关系协议主要涉及婚姻关系、父母子女关系和监护关系三大领域。对于涉及婚姻关系的协议的类型，各国及地区在总体上差异不大，均包括婚前协议、婚内协议、分居协议、离婚协议等，但在内容上存在一些区别。如大陆法系国家和地区的婚姻财产协议多指夫妻财产制协议；而在美国、澳大利亚以及加拿大等英美法系国家和地区，夫妻之间除了可以订立夫妻财产制协议，还可以订立以婚姻解除为预设的婚姻财产协议，而后者尤其受到立法的关注。就涉及父母子女关系的协议而言，大陆法系一般允许夫妻在离婚时就子女监护、抚养和探望等问题达成协议，在夫妻关系存续期间则允许父母就亲权行使或父母照顾的分工签订协议。德国还允许非婚父母就子女未来生活安排问题签订协议等。而在英美法系，除上述协议之外，还存在生母的非婚伴侣或同居者与生母之间签订的共同亲权协议以及开放收养协议等。就涉及监护关系的协议而言，英美法系主要侧重于用对预先或持续授予代理权的认可来替代监护以实现对当事人意思自治的尊重；而日本、法国等大陆法系国家和地区，则更强调通过意定监护协议或未来保护委托协议来实现当事人在监护人确立上的自主权。此外，父母通过遗嘱为子女设立监护人也得到了许多国家和地区的认可。总的来说，在衍生身份行为领域，相较于大陆法系，英美法系认可了更多类型的身份关系协议，体现出对当事人在个性化生活方式形成方面意思自治的尊重。

至于补助身份行为，各国及地区也表现出相当大的差异。例如，日本民法并没有法国民法和我国台湾地区"民法"关于父母对未成年子女结婚之同意的规定，我国台湾地区"民法"也不存在日本民法上的有配偶者收养应得其配偶同意的规定，等等。这是由立法例关于结婚、收养制度的不同所导致的。

（二）关于身份行为的具体制度

与各立法例上的法律行为制度或合同制度大同小异不同的是，有关身份行为的规范在比较法上呈现出较大的差异性。以婚姻领域内的身份行为为例，针对不符合结婚实质要件的法律后果，有的立法例规定其为无效或可撤销（如日本、我国台湾地区以及英国、美国等），有的立法例规定其为无效（如法国、瑞士），有的则规定其为可废止（如德国）。针对影响婚姻效力的意思表示瑕疵的事由，有的立法例规定了欺诈、胁迫，有的立法例在此基础上增加了重大误解、虚假意思表示，有的则仅规定了欺诈。对于以离婚为预设的婚姻财产协议，有的立法例以违反公共政策认定其无效（如法国、葡萄牙），有的立法例则尊重当事人的意思自治而承认其合法性（如美国、加拿大）。对于离婚财产分割协议，有的立法例对当事人的意思自治予以较高程度的尊重（如日本、我国台湾地区），有的立法例则体现出强烈的法律父权主义，即使当事人均同意离婚，法院也仍然保留对离婚后果的最终决定权（如英国、美国）。而对于离婚协议中关于子女监护、抚养事项的约定，无论是大陆法系还是英美法系，均规定了法院对协议内容的废止权或变更权。此外，尽管日本民法和我国台湾地区"民法"均规定了收养以及协议解除收养行为，但二者在收养的效力瑕疵、瑕疵事由等的规定上也有所不同。上述差异在一定程度上体现了不同立法例在法律文化、婚姻家庭观念以及价值判断上的不同。

（三）关于身份行为的体系化

虽然比较法上的身份行为类型均呈现出多元化，相关法律规范也涉及身份行为的多个方面，但如果从体系化的角度来看，《日本民法典》较其他立法例更胜一筹。其不仅在规定的身份行为类型上最为完备，在制度设计上也体现出一定的体系性思想。例如，其对基本身份行为均规定了登记这一形式要件；对婚姻和收养的效力瑕疵均规定了无效和可撤销两种类型，对于二者的无效事由及撤销事由的规定也大致相当。此外，对于第三人对他人收养行为的同意的意思表示瑕疵也作了与婚姻领域之规定相同的规定；虽然未对协议离婚和协议解除收养的效力瑕疵设有明文，但明定二者可以分别准用结婚或收养撤销的规定。这使其在身份行为的构成以及效力瑕疵问题上实现了一定程度的体系性。此外，就身份行为能力而言，其规定成年被监护人结婚、协议离婚、收养、协议解除收养等均无须监护人同意，理论上一般认为实施上述身份行为的当事人仅需具有意思能力，由此在身份行为能力的认定上实现了一定的体系性。此外，《德国民法典》对于婚姻的效力瑕疵以及收养中同意效力瑕疵的规定也体现出一定的体系性。但上述所谓的"体系性"远未达到财产行为那样的体系化程度，而且上述体系化的努力仅限于基本身份行为，如果一并观察衍生身份行为的话，则身份行为体系化的任务可谓任重而道远。

二　两大法系身份行为制度的共性

尽管两大法系上的身份行为制度存在一定的差异，但如果从其所体现出来的身份行为与法律行为的关系，以及身份行为有别于财产行为的独特个性这一角度来看，其也呈现出一定的共性。

（一）与法律行为制度（合同）的和而不同

如前所述，在大陆法系民法理论中，身份行为虽然具有一定的特殊性，但仍然可以纳入法律行为的范畴。考察大陆法系的身份行为制度，可以发现其与法律行为的关系。一方面，其继受了法律行为的某些制度，如婚姻无效或可撤销的效力瑕疵类型，欺诈、胁迫、错误等意思表示瑕疵类型，作为婚姻财产协议审查标准的显失公平等，这些均为法律行为制度的概念和规则。但另一方面，在身份行为的具体制度设计上，其又存在着与法律行为的不同。例如，尽管《德国民法典》中法律行为的效力瑕疵包括无效、可撤销以及效力待定等类型，但其关于婚姻的效力瑕疵则仅规定了可废止一种；尽管德国、日本民法以及我国台湾地区"民法"均规定法律行为一经撤销即自始无效，但其对于可撤销婚姻却均规定撤销后仅向将来产生无效效力等；尽管大陆法系民法理论一般认为无效情形的消灭原则上不能作为法律行为无效的补正事由，但其在婚姻或收养的无效制度中均却对此种补正事由予以承认；等等。上述内容充分体现出身份行为在法律行为类型体系中的独特性。

英美法系虽然没有法律行为的概念，但存在与大陆法系民法原理相通的合同概念及制度。由于身份行为多涉及双方当事人，无论是基本身份行为还是身份关系协议，其制度构造实际上均在一定程度上承袭了合同法的原理，诸如婚姻的无效、撤销，结婚中的欺诈、胁迫，婚前或婚内协议的显失公平等均沿用了合同法上的概念及规则。但与大陆法系一样，上述制度在具体构造上，诸如婚姻的无效、撤销事由，无效、撤销的后果，以及婚姻财产协议的效力认定等方面，同样体现出身份行为的独特性。

（二）家庭法价值理念的一以贯之

考察不同立法例身份行为制度的特殊构造，不难看出，这些特殊规定之所以能够在民法中以一种"特立独行"的姿态存在，是因为家庭法的价值理念发挥了极其重要的主导作用。例如，正是出于维护婚姻家庭秩序的考虑以及对既有身份关系的尊重，才规定婚姻的撤销不具有追溯力，并将无效情形的消失作为无效的补正事由；正是出于对未成年子女利益的保护，才规定子女抚养协议对法院没有约束力；正是出于对婚姻中弱势一方的保护，才规定婚姻财产协议或离婚协议的效力需经司法审查，由法院决定协议的内容是否公平以及能否履行；等等。可以说，家庭法的价值理念不仅体现在基本身份行为制度中，也体现在衍生身份行为制度中，看似散乱的规定背后，实际上是价值理念上的一致性。

值得注意的是，虽然两大法系的法律文化、婚姻家庭观念不尽一致，但在家庭法的核心价值理念上却具有趋同性，诸如维持婚姻家庭的稳定圆满，保护未成年子女、女性等家庭弱者或易受伤害者的利益，保障婚姻家庭功能的实现等价值理念或公共政策获得了普遍的认可。而且随着家庭模式和家庭观念的变迁，上述理念也在不断地发展。英美法系对于以离婚为预设的婚姻财产协议从一开始的否定态度到逐渐予以接受，就是一个典型的例证。

（三）意思自治与公权力干预并重

对身份行为的认可意味着对家庭领域内私人自治的尊重和承认，从两大法系的立法经验及立法变迁来看，随着更多类型的身份行为被法律所认可，私人自治在家庭法中的地位和作用也愈加明显。但相较于合同行为，身份行为领域的意思自治显然受到了更多的限制，各立法例的身份行为制度因此体现出意思自治与公权力干预并重且二者此消彼长的特点。

就意思自治而言，在基本身份行为领域，结婚因当事人的合意而发生效力已经获得了各立法例的普遍认可，离婚、收养和协议解除收养在一些国家和地区也被视为基于合意的结果，即使是一些未将离婚、收养设计为合同制度的立法例，当事人的意思表示（如离婚合意、送养人或收养人等的同意）也具有重要的法律意义。而在身份关系协议领域，更是体现出对当事人意思自治的尊重。协议得以存在的情形不仅包括婚姻关系存续的情形，也包括分居、离婚的情形；协议所涉及的事务不仅包括夫妻间的财产关系、扶养关系、离婚时的财产分割，也包括父母责任、监护关系等。

与此同时，各立法例的身份行为制度也彰显了强烈的公权力干预特点。一方面，对于结婚、收养这类创设性的身份行为而言，当事人只有形成身份关系的自由，并没有决定相应身份关系的权利义务的自由。另一方面，对于身份关系协议而言，当事人的约定并不能完全排除法院的司法审查权。几乎在所有的立法例，父母有关子女抚养、监护和探望的约定均被置于司法审查之下，法院如果认为协议内容对子女不利，即可依职权对协议予以废止或变更。至于婚姻财产协议，在德国以及英美法系的多数国家和地区，其同样要受到法院的审查。此外，对于身份行为形式或程序上的要求实际上也是公权力干预的体现。相较而言，基本身份行为领域的公权力干预力度较衍生身份行为领域要高。

三 两大法系身份行为制度之启示

虽然由于婚姻家庭观念、法律文化的差异以及身份行为类型的繁杂等，两大法系上的身份行为规范显得较为散乱，但经过梳理，一些规律性、共性的问题得以呈现，这使我们可以从中探索身份行为法律调整的规律，对于我国身份行为的体系化建构极具启示意义。

其一，各立法例有关身份行为的法律规范展示了在法律行为或合同这种具有高度涵摄性的概念之下，身份行为所具有的丰富的个性和差异性。这不仅表现在，与财产行为相比，家庭语境下的法律行为有诸多不同；即使在身份行为类型体系内部，基本身份行为与衍生身份行为、创设性身份行为与解消性身份行为之间也存在较大的差异。而这些特性并不能通过抽象、统一的法律行为概念和制度体现，寻找其独特的规范表达方式便成为必要，各立法例对于身份行为的特殊制度建构正是建立在上述认识的基础上。因此，只有在探求身份行为个性和差异性的基础上，才能形成有针对性的、个别化的法律规范，也才能构建符合婚姻家庭规律和特点的身份行为理论体系。当然，这并不意味着家庭法与民法教义学体系的对立，恰恰相反，家庭法应当在对接民法教义学并进行一定改造的基础上，实现民法典的体系融贯。①

其二，各立法例有关身份行为的法律规范突显了身份行为体系化的可行性和基础。一方面，各立法例在身份行为的成立、身份行为能力、法律约束力以及效力瑕疵等方面表现出的与财产行为的不同之处，证明了所谓"民法的体系化"并不意味着同一化，只有差异对待差异事实，才能真正实现民法的体系化；另一方面，各立法例在身份行为制度中体现出的一以贯之的家庭法价值理念，充分说明了身份行为体系化的基础不仅仅是各规范在逻辑上的脉络关联，更应当是在价值取向上的一致性。因此，身份行为的体系化建构不仅应当关注其本身的形式逻辑构造，更应当在深入把握身份行为制度价值理念的基础上探索其内在的脉络意义，做到既能和民事法律行为等制度保持体系上的一致性，又能有其独特的建构性。

---

① 刘征峰：《论民法教义体系与家庭法的对立与融合：现代家庭法的谱系生成》，法律出版社，2018，第262~267页。

其三，各立法例上的身份行为制度也展示了这一领域制度建构的复杂性。身份行为虽然在形式上表现为私的行为，但由于其建构、解消或变更的对象乃构成社会基础的婚姻家庭，以及应受特殊保护的儿童、女性等家庭弱者，这使此类行为被注入了更多的公权力干预因素。因此，身份行为自其诞生之日起就面临着家庭人格与个人人格、家庭利益与个人利益、意思自治与公权力干预之间的角力。而随着个人主义在家庭领域的不断扩张、家庭生活模式选择的日渐自由化，这种角力更加突出。在家庭法面临着巨大变革的今天，我国的身份行为体系化理论建构应当在尊重多元化的个体价值，尊重选择自由的同时，突显国家在婚姻家庭领域的公共责任，确保国家为婚姻家庭所设置的功能不被侵蚀，最终实现公共利益、家庭利益和个人利益的平衡。

两大法系针对身份行为特质而进行的相关立法对于我国身份行为理论体系的构建固然具有一定的借鉴意义，但应当看到两点。一方面，从体系化的角度来看，各立法例对身份行为体系化的关注普遍不足，在立法层面远未达到财产法那样的体系化程度。在身份行为体系化这一问题上，我国尚需进一步探索。另一方面，基于风俗习惯、家庭政策以及法律文化等方面的差异，各立法例在身份行为的制度建构上多有不同，这意味着比较法经验对于我国并不具有完全的可借鉴性。我国应当在吸取比较法有益经验的同时，立足于我国国情、婚姻家庭伦理和民法典体系，构建具有我国本土特色的身份行为理论体系。

第四章
身份行为理论体系的基本架构

在强调内在体系与外在体系之双重体系构成的基础上，法学体系化建构有两项重要任务：一是寻找和确定作为上位价值的秩序观念，二是系统内部逻辑的反复锤炼。① 身份行为的体系化建构也不例外。基于前文的分析，身份行为的理论体系可作如下描述：其内在体系应当体现出身份行为的主导原则和价值取向；外在体系固然应当反映内在体系，但同时应当有自身的逻辑建构，而这一逻辑建构需要依托法律行为理论，并嵌入身份行为自身的独特性。综上所述，身份行为的总体理论框架主要包括体现身份行为价值取向与基本原则的内在体系，以及由身份行为的要件（包括身份行为能力、身份行为意思表示等）、身份行为的效力瑕疵、身份行为代理等构成的外在体系。本章即对这一理论框架作一概观性的阐述。

第一节　身份行为体系化的规范基础

身份行为体系化的素材乃身份行为法律规范，故在体系化建构之前，有必要首先明确身份行为体系化的规范基础。这包括两个方面：一是身份行为的法源范围，即哪些规范属于调整身份行为的法律规范；二是身份行为对相关法律规范的适用程度及适用方法。其中最为核心的问题是，《民法典》总则编及其他分则编是否在身份行为的法源范围之内，又应依何种路径进入身份行为领域。

---

① 赵宏：《基本原则、抽象概念与法释义学——行政法学的体系化建构与体系化均衡》，《交大法学》2014年第1期。

一 身份行为的法源范围

（一）身份行为法源范围之争

所谓法源，即法的渊源，通说认为其是指法律的表现形式。但如果从法律发现或法律适用的角度观察，其实际上是法官发现裁判规范的场所，是由裁判规范组成的集合。[①]在这一意义上，身份行为的法源，亦即涉身份行为纠纷的裁判规范的来源。依《民法典》第10条，身份行为的法源主要是法律和习惯。对于"法律"，当然首先是指婚姻家庭法。然而，在婚姻家庭法对身份行为未设明文的情形下，能否适用民法总则以及合同法、物权法等民事财产法的规定？换言之，身份行为据以适用的"法律"是否包括上述规范？对此，学界颇多争议，并形成了以下几种不同的观点。

1.关于身份行为能否适用民法总则的争议

其一，肯定说。该说认为，于婚姻家庭法对身份行为未设明文的情形下，民法总则具有可适用性。我国海峡两岸均有学者持此观点。[②]究其原因，在于亲属身份行为在本质上仍是法律行为之一种，而基于总则编"提取公因式"的立法技术及统领地位，在婚姻家庭编无特别规定时，身份行为自当适用民法典总则编关于法律行为的一般规定。[③]

其二，否定说。该说认为，民法总则的规定对于身份行为不具有可适用性。但学者所持理由不尽相同。如日本中川教授立足于事实先在性理论和绝对意思主义，认为身份行为在制度构造上具有独特性，应当适用亲属法的规定，民法总则对其无适用的余地。我国台湾地区学者陈棋炎教授认为亲属法上的纯粹身份行为具有浓厚的人伦秩序色彩，与民法总则中概念化的法律行为具有本质区别，二者不能构成分与总的关系，法律行为的相关规定自然不适用于身份行为。[④]王泽鉴先生在论及结婚行为时，认为因结婚具有身份行为的性质，民法对其所设的特别规定实际上系对民法总则规定的排除，故在法

[①] 彭中礼：《法律渊源词义考》，《法学研究》2012年第6期。
[②] 姚瑞光：《民法总则论》，中国政法大学出版社，2011，第220页。
[③] 韩世远：《财产行为、人身行为与民法典适用》，《当代法学》2021年第4期。另参见刘凯湘《民法总论》（第三版），北京大学出版社，2011，第274页。
[④] 陈棋炎：《亲属、继承法基本问题》，台湾三民书局，1980，第34页。

律不备时，应类推亲属法的相关规定。①我国大陆地区也有学者认为民法总则实为财产法的总则，不能适用于婚姻家庭法。②

其三，有条件适用说。该说认为，民法总则对于身份行为应有条件地适用。如史尚宽先生认为，在亲属法未对身份行为予以规定时，其虽可适用或变通适用民法总则的规定，但依其特性不能适用时，则应排除适用。③杨立新教授虽然也持此观点，但表述略有不同，认为在亲属法没有特别规定且适用民事法律行为制度不具有社会不妥当性后果的，应当适用民事法律行为的一般规则，否则应排除民法总则的适用。④冉克平教授、王雷教授将身份行为适用民法总则的限制性条件表述为"依身份行为的性质"，认为身份行为原则上适用民法总则关于法律行为的规定，但是法律另有规定或者依据身份行为的性质不予适用的除外。⑤

其四，区别对待说。该说认为，身份行为能否适用民法总则应视其为纯粹的身份行为还是身份财产行为而定。纯粹的身份行为因有浓厚的伦理秩序和人格色彩，不能径行适用民法总则的规定，而身份财产行为与一般财产行为并无不同，可以适用民法总则。⑥德国学者施瓦布在论及结婚行为时，即认为结婚法中的特别规定排除了民法总则关于法律行为的一般规定，但对夫妻财产合同的效力进行审查时，则有民法总则适用的余地。⑦我国学者刘征峰也认为，对于纯粹身份行为，于法律未作特别规定的情形下，家庭法法源具有极强的封闭性，而身份财产行为则可以适用民法总则。⑧

---

① 王泽鉴：《民法概要》（第二版），北京大学出版社，2011，第520页。
② 茅少伟：《寻找新民法典："三思"而后行——民法典的价值、格局与体系再思考》，《中外法学》2013年第6期；尹田：《民法典总则之理论与立法研究》（第2版），法律出版社，2018，第26页。
③ 史尚宽：《亲属法论》，中国政法大学出版社，2000，第465~468页。
④ 杨立新：《亲属法专论》，高等教育出版社，2005，第43页。
⑤ 冉克平：《论婚姻缔结中的意思表示瑕疵及其效力》，《武汉大学学报》（哲学社会科学版）2016年第5期；王雷：《婚姻、收养、监护等有关身份关系协议的法律适用问题——〈合同法〉第2条第2款的解释论》，《广东社会科学》2017年第6期。
⑥ 戴瑀如：《身分行为的特殊性》，《月旦法学教室》总第93期（2010年）。
⑦ 〔德〕迪特尔·施瓦布：《德国家庭法》，王葆莳译，法律出版社，2022，第42、122页。
⑧ 刘征峰：《民法典中身份关系法律适用的原则与例外》，《中国法律评论》2022年第4期。

2.关于身份行为能否适用合同法、物权法等民事财产法的争议

这一争议主要集中在身份关系协议领域。对于身份关系协议能否适用合同法，在《民法典》颁布之前，基于《合同法》第2条第2款的规定，不少学者对此持否定观点。但《民法典》颁布后，由于其第464条第2款对《合同法》的上述规定作了颠覆性的修正，学者对这一问题遂有了新的思考。虽然多数学者对第464条第2款表示赞同，但在该条的适用范围上，或者说，在是否所有的身份行为均可参照适用合同编的理解上，学者们的观点并不一致。有的认为，无论是基本身份行为，还是离婚协议、夫妻财产制协议等身份财产协议，均可参照适用。① 有的认为身份财产协议固然可以参照适用合同编，但基本身份行为原则上不适用合同编的规定，② 其应适用婚姻家庭编的规定，若婚姻家庭编未设明文，则应在婚姻家庭编内寻求解释和解决路径。③

此外，身份财产协议中的夫妻财产制契约、离婚财产分割协议等涉及物权变动问题，这又引发了此种情形能否适用民法典物权编的争议。由于此问题仅涉及特定身份行为，并不具有普遍性，笔者将于本书第三编探讨，在此不赘。

（二）身份行为法源范围的确定

笔者认为，依《民法典》第10条，身份行为的法源主要包括制定法和习惯。对于制定法而言，首先应当是婚姻家庭法（包括民法典婚姻家庭编及其司法解释等）；而在婚姻家庭法未予特别规定的情形下，无论是民法总则，还是合同法、物权法等分则规定，均可以作为身份行为的法源，理由如下。

首先，婚姻家庭法体系难以自足决定了对身份行为的调整不可避免地要适用民法典的其他各编。虽然婚姻家庭法具有独特性，但这并不意味着其不需要任何"外援"便可完成自身的体系构建。相反，正如有学者所言，婚姻家庭法中的大部分规定为不完全性法条，不能作为独立的请求权基础。

---

① 冉克平：《"身份关系协议"准用〈民法典〉合同编的体系化释论》，《法制与社会发展》2021年第4期。
② 王利明：《体系化视野下〈民法典〉婚姻家庭编的适用——兼论婚姻家庭编与其他各编的适用关系》，《当代法学》2023年第1期。
③ 冉克平：《〈民法典〉第464条身份关系协议"参照适用"合同编的思考》，"家事法苑"微信公众号，2020年12月1日。

对于这些法条，或者需要借助其他民事法律规范，或者需要类推适用其他民事法律规范。①例如，《民法典》婚姻家庭编第1059条规定了夫妻之间的扶养请求权，第1067条规定了子女对父母的抚养费给付请求权，但婚姻家庭编对于上述权利的实现方式及救济未设明文，这就需要借助《民法典》总则编或其他分编的相关规定来解决。再如，婚姻家庭编第1065条规定夫妻之间可以签订夫妻财产制协议，第1076条规定夫妻自愿离婚应当签订离婚协议，但该编对如何认定上述协议的效力，以及协议存在效力瑕疵时如何确定其后果则未设明文，需要借助《民法典》总则编的规定解决。就此而言，婚姻家庭编对身份行为的制度供给并不充足，存在适用民法典其他各编的空间。仅以身份行为具有特殊性而否定民法典其他各编对其的适用并不符合实际。

其次，身份行为的法律行为属性和民法总则的统领地位决定了适用民法总则的正当性。前述关于身份行为能否适用民法总则的否定说的立论基础主要有二：一是认为身份行为并非法律行为，故法律行为制度对其当然不具有可适用性；二是认为民法总则实乃财产法总则，其法律行为制度乃是以买卖合同等财产合同为典范予以建构的，故不能适用于身份行为。笔者认为这两个理由均失之偏颇。对于第一个理由，笔者在第一章已予以反驳，在此不赘。对于第二个理由，应当看到的是，民法总则采取的是"提取公因式"的立法技术，其规定的是民事法律制度中具有普遍适用性和引领性的内容，而并不仅是财产制度的一般规则。即使法律行为制度在一定程度上无法涵盖具体法律行为的特殊性，但基于共性形成的共通性规则对于具体法律行为仍然具有规范意义。基于上述理由，区别对待说同样值得商榷，因为该说将身份行为是否具有财产内容作为判断能否适用民法总则或民事财产法的标准，实际上将民法总则定位于财产法总则，削弱了其作为《民法典》总则编的地位和意义。

最后，对于身份行为所涉及财产问题的解决，合同法及物权法等民事财产法有适用的余地。一方面，这是因为婚姻家庭法体系难以自足决定了其本

---

① 唐波涛：《婚姻家庭法的法源规制路径》，载王东主编《中财法律评论》（第十二卷），中国法制出版社，2020。

身无法解决财产性身份关系的所有问题，诸如婚姻领域内的物权、债权等问题仍然需要借助财产法解决。另一方面，这也是因为财产性身份行为和市场财产行为在价值和法律效果上并非水火不容，而是具有某种意义上的重合性。在价值层面，无论是财产行为还是财产性身份行为，当事人的人格都是独立和平等的，在意思表达上都遵循意思自治；在法律效果层面，二者也同样产生债法上或者物权变动的效果。这种共性极大地消除了婚姻家庭法与财产法长期以来形成的体系隔阂，使民事财产法规则在一定程度上可以同时适用于市场和婚姻家庭两个不同的载体。①

综上所述，鉴于民法典的体例结构以及婚姻家庭法体系难以自足的状况，无论是民法典总则编还是合同、物权编等分则编的内容对于身份行为均具有一定的可适用性，不能因为身份行为的身份法色彩而将婚姻家庭法之外的民法规范断然排除在身份行为的法源之外。这从《民法典》第464条第2款以及《民法典总则编解释》第1条第1款中也能找到依据。依前者，对于身份关系协议，在法律没有特别规定的情形下，可以根据其性质参照适用合同编的规定；依后者，对于民事关系，于民法典分则编未设明文时，有适用总则编规定的余地。就此而言，与其说是民法总则或民事财产法适用于身份行为，倒不如说是在身份行为这个领域民法典婚姻家庭编与其他各编完成了对接。在某种意义上，身份行为实际上成为连接家庭法与民法总则、民事财产法的一道桥梁。

（三）身份行为适用民法总则及民事财产法的限度

将民法总则以及合同法、物权法等婚姻家庭法之外的民事法律规范纳入身份行为的"法源"，仅仅意味着身份行为"可以"适用上述法律规范，但并不意味着上述法律规范就一定能够适用。就此而言，笔者认为完全肯定民法总则或民事财产法对身份行为的可适用性的观点尚有待商榷。该观点虽然具有逻辑上的正当性，但忽略了身份行为的特殊性。而这种特殊性不仅体现在身份行为所具有的特殊价值取向上，也体现在其所具有的特殊的技术构造上。如果忽视这些特殊性而将民法总则或民事财产法无差别地适用于身份行

---

① 李洪祥：《亲属法规则财产法化趋向论》，《求是学刊》2016年第4期。

为，则无疑会将身份行为与财产行为作等同对待，从而使婚姻家庭法追求的特定价值目标落空。故无论是民法总则还是民事财产法，其在身份行为中的适用均应保持谦抑性。即使对于财产性身份行为，由于其所具有的浓厚的身份法色彩，也不应当将其与市场领域的财产行为完全等同。就此而言，民法总则以及民事财产法规则在家庭法中的适用应当受到家庭法性质的限制，以保持家庭法在民法典中的相对独立性。

基于上述分析，有条件适用说值得赞同。亦即民法总则或民事财产法对于身份行为的适用应当有一定的限制，那些不宜适用的法律规范应当排除在身份行为的"法源"范围之外。至于这一限制的标准或条件，《民法典》第464条第2款以及《民法典总则编解释》第1条第1款将其表述为"根据其性质"或"依其性质"，笔者不仅赞同这样的表述，而且认为其可以作为身份行为适用民法总则及民事财产法的一般标准。而这里所谓的"身份行为的性质"主要包括以下几个方面。

其一，身份行为的价值取向和基本原则。身份行为能否适用婚姻家庭法之外的民事规范不仅仅是逻辑上的推理过程，也是一个价值评判过程。只有通过对法律规范的价值取向和功能定位进行综合考量，才能判定是否可以赋予其相当的法律效果。[①]就此而言，如果身份行为适用民法总则或民事财产法的结果，与身份行为的价值取向和基本原则（主要指身份行为所体现出的鼓励缔结婚姻、维护身份关系和谐安定、实现家庭共同利益、养老育幼、保障未成年子女利益最大化等价值追求[②]）相悖，则应排除其适用。

其二，身份行为的特性。所谓身份行为的特性，如前所述，主要指其区别于财产行为的伦理性、长期性、安定性、非理性等。与上述特性相悖的法律规范不能适用于身份行为。典型的，如总则编中关于效力待定法律行为的规定，合同编中关于合同转让、清偿抵充顺序的规定。此外，诸如附条件、附期限的法律行为，显失公平，抵销等明显具有财产性质的规定于基本身份行为也不具有适用的余地。

其三，各具体身份行为特有的性质。各具体身份行为自身所特有的性质

[①] 易军：《买卖合同之规定准用于其他有偿合同》，《法学研究》2016年第1期。
[②] 王雷：《论身份关系协议对民法典合同编的参照适用》，《法学家》2020年第1期。

也会对其适用民法总则或民事财产法产生影响。例如，在判断身份关系协议能否参照适用合同编有关违约责任的规定时，该协议是继续性还是一时性，义务是人身性还是财产性，均为需要考虑的重要性质。此外，创设性身份行为和解消性身份行为各自所具有的性质也会影响相关法律的适用。

二 身份行为法律适用的方式

（一）法律规范的适用方式

从民法典的规定来看，其对法律规范的适用采用了"适用"（即直接适用）或"参照适用"等不同的表述，而如果从法学方法论的角度来看，对法律规范的适用还包括类推适用、目的性限缩和目的性扩张等方式，现综述如下。

1. 直接适用

直接适用，指将法律规范适用于该规范调整的案型或者另一在法律事实或法律性质上被视为相同或假定相同的案型，其在法条中一般表述为"适用""依照""亦同"等。[1]如依《民法典》第508条，合同编对合同的效力没有规定的，适用总则编第六章的有关规定。此处所谓"适用"即直接适用。

2. 参照适用

参照适用也称准用，系将法律规范适用于虽属同类但在性质上仍有差异的案型。此种案型虽然没有直接纳入法律调整范围，却属于该法律调整范围内逻辑上包含的事项。[2]使其准用被援引的法律规定，体现了"类似案件，类似处理"的原则，保障了法律评价体系的一致性。此种适用方法在法条中一般表述为"参照适用"或"准用"。

3. 类推适用

所谓类推适用，指关于某种案型，于现行法上未设规定，法院援引性质相类似之事项之法规，将其适用于该案型。[3]类推适用这种方法虽然没有在民法典中明确规定，但其契合了法律思维及"类案类判"的"法律适用的正

---

[1] 汪渊智：《民法中的不完全性法条》，《山西大学学报》（哲学社会科学版）2004年第4期。
[2] 张弓长：《民事司法中类推适用之类似性判断》，《中国政法大学学报》2021年第3期。
[3] 易军：《买卖合同之规定准用于其他有偿合同》，《法学研究》2016年第1期。

义",因此其在现代民法中的适用已为公理。^① 至于参照适用和类推适用的关系,正如王泽鉴先生所言,"准用是法律明定之类推适用,而类推适用则是判例学说所创设之准用"。^②

4. 目的性限缩或目的性扩张

所谓目的性限缩,即在制定法规则明确的文义过宽而导致其适用范围过大以至于不符合立法目的的情形下,将不应受该规则调整的类型排除在该法律规范的调整范围之外。^③ 所谓目的性扩张,即为了贯彻法律规范意旨,通过在法条可能的文义范围内的解释,使法条的字面含义扩张,将本不为该法条的文义所涵盖的案型,包括于该法条内。^④

上述法律规范的适用方式在适用的情形、目的和后果上有所不同。直接适用的基础是待决案件与拟适用的法律规范在法律事实或性质上相同,其目的在于避免重复规定,在适用后果上表现为"全有或全无"的模式。参照适用建立在所适用的案型与拟被援引的法律规范既存在相似之处又有差异的情形上,其在文义上为"参考并仿照",需对被援引规范加以取舍变更,作差别处理及变通性适用。^⑤ 类推适用的情形、目的、后果均与参照适用相同,由于其属于法律没有明文规定情形下法官径行的类推,其填补法律漏洞的功能更为明显。至于适用目的性限缩及扩张方法的后果,则与直接适用一样,或者是完全排除特定法律规范的适用,或者是完全适用该法律规范。

(二)身份行为法律适用的具体方式

就身份行为据以适用的法律规范而言,对于婚姻家庭法的特别规定,其当然是直接适用。问题在于:于婚姻家庭法没有特别规定,而需适用民法典总则编、婚姻家庭编的相关规定以及合同编、物权编等分则编规定时,应采何种适用方式? 对此,笔者有如下认识。

首先,身份行为对于民法总则的规定原则上为直接适用,但也存在目的

---

① 谢鸿飞:《民法典规范的类推适用》,《检察日报》2020年11月30日,第3版。
② 王泽鉴:《民法学说与判例研究》(第6册),北京大学出版社,2009,第133页。
③ 〔德〕卡尔·拉伦茨:《法学方法论》(全本·第六版),黄家镇译,商务印书馆,2020,第492页。
④ 梁慧星:《民法解释学》(第三版),法律出版社,2009,第280页。
⑤ 史尚宽:《民法总论》,中国政法大学出版社,2000,第52页。

性限缩、目的性扩张等漏洞填补方式运用的空间。民法总则的内容乃提取各分则的"公因式"而成，原则上对于各分则均具有可适用性，故在婚姻家庭法没有特别规定，而民法总则的相关规定能够涵摄待决案型时，应当适用民法总则的规定，此为直接适用而非类推适用。需要注意的是，关于准用和适用的区别，传统理论一般认为："准用须加以变通而为适用，性质上可用之部分则用，不可用之部分则不用；而适用则径行适用，不必有所变通也。"①这一结论固然正确，但具体到民法总则之于身份行为的适用而言，则有些绝对。正如前文所述，由于民法总则的核心制度即法律行为的典范为债权合同，这决定了民法总则中无论是法律行为制度还是以此为基础的其他制度，在某些问题上可能都只是围绕债权合同而建构的，故身份行为中的待判案件事实与民法总则相关规范调整的事实存在并非完全相同的可能性。于此情形下，尽管在逻辑上对于民法总则的规定是"适用"，但实际上完全适用是不合适的，否则就有可能将不同的案件做同样处理，从而违背正义的要求。对此情形，存在依身份行为的性质而变通适用的余地。而变通的方法主要是目的性限缩或目的性扩张。前者系将不宜适用于身份行为的相关规定排除在适用范围之外（例如有关效力待定的规定、代理的规定等）。后者则系将本不为该法律条文的文义所涵盖的身份行为案型，包括在该法律条文的适用范围之内。适用目的性限缩而导致身份行为无相应法律依据的情形，则属于法律漏洞，应依漏洞填补规则予以补充。

其次，身份行为对于民法典婚姻家庭编相关规定（即非直接调整该身份行为相关事项的规范）以及其他分则编的适用应为"参照适用"或"类推适用"。这是由此种适用的目的即填补因民法典未对身份行为予以特别规定而形成的法律漏洞来决定的。"参照适用"这一方式适用于法律有明确规定（典型的如《民法典》第464条第2款）的情形。需要指出的是，对于此种参照适用，固然应当看到拟处理的案型与被援引的法条所规范的案型之间的相似性，但也不能忽视二者之间的差异性，这使准用的法条可能需要作必要的限制或修正才能够适用。②而在法律未规定参照适用的情形下，身份行为对于

---

① 郑玉波：《法谚》（一），法律出版社，2007，第238页。
② 黄茂荣：《法学方法与现代民法》（第五版），法律出版社，2007，第174页。

婚姻家庭编之外的其他分则编以及婚姻家庭编相关规定的适用，则应为类推适用。

（三）身份行为法律适用的顺序

1. 相关理论争议

所谓身份行为法律适用的顺序，即针对那些可以作为身份行为裁判依据的诸多"法源"，应依何种次序予以适用。在肯定民法总则及民事财产法对身份行为可以有限度适用的情形下，解决身份行为法律纠纷的裁判依据主要有婚姻家庭法、民法总则、其他分则的相关法律规范以及习惯等。接下来的问题是：这些规范在身份行为中应当以何种次序适用？从《民法典总则编解释》第1条的规定来看，其适用顺序应当是单行法具体规定—婚姻家庭编—总则编—民法基本原则。那么，这是否意味着婚姻家庭编的所有规范均优先于总则编适用？对此尚待思考。而从《民法典》第464条第2款的规定来看，其适用顺序应当是有关身份关系的法律规定—合同编。那么，总则编在此如何适用？这里也是语焉不详。故对此问题尚有必要进一步探讨。

对于身份行为诸法源的适用顺序，学者的认识不尽一致，主要有以下几种不同的观点。

中川善之助教授提出亲属法特别规定—亲属法相关规定的顺序。认为亲属法有特别规定的，适用该特别规定；无特别规定的，则应类推适用亲属法的相关规定。其理由在于亲属法自身有独立的法理，类推这一相对独立的体系内的规定方可避免偏差。[1]

史尚宽先生认为应当坚持亲属法特别规定—民法总则—亲属法相关规定的顺序。即亲属法有规定的，适用亲属法的规定；亲属法无规定的，原则上适用民法总则；民法总则依身份行为的特性不能完全适用的，则应变通适用；依身份行为的特性不能适用的，则类推适用亲属法的规定。[2] 杨立新教授的主张与上述观点基本一致。[3]

---

[1] 转引自于飞《公序良俗原则研究——以基本原则的具体化为中心》，北京大学出版社，2006，第201页。

[2] 史尚宽：《亲属法论》，中国政法大学出版社，2000，第11页。

[3] 杨立新：《亲属法专论》，高等教育出版社，2005，第43页。

唐敏宝先生认为应当秉持亲属法的特别规定—民法总则—亲属法的相关规定—法理的顺序。即亲属编有规定的，适用亲属编的规定；亲属编无特别规定时，应适用总则的规定；总则亦无规定时，依漏洞填补规则，类推适用亲属编的相关规定；若亲属编无相关规定，适用总则与亲属法的本质有所冲突，则依法理补充。①

中国法学会负责起草的《中华人民共和国民法典·婚姻家庭编》（专家建议稿），则设计了婚姻家庭编—总则编以及其他分则编或相关法律规定—民法基本原则及婚姻家庭法基本原则的顺序。即在婚姻家庭编未尽之处，可以适用或者类推适用总则编以及其他各编或者相关法律的规定；在婚姻家庭编未予规定，也无其他编以及其他相关法律的规定可供适用或者类推适用的情况下，应当根据总则编和婚姻家庭编所确立的基本原则来确定家庭成员间的权利义务关系。②

邓丽教授认为适用的顺序应当是：婚姻家庭法的特别规定—最贴近的分则规定——最贴近的总则规定。其认为，总则在分则领域的适用不能僵化或教条化，分则有规定的，适用分则；分则无规定的，则应寻找最相贴切的规则予以适用；至于该最贴切规则可能处于总则下也可能处于分则下，但自情理而论，分则领域的规则往往更能反映具体领域之法律关系的特质。③

2.适用顺序的确定

综合分析前文所述学者的观点，并结合民法理论，笔者认为，身份行为法律适用的顺序应作如下安排。

首先，民法典婚姻家庭编及其司法解释的特别规定应当为第一顺序。即在婚姻家庭法对身份行为存在特别规定时，应当优先适用婚姻家庭法的规定，即使民法总则对此有相同甚至不同规定也不例外。其法理依据为特别法优先于一般法的原则。或有论者认为，民法总则与民法分则均为民法典的组

---

① 唐敏宝：《身分行为之研究——以身分行为之体系化为中心》，台湾政治大学1997年硕士学位论文，第72~73页。
② 唐波涛：《婚姻家庭法的法源规制路径》，载王东主编《中财法律评论》（第十二卷），中国法制出版社，2020，第247页。
③ 邓丽：《论民法总则与婚姻法的协调立法——宏观涵摄与微观留白》，《北方法学》2015年第4期。

成部分，并非一般法与特别法的关系。这一观点值得商榷。正如有学者所言，所谓一般法与特别法的判断标准，系规则的实质内容而并非其形式，不仅民法典内部的总则编与分则编间存在一般法与特别法的关系，民法典内部的某个条文与另外某个条文间也可能存在一般法与特别法的关系。^①就此而言，婚姻家庭法对身份行为的特别规定与民法总则对法律行为的一般规定之间即为特别法和一般法的关系，前者具有优先适用的地位。

其次，民法总则关于法律行为的一般规定应为第二顺序。在婚姻家庭法对身份行为的某些事项没有特别规定，适用民法总则的规定并不违反身份行为的性质时，应适用民法总则关于法律行为的一般规定。需要说明的是，在前文所述观点中，有的学者认为亲属法的相关规定或民法分则的相关规定应当优先于民法总则。笔者对此持反对观点，因为无论是亲属法的相关规定还是民法分则的相关规定，均非针对身份行为的直接规定，对其的适用仅为参照适用或类推适用，是在存在法律漏洞情形下的适用方式，而在民法总则有相关规定可以适用的情形下，不可谓存在法律漏洞。就此而言，《民法典》第464条第2款规定身份关系协议应当首先适用"有关该身份关系的法律规定"，此处之"法律规定"应当理解为不仅包括婚姻家庭编之规定，也包括民法典总则编的规定。

再次，具有法律漏洞填补作用的法律规范应为第三顺序，此类规范主要包括习惯、婚姻家庭编以及其他分则编中可参照适用的法律规范以及可类推适用的法律规范等，针对学者的争议，这里有两个问题需要解决。一是习惯与类推适用的顺序。笔者主张习惯优先于类推适用。^②原因有二：一方面，对于特定案型而言，习惯较类推适用的规范更具有直接性；另一方面，在习惯不违反公序良俗的情形下，遵从习惯可以使裁判结果更符合民众的实践理性，从而起到较好的社会效果。二是参照适用与类推适用的顺序。应当认为，虽然"参照适用"的本质也是一种类推适用，但其是法律明确规定的类推适用，故在有"参照适用"或"准用"规定的情形下，法官不得另行再为类推适用。^③

最后，在以上方法均不能适用时，应以民法基本原则及家庭法的基本原则

---

① 陈甦主编《民法总则评注》（上册），法律出版社，2017，第80页。
② 参见谢鸿飞《民法典规范的类推适用》，《检察日报》2020年11月30日，第3版。
③ 黄建辉：《法律漏洞·类推适用》，台湾蔚理法律出版社，1988，第142页。

为补充。值得注意的是，《民法典》第10条规定了法律—习惯二位阶法源，对于无法律规定也无习惯时的补充性法源未设明文。而依《民法典总则编解释》第1条第3款，于此情形下，可以适用民法典关于基本原则的规定，由此填补了《民法典》的漏洞，这值得肯定。此外，处于家庭法下的身份行为有其独特的基本原则和价值取向，故家庭法的基本原则也应当作为补充性法源。

综上所述，身份行为法源的适用顺序应为：婚姻家庭法—民法总则—习惯—参照适用—类推适用—家庭法及民法基本原则。

第二节 身份行为制度的价值取向和基本原则

一 身份行为制度的价值取向

（一）身份行为制度的价值体系

所谓法的价值，是指作为客体的法基于自身的客观实际而对作为主体的人所具有的积极意义或有用性。[①]法的价值不仅反映了人的内在需求，其作为法所追求的目标，还反映了法律产生和实施的宗旨，决定着法的体系发挥作用的方向。可以说，正是因为法的价值的存在，才使法律具有了一以贯之的理念，从而使法的内部体系得以形成。通说认为，法的价值目标主要包括两大类：一是目的性价值，即为人类生存发展而追求的价值，主要包括秩序、安全、平等、自由、正义等；二是工具性价值，即作为目的性价值的手段或工具而存在的价值，主要指效益、效率等。[②]家庭法作为法律体系的重要组成部分，当然承载着上述目的性价值，但工具性价值因与家庭法的趣旨不符故不为其所关注。同时由于家庭法强烈的伦理共同体的色彩，其价值目标不可避免地受到家庭伦理的主导。不仅平等、自由、公平、正义、秩序等法的一般价值的内涵被赋予伦理色彩（如家庭秩序在很大程度上是基于家庭伦理而形成的法律秩序），家庭道德（如相互尊重、相互帮助、敬老爱幼以及利他

---

① 张文显：《法哲学范畴研究》（修订版），中国政法大学出版社，2001，第191页。
② 卓泽渊：《法的价值的诠释》，《苏州大学学报》（哲学社会科学版）2005年第5期。

等家庭美德）也是家庭法所特有的价值目标，个人幸福和家庭和谐更是家庭法的级终价值。① 可以说，家庭法只有符合家庭伦理价值，才能获得应有的正当性和合理性。身份行为制度作为家庭法的制度，其价值体系同样包括上述两个方面，即以家庭伦理精神为基础的法的一般价值及体现家庭伦理价值的家庭道德，这使身份行为中的价值体系结构较财产行为更为复杂。

（二）身份行为制度中的价值冲突

法的价值体系表明法的价值是一个多元多维度的复杂结构。由于不同法律或制度的性质、目标存在差异，再加上不同社会主体价值诉求的多元性，以及同一主体自身需要的多样性，诸价值之间不可避免地存在一定程度的相互对抗、相互抵制或相互排斥，此即价值冲突。② 家庭法以及其中的身份行为制度中也存在多元价值，因此也存在价值冲突。这种冲突或矛盾在身份行为制度中主要体现在以下两方面。

1. 利他主义与利己主义

利他主义与利己主义的价值冲突在本质上是家庭共同体价值观与个人价值观之间的冲突。西方法哲学上法的价值建立在个人主义的基础上，个人被看作一切问题的核心和最终的价值源泉，法律主要围绕个人自由和权利保护而展开。在此观念下，个人被视为具有独立自由的意志并可以追求个人利益最大化的"经济人"或"理性人"，③ 在价值取向上表现为"利己主义"。而家庭是一个伦理共同体，其被看作不分彼此，为了家庭的需要作出牺牲和贡献，具有利他主义精神的团体，故其制度建构是一种整体主义的方法论，强调个人利益在某些方面需要服从家庭共同体的基本目标，在价值取向上则表现为"利他主义"。④ 但与此同时应当看到的是，家庭中的成员不可避免地存在追求个人利益的"利己"需求，而且人格独立的理念使家庭成员作为民事主体所享有的权利并不因组建家庭而消灭，这就不可避免地产生了个人利益

---

① 曹贤信：《亲属法的伦理性及其限度研究》，群众出版社，2012，第3～4页。
② 周灵方：《法的价值冲突与选择——兼论法的正义价值之优先性》，《伦理学研究》2011年第6期。
③ 孟宪范：《家庭：百年来的三次冲击及我们的选择》，《清华大学学报》（哲学社会科学版）2008年第3期。
④ 赵玉：《婚姻家庭法中的利他主义》，《社会科学战线》2018年第10期。

与家庭共同体利益之间的矛盾，上升到价值层面，则表现为利他主义与利己主义的冲突。身份行为作为法律行为的一种，是个体借以实现个人利益的工具，蕴含着鲜明的个人主义理念，但其作为家庭法上的行为，又受到家庭整体主义的制约，故上述价值冲突在身份行为中便不可避免地存在。

2. 家庭秩序与家庭自治或个人自由

秩序与自由的冲突在家庭法上主要表现为法律秩序与私人秩序的冲突，这在本质上是个人意志与国家意志之间的冲突。虽然家庭属于最基本、最秘密的个人领域，但其始终与国家紧密联系在一起。在西方，西塞罗指出，婚姻家庭是国家的起源。①而在中国的文化中，"家国天下"不仅是中华传统文化的道德基础，也是现代中国伦理观的重要构成。正因如此，婚姻家庭不仅涉及个人利益、家庭共同体的利益，也涉及国家利益或社会公共利益，而国家为确保婚姻家庭的存续、稳定与圆满，多以强行法的形式对婚姻家庭的"理想秩序"作出规定，以体现"国家意志"这一价值维度。但与此同时应当看到的是，随着时代发展和社会变迁，婚姻家庭观念呈现多元化趋势，私人自治不断向婚姻家庭渗透，人们更希望在家庭中以个人意志形成私人秩序而不愿意被束缚在既定的生活模式中，这主要表现在家庭义务的履行、家庭财产的分配、父母对子女的照护模式以及生育计划等方面。而身份行为恰恰为个人意志的实现提供了可行的路径，同时也对国家建构的家庭秩序造成了一定的冲击，这使个人意志和国家意志的冲突尤为明显。

（三）身份行为制度价值取向的选择

正如西方著名学者庞德所言，价值问题是法律科学所不能回避的，"即使是最粗糙的、最草率的或最反复无常的关系调整或行为安排，在其背后总有对各种互相冲突和互相重叠的利益进行评价的某种准则"。②而面对法的价值冲突所作出的评价、取舍与选择则为法的价值取向。选择的目的不在于确定单一的价值目标，而在于实现各价值之间的协调与平衡。③

"身份行为"这一概念的产生，实际上是个体在近现代民法上所存在的

---

① 〔古罗马〕西塞罗：《论义务》，王焕生译，中国政法大学出版社，1999，第55页。
② 〔美〕罗斯科·庞德：《通过法律的社会控制》，沈宗灵译，商务印书馆，2010，第50页。
③ 周灵方：《法的价值冲突与选择——兼论法的正义价值之优先性》，《伦理学研究》2011年第6期。

独立人格与家庭身份两种状态交融的结果。① 当事人依其意愿实施身份关系的变动行为,是其具有独立人格的体现;而变动的结果指向身份关系,则是其作为家庭身份人的体现。由此产生的两种状态的冲突与协调就成为法律调整的重心。身份行为制度的价值取向,就是要协调好上述价值冲突,确定主导思想以更好地实现家庭法的终极价值目标——个人幸福和家庭和谐。

在上述认识的基础上,笔者认为,身份行为制度在承载法的一般价值的前提下,尤其应体现出以下价值取向。

1. 以自由为基本价值

自由是人性内在的要求,在法的价值体系中处于基本地位。尽管家庭法多强制性规范,但对于身份行为而言,其作为实现当事人意思自治的工具,是法律允许形成私人秩序的领域,故自由应当成为身份行为制度的基本价值取向。这主要体现在以下几个方面。一是充分尊重身份行为当事人的人格独立。虽然家庭法采整体主义的调整模式,但所谓的"整体主义"是建立在对家庭成员独立人格予以承认的基础上的,而正是人格的独立才使身份行为成为可能。二是充分尊重并保障当事人对身份关系变动的自我决定权。特别是婚姻、收养等基本身份关系关涉个人身份事务和幸福,其形成或解消必须建立在当事人意愿的基础上。三是对于身份事务的安排或权利义务的具体行使,在不违反家庭法的价值目标及法律规定的前提下,对当事人的意思自治应当给予最大程度的尊重。这里的尊重不仅是对当事人自由意志的尊重,也是对亲密关系价值认可的体现。②

2. 以家庭秩序及利他主义家庭伦理为核心价值

虽然法的价值是一个多元的价值体系,但事实上,这些价值并未在所有的法律部门中得到相同的重视和体现。不同的部门法甚至同一部门法的不同领域,由于调整对象、性质或目的的不同,核心价值也有所不同。而正是核心价值,决定了一个部门法或某个法域的特质。③ 对于家庭法而言,由于婚姻

---

① 张翔:《论家庭身份的私法人格底蕴及其历史演变》,《法律科学(西北政法大学学报)》2011年第2期。
② 〔英〕约翰·伊克拉:《家庭法和私生活》,石雷译,法律出版社,2015,第88页。
③ 蒋春华:《部门法本质问题的价值取向分析路径探析——兼论环境法的本质》,《甘肃政法学院学报》2013年第2期。

家庭所具有的独特的社会功能，维护婚姻家庭的稳定毫无疑问是其首要且核心的价值目标。因此，法律应当尽可能地赋予婚姻、收养效力以稳定性和确定性，以维护婚姻家庭的持续与圆满。此外，家庭功能的实现依赖于伦理基础，而家庭伦理的核心是利他主义，故家庭法必须强调利他主义价值取向，以维系家庭共同体、保护和促进家庭共同体的利益，突显家庭法的社会伦理效果。①家庭法所倡导者，应为关爱、责任、互惠、利他、奉献，个人经济利益的最大化并非家庭法的终极目的。②身份行为作为婚姻家庭法上的行为，其制度设计也应当以家庭秩序及利他主义为核心价值。

3. 以正义为主导价值

在法的价值体系中，作为人类永恒的价值追求以及衡量法律之善的首要尺度的正义是法的根本价值目标。无论是秩序价值还是自由价值，均需要以正义为内核，"没有正义内核的秩序最终将走向无序，缺乏正义约束的自由必将导致自由的滥用"。③可以说，只有符合正义目标的秩序才是法的基本价值取向。虽然家庭关系是以爱为纽带的亲密关系，但其也存在着性别上的不平等或财产分配上的不公平等现象，而这些问题仅仅依靠家庭美德无法解决，必须引入正义的价值目标来矫正。但需要强调的是，家庭作为一个伦理共同体，其运行机理不同于以契约或"陌生人关系"为基础的社会基本结构，对正义的理解必须以家庭伦理和家庭角色本身为基础，而不能将公共领域的正义原则无差别地适用于家庭。④

至于上述价值目标之间的关系，应作如下理解。自由固然是身份行为制度的基本价值，但其要受到家庭秩序和利他主义家庭伦理这一核心价值的制约和限制，以防止过度自由和利己给家庭秩序和家庭伦理造成破坏。但在把握限制的程度时，应当以正义价值为标准，以实现整体主义与个人主义、家庭利益与个人利益、个人自由与家庭秩序的有机平衡，最终实现个人幸福与家庭和谐这一终极价值目标。而不同的身份行为类型，在协调上述价值目标上的侧重点也有所不同。对于基本身份行为而言，其具有极强的家庭伦理

---

① 赵玉：《婚姻家庭法中的利他主义》，《社会科学战线》2018年第10期。
② 夏吟兰：《婚姻家庭编的创新和发展》，《中国法学》2020年第4期。
③ 周灵方：《法的价值冲突与选择——兼论法的正义价值之优先性》，《伦理学研究》2011年第6期。
④ 胡军、方赵乐：《一种家庭正义》，《社会科学》2018年第5期。

性,且关乎基本的身份秩序,故其制度设计更为注重对婚姻家庭秩序的维护。而对于衍生身份行为而言,由于其深受个人主义和独立人格的影响,其制度设计在体现家庭秩序和利他主义家庭伦理这一核心价值的同时,相较于基本身份行为还要更多地考虑自由及个人主义价值的实现。①

二 身份行为制度的基本原则

(一)身份行为之基本原则的体系构成

所谓法律原则,是承载法的价值并对立法、司法以及当事人的行为具有指导和约束作用的根本准则。身份行为制度的基本原则,则是集中体现身份行为制度的价值取向,并对身份行为的立法、司法及具体实施具有指导作用的根本准则。

身份行为横跨民法总则和家庭法两大领域,既具有民事法律行为的属性,又具有家庭法的色彩,这使其基本原则的体系构成涵盖了民法基本原则和家庭法所特有的基本原则两个部分。就民法的基本原则而言,其作为民法精神的集中体现,可以说是民法上最一般的法律规范,对民法的整体包括民法分则具有统辖意义,当然适用于身份行为。②家庭法作为调整婚姻家庭关系的民法组成部分,其特有的价值取向并不能通过民法基本原则充分体现出来,故在民法基本原则之外,家庭法还有着其特有的基本原则。家庭法的基本原则,是反映婚姻家庭根本要求,其效力贯穿婚姻家庭法始终的根本准则,是家庭法基本价值的集中体现和高度概括。身份行为作为家庭法上的行为,其制度设计当然应当体现家庭法的基本原则。

(二)民法基本原则之于身份行为的适用

民法基本原则在我国《民法典》上主要体现为平等、自愿、公平、诚信、公序良俗以及绿色原则等,其中除了绿色原则,其他原则均得适用于身份行为。

---

① 冉克平:《"身份关系协议"准用〈民法典〉合同编的体系化释论》,《法制与社会发展》2021年第4期。
② 孙宪忠:《中国民法典总则与分则之间的统辖遵从关系》,《法学研究》2020年第3期。

1. 平等原则

平等是民法的灵魂之所在，也是婚姻家庭生活的基本伦理精神。虽然身份的典型特点是差异性，但身份的差序性并不构成对当事人平等法律地位的排斥。就身份行为而言，平等原则主要有两个方面的要求：一是实施身份行为的当事人人格平等，这是《民法典》第14条所规定的"自然人的民事权利能力一律平等"在身份行为中的具体落实；二是对于涉及双方当事人的身份行为而言，其成立必须是双方意思表示一致的结果，任何一方都不具有凌驾于另一方之上的地位。

平等原则在身份行为中的适用需注意两个问题。其一，一般认为，合同中的平等原则要求当事人的权利义务对等，但在身份行为中，当事人的权利义务建立在身份的基础上，且基于亲密关系和家庭美德，即使是通过协议具化的权利义务，也不存在严格意义上的"对等性"。因此，不能以权利义务是否对等来衡量平等原则在身份行为中落实与否。其二，虽然身份关系当事人在法律上具有平等地位，但在实践中，基于性别差异、家庭角色而形成的实质不平等仍然存在，僵化地恪守平等观念，一味强调身份当事人之间的抽象平等地位，会否认很多女性或未成年子女的现实弱势状况。正因如此，身份行为中当事人的地位是否平等应当作具体认定而不是抽象认定。

2. 自愿原则

自愿原则或意思自治原则是民法的核心理念，意味着当事人可依其意愿设定权利义务。其同样适用于身份行为。主要体现在以下几个方面：一是当事人依其意愿决定是否通过实施身份行为形成身份关系，如结婚、收养均应建立在当事人自愿的基础上；二是当事人依其意愿决定是否解消身份关系，如协议离婚、协议解除收养亦应以当事人自愿为前提；三是当事人在法律允许的范围内依其意愿对身份上的权利义务予以约定，如夫妻财产制协议、离婚协议即为典型的例证。

基于身份行为的特性，自愿原则在身份行为领域中的适用具有以下特殊之处。一是基于稳定婚姻家庭秩序这一家庭法的核心价值取向，身份行为中的"自愿"受到较多限制。如就基本身份行为而言，当事人仅对是否形成或解消身份关系具有意思自治，至于身份上的权利义务，则由法律规定，当事人没有排除适用的自由。二是与合同法中的自治建立在决定者独立、利己和理性的基础上不同，家庭关系中的当事人是亲密的和非理性的。在家庭关系这一网络中，当事人的每一个决定都会影响其他家庭成员对其的看法，故其在作出决定时的自治内在地被家庭关系所影响。①这使在当事人存在实质意义上的不平等的情形下，对于身份行为自愿性的判断不能仅仅停留在表层，而必须深入他们的关系中。

3.公平原则

公平包含着法律对于正义的不懈追求，可以说是所有法律的精神和灵魂。民法上的公平原则，是指以利益的均衡为价值判断标准来衡量民事主体之间的权利义务分配是否符合正义观念。②该原则固然主要在市场交易关系中发挥作用，但这并不意味其只能适用于市场交易性质的合同关系，因为公平源于解决多元主体的多元利益冲突的需要，③而婚姻家庭中也存在多元主体、多元利益，权利义务的分配同样需要公平。特别是在婚姻关系协议中，鉴于夫妻间的特殊信赖关系和与之相伴随的奉献精神，不仅存在一方滥用信赖损害另一方利益的可能性，也存在性别、经济地位等的差异导致的磋商能力的不对等，因此身份关系协议较商业合同出现不公平的可能性更高，于此情形下，法律或者司法的干预就成为必要。而这正是法律正义价值的体现。

但公平原则在身份行为中的适用也具有一定的特殊性。这主要是由于家庭作为一种基于人伦关系和亲密关系之共同体，不同于基于"陌生人关系"的社会基本结构，情感和角色要求是家庭的基本特征，利他是其价值导向，这决定了身份行为不完全建立在经济理性的基础上，当事人的权利义务也无法精确地以财产的多少来计算。一份净身出户的离婚协议也许从交易的视角来看是不公平的，但可能存在基于家庭道德的合理性。故对于身份行为中的公平，不能单纯以经济利益为标准来判断，而必须将其置于家庭生活这个特殊的背景下，从家庭道德、情感、经济以及法律多个角度进行综合考量。

4.诚信原则

诚信原则要求行为人恪守诺言、诚实不欺，在不损害他人利益和社会公共利益的前提下追求自己的利益。需要注意的是，有学者认为，该原则主要

---

① J. Herring, *Relational Autonomy and Family Law*, Springer, 2014, p.68.
② 张新宝：《〈中华人民共和国民法总则〉释义》，中国人民大学出版社，2017，第12页。
③ 卓泽渊：《法的价值论》（第三版），法律出版社，2018，第364~365页。

适用于财产关系尤其是交易关系,而不适用于人身关系领域。①理由是,民法确立这一原则的目的在于平衡当事人之间、当事人与社会之间的利益关系,而只有在市场经济领域,才会发生利益冲突。②笔者认为上述观点值得商榷。从《民法典》第7条的语义来看,诚信,乃行为人诚实守信,有相对人可以对其信赖之义,其作为伦理道德在民法上不仅是市场经济领域的道德要求,也是家庭领域的伦理原则。③家庭关系作为一种亲密关系,信任乃维系关系的根本基础,在信任关系中更容易产生欺骗、利用等不诚信行为,故无论是诚实还是信用均为婚姻家庭伦理和信任关系的内在要求——婚姻实为充满诚信要求的领域。④就此而言,诚实信用原则对于婚姻家庭领域也有适用的余地,当然亦应为身份行为制度所遵循。

民法典婚姻家庭编的许多规定都体现了诚信原则。如夫妻之间应当互相忠实;患有重大疾病的一方,在结婚登记前应当如实告知对方;离婚时夫妻一方对夫妻共同财产有隐藏、转移、变卖、毁损等行为,对该方可以少分或不分财产;等等。国外一些立法例在关于无效婚姻的规定中,使婚姻对善意信赖婚姻有效的诚信一方产生效力,而对不诚信的一方不产生效力,也体现了诚信原则。⑤即使在法律未设明文之处,当事人的行为有违诚信原则时,法律亦应给予否定性评价。诚信原则在家庭法上的适用不仅符合家庭伦理,也为遏制不诚信行为、保护婚姻家庭当事人的合法权益提供了强有力的工具。

5.公序良俗原则

公序良俗原则是指民事主体的民事活动不能违反公共秩序和善良风俗。公共秩序和善良风俗在民事领域有很多表现,而家庭公序和家庭伦理则为其中的重要类型。家庭公序是法律和伦理所建构的家庭关系,体现了国家对家

---

① 王利明:《论公序良俗原则与诚实信用原则的界分》,《江汉论坛》2019年第3期。
② 梁慧星主编《中国民法典草案建议稿附理由:总则编》,法律出版社,2004,第11页。
③ 徐国栋:《民法基本原则解释——诚信原则的历史、实务、法理研究》,北京大学出版社,2013,第234页。
④ Susan Vogt Brow, "The Enforcement of Marital Contracts in the United States, Great Britain, France and Quebec," *Boston College International & Comparative Law Review* 4（1983）.
⑤ 参见《法国民法典》第201条、《意大利民法典》第128条、《葡萄牙民法典》第1647条第1款、第2款、《巴西新民法典》第1561条等。

庭生活的干预。①家庭伦理则是支配亲属关系及家庭生活的家庭道德观念，主要包括夫妻间的性道德以及亲属间的伦理情感要求，是家庭的生物目的与社会目的的必然要求。②公序良俗原则在身份行为领域的适用主要体现在以下两个方面：一是基于身份行为而形成的"身份"应当符合公序良俗原则，诸如禁止直系血亲结婚，要求收养异性时收养人与被收养人应当有一定的年龄差等；二是身份关系协议的内容不能违反公序良俗原则，否则将会影响协议的效力等。

公序良俗原则在法律行为中主要是作为兜底性条款发挥作用的，即对法律行为的内容以及当事人的动机予以控制，通过否定不具有妥当性的法律行为的效力，避免法律行为背离法律价值和一般道德。其作为民法的基本原则，在理论上对身份行为应当具有统辖效力，但在家庭法对身份行为的无效事由（如婚姻无效事由）予以明确规定的情形下，能否将公序良俗的违反作为兜底性的无效事由，学者之间争议颇多。对此笔者将在第二编中详述，在此不赘。

（三）婚姻家庭法基本原则之于身份行为的适用

根据《民法典》第1041条，家庭法的基本原则主要包括婚姻家庭受国家保护原则，婚姻自由原则，一夫一妻原则，男女平等原则，保护妇女、未成年人、老年人、残疾人合法权益原则等。婚姻自由原则和男女平等原则，实为民法自愿原则和平等原则在婚姻家庭领域的体现。至于一夫一妻原则，其作为我国基本的婚姻制度和实现婚姻家庭社会功能的基础，对于婚姻家庭法具有极其重要的意义，但具体到身份行为领域，则主要适用于婚姻行为，一般不会直接统辖其他身份行为。对于上述原则，笔者不再予以赘述。以下主要针对家庭法上的其他原则在身份行为中的适用作出说明。

1.婚姻家庭受国家保护原则

婚姻家庭之于国家、社会以及个人的重要意义决定了其应当受到国家的保护，这已经得到了国际社会的普遍认可。《世界人权宣言》第16条第3项

---

① 于飞：《公序良俗原则研究——以基本原则的具体化为中心》，北京大学出版社，2006，第134~141页。
② 曹贤信：《亲属法的伦理性及其限度研究》，群众出版社，2012，第45~48页。

规定:"家庭是天然的和基本社会单元,并应受社会和国家的保护。"《民法典》第1041条第1款也规定:"婚姻家庭受国家保护。"而国家保护婚姻家庭最重要的途径,即通过制度体现出对婚姻家庭的保障以及家庭法的核心价值取向。这在《民法典》中得到了鲜明的体现。第1043条对家庭树立优良家风以及家庭成员间维护、建设婚姻家庭关系的共同责任的规定,第1077条对离婚冷静期的规定,第1064条对夫妻共同债务的规定,第1091条对离婚损害赔偿的规定等均内置了该原则。身份行为的制度设计也应贯彻该原则。例如,在对结婚、收养行为效力的认定中,应尽可能地尊重既成身份关系,维系婚姻家庭的稳定与圆满。

2. 家庭弱者特别保护原则

保护家庭弱者不仅是家庭法对民法平等原则的修正,更是家庭制度的核心原则。所谓家庭弱者,在《民法典》婚姻家庭编中,主要指妇女、未成年人、老年人以及残疾人。之所以要在平等原则之上特别强调保护家庭弱者的合法权益,主要原因在于受传统观念的影响,加之家庭成员在性别、家庭角色以及经济地位等方面的差异,上述人群的利益在家庭关系中更易受到侵犯,对其提供特别保护,不仅有利于实现实质意义上的平等,也有利于保障家庭所具有的养老育幼、经济扶养等功能的实现。在我国,《民法典》婚姻家庭编不仅于第1041条第3款明确规定了此项原则,而且在诸多制度中也体现了对该原则的贯彻,如禁止家庭暴力,离婚财产分割中的照顾子女、女方利益,等等。家庭弱者特别保护原则也应当是身份行为制度所应遵循的基本原则,这在身份关系协议的效力认定中体现得尤为明显。

3. 未成年人利益最大化原则

儿童利益最大化是联合国《儿童权利公约》第3条第1款确定的一项原则,其是指"关于儿童权利的一切行动,不论是公私社会福利机构、法院、行政当局或立法机构执行,均应以儿童的最大利益为一种首要考虑"。《民法典》第1041条未将其作为一项独立的原则,而是通过该条第3款中的保护未成年人合法权益原则以及特定情形下的未成年人利益最大化原则[①]体现。这样的安排正如有学者所言,未能体现出儿童利益保护的地位,难以在家庭法

---

① 参见《民法典》第1084条第3款、第1044条第1款。

各项制度设计中对儿童利益予以优先考虑。①但应当注意的是，我国《未成年人保护法》第4条明确了最有利于未成年人的原则，此项原则应在涉及未成年人保护的婚姻家庭法领域体现。故借鉴国际社会以及其他国家和地区立法，并参酌我国的相关立法，未成年人利益最大化原则应成为我国家庭法上一项独立的基本原则。②对于身份行为而言，该原则的适用主要体现在，如果子女抚养、探望协议以及婚姻财产协议等的内容违反未成年人利益最大化原则，则该协议对于法院不具有约束力。

行文至此，身份行为体系化的第一步即内在体系的建构完成，总的来说，身份行为在内在体系上应当体现出家庭法特有的以"以自由为基础价值，以家庭秩序和利他主义的家庭伦理为核心价值，以正义为主导价值"的价值取向以及相应的基本原则，这与婚姻家庭法应秉持的"稳定婚姻，支持家庭，追求性别关怀，实现儿童权利优先，弘扬婚姻家庭"的指导思想高度契合。③内在体系使身份行为制度有了一以贯之的理念，从而使身份行为的体系化成为可能，其也构成了作为身份行为外在体系构成要素的各项具体制度的基础。

第三节　身份行为的要件

一　身份行为的要件体系

（一）法律行为要件体系的理论梳理

1. 理论争议

法律行为是实现私法自治的工具，为保障私法自治在法律认可的范围内实现，法律对法律行为效力的发生规定了相应的条件，此即法律行为的要件。我国民法理论将法律行为效力的发生区分为成立与生效两个阶段，二者各自需满足的要件分别被称为成立要件与生效要件。成立要件包括一般成立

---

① 杨晋玲：《亲属法基础理论问题研究》，法律出版社，2017，第51页。
② 李洪祥：《我国民法典立法之亲属法体系研究》，中国法制出版社，2014，第59页。
③ 夏吟兰：《民法分则婚姻家庭编立法研究》，《中国法学》2017年第3期。

要件与特殊成立要件。前者指所有法律行为均应具备的共通要件，包括当事人、意思表示及标的；后者则为特定法律行为的成立所需要具备的特别要件，如实践性行为需要完成标的物的交付等。生效要件则包括一般生效要件和特别生效要件。前者是一般法律行为共通的条件，包括具有相应的民事行为能力、意思表示真实、不违反法律法规强行性规定、不违反公序良俗；后者指特定法律行为生效所需要具备的特别要件，如所附生效条件的成就、立遗嘱人的死亡等。尽管上述理论在民法学界已成为近乎"公理"的通说，但仍有不少学者对此提出批评，并对法律行为要件体系的重构提出了新的观点。以下介绍几种具有代表性的学说。

（1）成立要件与生效要件区分否定说。王泽鉴先生认为，成立要件与生效要件区分的意义有限。法律行为缺乏成立要件时，为不成立，不产生法律上的效力；在缺乏生效要件而导致无效时，同样不产生法律之效力，在法律效果上二者并无不同。就契约而言，其未成立时，当事人无从根据契约主张权利；契约虽成立而未生效，当事人亦无权根据契约主张权利。故关于何者为成立要件、何者为生效要件的争议，殆无实益。①

（2）"成立要件＋特别生效要件＋阻却生效要件"说。该说为苏永钦教授所主张。其对于这三个要件的解读是：成立要件是民法对法律行为的构成所作的基本要求，具备该要件，法律行为基本成型，通常可期待发生当事人所要的效力；特别生效要件是民法或特别法对特定行为的生效所要求的特别条件（如第三人的同意等）；阻却生效要件则是法律对法律行为生效所设的一般性强制性规定，其目的在于排除反社会的行为。就上述三个要件而言，成立要件与特别生效要件均为积极要件，阻却生效要件则为消极要件。②

（3）"成立要件＋效力阻却事由＋积极有效要件"说。该说为陈自强教授所主张。其认为，原则上法律行为成立后即生效，主张契约请求权者，仅须证明契约已经成立，无须就生效要件承担举证责任；否定契约效力者，应就效力阻却事由负举证责任；但对于积极有效要件（包括第三人同意、条件的成就等），则应由主张契约请求权者承担举证责任。③与前一种观点相比，该

---

① 王泽鉴：《民法学说与判例研究》（第5册），中国政法大学出版社，1998，第337页。
② 苏永钦：《私法自治中的国家强制》，中国法制出版社，2005，第23页。
③ 陈自强：《民法讲义Ⅰ契约之成立与生效》，法律出版社，2002，第352页。

说系从举证责任的角度切入，而非从自治与管制的关系出发，但同样将传统民法理论中的"一般生效要件"理解为消极要件，只是在各要件的称谓上与前一种观点有所不同。

（4）"成立要件+有效要件+生效要件"说。该说为尹田教授所主张。其虽然从表面上看与传统理论并无本质区别，但在相关概念的理解上作出了新的阐释。即认为"有效"系指法律行为具有法律强制力，生效系指有效法律行为强制力的实际发生。①在此认识的基础上，该说将传统民法理论中的"一般生效要件"称为"有效要件"，而将"特殊生效要件"称为"生效要件"。

（5）"成立要件+效力阻却事由"说。该说为易军教授所主张。其认为，法律行为的生效要件体系主要由成立要件和效力阻却事由构成。传统理论将法律行为的效力仅付诸有效要件，降低了成立要件在法律行为生效中的地位。从私法自治原则出发，成立要件对于法律行为的生效应当具有支配或基础性的地位。法律行为一旦成立，即推定为有效。于存在法定效力阻却事由的情形下，上述推定则被推翻。②

2.分析与结论

比较上述学者的观点，笔者认为有以下几个问题需要厘清。

首先，关于是否有必要区分成立要件与有效要件。对此，除第一种观点之外，其他几种观点皆持肯定态度，笔者亦表示赞同。正如苏永钦教授指出的那样，这两个要件的判断基础是不同的。成立要件针对的是行为人可以控制的范畴，是对"自治"应具有的行为要素所设的强制性规定；有效要件针对的则是公权力对私行为予以"管制"的范畴，是基于法律评价对法律行为所设的强制性规定。③二者的区分可以使我们更加清楚地认识到"在法律行为总体中，何者为法律行为的意义内核，何者为使发生法律效果尚需具备者"。④是故，成立要件与有效要件的区分不可谓没有意义。

其次，关于成立要件在法律行为要件体系中的地位。笔者同意最后一种观点，即成立要件的后果并非仅仅指向成立，其实际上是法律行为生效中必

---

① 尹田：《民法典总则之理论与立法研究》（第2版），法律出版社，2018，第458~459页。
② 易军：《法律行为生效要件体系的重构》，《中国法学》2012年第3期。
③ 苏永钦：《私法自治中的国家强制》，中国法制出版社，2005，第23页。
④ 〔德〕卡尔·拉伦茨：《德国民法通论》（下册），王晓晔等译，法律出版社，2003，第428页。

不可少的环节。一方面，通说之所以认为成立无关效力，主要原因在于其认为成立仅为单纯的事实判断而不涉及价值判断。但事实上，法律行为是否成立需依法定标准判断，而从该标准的设立到其适用无不涉及价值判断，故不可谓成立仅为事实判断。①另一方面，就法律行为所具有的强制力而言，其固然是法律赋予的结果，但究其根本乃是基于当事人的意愿，即当事人希望其自主安排能够产生"规范性效力"。应当说，当事人基于私法自治形成的法律关系和法律规定两者不可分割地构成了法律行为的效力基础，②故不可谓成立无关效力。

最后，关于有效和生效的关系。所谓有效，前述第四种观点的理解值得赞同，其系指国家对法律行为强制力的认可。而所谓生效，即行为人意欲发生的法律效果在获得国家的认可后发生。③就此而言，传统民法理论中的"法律行为要件"究其本质应为生效要件，而所谓的"一般生效要件"实为有效要件，这样的理解也符合《民法典》第143条的规定。但应予注意的是，该条所规定的有效要件是所有法律行为的共通性要件，系一般有效要件；在特定行为领域，还存在国家基于维护相关秩序考量而设置的特别有效要件，如第三人的同意等，此为积极有效要件。

综上所述，法律行为的要件体系，亦即法律行为的生效要件体系，原则上包括成立要件、有效要件和特别生效要件三个层次：无关国家强制者，为成立要件；国家为保障秩序或实现特定的公共政策而设立的要件为有效要件，其又可以分为一般有效要件以及特别有效要件；而延缓生效时间的要件为特别生效要件。就上述要件的性质而言，成立要件、特别有效要件及特别生效要件系单纯就法律行为生效所作的最低要求，为积极要件；而一般有效要件在本质上是国家为了防止自治过度而从整体法秩序的角度所予以的强制性要求，属于效力障碍事由，为消极要件。据此，判断一个法律行为生效与否的规则如下。（1）通常情形下成立即推定有效，除非存在效力障碍事由；但在法律针对特定行为的要件有特别要求时，还需满足积极要件方为有效。（2）有效的法律行为自成立时生效，但如果需要具备特别生效要件（如立遗嘱人死亡、生效条件的成就等），则自满足该特别生效要件时生效。

---

① 江河：《合同效力生成进路研究》，西南政法大学2016年博士学位论文，第58页。
② 〔德〕维尔纳·弗卢梅：《法律行为论》，迟颖译，法律出版社，2013，第3页。
③ 王利明：《民法总则》，中国人民大学出版社，2017，第315页。

（二）身份行为要件体系理论的反思及重构

如前所述，身份行为可以区分为基本身份行为和衍生身份行为。对于衍生身份行为而言，其在法律构造上与一般法律行为并无区别，故前述法律行为的要件体系对其也适用，学界对此也并无争议，笔者不再赘述。但对于基本身份行为的要件，学者之间存在一定的分歧，故有必要深入探讨。

从立法层面来看，基本身份行为的要件主要见于《民法典》婚姻家庭编对于结婚和收养行为的规定。如其第1046～1049条规定了结婚的要件（包括双方自愿、达到法定婚龄、禁婚亲以及结婚登记等）；第1093～1105条规定了收养的要件（包括收养人的条件、送养人的条件、被收养人的条件以及收养登记等）。对于上述规定，除少数学者将其分为"成立要件+有效要件"之外，[1]绝大多数学者接受了"实质要件+形式要件"的分类体系，后者可以说已经成为学界通说。[2]

在笔者看来，上述"实质要件+形式要件"的分类固然有助于帮助我们理解相关要件的性质，但自法律行为视角观察，这一理论构造尚有不足。一方面，此种构造根据法定要件的内容分类，只能直观地展现出各要素的性质，而不能体现各要素在身份行为效力发生时所起的作用，以及相互之间的脉络关联。例如，结婚合意被纳入结婚的实质要件，但对于该要件的欠缺究竟对婚姻的效力产生何种影响，则不能从这一理论构造中得出答案。另一方面，该理论构造将以"自治"为基础的当事人合意和以"管制"为基础的其他要件一起纳入实质要件并作同等对待，使当事人的意思对身份行为效力的作用未能充分体现。此外，这一阐释与法律行为区分成立要件与有效要件的理论不能对接，在一定程度上削弱了法律行为的体系化效应。

有鉴于此，笔者认为基本身份行为亦应区分成立要件与有效要件，且二者兼具方产生法律效果。一方面，自逻辑上讲，须先有身份行为的存在，才谈得上有效或生效，区分二者可以使身份行为产生法律效果的阶段性一目

---

[1] 余延满：《亲属法原论》，法律出版社，2007，第138～160页；张作华：《亲属身份行为基本理论研究》，法律出版社，2011，第114页。

[2] 杨大文、龙翼飞主编《婚姻家庭法》（第八版），中国人民大学出版社，2020，第85、89、182、187页；杨立新：《亲属法专论》，高等教育出版社，2005，第91、93、200、202页。

了然。另一方面，这一区分能够充分彰显身份行为的内在价值体系。如前所述，身份行为秉持以维护婚姻家庭秩序为核心，同时尊重意思自治的价值取向，这构成了身份行为制度的内在体系。而身份行为的成立要件和有效要件正是从两个方面体现秩序和自由价值的协调：前者致力于私法自治的保障，后者则致力于私法自治的限制。[1]强调成立要件的独立性，可以使意思自治之于身份行为效力发生的基础地位得到彰显。虽然我国民法典对基本身份行为未区分成立要件和有效要件，但在理论上仍然可以作此阐释。

在上述认识的基础上，笔者认为，前述法律行为的要件体系理论同样可以适用于包括基本身份行为在内的身份行为。即身份行为的要件体系亦由成立要件、有效要件和特别生效要件构成。但需要指出两点。其一，特别生效要件的作用在于推迟生效时间，与基本身份行为的安定性和终局性多有不符，故这一要件仅适用于衍生身份行为，而不适用于基本身份行为，同时也不适用第三人同意这样对他人身份关系产生直接影响的补助身份行为。其二，虽然身份行为也彰显私法自治的价值，但其作为身份法上的制度，更发挥着维护婚姻家庭功能的作用，故无论是在成立阶段还是效力发生阶段，国家"管制"的色彩都更为浓厚，当事人的意思自治均受到较多的限制，这使身份行为各要件的构成较财产行为有所不同。以下仅针对成立要件和有效要件这两类身份行为的共通要件作出说明。

（三）身份行为要件体系的具体构成

1. 身份行为的成立要件

与一般民事法律行为一样，身份行为成立的核心要件同样是意思表示，如结婚或离婚的合意、收养或解除收养的合意均为成立要件。

但相较于一般法律行为，身份行为成立要件的特殊之处在于，除个别身份行为（如夫妻忠诚协议这类无名身份关系协议）之外，各国及地区的法律对绝大多数身份行为都有形式上的要求。如对结婚、协议离婚、收养以及解除收养等基本身份行为多要求登记；对夫妻财产制协议、离婚协议等一般均要求书面甚至公证形式；对一些补助行为如生父母对子女被收养的同意等，

---

[1] 易军：《法律行为生效：一种新要件体系的证成》，《法商研究》2012年第3期。

有的立法例也要求书面或公证的形式。① 在这方面，身份行为较债权合同有着非常明显的区别，债权合同以形式自由为原则，以形式强制为例外，而身份行为则反之。② 究其原因，主要在于身份行为不仅关系到当事人的身份利益，也事关公共利益和公共秩序，故出于法律安全性和控制的考虑而强制采取特定的方式。此外，形式强制也有利于明确身份关系的存在并使当事人慎重行事。那么，这些形式上的要求对于身份行为而言究竟为成立要件还是生效要件？对此，学者之间存在着较大的争议。如在日本，对于身份行为登记的性质存在着成立要件说、生效要件说以及公示要件说等不同的观点。③ 在我国，对于结婚登记，存在成立要件④、有效要件⑤、成立要件及生效要件⑥等主张；对于离婚登记，存在成立要件⑦或特别生效要件⑧等观点；对于夫妻财产制协议的书面形式要求，也存在成立要件⑨、生效要件⑩等不同的见解。

对此，笔者认为，法律对身份行为形式要件的规定应当属于成立要件。一方面，就基本身份行为而言，其登记的意义与财产行为中的公证、登记等要求有所不同。在财产行为中，上述形式仅构成法律行为表征，是服务于特定目的的手段，而非法律行为本身的构成要件，因而诸如公证、登记这些形式要求皆为当事人合意之外的要求，应纳入效力评价领域。⑪ 身份行为登记的意义则有所不同。法律对身份行为登记的相关规定，均体现出其不仅具有公示作用，更具有创设功能。如根据《民法典》第1049条、第1080条，完成结婚登记，即确立婚姻关系，完成离婚登记，即解除婚姻关

---

① 参见《德国民法典》第1750条第1款。
② 〔德〕维尔纳·弗卢梅:《法律行为论》，迟颖译，法律出版社，2013，第287、289页。
③ 唐敏宝:《身分行为之研究——以身分行为之体系化为中心》，台湾政治大学1997年硕士学位论文，第102~103页。
④ 余延满:《亲属法原论》，法律出版社，2007，第143页。
⑤ 鲁春雅:《法律行为制度研究》，法律出版社，2019，第191页。
⑥ 杨立新:《亲属法专论》，高等教育出版社，2005，第51页。
⑦ 郭振恭:《论登记与身分行为之法定形式——以结婚与两愿离婚为中心》，《东海大学法学研究》总第11期（1996年）。
⑧ 王泽鉴:《民法学说与判例研究》（第5册），中国政法大学出版社，1998，第320页。
⑨ 薛宁兰、谢鸿飞主编《民法典评注:婚姻家庭编》，中国法制出版社，2020，第250页。
⑩ 龙御天:《夫妻财产制协议及其效力研究》，安徽大学2019年博士学位论文，第128页。
⑪ 韩世远:《合同法总论》（第四版），法律出版社，2018，第113页。

系。因此,身份行为登记在这里并非仅仅具有手段性作用,而是具有与身份行为不可分的绝对性功能,欠缺形式要件,身份行为根本不成立。①故身份行为登记应为基本身份行为的成立要件。另一方面,身份关系协议所要求的书面形式,亦应理解为成立要件。根据《民法典》第490条第2款,当事人未依法或依约定采用书面形式订立合同,但是一方已经履行主要合同义务且对方接受时,合同成立。从文义解释的角度来看,该条意味着书面形式应为合同的成立要件。②该条对于身份关系协议具有一定的可适用性。

2. 身份行为的有效要件

身份行为作为法律行为的一种,也需要满足《民法典》第143条所规定的法律行为的一般有效要件。但对于结婚、收养等创设性身份行为而言,鉴于此类行为对于身份秩序的重要意义,国家往往通过设置积极有效要件的方式来予以管制,故此类身份行为除需满足一般有效要件之外,尚需具备特别有效要件,如法律对于结婚所作的达到法定婚龄、禁婚亲等的规定,对于收养所作的收养人、送养人资格的规定等。

3. 身份行为的特别生效要件

这一要件仅存在于衍生身份行为中。例如,当事人于婚前签订的夫妻财产制协议,系以结婚为生效要件;离婚财产分割协议,系以协议离婚为生效要件;意定监护协议,则系以委托人丧失民事行为能力为生效要件。

在上述身份行为的要件中,能够作为所有类型身份行为的共通要件,且较财产行为中的相应要件具有一定特殊性的,当数意思表示和身份行为能力,以下即着重对这两个要件进行探讨。

二 身份行为之意思表示

(一)意思表示的一般理论

意思表示是法律行为的核心要素,同时也是法律行为得以实施的工具。只有存在意思表示,才能成立具有约束力的法律行为,故意思表示的认定规

---

① 〔德〕维尔纳·弗卢梅:《法律行为论》,迟颖译,法律出版社,2013,第286~287页。
② 王利明主编《中国民法典释评·合同编·通则》,中国人民大学出版社,2020,第50页。

则就成为法律行为制度的一个重要内容。对此，德国传统民法理论主要是从意思表示的构成要素出发予以分析的。经典理论采二元论，即将意思表示分为主观要素（内在要素）和客观要素（外在要素）两部分。主观要素又析分为行为意思、表示意思和效果意思。行为意思是指表意人有意作出表示的意思即自觉行为的意思；表示意思是指表意人认识到其行为具有法律行为上意义的意思；效果意思又称法效意思，是表意人旨在达到特定法律效果的意思。客观要素即表示行为，系指表达内在意思的有价值的行为。究竟上述哪些要素为意思表示的必备要素，关系到能够体现意思表示本质的"最低事实构成"，[1]民法学者对此进行了不遗余力的研究。

传统民法理论多认为表示行为乃意思表示不可或缺的要素，至于效果意思、表示意思和行为意思是不是必备要素，则存在着不同的观点。有的学者认为上述意思皆为意思表示的构成要素；[2]有的学者认为效果意思为意思表示本体，但表示意思、行为意思并非意思表示的必备要素；[3]有的学者认为行为意思乃意思表示的必备构成要件，但效果意思和表示意思则非必要构成部分；[4]还有学者提出了一元论观点，认为只要存在一项包含了指向特定法律效果的表示，就构成意思表示，而内心意思并非意思表示的构成要素。[5]笔者对上述争议持如下观点。

首先，仅仅关注外在表示的一元说固然大大简化了意思表示的构成理论，但由于忽略了"意思"在意思表示形成中的作用，未能充分揭示意思表示存在的基础。毕竟，意思表示乃表意人实现其意思自治的一种手段，表意人的意思对于法律后果的发生具有关键意义。就此而言，从主、客观两个方面对意思表示予以技术上的解构仍有必要。而就作为主观要素的"意思"而

---

[1] 〔德〕维尔纳·弗卢梅：《法律行为论》，迟颖译，法律出版社，2013，第57页。
[2] 王利明：《民法总则》，中国人民大学出版社，2017，第300~302页。
[3] 〔日〕我妻荣：《新订民法总则》，于敏译，中国法制出版社，2008，第224页。
[4] 王泽鉴：《民法总则》，北京大学出版社，2009，第318~319页；黄茂荣：《债法通则之一：债之概念与债务契约》，厦门大学出版社，2014，第167页；冉克平：《意思表示瑕疵：学说与规范》，法律出版社，2018，第44页。
[5] 〔德〕卡尔·拉伦茨：《德国民法通论》（下册），王晓晔等译，法律出版社，2003，第454~455页；杨代雄：《意思表示中的意思与意义——重新认识意思表示概念》，《中外法学》2017年第1期。

言，传统民法理论中的效果意思、表示意思以及行为意思，均从不同的角度揭示了表意人表达法律效果所具有的"意思"，在意思表示的逻辑结构中均具有重要的价值。

其次，至于何种要素乃意思表示的必备要素，应当认为，表示行为、行为意思及效果意思均是不可或缺的，[①]因为表示行为和行为意思决定了意思表示的外观，而效果意思决定了意思表示的内容和法律行为性质。但为简化理论起见，行为意思完全可以并入表示行为的构成要件，毕竟，无法对自己行为进行有意识控制状态下作出表示，不属于"行为"的范畴。[②]而表示意思则并非不可或缺。一方面，相对人仅能就表意人客观上的表示行为形成信赖，表意人是否存在表示意思，难以查知，故从保护交易安全的角度，不应将表示意思作为意思表示的构成要素；另一方面，无论表意人是否具有此项意思，只要其不具有与外部表达一致的效果意思，均应作一体对待，故没有必要将其作为独立的要素予以考察。[③]就此而言，可以认为，意思表示的必备要素有二，即表示行为和效果意思。

最后，就效果意思的认定而言，如果将表意人的"内心"是否有此意思作为标准，无异于给表意人动辄以其不具有内心意思而否定意思表示的"自由"，置相对人的信赖及交易安全于不顾。故对于效果意思，必须根据一个人的外部行为（而不是隐藏于内心的意思）来判断，认定其是否存在依社会观念及交易习惯所能客观认知并予信赖的意思。[④]换言之，作为意思表示内在构成要素的"效果意思"是从表示中推定的、可以被相对人合理信赖的意思（即表示效果意思），而非表意人所主张的"内心"意思。至于由此导致的内心意思与表示中的意思的不一致，则属于法律行为效力层面应予解决的问题，而无关意思表示的构成。

至于内心效果意思与表示效果意思不一致的情形，应当以何为标准，学界有意思主义、表示主义及折中主义等不同的观点。意思主义认为应以内心

[①] 〔德〕卡尔·拉伦茨：《德国民法通论》（下册），王晓晔等译，法律出版社，2003，第451页。
[②] 〔德〕卡尔·拉伦茨：《德国民法通论》（下册），王晓晔等译，法律出版社，2003，第451页。
[③] 〔日〕我妻荣：《新订民法总则》，于敏译，中国法制出版社，2008，第227页；冉克平：《意思表示瑕疵：学说与规范》，法律出版社，2018，第23页。
[④] 黄茂荣：《债法通则之一：债之概念与债务契约》，厦门大学出版社，2014，第167页。

效果意思为准，表示主义认为应以表示效果意思为准，折中主义认为或以意思主义为原则并设有例外，或以表示主义为原则并设有例外。①从各国立法例来看，多数采折中主义。例如，在《日本民法典》中，于欺诈、胁迫、错误、虚假意思表示的情形下，皆允许表意人撤销其意思表示，体现出意思主义；与此同时也规定，错误、欺诈、虚伪表示导致的无效或撤销，不能对抗善意第三人，这在一定程度上体现出表示主义。②

总的来说，在意思表示的构成要素及意思瑕疵理论的建构中，存在着个人意思自治与交易安全的价值冲突。在意思之有无或内容的认定上，民法理论主要采表示主义，即以外在表示推断当事人效果意思的有无及内容；而在意思瑕疵的处理上，则采折中主义，允许当事人撤销与其内心真意不一致的客观意思表示，同时对善意第三人的信赖利益提供保护。

（二）身份行为之意思表示构成要素的认定

身份行为之意思表示的认定较少受到学界的关注，究其根本，主要是其因浓厚的家庭法色彩而受到国家较多的干预，加之形式强制乃国家管制的最直接的体现，以至于无论是在理论层面还是在实践层面，人们对于身份行为均多强调其形式强制的一面，而忽略了意思表示在身份关系变动中的作用。但正如笔者一直主张的那样，意思表示实乃身份行为不可或缺的要素，其不仅是身份行为登记这一外在形式的基础，也是身份行为效力的基础。例如，就结婚行为而言，婚姻效力产生的基础实际上既非登记，也非同居，而是双方关于结婚的合意。因此，虽然身份行为受到较多的限制，但意思表示的存在使其仍然承载着私法自治的价值，从而不能将其归类于公法上的行为。就此而言，对身份行为意思表示构成要素的研究不可谓没有意义。

从技术层面而言，身份行为中意思表示的必备构成要素并无特殊之处，也是表示行为和效果意思。唯一需要讨论的是，这里的效果意思究竟是内心意思还是从表示行为中推定的意思。笔者认为，这里的效果意思仍然应当界

---

① 张驰:《意思表示构成要素论》,《东方法学》2014年第6期。
② 参见《日本民法典》第94~96条。

定为表示效果意思。一方面，虽然从身份行为的本质出发，应当更为关注行为人的内心真意，但相对人的利益也不应受到忽视，因为身份行为与财产行为一样也涉及相对人的信赖，只不过这种信赖并非直接指向财产利益，而是指向身份利益。如果说财产利益涉及交易安全的话，那身份利益可以说涉及身份安全，二者均应受到法律的保护。另一方面，身份行为采形式强制，特别是基本身份行为以登记为要件，如果在登记中表达了相应的意思，事后却以无内心效果意思而主张不构成意思表示的话，不仅有害相对人的利益，也有害登记的公信力。是故，身份行为中效果意思的判断仍应采表示主义，即以外在表达而非内心意思判断效果意思是否存在及确定其内容。只是在效果意思内容的认定上，基本身份行为具有一定的特殊性，对此笔者将于第二编专门论述。

（三）身份行为的意思表示瑕疵

从意思自治的角度出发，法律行为要想发生法律效力，其意思表示必须是表意人正常形成的、自发的意思表露。[①]表意人的内心真实意思与通过表示推断的效果意思相龃龉即为意思表示瑕疵。而所谓的"内心真实意思"则可能存在效果意思，也可能根本没有效果意思。前者如错误、受欺诈等，后者如真意保留、通谋虚伪等。意思表示瑕疵不独于财产行为中存在，于身份行为中也存在。这与意思表示瑕疵的发生原因有关。财产行为之所以会发生意思表示瑕疵，一方面是因为有限理性造成了个人难以全面地考虑问题，另一方面也是因为信息不充分阻碍了个人对事务的全面考虑。[②]与财产行为相比，身份行为当事人理性的成分少，而感性的成分大，也就更容易出现内心真意与外部表达不一致的情形。就此而言，身份行为中的意思表示瑕疵也是存在的。

那么，在身份行为的内心效果意思与表示效果意思不一致的情形下，应以何为标准？对此，我国台湾地区学者多认为应当采意思主义，认为身份行为作为当事人全人格结合的行为的意思，关系到当事人的重大身份利益，故

---

① 〔日〕近江幸治：《民法讲义Ⅰ民法总则》（第6版补订），渠涛等译，北京大学出版社，2015，第169页。
② 冉克平：《意思表示瑕疵：学说与规范》，法律出版社，2018，第52~53页。

应当绝对尊重当事人的内心真意。① 有葡萄牙学者也持此种见解。② 但也有学者认为，结婚的意思一旦由法定方式表达，即无提出非真意抗辩之余地。③ 这可谓采表示主义。对此，笔者认为应以意思主义为原则，以表示主义为例外。一方面，财产行为涉及相对人和第三人的财产利益，故基于交易安全的考虑，采表示主义或折中主义是恰当的；但身份行为具有极强的人身属性，应更加尊重当事人的意思自治，故应以意思主义为原则，这不仅意味着在当事人意思表示存在瑕疵时，存在无效或撤销的可能性，也意味着民法总则中关于法律行为无效或撤销不可对抗善意第三人的规定或相应理论原则上不适用身份行为。另一方面，在没有必要保护表意人内心真意的情形（如真意保留）下，或者涉及边缘身份关系的衍生身份行为（如婚姻财产协议）时，则存在采表示主义的可能性。

身份行为意思表示瑕疵的特殊性主要体现在三个方面。其一，并非民法总则规定的所有意思表示瑕疵类型均适用于身份行为。例如，显失公平这一意思表示瑕疵类型就不适用于基本身份行为和补助身份行为。其二，民法总则所规定的意思表示瑕疵类型系以交易行为为原型而归纳得出的，未必能够涵盖身份行为意思表示瑕疵的全部情形，故其在身份行为中的适用存在类型扩张的可能性。其三，即使对于可得适用的民法总则中的意思表示瑕疵类型，在瑕疵事由的认定上，身份行为也有着不同于财产行为的标准。对于上述特殊问题的具体分析，笔者将在第二编"基本身份行为"和第三编"衍生身份行为"中分别予以详述。

三 身份行为能力

（一）身份行为能力的含义 ④

由于法律行为依行为人意思表示的内容发生效力，从意思自治的角度出

---

① 郭振恭：《论虚伪之身分行为》，《台大法学论丛》1995年第1期，第350页。
② 〔葡〕威廉·德奥利维拉、弗朗西斯科·佩雷拉·科埃略：《亲属法教程》，林笑云译，法律出版社，2019，第217页。
③ 〔日〕栗生武夫：《婚姻法之近代化》，胡长清译，中国政法大学出版社，2003，第58页。
④ 以下内容参见拙文《身份行为能力论》（《法学》2021年第10期）。

发，只有行为人具有能够作出并理解其意思表示的能力时，其意思表示才能真正发生效力，此项能力即实施法律行为的能力。身份行为作为法律行为，行为人同样需要具备相应的能力，笔者将其称为身份行为能力。虽然现行法律对于特定身份行为，特别是结婚、协议离婚等，未设相关能力的要求，但是《民法典》要求无论是结婚还是协议离婚，均需双方"自愿"，而当事人需具备能够"自愿"作出决定的能力显然是题中应有之义。

关于身份行为能力的界定，学界着墨不多，相关研究集中在结婚、收养等具体身份行为能力领域。其中不乏将法律对法定婚龄、收养人收养资质的规定等作为对结婚或收养行为能力的规定者。[①]对此，笔者认为，所谓身份行为能力，是实施有效身份行为所应具备的能力。这一能力实际上是行为人能够自主决定的能力，在性质上属于精神能力。[②]而无论是法律关于结婚要件的规定，还是法律关于收养要件的规定，均为身份秩序中国家意志的体现，并非对行为人精神能力的要求，故与身份行为能力无关。至于法定婚龄，虽然其与自然人的生理成熟状况和心智状况有关，但其同时还受到一定时期的人口政策、历史传统以及风俗习惯的影响，因此并非与自然人的精神能力完全对应，也不应归入身份行为能力的范畴。[③]

（二）身份行为能力与民事行为能力同质化的反思

将身份行为能力界定为精神能力，很容易将其与同样为精神能力的民事行为能力联系在一起，并将后者作为认定身份行为能力的标准，而这一认识事实上已为目前学界和实务界所普遍支持。但在笔者看来，这一观点并非没有值得商榷的余地，其问题主要有以下几个方面。

首先，民事行为能力标准与身份行为的特质多有不符。民事行为能力作为有效实施法律行为的能力，是法律确定的精神能力，而法律依一定标

---

① 梁慧星主编《中国民法典草案建议稿附理由：亲属编》，法律出版社，2013，第37页；余延满：《亲属法原论》，法律出版社，2007，第162页；姜大伟：《体系化视阈下婚姻家庭编与民法总则制度整合论》，《西南政法大学学报》2018年第4期；朱涛：《自然人行为能力制度之法理研究》，西南政法大学2010年博士学位论文，第166页。
② 〔日〕我妻荣：《新订民法总则》，于敏译，中国法制出版社，2008，第55页。
③ 朱庆育：《民法总论》（第二版），北京大学出版社，2016，第243页。

准（即年龄和精神健康状况）对行为能力进行类型化处理，其目的主要是避免个案审查的麻烦以保障交易便捷和交易秩序，而财产行为正是其制度设计的基础。①正因如此，学者认为行为能力在本质上是一种计算能力，行为能力欠缺制度主要是为了保护精神能力不完全者的财产而设的。②这对于不以财产利益最大化为目的，更不以效率为其价值取向的身份行为显然不具有可适用性。

其次，民事行为能力的认定标准过高，造成一些精神障碍者实施身份行为的机会被剥夺。在实践中，民事行为能力的认定主要考察以下因素：能否良好地辨认有关事务的权利和义务；能否完整、正确地作出意思表示；能否有效地保护自己的合法权益。③这一标准完全建立在将行为人预设为"经济理性人"的基础上，其固然适用于交易行为，对于非交易性质的身份行为却难谓合适。更为重要的是，如此高的标准实际上提高了精神障碍者实施身份行为能力的门槛，因为即使是一个精神健康之人，对于结婚或离婚行为所导致的法律上复杂的后果（如相关权利义务等）也未必有着良好的认知，更何况是具有精神障碍的人。

再次，民事行为能力标准的适用忽略了行为能力欠缺者在身份行为领域可能存在的自主决定能力。由于精神和思维的复杂性，精神障碍者在特定领域不具有行为能力，并不代表其在所有领域均无相应的精神能力。临床医学研究表明，即使是精神障碍者，也存在可以实施离婚行为并正确处理离婚事务的情形。④然而，民事行为能力制度的一个重要特征在于，一旦认定行为人为行为能力欠缺者，就无须再对其事实上的精神能力作判断。⑤这种"全有或全无"的范式势必会忽略精神障碍者在身份行为领域可能存在的精神能力。

最后，民事行为能力标准在实践中不具有可操作性。《民法典》第24条规定了成年人的民事行为能力欠缺宣告制度，学界普遍认为，该制度意味着在法

---

① 尹田：《民法典总则之理论与立法研究》（第2版），法律出版社，2018，第196页。
② 〔日〕近江幸治：《民法讲义 I 民法总则》（第6版补订），渠涛等译，北京大学出版社，2015，第38页。
③ 参见司法部公共法律服务管理局于2018年发布的《精神障碍者民事行为能力评定指南》附录A"民事行为能力判定标准细则"。
④ 邱昌建、张伟、张波等：《精神障碍患者婚姻能力的评定》，《华西医学》2004年第1期。
⑤ 〔德〕维尔纳·弗卢梅：《法律行为论》，迟颖译，法律出版社，2013，第215页。

院作出判决之前,任何成年人不得被视作行为能力欠缺之人。①这样的规定在实践中带来两个方面的问题。一是在行为人办理身份行为登记时,只要其未被法院宣告为行为能力欠缺者,均被推定为完全行为能力人。但显然,即使是完全行为能力人也会因疾病、醉酒等而存在暂时的精神或心智障碍,于此情形下,登记机构便面临着应依何种标准认定身份行为能力的难题。二是在法院依申请作出民事行为能力欠缺宣告判决时,如果直接依据该判决否定当事人之前的身份行为能力,则其合理性值得怀疑;但反之,则面临着应依何种标准认定身份行为能力的困境。②就此而言,现行民事行为能力欠缺宣告制度实难满足身份行为登记工作以及司法实践的需要。

(三)身份行为能力认定标准的比较法考察

而如果把视角转向域外,会发现在许多规定了行为能力的大陆法系国家和地区的民法中,其有关身份行为能力的规定并未完全按总则中行为能力的逻辑而展开。例如,依《日本民法典》亲属编的相关规定,成年被监护人结婚、收养、协议离婚、协议解除收养,均无须成年监护人的同意,且行为能力的欠缺也不构成撤销身份行为的事由。这与总则编有关行为能力的规定完全不同。那么,其是以何种标准认定身份行为能力的?这就涉及"意思能力"这一概念。

所谓意思能力,也称为辨别事理能力或判断能力,是行为人所具有的能够理解自身意思表示的意义并因此作出意思决定的能力。③与民事行为能力相比,意思能力最突出的特点是其作为个人所具有的自然的精神能力,是一种事实上的心理内在,并非被抽象地确定,而是"就特定行为具体地确定,按照行为发生时该行为的性质和意义所要求的能力确定"。④就此而言,意思能力标准实际上采取的是针对特定人,在特定时间,就特定行为是否具有精神

---

① 梁慧星:《民法总论》(第五版),法律出版社,2017,第68页。
② 参见湖北省襄阳市中级人民法院2019鄂06行终56号行政判决书、湖南省湘潭市岳塘区人民法院(2019)湘0304民特监1号行政判决书。
③ 〔日〕我妻荣:《新订民法总则》,于敏译,中国法制出版社,2008,第56页。
④ 〔瑞〕贝蒂娜·许莉曼-高朴、耶尔格·施密特:《瑞士民法:基本原则与人法》(第二版),纪海龙译,中国政法大学出版社,2015,第211页。

能力的个案审查方式。许多国家和地区的民法典在行为能力之外，对意思能力予以不同程度的规定和认可，[①]由此形成了法律行为领域意思能力与行为能力并存的格局。

大陆法系民法在行为能力之外发展出"意思能力"这一概念，这主要源于行为能力制度的局限性。从二者的关系来看，意思能力实乃行为能力的基础，而之所以产生"行为能力"这一概念，乃是因为意思能力所采取的个案审查方式与交易的简便性与安全性格格不入，[②]故法律对意思能力的认定采取了定型化的标准——行为能力，即对不具有正常及健康精神状态的人一律以欠缺行为能力对待并作类型化处理，其意义在于一旦认定行为人为行为能力欠缺者，就不再对其事实上的意思能力予以认定。就此而言，行为能力实为意思能力的抽象化、定型化。然而，行为能力只能表明意思能力的大概率情况，在逻辑上不可能完成对意思能力的全面抽象，二者因此未必绝对地一一对应。[③]这就有了单独承认意思能力的必要性。

在意思能力获得独立地位的前提下，该标准在身份行为中的适用被普遍承认。在大陆法系，虽然各国及地区的民法典均未对身份行为能力的认定标准设有明文，但在解释论上学者普遍接受了意思能力标准。如日本学者及司法实践认为，总则中的无行为能力制度完全不适用于身份行为，只要有意思能力，无行为能力人也可以单独实施完全有效的身份行为。[④]此外，我国台湾地区学者多认可这一观点。[⑤]相比于大陆法系，英美法系并不存在行为能力这样抽象的概念，其对合同、遗嘱、结婚等行为所需要的精神能力直接采用了与大陆法系的"意思能力"意义等同的"心智能力"（mental capacity）这一标准。[⑥]对这一能力的认定，无论是立法[⑦]还是理论，都以行

[①] 参见2017年修订的《日本民法典》新增第3条之2、《瑞士民法典》第19条、《德国民法典》第105条第2款。

[②] 〔德〕迪特尔·梅迪库斯：《德国民法总论》，邵建东译，法律出版社，2000，第410页。

[③] 常鹏翱：《意思能力、行为能力与意思自治》，《法学》2019年第3期。

[④] 〔日〕我妻荣：《新订民法总则》，于敏译，中国法制出版社，2008，第60页。

[⑤] 郭振恭：《身分行为之能力》，《台湾本土法学杂志》总第7期（2002年）。

[⑥] 参见 Mental Capacity Act 2005（English and Wales），Sec.3；New Zealand Protection of Personal and Property Right Act（1988）；Assisted Decision-Making（Capacity）Act 2015（Ireland）；等等。

[⑦] 参见 Assisted Decision-Making（Capacity）Act 2015（Ireland），Sec. 3（1）。

为人在具体时间、具体事务中的精神状况为标准，而不以行为人是否属于被监护人这一法律地位为标准来判断。①这被称为"功能性标准"（functional approach）。在这一标准下，即使精神障碍者没有财产方面的心智能力，也仍然可能存在对身份行为的决定能力。在英国、加拿大以及澳大利亚的许多案例中，法院都据此对精神障碍者的结婚能力、分居能力、离婚能力等予以肯定。②

从上述国家和地区的立法及司法实践来看，无论是规定了行为能力制度的大陆法系，还是没有此项制度的英美法系，对于身份行为能力的认定均采取了建立在个案考察基础上的意思能力标准，从而使精神障碍者获得了更多的实施身份行为的机会，这值得肯定。

（四）我国身份行为能力的认定标准：意思能力标准

笔者认为，学界以及两大法系所提倡的意思能力标准值得采纳。质言之，对于我国法律上的身份行为能力，应当突破民事行为能力的思维模式，而按照身份行为实施时行为人是否具有依该行为的性质和意义所要求的意思能力来认定。一方面，该标准以个案审查的方式，认定行为人是否具有在行为发生时，依身份行为的性质和意义所要求的能力，这意味着在判断过程中可以充分考虑身份行为的特质，并依该特质设计相应判断要素，从而避免僵硬适用财产法规则导致的不妥当结果；另一方面，该标准的个案考察范式使精神障碍者的身份行为能力不受制于民事行为能力，其自由意志能够被充分尊重，更有利于个人自由及福祉的实现。此外，若适用该标准，即使行为人没有被法院宣告为行为能力欠缺者，只要其在实施身份行为时不具有意思能力，即可以认定其不具有身份行为能力，而不必诉诸行为能力欠缺宣告制度解决，这无论是对于司法实践还是对于身份行为登记工作均具有一定的可操作性。

综上所述，行为人实施身份行为，应当具有身份行为能力。身份行为能

---

① 参见 Law Commission of England and Wales, *Mental Incapacity, Report 231*, HMSO, 1995, p.32。
② 参见 *RE. Shiffield City Council v. E & S*, [2004] E.W.H.C 2808（Fam）；*Wolfman-Stotland v. Stotland*, 2011 BCCA 175（B.C. C.A.）, Appeal [2011] S.C.C.A. No. 242（S.C.C.）；*A.K. v. N.C*, [2003] Fam.C.1006。

力的判断不应采民事行为能力标准,而应以意思能力为标准。由此导致的结果是,即使欠缺民事行为能力,也未必就一定不具有身份行为能力,反之亦然。需要说明的是,虽然前文所论主要针对基本身份行为,但对于身份关系协议等衍生身份行为以及补助身份行为而言,其与基本身份行为具有相同的特征,故意思能力标准同样适用。然而,这并不意味它们的意思能力的判断是相同的。意思能力也分为不同的层次,不同类型的身份行为所需要的意思能力的程度也有所不同。例如,对于基本身份行为而言,其意思能力的认定标准较低;但对于身份关系协议而言,其认定标准较高,一般应当达到行为能力的认定标准。对此,笔者将于后文详述。

需要指出的是,在意思能力标准之下,行为人或者有身份行为能力,或者没有,而不存在限制意思能力这样的状态。即使其为限制民事行为能力人,只要具有意思能力,即可以独立实施身份行为,而不需要其法定代理人的同意或追认。究其原因,在于身份行为所具有的情感因素和伦理属性决定了其并非一个需要专业咨询或专业帮助的领域,故也不存在由他人同意或协助实施的可能性。[①] 而如果行为人不具有身份行为能力,则其不具有实施身份行为的资格,原则上不能由法定代理人代理其实施。但由于身份行为能否代理是一个较为复杂的问题,笔者将于后文专节详述。

第四节 身份行为效力瑕疵的一般理论

一 身份行为效力瑕疵形态体系

(一)法律行为的效力瑕疵形态

我国民法理论一般将法律行为的效力瑕疵分为三类,即无效、可撤销及效力待定,但这种认知并不全面。正如前文所述,法律行为的生效要件包括了成立要件、有效要件和特殊生效要件,不满足任何一个要件,当事人欲通过法律行为实现特定法律效果的目的便不能实现。而无效、可撤销以及效力

---

① 参见 RE. Sheffield City Council v. E & S,[2004] E. W. H. C 2808 (Fam)。

待定这三种瑕疵只是对不满足有效要件的法律行为的评价，不能涵盖成立要件或特殊生效要件未满足的法律后果。就此而言，传统民法理论中的法律行为效力瑕疵形态三分法，在全面性和自洽性方面尚有不足。在笔者看来，基于前文对法律行为要件体系的梳理，在对法律行为的效力瑕疵形态予以研究时，应对未生效和不成立一并考察。只有这样，方能对法律行为整个缔结过程中的瑕疵予以体系化把握。

关于法律行为的未生效，虽然我国民法典对此未设明文，但在理论和实务上其已被普遍承认。早在1999年，《最高人民法院关于适用〈中华人民共和国合同法〉若干问题的解释（一）》（2021年失效）第9条即规定，"未办理批准、登记等手续的，人民法院应当认定该合同未生效"。2019年《全国法院民商事审判工作会议纪要》第37条对上述规定再次予以肯定。在学界，多数学者也认为"未生效"是一种独立的效力瑕疵类型。[①]上述观点具有一定的道理。究其原因，在于"未生效"的效力状态是未满足特别生效要件所导致的后果，不能为其他的效力瑕疵形态所涵盖。理论上，此种状态主要包括法律行为未满足法律规定的批准等要件而未生效，以及所附延缓条件未成就时法律行为未生效等情形。

关于法律行为的不成立，虽然有学者对于"不成立"这种瑕疵形态持反对态度，认为其与无效的法律效果都是对法律行为效力最彻底的否定，没有必要对二者予以界分。[②]但笔者认为上述观点尚值商榷。首先，既然在法律上区分成立与有效，在法律后果上就应当存在不成立与无效之分，否则不能体现成立要件的作用。而且二者并非毫无区别。不成立是行为不存在，不产生任何法律效果；而无效则并不意味着不存在，仅意味着法律行为不能按照其内容生效而已，但"仍然可以发生某些次要的或消极的法律效果"。[③]其次，《民法典》对于法律行为的无效事由作了限定性规定，这使那些虽然不属于法定无效事由，但是依据一般观念不应当生效的行为（例如合意的欠缺、形式要件的欠缺等）无从安置。而相关司法解释对"不成立"的正式承认也说

[①] 许中缘：《未生效合同应作为一种独立的合同效力类型》，《苏州大学学报》（法学版）2015年第1期。

[②] 杨代雄：《法律行为论》，北京大学出版社，2021，第355页。

[③] 〔德〕维尔纳·弗卢梅：《法律行为论》，迟颖译，法律出版社，2013，第654页。

明了其作为一种独立瑕疵形态的价值之所在。①

可见，传统民法理论将"不成立"排除在"效力瑕疵"之外，同时又忽视了"未生效"这一瑕疵形态。但正如前文所述，成立的后果并非仅仅指向事实上的存在，其本身也是生效进路中的一种不可或缺的状态，而未生效更是一种效力上的障碍。既然二者最终也是导致法律行为不产生效力，那么将其纳入法律行为的效力瑕疵体系则并无逻辑上的障碍。综上所述，法律行为的效力瑕疵体系应当包括五种，即不成立、无效、可撤销、效力待定及未生效，由此实现与法律行为要件体系的对接。

（二）身份行为效力瑕疵形态的选择

1. 身份行为效力瑕疵形态的立法例及理论争议

关于身份行为的瑕疵形态在比较法上表现不尽一致。由于身份关系协议所具有的"合同"性质，多数立法例对其瑕疵问题不设明文，而是认为可以适用法律关于合同效力瑕疵形态的规定；但对于基本身份行为特别是创设性基本身份行为的效力瑕疵问题，则一般予以明确规定，在此方面各立法例呈现出较大的差异。就结婚行为的效力瑕疵而言，有的采单一无效制（如法国、瑞士）②，有的采单一可废止制（如德国）③，有的采无效与撤销双轨制（如日本、英国、美国等）④，有的采不成立和可撤销双轨制（如葡萄牙、我国澳门地区）⑤。就收养行为的效力瑕疵而言，有的采无效与撤销双轨制（如日本、我国台湾地区）⑥，有的采单一撤销制（如奥地利）⑦。在对收养采法院宣告制但当事人的意思仍然具有独立意义的立法例中，对于当事人瑕疵意思表示的效

---

① 《民法典总则编解释》第23条规定："民事法律行为不成立，当事人请求返还财产、折价补偿或者赔偿损失的，参照适用民法典第一百五十七条的规定。"
② 参见《法国民法典》第180～202条、《瑞士民法典》第104～109条。
③ 参见《德国民法典》第1313～1318条。
④ 参见《日本民法典》第742～743条，台湾地区"民法"第988～997条，英国1973年《婚姻诉讼法》第11条、第16条，等等。
⑤ 如《葡萄牙民法典》在亲属卷的第二编"结婚"的第五章中规定了非有效的婚姻，其包括不成立的婚姻和可撤销的婚姻。我国澳门地区民法作了相似的规定。
⑥ 参见《日本民法典》第802条、第804～808条，台湾地区"民法"第1079条之4、之5。
⑦ 参见《奥地利普通民法典》第200～202条。

力，有的规定可废止或可撤销（如德国）①，有的规定无效（如美国新南威尔士州）②。就解消性身份行为的效力瑕疵而言，各立法例较少有明文规定。但《日本民法典》第764条、第812条分别规定协议离婚、协议解除收养的撤销准用结婚的可撤销规定，虽然其未对两者的无效设有明文，但相关学说认为可类推适用关于结婚无效的规定。③此外，我国台湾地区"民法"第1080之2、之3对协议终止收养的效力瑕疵也采取了无效和撤销双轨制，但对协议离婚的效力瑕疵未设明文，有学说认为于此情形下可类推适用总则关于结婚效力瑕疵的规定。④

在我国，《民法典》对于身份行为效力瑕疵形态的规定并不统一，如对结婚的效力瑕疵采取了无效与撤销双轨制；对于收养的瑕疵，则仅规定了无效收养；对于协议离婚、协议解除收养的效力瑕疵问题，则均未设明文。至于身份关系协议的瑕疵，目前有明确规定的只有《民法典婚姻家庭编解释一》第70条第2款，即离婚财产分割协议可因存在欺诈、胁迫等情形而撤销。针对我国的上述规定，学者之间颇多争议。对于结婚行为，学者多同意现行法的规定；对于收养行为，有学者认为应采无效、可撤销双轨制，⑤还有学者认为应采单一无效制；⑥对于解消性身份行为，有学者主张对协议离婚也应区分无效和撤销，⑦还有学者认为基于身份行为既定力和确定性的要求，不应设离婚无效和撤销制度。⑧

2.身份行为效力瑕疵形态的理论梳理

综合比较上述立法例及理论争议，笔者对身份行为效力瑕疵形态问题持如下观点。

首先，与结婚、收养等创设性身份行为一样，解消性身份行为也存在效

---

① 参见《德国民法典》第1760条。
② 参见 Adoption Act 2000（NSW New South Wales），Sec. 58（2），93（4）。
③ 郭振恭：《论虚伪之身分行为》，《台大法学论丛》1995年第1期。
④ 史尚宽：《亲属法论》，中国政法大学出版社，2000，第466页。
⑤ 李俊：《无效收养制度的法律重构》，载陈苇主编《家事法研究》（2005年卷），群众出版社，2006，第227~228页。
⑥ 张作华：《亲属身份行为基本理论研究》，法律出版社，2011，第136页。
⑦ 王礼仁：《婚姻诉讼前沿理论与审判实务》，人民法院出版社，2009，第549~550页。
⑧ 丁慧：《身份行为效力判定的法律基准——在身份法理念和身份法规范之间》，《法学杂志》2015年第2期。

力瑕疵问题。因为解消性身份行为要想产生法律效力同样需要满足法律行为的生效要件，而其同样存在因未能满足法定要件而不能产生相应效力的情形，故主张解消性身份行为不存在效力瑕疵的观点并不足取。此外，不为理论所关注的补助身份行为，也存在效力瑕疵的问题。

其次，效力待定不应纳入身份行为的效力瑕疵形态体系。这一点可谓得到了各立法例的普遍认可。究其原因，主要在于效力待定行为这一瑕疵类型将行为效力的确定系于第三人的追认，有违身份行为的自主性、终局性和确定性。这一点不仅适用于基本身份行为，也同样适用于衍生身份行为，因为后者涉及的是身份上的权利义务，同样具有人身属性，其效力也不应由第三人决定。特别是对于其中的附随身份行为而言，由于其依附于基本身份行为，理应与基本身份行为同命运，在基本身份行为效力确定的情形下，不应允许附随身份行为效力待定。

再次，单一无效或撤销制并不具有合理性。民法对法律行为所设的无效与撤销两种效力评价，是基于对不同瑕疵事由违反法律要件的程度及所涉利益的考量。无效的评价一般针对违反公益要件的情形，可撤销的评价则一般针对仅违反私益要件的情形，这种区分具有一定的合理性。事实上，即使是采取单一无效或撤销制的立法例，上述区分也仍然实质性地存在。例如采取婚姻单一废止制的《德国民法典》，在涉及重婚、近亲结婚等违反公益要件的情形下，除了当事人本人，有关行政机关也有权申请废止，而且对于申请权的行使未设期限限制；而在意思表示瑕疵的情形下，则只有当事人有权申请废止，且申请权行使具有一定的期限限制。[①]就此而言，在制度设计上对二者予以区分更为合理。

最后，虽然身份行为效力瑕疵不应采取单一无效或撤销制，但这并不意味着无效和撤销双轨制就是合理的。一方面，这种理论构造忽略了身份行为不成立这一瑕疵类型，而正如笔者在前文所论证的那样，身份行为的不成立也应当成为效力瑕疵的一种。另一方面，就衍生身份行为而言，尚存在"未生效"这种效力瑕疵适用的空间。例如，对于以协议离婚为生效条件的离婚协议，在未

---

① 参见《德国民法典》第1316第1款第1项、第1316条2款、第1317条。此外，采取单一无效婚姻模式的《瑞士民法典》也有着相似的制度设计，参见《瑞士民法典》第106~108条。

能协议离婚时，该协议的效力应为未生效。然而，基本身份行为并不存在延缓生效时间的特殊生效要件，故不存在"未生效"此种效力瑕疵状态。

综上所述，身份行为的效力瑕疵类型体系主要包括不成立、无效、可撤销三种类型，而对于衍生身份行为则还包括未生效这一类型。但上述结论也存在例外。例如，对于监护遗嘱而言，由于立遗嘱人已经死亡，实际上不可能存在可撤销这种效力瑕疵形态。

二 身份行为效力瑕疵事由体系

身份行为的效力瑕疵事由首先是不满足家庭法针对具体身份行为所规定的积极有效要件。如《民法典》婚姻家庭编第1051条规定的婚姻无效事由，第1052条、第1053条规定的婚姻撤销事由等皆属此类。问题在于，婚姻家庭编的上述规定究竟是一种封闭式立法模式，还是一种开放式立法模式。在身份行为效力瑕疵问题上，所谓封闭式立法模式，是指身份行为的效力瑕疵事由仅限于婚姻家庭编规定的事由，除此之外，不得以其他事由主张身份行为的无效或撤销；而所谓开放式立法模式，则意味着身份行为的效力瑕疵事由不限于婚姻家庭编规定的事由，尚有适用民法典总则编中民事法律行为效力瑕疵事由的余地。对此，有学者认为，我国民法典婚姻家庭编中关于婚姻效力瑕疵的规定应该解释为具有封闭性。[①]笔者认为这一观点尚值商榷。

首先，民事法律行为制度对其效力瑕疵事由采取了类型化归纳的方法，类型的归纳体现了法律对于民事法律行为在意思自治、自负责任以及意思自治边界等方面的本质要求，而这些法定要求也适用于包括结婚在内的身份行为。故无论是从制度设计的科学性、体系性，还是从回应实践需求的角度观之，上述瑕疵事由中除与身份行为的性质相悖而应排除适用的以外，均可作为效力瑕疵身份行为制度设计的基础。

其次，从各国及地区的规定来看，的确有一些立法例对婚姻的效力瑕疵事由采取了封闭式的立法模式。而正如后文所述，这些立法例所规定的效力瑕疵事由一般较为全面，即使不适用民法总则，也能够"自给自足"，而我

---

① 龙俊：《〈民法典〉中婚姻效力瑕疵的封闭性》，《社会科学辑刊》2022年第4期。

国民法典对于婚姻效力瑕疵事由的规定相对较为狭窄，不能满足实践的需求，不具备采封闭式立法模式的条件。

最后，就采封闭式模式的立法例而言，其一般对此均设明文，如《日本民法典》第742条规定："婚姻，仅在下列情形，无效：……"第743条规定："婚姻，非依次条至第747条的规定，不得撤销。"但我国民法典并未采上述表述。故在解释论上，宜借鉴我国台湾地区学者的观点，①将《民法典》婚姻家庭编有关婚姻效力的规定解释为非完全列举，使其有适用民法总则的余地。

此外，就结婚之外的身份行为的瑕疵事由而言，更不能认为我国民法典采取了封闭式立法模式。特别是《民法典》第1113条规定："有本法第一编关于民事法律行为无效规定情形或者违反本编规定的收养行为无效。"该条即明确将收养效力瑕疵事由扩张至民法总则规定的事由。至于离婚财产分割协议以及其他身份关系协议，也没有限制其瑕疵事由的规定。

综上所述，我国民法典对于身份行为效力瑕疵事由并未采取封闭式立法模式，有适用民法总则的余地。但所谓有适用的余地，只是意味着民法总则的规定可以作为身份行为效力瑕疵制度的基础，并不意味着其可以无差别地在身份行为中适用，更不意味着这些事由在身份行为中一定会导致民法总则所规定的效力瑕疵形态。对于各身份行为应关注何种瑕疵事由，能否突破民法总则规定的瑕疵事由，以及这些瑕疵事由应当依何种标准认定，均存在依身份行为的性质而予以妥当解释的空间。对此，笔者将于第二编和第三编分别针对基本身份行为和衍生身份行为之效力瑕疵事由的认定作详细阐述。

三 身份行为效力瑕疵的补正

（一）法律行为效力瑕疵补正的一般理论

所谓法律行为的补正，是指对存在效力瑕疵的法律行为，采取一定的方式或满足一定的条件消除其瑕疵，修补其效力。

---

① 史尚宽：《亲属法论》，中国政法大学出版社，2000，第192、613~614页；林秀雄：《违反善良风俗之婚姻》，《月旦法学教室》总第97期（2010年）。

关于效力瑕疵补正制度的适用范围，在传统民法理论上，一般认为只有有效性方面的瑕疵可以补正，而法律行为的构成瑕疵（即不成立）则不可补正。① 就有效性瑕疵而言，一般认为效力待定行为、可撤销行为可以补正（如对效力待定行为或可撤销行为的追认或承认等），但无效法律行为的补正则存在争议。有观点认为，"无效"这一概念本身涵盖着不可补正性，所谓无效，即指确定的和不可补正的无效。但正如弗卢梅所指出的那样，这一观点并非源于逻辑、概念或法律性质，而是源于无效法律行为在法律上根本不存在这一不正确的认识，而无效婚姻的可补正性说明无效的不可补正性并非先验的真理。② 正因如此，大陆法系各国及地区对于无效法律行为的补正都予以不同程度的承认。

补正事由主要有以下几种。一是确认。如《德国民法典》第141第1款和《日本民法典》第119条均规定，无效法律行为经行为人认许后，视为新法律行为。虽然上述规定中的"视为新法律行为"意指重新实施法律行为，但并不要求当事人完全重新实施行为，故可以将其作为使无效法律行为有效化的一种补正方式。③ 二是履行。对于因形式瑕疵而无效的行为，履行是消除瑕疵使其有效化的一种方式。对此，《德国民法典》第311条、第518条第2款和第766条予以明确的规定。三是转换。无效法律行为转换，一般是指若某一个无效法律行为符合另一个替代行为的要件，而且当事人在知晓该法律行为无效时也愿意缔结该替代行为，则该替代行为有效。无效行为由此被"转换"为"另一个"有效行为。④ 对此，《德国民法典》第140条、《意大利民法典》第1424条、《葡萄牙民法典》第293条均予以承认。需要指出的是，基于保障法律关系安定性的考量，传统民法理论并不认为无效事由的消失本身可以成为补正事由，这一点作为不言自明的规则被学者们所普遍接受。⑤

在笔者看来，法律行为补正制度具有一定的正当性，其理论基础在于尽管由于国家意志的介入，当事人无法完全决定法律行为的效力，但是，其却

---

① 杨代雄：《法律行为论》，北京大学出版社，2021，第355页。
② 〔德〕维尔纳·弗卢梅：《法律行为论》，迟颖译，法律出版社，2013，第657、660页。
③ 李银英：《婚姻无效之有效化——兼论婚姻无效之诉与提诉权失效》，《法令月刊》2009年第1期。
④ 殷秋实：《无效行为转换与法律行为解释——兼论转换制度的必要性与正当性》，《法学》2018年第2期。
⑤ 〔德〕维尔纳·弗卢梅：《法律行为论》，迟颖译，法律出版社，2013，第656页。

可基于自由意志，通过积极的行为消除法律行为的效力瑕疵，使法律行为有效化，这在一定程度上缓和了因公权力干预而使法律行为无法实现当事人所预期的法律效果的绝对性，体现了对当事人意思自治的尊重，因而具有一定的合理性。故我国有必要借鉴其他国家和地区的规定，对无效法律行为的补正予以一般性的承认。

（二）身份行为效力瑕疵的可补正性

我国民法典总则编仅承认效力待定行为以及可撤销行为的可补正性（如对效力待定行为的追认、对撤销权的放弃），对无效法律行为补正则未设一般性规定。基于无效行为乃自始无效、当然无效、确定无效的理论通说，法律行为无效的补正一般不被承认，更毋论不成立的补正。但通说之下也有例外。例如，《最高人民法院关于审理商品房买卖合同纠纷案件适用法律若干问题的解释》第2条规定，出卖人未取得商品房预售许可证明而与买受人订立的商品房预售合同无效，但是在起诉前出卖人取得商品房预售许可证明的，可以认定合同有效。此项规定实际上承认了嗣后取得商品房预售许可证明这一事实可以对原本无效的合同予以补正。这说明，即使无效法律行为的补正在我国现行法上尚未形成一般性规则，但在特定领域，基于特定立法目的的需要，仍有必要对此予以承认，而身份行为正是这样一个特定领域。因为身份行为对于当事人和社会均意义重大，从稳定婚姻家庭、尊重既成身份关系的角度出发，对身份行为存在的瑕疵应当允许补正。这不仅适用于身份行为的无效和撤销，也适用于身份行为的不成立，不仅适用于衍生身份行为和补助身份行为，也适用于基本身份行为。

身份关系协议效力瑕疵的补正与一般合同效力瑕疵之补正并无不同。例如，对于要求书面形式的身份关系协议（如夫妻财产制协议），在没有书面协议，但已按口头协议履行的情形下，应当认为对形式瑕疵予以补正。对于可撤销的身份关系协议，在撤销权人以明示或行为放弃撤销权时，应当认为其通过承认对可撤销行为予以补正。对于无效的身份关系协议，在不违反法律强制性规定或公序良俗的情形下，当事人的承认、转换等均可作为补正的方式。上述结论原则上也适用于补助身份行为。例如，第三人也可以通过事后追认的方式补正同意的瑕疵。但对于基本身份行为，其瑕疵补正问题具有一定的复杂性和特殊性。诸如登记缺失能否补正、重婚中前一婚姻的解除能否作为补正事由和转换能否适用等均存在着一定的争议。对此，笔者将于本书第二编作更加详细的探讨。

四　身份行为效力瑕疵的后果

依一般民法理论，无论是法律行为的不成立、无效还是被撤销，法律行为均被认为是自始未有效的状态，由此在当事人之间发生恢复原状的法律后果，此即法律行为效力瑕疵的溯及力。《民法典》第155条对于民事法律行为无效或被撤销后自始没有法律拘束力的规定，第157条对于民事法律行为无效或被撤销情形下行为人应当返还财产的规定等，均是对上述民法理论的肯认。然而，上述理论和规定能否适用于身份行为，却是值得怀疑的。因为对于已经发生的身份上的共同生活，无论如何也不可能恢复原状。即使对于具有财产内容的身份关系协议，如赡养协议，完全的恢复原状也未尽妥当。而从比较法的角度来看，多数立法例均在婚姻效力瑕疵的溯及力方面作出了不同于财产行为的规定。笔者由此得出的结论是，法律行为瑕疵的溯及力理论并不能够完全适用于身份行为，至少对于法律后果涉及共同生活或法定义务的身份行为，其效力瑕疵的溯及力应当受到一定的限制。至于限制的程度，在不同类型的身份行为中，其表现也有所不同，对此，笔者将于后文详述。

第五节　身份行为代理之禁止与例外

一　身份行为能否适用代理的理论争议

代理作为一种为他人从事法律行为的制度，展现了人类之间的互相合作，其不仅可以对行为能力欠缺者提供救济，还可以扩大民事主体在法律上的活动范围，对民事主体可谓意义重大。但其并非适用于所有的法律行为。依《民法典》第161条第2款，法律规定、当事人约定的或者基于民事法律行为的性质，应由本人亲自实施的行为，不得代理。那么，身份行为是否属于依其性质不得代理的行为？是否所有的身份行为均不得代理？是否委托代理和法定代理均不得适用？对此，学界存在着一定的争议。

对于基本身份行为，主要有以下三种不同的观点：一是认为不能适用代理；[1]二是认为不能适用委托代理，但对于法定代理和指定代理，可以毫无障碍地适用；[2]三是认为原则上不适用委托代理，法定代理只有在法律明确规定的情形下才允许。[3]对于身份关系协议能否适用代理，学者们也有不同的认识。如对于夫妻财产制协议，有的认为既不能适用委托代理，也不能适用法定代理，无行为能力人和限制行为能力人只能适用法定夫妻财产制；[4]有的认为此种协议身份性不强，可以适用委托代理；[5]有的认为此种协议不能适用委托代理，但对于限制行为能力人可以适用法定代理，而无行为能力人则无适用法定代理的余地；[6]有的则认为无民事行为能力人也可以适用法定代理。[7]对于其他身份关系协议，有的认为意定监护协议可以在特定情形下由法定监护人代理被监护人签订，[8]有的认为离婚协议不能代理。[9]

针对上述争议，笔者认为，身份行为原则上不能适用代理，既包括委托代理也包括法定代理。但是，基于保护身份行为能力欠缺者的需要，应有例外地允许法定代理的适用。下面对这一结论予以详细阐述。

二 身份行为委托代理之禁止

（一）基本身份行为委托代理之禁止

关于基本身份行为能否适用委托代理，从比较法的角度来看，只有少

---

[1] 尹田：《民法典总则之理论与立法研究》（第2版），法律出版社，2018，第589页。
[2] 夏吟兰、薛宁兰主编《民法典之婚姻家庭编立法研究》，北京大学出版社，2016，第40页。
[3] 〔日〕我妻荣：《新订民法总则》，于敏译，中国法制出版社，2008，第60页。
[4] 巫昌祯主编《婚姻家庭法新论》，中国政法大学出版社，2002，第202页。
[5] 曾玉珊：《夫妻财产约定的〈合同法〉适用》，《南京农业大学学报》（社会科学版）2005年第1期。
[6] 申晨：《论夫妻财产法的自治化》，对外经济贸易大学2018年博士学位论文，第85页。
[7] 龙御天：《夫妻财产制协议及其效力研究》，安徽大学2019年硕士学位论文，第105页。
[8] 刁良敏：《我国成年意定监护协议研究》，中南财经政法大学2017年硕士学位论文，第12页。
[9] 宋夏瀛洁：《论人身法律行为制度——兼论人身法律行为中的意思自治与国家干预》，中国社会科学院研究生院2017年博士学位论文，第86页。

数立法例予以肯定。如《巴西新民法典》第1542条、《葡萄牙民法典》第1620条、我国澳门地区民法第1495条第1款以及《智利民法典》第103条均规定，婚姻可以由特别授权的受任人代为缔结。而多数立法例持否定态度。如《德国民法典》立法理由书认为，代理制度主要属于财产法上的制度，而亲属法和继承法上具有高度人身性质的法律行为不允许进行代理。对于此类行为，《德国民法典》或者规定当事人必须"亲自"实施，或者明确规定不能由代理人实施。如其第1311条规定，结婚之表示，应由双方当事人亲自并同时到场，在民事身份官员面前作出愿意缔结婚姻的意思表示。对于上述法条中的"亲自"，有学者认为其旨在排除由他人传达的情形，同时意味着该意思表示不能通过授权代理的方式作出。[1] 此外，根据其第1750条第3款，限制行为能力人以及14周岁以上的未成年子女对收养的同意、生父母以及收养人配偶对收养的同意，均不得由代理人为之。其第1596条第4款规定，认领与认领的同意，也不得以授权为之。根据《法国民法典》第458条，诸如认领子女、对本人的送养或对子女的送养等严格性人身性的行为原则上无适用委托代理的余地。《日本民法典》、我国台湾地区"民法"对此问题虽未设明文，但相关学者一般认为身份行为原则上不适用委托代理。[2]

对此，笔者认为，基本身份行为不适用委托代理。至于其原因，需从代理的本质出发予以分析。所谓委托代理，是依本人的授权实施法律行为且法律后果直接归属于本人的法律制度。其与传达、居间等最重要的区别即在于代理人可以独立作出意思表示。那么，代理人所作出的意思表示，究竟是本人的意思表示还是代理人的意思表示？对此，学者们有不同的认识。有的认为是本人的意思表示，有的认为是代理人与本人的共同意思表示，还有的认为是代理人的意思表示。[3] 而德国通说则认为，向第三人作出的意思表示是代理人的意思表示，而非本人的意思表示。换言之，实施法律行为的人是代理

---

[1] 〔德〕迪特尔·施瓦布：《德国家庭法》，王葆蒔译，法律出版社，2022，第45页。
[2] 林诚二：《民法总则》（下册），法律出版社，2008，第430页；王泽鉴：《民法概要》（第二版），北京大学出版社，2011，第100页。
[3] 〔德〕福·博伊庭：《论〈德国民法典〉中的代理理论》，邵建东译，载南京大学法学院、南京大学学报编辑部编辑、出版《南京大学法律评论》（一九九八年秋季号·总第十期），1998。

人而非本人，只是基于本人的授权行为，由此产生的法律效果由本人承受而已。①而代理人基于本人授权所取得的代理权实际上是一项"以自己的意思表示改变本人法律地位的权力"。②这一法律构造显然不适用于基本身份行为。一方面，基本身份行为具有高度的人身属性，行为人对此具有绝对的决定权，必须由本人亲自作出意思表示，赋予他人以其意思表示改变本人身份法律地位的权力有违身份行为的本质；另一方面，与财产行为不同，基本身份行为之意思表示具有非财产性、非理性的特点，情感因素在行为人决定的过程中具有重要意义，他人无法体会和替代。基于上述理由，基本身份行为不适用委托代理。

（二）衍生身份行为委托代理之禁止

那么，衍生身份行为能否适用委托代理？对这一问题的立法或研究主要围绕夫妻财产制协议、离婚财产分割协议或子女抚养协议等身份关系协议而展开。对此，法国持肯定态度，如《法国民法典》第1394条第1款即肯定了夫妻财产制协议可通过委托代理的方式签订。《德国民法典》第1410条则规定，夫妻财产制协议应由夫妻双方于公证人面前作成之。该条并未强调当事人须"亲自"到场。依有学者的见解，这并不意味着排除代理。③而我国台湾地区有学者则认为，夫妻财产制协议为基于夫妻身份之从契约，具有一身专属性，不得由他人代理。④

针对上述问题，笔者认为，与基本身份行为一样，衍生身份行为也不得适用委托代理，监护遗嘱自不必说，即使是夫妻财产制协议这样具有财产内容的协议也不例外。一方面，此类协议虽然不涉及身份变动，却是对身份上权利义务进行安排的协议，不可谓不具有人身属性；另一方面，身份关系协议虽然以协议的形式呈现，但与财产行为不同的是，当事人的意思表示并不具有交易性，当事人也并非完全的利益相对方，在感情、家庭利益、家庭伦理等因素的影响下，不排除当事人基于充分的利他考虑而作出选择的可能

---

① 〔德〕维尔纳·弗卢梅：《法律行为论》，迟颖译，法律出版社，2013，第900页。
② 朱庆育：《民法总论》（第二版），北京大学出版社，2016，第333页。
③ 〔德〕维尔纳·弗卢梅：《法律行为论》，迟颖译，法律出版社，2013，第910页。
④ 戴东雄、戴瑀如：《婚姻法与夫妻财产制》，台湾三民书局，2009，第135页。

性，而在子女抚养协议、赡养协议中，当事人更是应当充分考虑子女和被赡养人的利益。就此而言，身份关系协议的内容实际上并不具有商业合同那样的确定性和利己性。而在以高度信任和合作为前提的委托—代理关系中，代理人必须本着为被代理人计算的宗旨实施代理行为，这使代理制度与婚姻家庭法的价值取向之间存在一定的冲突。就此而言，身份关系协议不应适用委托代理。至于补助身份行为，应当看到的是，法律之所以允许第三人参与他人的身份行为，主要是因为他人实施的身份行为对第三人的身份关系将产生重大影响，第三人的同意权正是使其参与该身份行为的一种路径。就此而言，第三人的同意也应当充分反映出其个人意愿，委托代理也无适用的余地。

三　身份行为法定代理之禁止与例外

（一）身份行为法定代理之禁止

1. 基本身份行为

关于基本身份行为的法定代理，从各国及地区的规定来看，原则上也在禁止之列。例如，前文所述《德国民法典》第1750条第3款所规定的对收养中的"同意"不得代理，同样适用于法定代理。[1]在日本，针对《日本民法典》关于成年被监护人可以独立作出结婚、协议离婚、收养、协议解除收养、认领等行为的规定，[2]有学者认为"身份行为原则上不能由法定代理人代理作出，即使是无行为能力人"。[3]根据《法国民法典》第458条，认领子女、为子女选用姓氏或者改姓、对本人或子女的送养（在司法实践中还扩张到送养行为）等严格性的人身行为，不得代理。

上述规定表明，各国及地区对于基本身份行为的法定代理原则上也予以禁止。我国民法典虽然对此未设明文，但在解释上也应持相同结论。究其原因在于，法定代理和委托代理一样，也由代理人独立地作出意思表示，而基本身份行为应当建立在符合行为人自己意愿的基础上，只有这样，才能实现

---

[1] 参见《德国民法典》第1750条第3款。
[2] 参见《日本民法典》第738条、第764条、第799条、第812条。
[3] 王融擎编译《日本民法条文与判例》（下册），中国法制出版社，2018，第737页。

对其自主决定权的尊重，而正是基本身份行为高度的人身属性决定了其不适用法定代理。就此而言，《民法典》第161条第2款之"依其性质不适用代理"的规定，应当既包括委托代理，也包括法定代理。至于作为基本身份行为效力控制机制的补助身份行为，基于前文所述的同样原因，也不应适用法定代理。

2. 衍生身份行为

那么，衍生身份行为特别是身份关系协议是否可以适用法定代理？对此，有学者持肯定观点，认为德国、法国、瑞士等国均认可夫妻财产制协议适用法定代理；允许财产制协议由法定代理人或监护人代为订立，这可以更好地适应被代理人之婚姻关系的特殊性，为被代理人提供更好的保护，而且可以与无完全民事行为能力人之离婚诉讼代理制度相衔接。① 笔者认为上述观点值得商榷。

首先，从域外立法来看，允许夫妻财产制协议适用法定代理并非多数立法例的选择。如《德国民法典》第1411条第2款虽然规定无民事行为能力人的夫妻财产制契约可由法定代理人代理订定，但对于限制民事行为能力人或受辅助人，依该条第1款，则不能由法定代理人代理为之，法定代理人仅对契约的订立具有同意权。《法国民法典》（第1398条）、《瑞士民法典》（第183条第2款）也均只是规定受监护的成年人、未成年人或受总括保佐的人签订夫妻财产制协议应得其法定代理人的同意，并未规定法定代理人可以代理。就此而言，并不能得出上述国家允许对夫妻财产制协议适用法定代理的结论。

其次，与前文所分析的原因一样，夫妻财产制协议等身份关系协议所具有的人身属性及所承载的身份法价值取向的特点，决定了其同样不宜适用法定代理。除此之外，另一个原因在于，法律之所以允许签订身份关系协议，乃是因为法律相信当事人有能力通过协议安排一个对自己更为合适的私人秩序。而在当事人因欠缺身份行为能力而无此能力时，就应当回归法律秩序，因为法定代理人的决定未必比法律的安排更周到。也正因如此，虽然《德国民法典》上无民事行为能力人的夫妻财产制契约可以由其法定

---

① 龙御天：《夫妻财产制协议及其效力研究》，安徽大学2019年博士学位论文，第105页。

代理人代理作出，但此项代理受到严格的限制。如根据《德国民法典》第1411条第2款，法定代理人不得订定或废止共同财产制，法定代理人订定契约应经家事法院或辅助法院的许可或同意。就此而言，在没有相关配套制度的情形下，贸然允许对身份关系协议适用法定代理，可能造成不利于行为能力欠缺者的后果出现。

最后，无民事行为能力人之离婚诉讼代理与身份关系协议的代理并非性质相同的制度，不能相提并论。根据《民法典婚姻家庭编解释一》第62条，无民事行为能力人的配偶有损害其利益行为的，其他有监护资格的人可以要求撤销其监护资格，并依法指定新的监护人；变更后的监护人可以代理无民事行为能力一方提起离婚诉讼。据此，无民事行为能力人的法定代理人代理提起离婚诉讼，只是为了保护无行为能力人而向法院表达离婚的诉求，是否离婚由法院裁判，代理人代理诉讼的行为对无行为能力人的实体法地位和利益并不产生影响，这与身份关系协议的代理存在本质区别。故不能将无民事行为能力人之离婚诉讼代理制度作为身份关系协议可代理的理由。

（二）身份行为法定代理禁止之例外

禁止身份行为的法定代理固然有利于尊重行为人的自己决定权，但在有的情形下，一概禁止代理也不利于对身份行为能力欠缺者的保护。例如，在法国第一民事庭以及最高院判决的一起案件中，一名患有自闭症的女孩处于其父亲的监护之下，其父亲的第二任妻子希望收养她，但医生认为该女孩无法清楚地表达自己的意愿，法院遂以该女孩不具有自己被收养的同意能力，而此种行为依民法典的规定也不得代理为由，判决该女孩不能被收养。有学者认为上述判决并不利于对特殊弱势群体的保护，因为此种情形下的"不作为"对受保护人的利益而言并非有利，其进而对民法典绝对禁止高度人身性行为的代理提出了批评。①

上述情况在我国也可能存在。例如，根据《民法典》第1104条，收养

---

① 〔法〕斯泰法尼·莫拉齐尼·才登伯格：《特殊弱势群体的人身性行为》，载李贝编译，马宏俊、王蔚审定《法国家事法研究文集——婚姻家庭、夫妻财产制与继承》，人民法院出版社，2019，第209页。

人收养与送养人送养,应当双方自愿。收养8周岁以上未成年人的,应当征得被收养人的同意。而在年满8周岁的被收养人因年幼或精神障碍而不具有同意能力时,如果不允许其法定代理人代为同意的话,收养就不能生效,这使为保护未成年人而设的收养制度的目的就无法实现。在这种情况下,基于保护未成年人利益的考虑,应当允许法定代理人代理其实施同意行为。从比较法的角度来看,许多国家和地区民法典均对此种代理予以认可,对此应该借鉴。①

接下来的问题是:何种身份行为可以被纳入为身份行为欠缺者利益考量的范畴?从前文所举立法例来看,此种情形集中在收养领域,那么,其他身份行为是否也有适用的余地?对此,有学者认为,婚姻与收养一样,也能够为特殊弱势人群提供一种自然的保护,因此具有适用代理的可能性。②笔者对此持反对意见。婚姻固然具有保护功能,然而,其并不像收养那样是作为保护性制度而存在的,如果允许其法定代理人以保护和照顾为由包办婚姻的话,则与婚姻的本质和结婚自由原则多有不符,故结婚行为不能适用法定代理,离婚行为也同样如此。

行文至此,身份行为体系化的第二步即外在体系的建构完成。其以身份行为的要件体系为基础,主要包括身份行为的意思表示、身份行为能力、效力瑕疵制度以及代理等。这一体系虽然在外在架构上重合于法律行为,但就其内核而言,却因独特之内在体系的存在,而有着不同于财产行为的制度构造。该外在体系与身份行为的内在体系一起,共同组成了身份行为的基本理论体系。

本章基于身份行为有别于财产行为的特质构建了身份行为的基本理论体系,其作为身份行为的共通性规律原则上适用于各类身份行为。然而,对于身份行为的两大枝分——基本身份行为和衍生身份行为,在共性之外,二者又有着各自较为鲜明的特殊性。基本身份行为的效果是身份本身的创设或解

---

① 参见《德国民法典》第1746条、《日本民法典》第797条、《奥地利普通民法典》第192条第2款等。
② 〔法〕斯泰法尼·莫拉齐尼·才登伯格:《特殊弱势群体的人身性行为》,载李贝编译,马宏俊、王蔚审定《法国家事法研究文集——婚姻家庭、夫妻财产制与继承》,人民法院出版社,2019,第220页。

消，事关身份秩序的稳定，故伦理色彩和国家强制性更为浓厚。就其法律适用而言，主要涉及与民法典总则编的关系。衍生身份行为的效果为身份上权利义务的变动，事关婚姻家庭职能的实现以及身份当事人利益的平衡，在伦理性价值之外，一定程度上也关注工具性价值。就其法律适用而言，更多涉及与民法典合同编、物权编的适用关系。本书以下两编即分别针对二者各自特殊的制度构造作出阐述，以期能够最大程度地呈现出身份行为制度的全貌。

第二编
基本身份行为

民法典背景下身份行为的体系化研究

第五章
基本身份行为概说

所谓基本身份行为，也称纯粹身份行为，是以基本身份关系的变动为直接目的，且可以直接使基本身份关系发生变动的身份行为。这里的"基本"，一方面意味着此类身份行为的目的在于发生基本身份关系（夫妻、父母子女等亲属身份关系）的变动，另一方面意味着其系衍生身份行为的基础。为表述方便，若无特别说明，本编所谓身份行为皆指"基本身份行为"。

第一节 基本身份行为的类型

基本身份行为主要指婚姻身份行为和亲子身份行为。婚姻身份行为是指当事人创设或解消夫妻身份关系的身份行为，包括结婚和协议离婚；亲子身份行为是当事人创设或解消父母子女关系的身份行为，主要包括拟制血亲的形成与解消、亲子关系确认。下面分而述之。

一 婚姻身份行为

（一）结婚

结婚系指当事人按照法律规定的条件和程序，确立夫妻关系的法律行为。其作为私法上的行为已为世界各国所普遍认可。根据《民法典》第1049条，要求结婚的男女办理结婚登记即确立婚姻关系。而男女双方同意结婚并办理结婚登记的行为即为结婚行为。这里的问题在于：如果当事人未办理结婚登记而以夫妻的名义共同生活，是否也为结婚行为？这涉及法律对事实婚姻的态度。从比较法的角度看，虽然多数立法例对结婚行为都有形式上的要求,但也有不少立法例承认事实婚姻的存在。如美国的亚拉巴马州、科罗拉多州、艾奥瓦州、得克萨斯州、纽约州,以及澳大利亚、加拿大、新西兰、德国等均有条件地(如要求共同生活一定时间等)承认了事实婚姻的效力。在我国,事实婚姻的法律地位经历了一个从承认到有限承认的历史变迁过程。就目前而言,根据《民法典婚姻家庭编解释一》第7条,以夫妻名义共同生活的当事人只有在1994年2月1日《婚姻登记管理条例》公布实施以前符合结婚实质要件时,才构成事实婚姻。而对于此种法律上承认的事实婚姻,当事人通过结婚合意和夫妻共同生活确立夫妻关系的行为也系结婚行为。

(二)协议离婚

协议离婚也称两愿离婚,系基于当事人的合意按照法律规定的条件和程序解除婚姻关系的法律行为。根据《民法典》第1076条和第1080条,夫妻双方自愿离婚的,应当签订书面离婚协议,并亲自到婚姻登记机关申请离婚登记。完成离婚登记,即解除婚姻关系。相关条文所规定的协议解除婚姻关系的行为即协议离婚行为。需要指出的是,根据《民法典》第1076条第2款,离婚协议实际上是一个复合协议,其不仅包括双方自愿离婚的意思表示,还包括对子女抚养、财产分割以及债务处理等事项的协商一致,后者系前者的附随行为,与前者同时规定在离婚协议中,这只是为了方便一揽子解决问题,并不意味着离婚合意就失去了独立的意义。事实上,婚姻的解除正是源于离婚的合意而非对离婚财产分割等后果的合意,而离婚登记也只是对离婚本身的要求,并非对财产分割、子女抚养等约定的要求。因此,离婚协议的复合性并不能否定协议离婚的独立性,协议离婚行为本身应当属于基本身份行为。

那么,事实婚姻是否可以通过协议离婚解除?有学者认为,事实婚姻只能通过诉讼程序解除,笔者认为这一观点有所不妥。既然登记婚姻允许协议解除,事实婚姻也应当允许协议解除,这并不为我国现行法所禁止,也不违反公序良俗,只不过,由于当事人没有办理结婚登记,婚姻登记机构并不会为其办理离婚登记。于此情形下,应当认为,只要当事人达成了解除婚姻关系的协议并不再以夫妻名义共同生活,即认为事实婚姻关系解除,而此种解除事实婚姻的行为也为协议离婚行为。

二 拟制血亲之身份行为

（一）收养

收养是当事人基于收养合意创设法律上亲子关系的行为，其后果是使原本不具有自然血亲父母子女关系的当事人具有法律上的父母子女关系。根据《民法典》第1104条和第1105条，收养应当建立在收养人与送养人双方自愿的基础上，并应向民政部门登记，收养关系自登记之日起成立。上述法条体现出对收养这一私法行为的承认。此外，在1992年4月1日《收养法》实施前我国法律并未对收养登记作出强制性要求，故在此之前基于收养合意和长期共同生活的收养事实而实施的收养也属于收养行为。[1]

这里的问题在于：收养行为系何方当事人的行为？依《民法典》第1104条，收养合意在收养人与送养人之间达成，但收养8周岁以上未成年人的，应当征得被收养人的同意。我国学者一般认为，该条意味着收养行为是收养人与送养人之间的行为，双方当事人处分的是他人的身份关系，决定的是未成年人的身份问题，而被收养人并非收养行为的当事人。上述规定与理解不同于多数国家和地区的立法例。从比较法的角度观察，承认私人收养行为的立法例，一般认为收养合意在收养人与被收养人之间达成，被收养人不具有身份行为能力时，则由其法定代理人代为同意。这一点在《奥地利普通民法典》上体现得尤为明显。依该法第192条，收养需由收养人和被收养人订立书面契约，不具有完全民事行为能力的被收养人由其法定代理人代理订立收养合同。《日本民法典》第797条也有相似的规定。[2]

笔者认为，上述国家和地区的规定具有一定的道理。收养的法律效力是在养父母与养子女之间建立父母子女关系，被收养人是收养关系的主体，而不是客体，将其作为行为的当事人，能够体现出对被收养人人格的尊重。即使其不具有身份行为能力，但为其利益也可以由其法定代理人代其同意。鉴于《民法典》第1104条的既成规定，在解释上，应当认为该条表明收养人、

---

[1] 参见1984年《最高人民法院关于贯彻执行民事政策法律若干问题的意见》（2019年失效）第28条、1992年《收养法》第15条第1款。
[2] 《日本民法典》第797条规定："将成为养子女的人未满十五周岁时，其法定代理人可以代其承诺收养。"

送养人和被收养人三方皆为收养关系的主体，收养须经三方当事人的同意，即被收养人的同意亦是收养成立和生效所必不可少的条件。只不过，不满8周岁的被收养人的同意实际上由其法定代理人代为作出，而已满8周岁的被收养人则自主享有对收养事项的同意权。①

（二）协议解除收养

协议解除收养即当事人合意解除收养关系的身份行为。《民法典》第1116条规定，当事人可以协议解除收养关系，并到民政部门办理解除收养的登记。该条表明了我国民法典对协议解除收养行为的承认。至于协议解除收养行为的当事人，依《民法典》第1114条第1款和第1115条，养子女未成年时，由收养人与送养人达成解除协议，但养子女8周岁以上的，应当征得本人同意；而养子女成年后，则由养子女和养父母达成解除协议。基于前文对收养行为当事人的分析，对于第1114条第1款也应当采取与第1104条同样的解释，即在养子女未成年时，协议解除行为的当事人亦为送养人、养子女和养父母三者，解除收养须经三方当事人的同意。不满8周岁的养子女的同意由其法定代理人代为作出，而已满8周岁的养子女则可以自主行使对解除养事项的同意权。

对于1992年《收养法》实施之前形成的事实收养关系，被收养人已经成年的，当然可以由收养人和被收养人协议解除收养关系；被收养人尚未成年的，于收养人、送养人和被收养人达成一致的情形下，其亦可以协议解除收养。上述协议解除事实收养的行为亦为身份行为。

（三）协议解除继亲子关系

在我国，拟制血亲除养亲子关系之外，还包括形成抚养教育关系的继亲子关系。后者的形成固然并非建立在当事人合意的基础上，但其能否基于当事人的合意而解除则是一个值得探讨的问题。我国民法典对于此种拟制血亲的解除未设明文，但这并不意味着此种关系就不能解除。在司法实践中，已有法院类推适用养父母与成年养子女解除收养关系的规定，对形成拟制血亲

---

① 薛宁兰、谢鸿飞主编《民法典评注：婚姻家庭编》，中国法制出版社，2020，第542页。

的继亲子关系的诉讼解除予以认可。① 在笔者看来，鉴于继亲子关系与养亲子关系的相似性，这种类推适用还可以扩张至协议解除领域。即继亲子关系也可以类推适用养亲子的规定而协议解除。此种协议解除继亲子关系的行为亦为基本身份行为的一种。

三　确认亲子关系的身份行为

（一）任意认领

所谓任意认领，是生父对自己的非婚生子女之身份的承认。许多大陆法系国家和地区的民法典对于任意认领均有规定。虽有观点认为，认领在本质上为亲子关系的确认宣言，应解为"事实之通知"而非意思表示，但通说认为，认领的核心在于确定法律上的亲子关系而非生物学上的亲子关系，故意思表示不可或缺。在日本司法判例中，法院即认为未有认领者意思之认领申报，即使具有亲子关系，也无效；经认领，方取得法律上的亲子关系。② 瑞士有学说也认为，认领为建立亲子关系意愿的表示。③

与大陆法系国家和地区的立法例不同，《民法典》仅在第1073条对于亲子关系确认之诉予以规定，其中虽然包含了强制认领的思想，但对于任意认领则未设明文。④ 然而在笔者看来，这并不意味着非婚生子女亲子关系的确认只能以诉的方式进行，任意认领在解释上仍有适用的空间。从第1073条的规定来看，亲子关系确认之诉的前提是"对亲子关系有异议且有正当理由"，这意味着如果当事人对亲子关系没有异议，则不必提起亲子关系确认之诉。而我国民法也并未要求非婚生子女的身份必须通过法院的裁判来确认。事实上，非婚生子女的生父通过在出生证明或户籍登记中确认非婚生子女亲子关系，或者以父亲的名义抚养非婚生子女的情形在实践

---

① 参见北京市第一中级人民法院（2022）京01民终2977号民事判决书。
② 王融擎编译《日本民法条文与判例》（下册），中国法制出版社，2018，第731页。
③ Schwander, (Fn. 6), Art. 260 ZGB Rn. 1; Hegnauer, (Fn. 2), Art. 260 ZGB Rn. 10.
④ 依《民法典》第1073条，对亲子关系有异议且有正当理由的，父或者母可以向人民法院提起诉讼，请求确认或者否认亲子关系；对亲子关系有异议且有正当理由的，成年子女可以向人民法院提起诉讼，请求确认亲子关系。

中并不少见,在当事人无异议的情形下,无论是法律还是习惯均不会对此种情形下的亲子关系予以否认,而上述行为实际上相当于"任意认领"。①就此而言,虽然我国民法典未对任意认领予以明文规定,但在解释上应当认为其并不为法律所禁止,从维护非婚生子女的利益、生父母利益以及公共利益的角度出发,其作为习惯法上认可的身份行为应当得到法律的承认。

(二) 人工生育子女协议

人工生育子女协议是夫妻就采取人工辅助生育子女方式所达成的协议。但这里的"人工辅助生育子女方式"不包括代孕,主要指人工授精等方式,协议中的"妻"即孕母。《民法典婚姻家庭编解释一》第40条规定,婚姻关系存续期间,夫妻双方一致同意以人工授精方式生育子女的,所生子女应视为婚生子女。据此,如果夫妻之间就人工生育子女达成一致,则子女一旦出生,即与二人建立父母子女关系。此种协议的目的在于对父母子女关系的确认,故应纳入基本身份行为的范畴。然而,就夫妻与他人之间签订的代孕协议而言,其在代孕合法化的国家和地区固然属于基本身份行为,②但在我国,以代孕协议确定亲子关系的方式既不为现行法律所承认,也不为习惯所认可,故其不能发生身份关系变动的后果,并非基本身份行为。

需要说明的是,虽然事实婚姻、事实收养建立在当事人意思表示的基础上,但共同生活的存在及解消对于此种关系的认定起着重要作用,在这一点上这些身份行为与典型的基本身份行为有着一定的差异。由于此种身份行为只是作为例外而存在,笔者不再对其展开探讨。以下主要针对典型的基本身份行为展开研究,相关结论在不与事实身份行为性质相悖的前提下对其也有适用的余地。

---

① 根据我国台湾地区"民法"第1065条第1项,认领并非一定要作出明确的意思表示,如果生父与非婚生子女形成抚育事实,则视为认领。
② 杨立新:《适当放开代孕禁止与满足合法代孕正当要求——对"全国首例人体冷冻胚胎权属纠纷案"后续法律问题的探讨》,《法律适用》2016年第7期。

第二节　基本身份行为的体系定位

一　基本身份行为在法律行为类型体系中的定位

基本身份行为固然属于法律行为的一种，但在法律行为的类型体系中究竟处于何种地位却颇值得思考。可以肯定的是，法律明确规定的基本身份行为原则上多为要式行为；而除了任意认领，其他基本身份行为一般为双方或多方行为，对此，笔者不再予以赘述。以下仅针对基本身份行为体系定位的特殊性分析。

（一）基本身份行为属于形成性法律行为

在目前关于法律行为类型的研究中，较少见到对"形成性法律行为"这一类型的论述，但学者对基本身份行为多以"形成的身份行为"称之，[①]那么，形成性行为是仅存在于身份行为中，还是也存在于财产行为中？其在法律行为的分类体系中居于何种地位？这是值得思考的问题。

民法理论中含有"形成"要素的概念主要指形成权，其是指依行为人单方意思表示即可使法律关系发生变动的权利，典型的如撤销权、解除权、追认权、抵销权等。而行使形成权的行为即称为形成行为。[②]虽然上述概念将形成性行为与单方意思表示相连，但如果进一步思考的话，会发现所谓"形成"的核心并不在于"单方意思表示"，而在于"直接使法律关系发生变动"而无须为给付，只不过形成权是通过单方行为行使的权利而已。在单方行为之外，也有通过双方行为行使形成权的行为，共有物分割协议即为典型的例证。[③]而如果突破形成权的限制，从"直接使法律关系发生变动"这一点来把

[①] 史尚宽：《亲属法论》，中国政法大学出版社，2000，第9页。
[②] Detlef Leenen, BGB Allgemeiner Teil: Rechtsgeschftslehre, 2. Auflage 2015, § 11 R n. 6–10，转引自李昊：《论须批准法律行为在民法总则中的规范方式》，《法学论坛》2017年第1期；王琦：《作为民法释义学独立范畴的法律行为效果——基于对法律行为的成立、生效、效果发生之区分的阐释》，《人大法律评论》2020年第1期。
[③] 刘宇：《论共有物分割请求权的性质及行使方式》，《财经法学》2021年第6期。

握的话，不仅单方处分行为可以是形成性法律行为，[①]具有直接使既存权利发生变动的双方处分行为也可以纳入形成性法律行为的范畴。这样，形成性法律行为就成为与"给付性法律行为"相对应的概念，系指无须为给付即可以直接使法律关系发生变动的行为。其不仅可以涵盖行使形成权的行为，也可以涵盖处分行为。

就基本身份行为而言，行为人的目的是追求身份关系直接发生变动的后果，即依行为人的意思直接发生身份形成或解消的效果，无须任何一方当事人的给付或履行，故就其性质而言，当属形成性法律行为。学者将其称为形成的身份行为，无疑准确地揭示了其性质，这值得赞同。

（二）双方或多方基本身份行为属于共同行为

在《民法典》第134条中同时出现了"双方行为"和"多方行为"的概念，对于二者的含义，民法理论不甚清晰。有的学者认为，所谓双方法律行为，系指两个相对立的意思表示一致而成立的法律行为；多方法律行为也称共同法律行为，是指两个或两个以上共同（同向）的意思表示一致而成立的法律行为。[②]也有的学者认为，双方行为和多方行为的区别仅在于当事人的人数，与意思表示的方向是同向还是相向并无关系。[③]在笔者看来，上述分歧主要是因为对法律行为采取了不同的分类标准，第一种观点是以意思表示的数量为标准，第二种观点则是以意思表示的方向为标准。而第一种观点显然更符合《民法典》的规定。《民法典》第136条第1款将单方行为、双方行为及多方行为并列规定，应当理解为以法律行为所需意思表示的数量为标准分类。然而，这样的理解将意思表示相向的买卖合同与意思表示同向的合伙协议作等同对待，不能充分展现其各自的特性，使"双方行为"这一概念的规范意义并不突出。有鉴于此，以意思表示方向为标准对法律行为予以分类并非没有必要。而依该标准，可将法律行为分为共同行为和契约行为。契约行为即两个相对立的意思表示一致成立的法律行为，民法典合同编上的合同多为契约行为（但合伙合同是为例外），共同行为则是由同一方向

[①] 张作华：《亲属身份行为基本理论研究》，法律出版社，2011，第5页。
[②] 梁慧星：《民法总论》（第五版），法律出版社，2017，第166页。
[③] 杨代雄：《法律行为论》，北京大学出版社，2021，第77页。

平行的两个以上意思表示一致而成立的法律行为。相较于契约行为，共同行为具有以下特征：一是数个意思表示方向的同向性；二是数个意思表示内容的相同性；三是当事人关系的紧密性或团体性（如股东关系）；四是目标的涉他性（如创设公司等）；五是合作的长期性。[1]典型的共同行为包括公司设立、章程订立、合伙协议、共同遗嘱等，其中既有多方行为，也有双方行为。

在基本身份行为中，如果从当事人的人数这个角度来看，在将收养人、被收养人、送养人均看作收养行为主体的前提下，收养行为即为多方行为；涉及双方当事人的结婚、协议离婚则为典型的双方行为。而如果从意思表示的方向这个角度看，对于上述身份行为是否为共同行为则存在争议。对于结婚行为而言，多数学者持肯定态度，[2]但也有学者持反对观点。反对观点认为，共同行为的法律效力对于当事人全部有同一意义，而在夫妻关系之设立中，夫与妻之身份在法律之效力上则并非完全相同。[3]笔者认为反对观点值得商榷，因为所谓的"对于当事人全部有同一意义"系指该行为对共同行为人均发生同样的效力，结婚行为使夫妻均取得配偶身份并形成夫妻关系，故当然具备上述特征。对于收养等创设性身份行为而言，其无论在意思表示方向的同向性、内容的一致性、目标的共同体指向性以及长期性等方面，毫无疑问都具有与结婚相同的性质，也应当属于共同行为。至于解消性身份行为，虽不具有典型共同行为的全部特征，但身份关系的解消也是当事人共同追求的结果和目的，也具有意思表示方向的同向性、内容的一致性等共同行为的特征，故亦应纳入共同行为的范畴。

综上所述，结婚、协议离婚、收养、协议解除收养、协议解除继亲子关系这些双方或多方身份行为，均应为共同行为。[4]

---

[1] 韩长印：《共同法律行为理论的初步构建——以公司设立为分析对象》，《中国法学》2009年第3期。
[2] 陈棋炎：《亲属、继承法基本问题》，台湾三民书局，1980，第131页；韩长印：《共同法律行为理论的初步构建——以公司设立为分析对象》，《中国法学》2009年第3期。
[3] 史尚宽：《亲属法论》，中国政法大学出版社，2000，第109~110页。
[4] 陈棋炎：《亲属、继承法基本问题》，台湾三民书局，1980，第131页。

二 基本身份行为合同属性之辩

（一）相关理论争议

对于双方或多方基本身份行为是不是合同行为，学界主要围绕婚姻究竟是不是契约展开了激烈的争论。肯定说认为，婚姻在本质上是一种契约，因为契约的核心要素是合意或自愿，而婚姻正是合意的产物；① 但相较于交易上的契约，婚姻契约是一种"法律确认的具有身份属性的契约关系"，是一种特殊的契约。② 否定说则认为，婚姻虽然具有合意的因素，但并非合同，其在本质上是一种制度性的安排，这种制度性安排使婚姻作为一种被法律规定的固定的地位或身份而存在，当事人固然可以选择婚姻，但不能以约定改变制度即法律规定的婚姻的核心内容。③ 从比较法的角度来看，大陆法系民法理论多将婚姻或结婚行为纳入契约的范畴。"婚姻行为为双方行为，似难谓非契约。"④《奥地利普通民法典》第44条更是明确规定，结婚是指异性之间基于依法作出的在不分离的共同体内共同生活、养育子女并相互扶助的承诺而缔结的契约。而英美法系多认为婚姻是一项制度性安排，并非合同或不仅仅是合同。⑤

（二）合同的概念及其本质之厘定

解决上述问题的关键在于厘清合同的概念。虽然合同制度是最为重要的私法制度之一，但对于究竟何谓合同，比较法上的理解并不一致。在英美法系，合同（contract）被视为一种能够创造法律义务的允诺。⑥ 法国虽属大陆法系，但其对合同概念的理解却与英美法系颇为相似。《法国民法典》第1101条规定，合同为一种合意，依此合意，一人或数人对其他一人或数人负担给

---

① Marsha Garrison, *Marriage at the Crossroads: Law, Policy, and the Brave New World of Twenty-First-Century Families*, Cambridge University Press, 2012, p.9.
② 李永军：《婚姻属性的民法典体系解释》，《环球法律评论》2021年第5期。
③ Stephanie Coontz, *Marriage, A History: From Obedience to Intimacy or How Love Conquered Marriage*, Viking Adult, 2005, pp.24-31.
④ 史尚宽：《亲属法论》，中国政法大学出版社，2000，第109页。
⑤ Mannard V. Hill. 125 U.S. 190 (1888).
⑥ 参见美国《第二次合同法重述》第1条。

付、作为或不作为的债务。由此可见，在法国，"合同"这一概念被限制在债权合同领域使用。与前述理解不同，在德国、瑞士以及我国台湾地区，"合同"这一概念的适用领域较为宽泛。在德国，合同不仅包括债权合同，还包括物权合同，并进一步延伸至亲属法上的合同，其典型的体现即《德国民法典》总则编于"法律行为"一章对合同的缔结问题作了一般性规定，而债权合同作为合同的一种典型或特殊类型则被规定于债编中。在瑞士，虽然其民法典将合同纳入债法予以规定，但依《瑞士民法典》第7条，债法中有关合同成立、履行和解除的一般性规定也可以适用于其他民事法律关系，这意味着瑞士民法上的合同实际上也不限于债权合同。我国台湾地区"民法"虽然将合同规定于债编，但学者普遍认为，契约，不以债之关系为限，广义的契约，与双方行为等同。物权契约、亲属法上的婚约、结婚等皆具有契约的性质。①

《民法典》合同编第464条第1款规定，合同是民事主体之间设立、变更、终止民事法律关系的协议。对于这一界定究竟系采狭义的合同（债权合同）概念还是广义的合同概念，学界始终存在争议。在笔者看来，我国民法典上合同的定位确实存在着一定的模糊之处。一方面，《民法典》第464条第1款将合同界定为设立、变更、终止"民事法律关系"的协议，而不是"债权债务关系的协议"，据此应当认为我国立法采取了广义的合同概念。但另一方面，该条第2款规定身份关系协议可以根据其性质参照适用合同编规定，这意味着此类协议并非合同编中所说的合同。而从合同编的整体内容看，传统民法中"债的一般规则"（债总）就规定在该编中，合同编实际上是"债总+合同"的混编。因此，正如有学者所言，无论立法者的用意如何，从体系化的视角解释，"合同编"中的"合同"似乎就是仅指"债权合同"，"民事法律关系"一词只不过给合同穿上了一件宽松的外衣而已。②但从应然层面而言，合同作为意思自治的工具，经由其形成的法律关系类型应当是多样的，如果将这一概念仅仅限于债权债务关系，无疑大大减弱了合同的丰富性并限制了合同功能的发挥。就此而言，尽管合同编中的合同为债权合同，但从《民法典》第464条第1款的规定来看，其实际上并不限于债权合同，而应当理解为广义的合同。

---

① 王泽鉴：《民法总则》，北京大学出版社，2009，第242页。
② 韩世远：《合同法总论》（第四版），法律出版社，2018，第6页。

那么，在广义合同观之下，是否意味着所有的合意均为合同？这涉及对合同本质的理解。学者对此有着不同的认识。德国学者马尼格克认为，合同的本质仅仅是"当事人的符合契约的同意"。[①]合意发挥着重要的作用，故合同概念可以适用于一切以合意为构成要件的行为，包括婚姻的缔结。而拉伦茨教授则认为，所谓构成合同的合意，不仅意味着当事人达成一致，还意味就当事人同意的"内容"形成法律关系，而依当事人的意思形成法律规则正是合同的本质之所在。[②]据此，只有当法律关系的内容系依当事人的合意成立和生效时，这个法律关系才能被视为合同，而婚姻的缔结并非合同。笔者同意后一种观点。在所有的法律行为中，合同无疑是最能体现意思自治的一种类型，其意味着不仅合同关系的产生，而且其内容、存续、履行等都取决于当事人的意思，而无论是合同的成立、生效、履行还是解除均建立在"内容的约定性"这一基础上。尽管基于诚信原则的法定义务也属于合同义务的范围，但其主要是作为附随义务或填补合同漏洞的工具而存在的，并不足以否定合同内容所具有的约定性特征。故即使采取广义合同的概念，将合同这一工具或模式扩张适用于债之关系之外的领域，也不意味着就可以忽视合同的本质而将所有的合意皆认定为合同。否则合同就成为"一个抽象的、毫无内容的概念"。[③]而且基于"内容的约定性"建构的合同制度几乎无法适用于不具有此项特征的"合意"行为，这使这样的合同概念不具有实践意义。就此而言，将"合同"这一概念限定在依当事人的意思形成法律规则这一领域，更契合类型化、体系化思维的要求。

（三）基本身份行为合同属性的否定

那么，结婚行为是否符合上述合同的本质特性？答案是否定的。首先，尽管结婚体现为当事人的合意，但其创造了不仅影响结婚当事人，而且影响

---

① 〔德〕阿尔弗雷德·马尼格克：《私法的重构：基础和组成部分》，转引自〔德〕卡尔·拉伦茨：《私法的重构》，魏曦岚、韦冠鹏译，载张双根等主编《中德私法研究》（2014年·总第10卷），北京大学出版社，2014，第61页。
② 〔德〕卡尔·拉伦茨：《私法的重构》，魏曦岚、韦冠鹏译，载张双根等主编《中德私法研究》（2014年·总第10卷），北京大学出版社，2014，第62页。
③ 〔德〕卡尔·拉伦茨：《私法的重构》，魏曦岚、韦冠鹏译，载张双根等主编《中德私法研究》（2014年·总第10卷），北京大学出版社，2014，第64页。

其子女和社会秩序的社会地位，这使婚姻被描述为一个"由于它是婚姻家庭和社会的基础，所以公众对它的纯洁维持，拥有重大利益的组织体"，[①]这与一般的私人合同显著不同。其次，尽管结婚体现为一种合意或自愿，但亲属身份利益构成了社会基本价值和秩序，而"依据当下的法律确信，法律所规定的内容形成，通常是唯一可能的或者至少是最正确的"，[②]故婚姻的内容或权利义务都是由法律规范强行调整的，除非法律另有规定，当事人并无选择的余地，婚姻也因此成为一种制度性安排而非契约。所谓结婚的自愿性，实际上主要表现为进入婚姻制度的自愿性，是个人自我决定权在婚姻领域的体现，[③]而制度的内容并不取决于当事人的意思表示，因此结婚并不具有合同所应当具有的内容磋商、设定规则之核心特征。可见，无论是结婚还是婚姻关系均不能以合同理论说明。最后，除了上述本质特性上的区别，婚姻与合同在制度建构上也存在着诸多差异。例如，婚姻的有效性具有特别的条件，婚姻的义务具有特别的规定，婚姻的解除不同于合同的解除等。这表明，即使在理论上将婚姻视为一种特殊的合同，其制度建构也必须符合家庭关系的本质及独特性。

综上所述，婚姻虽然以合意为基础，但就其本质而言应是一种制度安排而非合同。即使是明确将婚姻描述为"民事契约"的立法例，在司法判例中也从未适用调整普通合同的法律来解决婚姻问题。在上述认识的基础上，应当认为，结婚行为虽然是一种合意行为，但并非合同缔结行为，具有同样性质的收养也应作此理解。至于协议离婚、协议解除收养及协议解除继亲子关系，其作为退出制度的合意，也是个人决定权的体现，也非合同。事实上，正是身份与合同的差别决定了家庭与市场的差别，从而决定了这两个领域法律规则的差异。

[①] 〔美〕凯瑟琳·肖·斯派特：《最近一百年的家庭法：法律从婚姻规制领域不可思议的退出》，张学军译，载梁慧星主编《民商法论丛》（第61卷），法律出版社，2016，第23页。
[②] 〔德〕维尔纳·弗卢梅：《法律行为论》，迟颖译，法律出版社，2013，第17页。
[③] 〔德〕卡尔·拉伦茨：《私法的重构》，魏曦岚、韦冠鹏译，载张双根等主编《中德私法研究》（2014年·总第10卷），北京大学出版社，2014，第62页。

第六章
基本身份行为要件的展开

如前所述,基本身份行为的要件区分为成立要件和有效要件。成立要件一般包括意思表示(或合意)以及相应的登记,但有的基本身份行为也有特别的成立要件。例如,根据我国民法典,结婚当事人需为异性,这实际上构成了结婚的特别成立要件。有效要件包括积极有效要件与效力障碍要件。积极有效要件主要发生在创设性身份行为领域,法律针对不同类型的创设性身份行为规定了不同的有效要件。至于各类基本身份行为效力障碍要件,则有《民法典》总则编第143条之法律行为一般有效要件适用的余地。在上述要件中,具有共通性或特殊性的主要是意思表示、登记、意思能力以及合法性要件,本章即对此逐一展开分析。

第一节 基本身份行为的意思表示

一 基本身份行为之效果意思的认定

如前所述,身份行为之意思表示的构成要素与财产行为相比并无特殊之处,也应当由作为客观因素的表示行为和作为主观因素的效果意思构成。对于表示行为,其认定与财产行为并无不同。但对于其效果意思应当如何认定,学者之间则存在着较大的争议,故有必要予以深入探讨。

(一)相关理论争议

关于基本身份行为之效果意思的理解及认定,日本学者对此进行了广泛而深入的探讨,主要有以下几种观点。

1. 实质意思说

该说以中川善之助教授为代表，认为身份行为的效果意思是指形成事实上身份关系的意思，亦即创设或解消事实上身份关系的真实意思。所谓事实上的身份关系，即社会习俗定型化的身份关系。社会习俗要求特定的身份关系应具有特定的共同生活的事实，故该效果意思与身份的生活事实系一体两面的关系。换言之，身份行为的效果意思即形成或解消事实上的生活事实的意思，欠缺该意思或欠缺身份的生活事实，即不能认定存在效果意思。如结婚的意思系成立事实上夫妻关系的意思，欠缺该意思，没有事实上的婚姻生活，即使已为结婚的形式，也不能认为有结婚意思。离婚意思乃废止夫妻事实上生活关系的意思，若欠缺该意思，仅有离婚登记的意思，则不能认为有离婚意思。①这一观点得到了司法实践的支持。②我国台湾地区相关理论及司法实践对此也多持肯定态度。③

2. 形式意思说

该说以谷口知平教授为代表，其认为身份行为的意思仅指将身份行为表示于外的表示意思（即户籍登记意思），只要当事人践行身份行为的方式即具有身份意思，至于是否存在形成事实上身份关系的效果意思则在所不问。④这一理解旨在重视当事人的自我决定，维持身份关系的稳定，因为如果允许以私人之实质意思左右国家登记的效力，则不免与身份行为的要式性相互矛盾，故应使身份行为人对其表示行为负责任。⑤

3. 法的意思说

该说以高桥忠次郎教授为代表，其认为身份行为的效果意思属于一种"法的意思"，是对法律上身份关系的主要效果或效果中的基本部分的一种"意欲"或"认识"。创设性身份行为需要有积极意思。如结婚应对夫妻同居协助的一般效果和婚姻费用的分担、日常家事债务的连带责任、夫妻财产制

---

① 〔日〕中川善之助：《新订亲族法》，青林书院新社，1967，第160~161页；足立清人「婚姻意思について——身分行为意思论序说」『北星论集』（经）2号、2010年。

② 最判昭和四十四年10月31日民集第23卷第10号，第1894页。参见王融擎编译《日本民法条文与判例》（下册），中国法制出版社，2018，第695页。

③ 郭振恭：《论虚伪之身分行为》，《台大法学论丛》1995年第1期。

④ 谷口知平『日本新族法』弘文堂、1935、47—51頁。

⑤ 朝妻文子「身分行为意思について」『龍谷大学大学院法学研究』11号、2009年、73頁。

等财产效果有积极的认识；收养则应对监护、教育以及财产管理这一亲权效果和抚养的权利义务有积极的认识。解消性身份行为则仅需具有减损扶养关系、继承关系的消极意思。①

4. 法律的定型说

该说以中川高男教授为代表，其认为身份行为的效果意思是一种以产生身份法上定型效果为目的的意思，而不是以实质上发生社会习俗所定型化的身份关系为目的的意思，将后者作为身份行为的效果意思，不仅与身份行为之法律行为的性质相悖，而且此种社会习俗的"定型化"因欠缺明确的标准也难以把握。换言之，对于婚姻中的效果意思，只有发生法定的婚姻关系的意思才具有意义，当事人就此意思达成一致进行婚姻申报时，婚姻即成立。但该说并不要求当事人认识到全部的法律效果，只要是具有不排除的意思即可。②

5. 区别对待说

该说以深谷松男教授为代表，其认为，并非所有的身份关系均存在社会习俗的定型化关系，也就不能将是否具有发生此种关系的实质意思作为认定身份行为效果意思的依据。例如，婚姻和未成年子女收养存在定型化的关系，而成年子女的收养则不存在；离婚、协议解除收养等解消性身份行为更是不存在社会习俗的定型性，故应当依据身份行为的种类，通过个别的、具体的观察确定其效果意思。③

（二）对上述理论争议的评析

基本身份行为的效果意思究竟所指为何，并非单纯的理论问题，其对当事人之间是否形成身份关系的认定会产生直接的影响。例如，在当事人仅仅出于办理签证、购房等目的而办理结婚登记，并不存在夫妻共同生活事实的情形下，如果采实质意思说，则因不具备结婚的效果意思，应当认定婚姻关系不存在。而如果采形式意思说，则只要具有办理结婚登记的表示意思，即

---

① 高桥忠次郎「婚姻意思と离婚意思」『专修法学论集』9号、1970年、18頁。
② 中川高男「身份行为意思之考察」『家庭裁判月报』2号、1965年。另参见山畠正男「身分行为の理论」『北大法学论集』（第31卷3—4号）北海道大学大学院法学研究科、1981年。
③ 深谷松男「身分行为に関する二・三の立教法学考察」『金沢法学』1—2号、1976年、60—66頁。

应认为具有效果意思。鉴于该问题所具有的实益，有必要在理论层面对此予以厘清。在笔者看来，上述学说均具有一定的局限性。

首先，实质意思说在一定程度上揭示了身份行为的本质，然而，其将身份行为的意思系于身份上的共同生活事实，这种观点建立在"事实先在性理论"的基础上，而正如前文所述，该理论具有一定的局限性且与现代家庭法律制度不相吻合，不足以为我国所借鉴。更何况，在现代家庭法上，发生共同生活事实并非法律要求的条件，以结婚行为为例，只要当事人存在结婚的合意并办理了结婚登记，即使没有共同生活的事实，法律也并不因此否定婚姻的效力。因此，该观点虽然在某种程度上体现出身份行为的特质，却忽略了社会身份关系在现代不仅仅是人伦秩序的体现，更是一种制度安排。而且这一观点也无法解释在某些情形下虽然无法期待建立身份上的共同生活事实但仍然可以实施身份行为的情形，例如一名罹患重病的人在临终前决定与他人结婚的情形。此外，正如区别对待说所指出的那样，并非所有的身份关系均存在社会习俗的定型化关系。综上所述，实质意思说不足取。至于区别对待说，其虽然指出了实质意思说在适用范围上的不足，但对于身份意思究竟所指为何，并未提出建设性的观点，也未触及问题的本质。

其次，形式意思说看到了实质意思说的不足，但其将身份行为的效果完全系于形式，认为只要具有办理身份行为登记的意思，身份行为即告成立，不要求行为人具有实质的效果意思，这在社会一般观念要求身份行为具有实质身份上的共同生活事实的情形下，无疑忽略了当事人对身份行为实质法律效果的认识。而在当事人只是履行身份行为的法定形式，并无意发生身份上权利义务关系的情形下，如果法律仍承认其取得相应的身份关系，则毫无意义可言。

最后，法的意思说要求行为人具有发生身份行为的基本或主要法律效果的意思，这对于当事人而言过于苛责，因为结婚的非理性特征决定了有相当多一部分行为人并不具有这样的认识。此外，该说所谓的"基本"或"主要"法律效果的内容并不清晰，如果当事人只是为了部分法律效果实施身份行为，如仅为获得共同财产或生儿育女而结婚，则认定当事人是否具有效果意思便存在一定的困难。

相比较而言，法律的定型说将身份行为效果意思的内容指向身份法上的定型法律效果，既体现了身份行为之法律行为的特点，也避免了形式意思说或法的意思说的不足,较前述学说更具有合理性。然而,其将定型的法律效果仅系于法律的制度设计,而将一般社会观念所认为的实质共同生活内容完全排除在外,未能全面体现身份行为的本质,是故该说尚有进一步改造的空间。

(三)基本身份行为效果意思的内容及其认定

笔者认为,基本身份行为的效果意思系指发生法律定型化效果的意思,而并非仅仅指办理身份行为登记的意思。这一意思的认定不要求当事人对身份法上的全部法律效果均予以理解,而只要求当事人具有接受法律规定的身份变动之法律效果的意思。问题在于:这里所谓的"法律定型化效果"所指为何?应当看到的是,基本身份行为区别于债权合同之处在于,其不仅有直接法律效果,也有间接法律效果。直接的法律效果是产生身份本身的变动,间接效果则是取得或解消该身份上的权利义务关系。后者虽然系由法律而非由当事人的意思表示所决定,但在解释上可以认为只要具有发生身份变动的意思,即可认定具有发生相应法定效果的意思。这一点在其他国家和地区的立法例上也有所体现。如根据《葡萄牙民法典》第1618条第1款,结婚之意思蕴含接受婚姻之一切法律效力,但不影响结婚人在婚姻协定中达成合法之协议。综上所述,基本身份行为的效果意思应当包括两项内容:一是使身份本身发生变动的意思,二是发生法律规定的身份上权利义务关系的意思。

但这是否意味着形成身份上的共同生活的实质意思就不具有法律意义?笔者认为不然。问题的关键在于如何理解上述效果意思的第一项内容,即"使身份本身发生变动的意思"。在此有必要对创设性身份行为和解消性身份行为分别予以阐释。对于创设性身份行为,应当看到的是,法律保护夫妻关系、收养关系的目的在于促进夫妻、亲子之间的共同生活,而当事人追求的法律效果也应当是建立实质的共同生活,这与社会一般观念的理解也相一致。因此,如果当事人不具有形成社会一般观念上夫妻或亲子实质共同生活的意思,而仅仅将夫妻或亲子的身份作为达到相关次生性目的的工具的话,则不仅有悖于立法目的,也与社会一般观念背道而驰。就此而言,对于创设性身份行为,所谓的"使身份本身发生变动的意思"不仅包括办理身份行为登记的形式意思,也应当包含依社会一般观念形成身份上的共同生活的实质意思。这一认识也具有比较法上的参考。《奥地利普通民法典》第44条也指出，结婚当事人应当具有在不分离的共同体内共同生活、生养和教育子女并相互扶助的意愿。该规定即体现出对结婚所要求的"实质意思"。

至于解消性身份行为，法律关注的仅是身份本身是否解消，当事人是否选择实质性地解除共同生活，则是当事人的自由，对社会公共利益也不产生影响，故并不要求其具有实质意思，只要具有使法律上身份解消的意思（一般表现为形式意思）即可。这是因为，婚姻关系和亲子关系是一种定型关系，对于何谓婚姻和何谓收养，在社会一般观念上已经形成了定型化的模式；然而，对于离婚后和解除收养后当事人的生活图景并没有一个定型化的模式，事实上，社会对于法律上亲属关系解消后的模式多持比较包容的态度，并不能说离婚后或解除收养后就一定"不能"共同生活。因此，解消性身份行为的效果意思并不要求具有解除事实上身份关系的实质意思。

上述效果意思的各项内容，在认定方式上有所不同。对于发生身份变动的意思，当事人应予明确表达；至于发生法律规定的身份上权利义务关系的意思，则不要求行为人有着积极的、清晰的认识或表达，在行为人实施身份行为特别是办理身份行为登记时，即可认定有此意思。而且，当事人虽然可以依其意思决定是否发生身份的变动，但除非法律另有规定，其对基于身份而产生的法律效果只能选择全部接受，而不能选择部分接受。因此，所谓定型化，应是全面接受民法规定的身份法律效果的意思。当事人并不能以不具有发生权利义务变动的意思而否定身份行为的成立。至于创设性身份行为中形成实质共同生活的意思，则在当事人表达身份变动之意思时即应被推定存在，但可以被反证推翻。

二 基本身份行为意思表示的生效及意思合致的达成

（一）基本身份行为意思表示的生效

所谓意思表示的生效，即意思表示的内容发生效力。[①]对于基本身份行为而言，其意思表示的生效需注意以下问题。

首先，基本身份行为的意思表示不得附条件和期限，这是由基本身份行

---

① 朱庆育：《民法总论》（第二版），北京大学出版社，2016，第209页。

为的终局性特点以及稳定身份关系秩序的价值取向所决定的。对此，一些国家和地区的法律有着明确的规定。如《葡萄牙民法典》第 1618 条第 2 款和第 1852 条以及《德国民法典》第 1311 条和第 1594 条第 3 款均对结婚和认领不得附条件设有明文。在我国，《民法典》虽然对此未予明确，但依其第 158 条和第 160 条，民事法律行为可以附条件，也可以附期限，但是根据性质不得附条件或附期限的除外。基本身份行为即属于该条但书所规定的例外。

其次，要式身份行为的意思表示需以法定方式作出。所谓要式身份行为的形式强制，不仅针对身份行为本身（如结婚需要登记），而且也针对意思表示，即只有以法定方式作出的意思表示才为身份行为之意思表示。如《德国民法典》第 1310 条第 1 款规定，结婚双方必须同时到场并亲自在民事身份官员面前作出愿意共同缔结婚姻的意思表示，[①] 此即对结婚意思表示方式的明确规定。我国民法典虽然对此未设明文，但根据相关规定，缔结婚姻要求双方当事人亲自到场，这实际上是要求当事人在登记人员面前作出意思表示，结婚的意思表示仅指此种意思表示。当事人在登记机构之外所作出的"意思表示"并不具有法律意义。

最后，要式身份行为的意思表示应自登记时生效。虽然要式身份行为的意思表示系有相对人的意思表示，但其生效时间并非如《民法典》第 137 条规定的那样，自意思表示作出或自相对人知道其内容时生效，而应当自登记时生效。究其原因，不仅是登记乃身份行为的成立要件，更是基本身份行为关系到身份利益的重大问题，必须体现当事人最终的自己决定权。使意思表示在登记时生效，意味着登记之前任何一方当事人均可以撤回其意思表示。《民法典》第 1077 条关于离婚冷静期的规定就体现了这一点。

（二）基本身份行为意思合致的达成

基本身份行为多涉及双方或多方当事人的利益，故需要意思表示一致才能成立。在实践中，由于无论是婚姻的合意，还是收养的合意，均必须通过特定形式得到呈现，当事人之间的"合意"反而退居其次。[②] 这实际上忽视了

---

① 〔德〕维尔纳·弗卢梅：《法律行为论》，迟颖译，法律出版社，2013，第 305 页。
② 冉克平：《"身份关系协议"准用〈民法典〉合同编的体系化释论》，《法制与社会发展》2021 年第 4 期。

"合意"在基本身份行为中的重要意义。无论是从自我决定权的角度,还是从民事法律行为理论基础的角度,当事人的意思合致毫无疑问是双方或多方基本身份行为的基础。由于所需意思表示需在登记人员面前由双方当事人同时作出,且在内容上完全一致,当事人意思表示的合致应是依同时表示这种方式达成。[①]据此,在一方当事人或双方当事人均未到场同时作出意思表示的情形下,应当认为并未就身份行为达成意思合致。

第二节 基本身份行为的登记

一 基本身份行为登记的界定

(一)基本身份行为登记的含义

身份行为登记乃登记的一种,而所谓登记,其就本原意思而言,系指把有关事项记载在特定的簿册上以备查考。在现代社会,登记作为国家处理社会事务、加强行政管理的手段,被适用于不同的领域,其类型也较为多样,如不动产登记、企业法人登记、婚姻登记等。由于登记类型多样,功能不一,法律层面并不存在对登记的统一的定义。但在相关法律、法规中,则存在对特定类型登记的界定。如根据《不动产登记暂行条例》第2条,不动产登记系指"不动产登记机构依法将不动产权利归属和其他法定事项记载于不动产登记簿的行为"。借鉴这一定义,可以认为,所谓身份行为登记,是指国家机关根据申请人的申请,依法将基于身份行为发生的身份变动事项记载于相应表册的行为。

(二)身份行为登记与身份证书的发放

与不动产登记发放权属证书一样,在我国,身份行为的登记也发放相应证书,如结婚证、离婚证、收养登记证、解除收养证明等,但身份行为登记与身份证书之间的关系并不像不动产登记领域的那样清晰。不动产登记与相

---

① 史尚宽:《债法总论》,中国政法大学出版社,2000,第30页。

关权属证书的关系在《不动产登记暂行条例》第21条中有着明确的规定，即登记事项自记载于不动产登记簿时完成登记；完成登记后，不动产登记机构向申请人发放不动产权属证书或者登记证明。据此，权属证书的发放并不属于登记环节，其目的只是使权利人取得相关权利的证明。但就身份行为的登记而言，则无论是《民法典》《婚姻登记条例》，还是民政部的《婚姻登记工作规范》《收养登记工作规范》均未对登记完成的标志设有明文，其究竟是在将登记事项记载于相关表册时完成，还是于发放相关证书后完成，颇令人困惑。而这一问题在《民法典》实施后更加明显。在《民法典》之前，依《婚姻法》第8条，取得结婚证，即确立夫妻关系；而《民法典》第1049条将上述条文修改为"完成结婚登记，即确立婚姻关系"。其中的变化很明显，即夫妻关系的确立时间由之前的"取得结婚证"变为"完成结婚登记"。对于该一变化，学界、实务界均存在不同的见解。有观点认为，发放结婚证不仅是婚姻登记的组成部分，而且是完成结婚登记的标志，因此，依《民法典》第1049条，婚姻的成立时间依然是取得结婚证时。[1]也有观点认为，颁证是基于登记行为，在登记之后才能颁证。结婚的效力始于登记行为，而不是颁证行为。这与物权变动登记的情形颇为类似。[2]上述争议虽然发生在结婚登记领域，但由于程序的相似性，相同的问题同样存在于离婚登记、收养登记等其他身份行为登记领域，故有必要作统一分析。

对此，笔者认为，身份行为登记应当与物权登记一样，区分登记与登记证书的发放。一方面，从登记的原本含义而言，其是指将相关事项记载于表册以备查考的行为。而结婚证发放给当事人的目的并非"以备查考"，而是为当事人的婚姻关系提供证明。另一方面，从民政部的相关规定来看，结婚登记程序为初审—受理—审查—登记/发证（《婚姻登记工作规范》第27条），收养登记程序则为申请—受理—审查—报批—登记—颁证（《收养登记工作规范》第11条）。二者从表面上看有一定的区别：后者系将颁证作为登记之后的程序，而前者似将发证作为登记的一部分。但从这两个规范规定的具体操作来看，二者实际上并无差异，皆是先填写结婚登记审查

---

[1] 薛宁兰、谢鸿飞主编《民法典评注：婚姻家庭编》，中国法制出版社，2020，第73页。

[2] 杨立新：《民法典婚姻家庭编完善我国亲属制度的成果与司法操作》，《清华法学》2020年第3期。

处理表或收养登记审查处理表，然后再予颁证。而在这两个审查表中，不仅要填写当事人的个人信息、照片、准予登记的审查意见，还要填写结婚证或收养登记证字号、结婚证或收养登记证印制号等。①此二表填写后，才填写结婚证或收养登记证并颁发给当事人。应当认为，上述信息即当事人结婚或收养的全部信息，将这些信息记载于审查处理表中，登记即告完成，颁证系在登记之后，并非登记的组成部分。而婚姻或收养的成立时间，应为登记完成之时，并非相关证书发放之时。厘清这一点的意义在于，登记证书的发放并非登记的组成部分，更非登记的完成标志，审查处理表已经填写完毕，但出于其他原因而未能颁证的，或者当事人反悔的，不影响婚姻关系或收养关系的成立。这一结论对于离婚登记和解除收养登记也同样适用。

二 基本身份行为登记的性质

关于身份行为登记的性质，学者之间存在着较大的争议且争议主要集中在婚姻登记领域，究其原因，在于婚姻登记较收养登记更为普遍且引发纠纷更多。故笔者以下主要以婚姻登记为例进行论述，所得结论也适用于收养登记和解除收养登记。

（一）身份行为登记性质的理论争议及评析

关于婚姻登记的性质，目前主要存在以下几种不同的观点。一是行政行为说。认为婚姻登记在本质上属于行政行为，因为其乃行政主体所为的行为。②二是民事法律行为说。认为婚姻登记应属民事法律行为，因为当事人身份关系及财产关系的变动取决于当事人的意思自治，并不为登记机关所左右。③三是混合行为说。认为婚姻登记属于兼具私法和公法双重性质的混合行

---

① 参见《婚姻登记工作规范》第38条、《收养登记工作规范》第20条。
② 马忆南：《论结婚登记程序瑕疵的处理——兼评〈婚姻法〉司法解释（三）征求意见稿"第1条》，《西南政法大学学报》2011年第2期。
③ 王礼仁：《婚姻登记瑕疵纠纷诉讼路径之选择——以诉讼时效法律规范的性质为主线》，《政治与法律》2011年第4期。

为，公法性质体现在其所具有的证明作用和准行政行为特性上，私法性质则体现在其能够产生私法效果上。①四是公示行为说。认为结婚并非行政机关授权或设权的结果，登记只是起到对外公示的宣示性功能和通知作用。②

针对上述观点，笔者认为，民事法律行为说和混合行为说均值得商榷。首先，民事法律行为说混淆了身份行为与登记行为的关系。一方面，从民法的角度来看，无论是结婚还是协议离婚，确实均属于民事法律行为，但这并不意味着登记也是民事法律行为。登记并非结婚行为本身，而只是结婚的成立要件。而且其作为行政主体所为的审核、记载行为，并不包含构成民事法律行为的核心要素——私法上的意思表示。即使认为登记申请包含了当事人的意思表示，但登记申请只是启动婚姻登记的必要程序而非登记本身，故也不能据此认为登记中存在上述意思表示。另一方面，尽管登记产生私法效果，但这一效果是登记行为所产生的结果，而非登记行为本身，故也不能据此认为登记是民事法律行为。③其次，混合行为说貌似比较全面地把握了婚姻登记的性质，但实际上其所认为的"私法性质"仍然建立在婚姻登记之私法效果的基础上，而非建立在"登记行为"本身的基础上，故该观点实际上模糊了登记行为的本质，未能从根本上解决问题。

（二）身份行为登记性质的界定

笔者认为，婚姻登记在本质上属于行政行为。所谓行政行为，是指行政主体基于行政职权而行使的具有法律效果的行为。而婚姻登记完全符合行政行为的特征：首先，依我国《婚姻登记条例》的规定，行政登记的主体是民政部门或乡镇人民政府，这二者毫无疑问属于行政主体；其次，婚姻登记是登记机关依法律法规所授予的职权所实施的行为，目的在于对婚姻关系状态予以官方确认和记载，实现国家对婚姻行为的介入和控制；④再次，婚姻登记受《婚姻登记条例》这一行政法规的调整；最后，婚姻登记能够产生相应的公法上的法律后果，如公定力、确定力等。就此而言，婚姻登记行为应当属

---

① 蔡鹏：《论离婚登记司法审查的困境与出路》，《法律适用》2013年第6期。
② 鲁春雅：《法律行为制度研究》，法律出版社，2019，第191页。
③ 杨晓玲：《行政登记研究》，中国政法大学2009年博士学位论文，第45页。
④ 文婧：《论行政登记——基于公私法双重视域》，武汉大学2011年博士学位论文，第26页。

于行政行为，但其并非行政法上所谓的"典型行政行为"，而是属于特殊的行政行为或非典型行政行为。其性质可作如下界定。

其一，婚姻登记属于行政事实行为。所谓行政事实行为，是指行政机关实施的、可以影响或者改变行政相对人法律状态的单方行为。虽然其与行政许可、行政确认等行政决定一样，均能够对行政相对人产生不同程度上的法律效果，但与后者不同的是，行政事实行为的法律效果并不取决于行政机关的"意思表示"，而是取决于相关法律规范的事先规定。[①] 婚姻登记恰恰具备这一特征，故可纳入行政事实行为的范畴。

其二，婚姻登记是旨在产生私法效果的行政行为。婚姻登记涉及双方行政相对人，并直接在当事人之间产生身份关系变动的私法后果，这与只涉及一方行政相对人的行政行为有所不同。而婚姻登记之所以能够产生上述私法效果，主要原因在于，其是作为结婚以及协议离婚这类身份行为的成立要件而存在的：若未经登记，则结婚、离婚行为不成立，也就谈不上婚姻关系的产生或消灭；而一经合法登记，则结婚、离婚行为成立，并发生婚姻关系产生或解消的法律后果。[②] 可以说，正是这一特点构成了婚姻登记行为特殊性的逻辑基础。

其三，婚姻登记是与基础法律关系不可分离的行政行为。在行政登记的类型中，能够产生私法效果的不独婚姻登记，不动产登记也具有此种特征。然而，婚姻登记区别于后者的重要之处在于，婚姻登记与基础法律关系的结合更为紧密。不动产登记独立于基础法律关系（如买卖合同）之外，未经登记只是意味着物权不发生变动，并不影响基础法律关系的效力。因此即使不动产登记被宣告无效或被撤销，当事人依然可以基于基础法律关系向法院请求确权。而在婚姻登记领域，登记本身即是结婚或离婚行为的成立要件，未经登记，结婚或离婚行为均不成立；而一旦登记被宣告无效或被撤销，当事人之间的婚姻关系或者不复存在，或者未曾解除。故婚姻登记的基础法律关系与登记实属不可分离。

基于上述认识，对婚姻登记的特殊性可作如下概括：一方面，其是一种

---

① 章剑生：《行政不动产登记行为的性质及其效力》，《行政法学研究》2019年第5期。
② 田韶华：《民法典编纂中身份行为的体系化建构》，《法学》2018年第5期。

非典型的行政行为；另一方面，其是婚姻行为的成立要件，登记完成与否对于当事人的实体关系具有决定性的意义。就此而言，婚姻登记在法律效果上具有民行合一的特点。收养登记、解除收养登记等基本身份行为的登记的性质均应作如上界定。

三 基本身份行为登记的效力

（一）身份行为登记在公法上的效力

身份行为登记作为一种行政登记，自然具有公法上的效力。这主要表现在以下两点。

其一，公定力。与其他行政行为一样，身份行为登记的公定力体现在，身份行为登记在依法定程序被确认无效或撤销之前，均推定为有效，任何个人和组织均不能否定身份行为登记的效力。[1]但身份行为登记系基础法律关系的成立要件，故在基础法律关系存在瑕疵的情形下，如婚姻存在无效、可撤销的情形下，法院不受公定力的拘束。

其二，确定力和拘束力。身份行为登记的确定力意味着：一方面，相对人及其相关人，除非具有法定理由和依法定程序，否则不能随意要求撤销、变更或废止已生效的身份行为登记；另一方面，行政机关也不能任意撤销其作出的登记。身份行为登记的拘束力意味着登记的内容对行政机关、行政相对人以及相关人产生约束的力量，相关主体有服从登记的义务。

（二）身份行为登记在私法上的效力

身份行为登记虽然在本质上是行政行为，但与不动产登记一样具有私法上的效力，这主要表现在以下几个方面。

其一，创设性效力。即身份行为登记乃身份行为的成立要件，经依法登记，身份行为成立；未经登记，身份行为则不存在。值得注意的是，之所以德国学者认为结婚登记不是设权性行为，只是宣告性行为，[2]是因为德国民法

---

[1] 马生安：《现象与理论：符号学视角下的行政行为公定力》，《东南法学》2020年第2期。
[2] 鲁春雅：《法律行为制度研究》，法律出版社，2019，第190页。

并未将登记规定为结婚的成立要件,这与我国现行法迥异,不能作为我国法律的解释依据。

其二,产生身份法上法律效果的效力。即一旦办理身份行为登记,就意味着当事人接受此种身份的一切法律效果,法律关于此种身份的权利义务即产生效力。

其三,身份推定效力。身份登记所记载的身份,被推定具有真实性与有效性。对此提出反对者应负举证责任。

其四,公示效力。身份行为登记如同不动产登记一样,也是一种私法上的公示方法,其目的在于使身份关系变动的事实为第三人所知晓,从而产生一种证明效力并达到公示的效果。

第三节 基本身份行为的意思能力

本书在第四章第三节中指出,身份行为能力的认定不应以民事行为能力为标准,而应采取意思能力的标准,即以行为人在特定时间、针对特定事务所具有的精神能力为标准,认定其是否具有实施身份行为的能力。而意思能力是分层次的,身份行为的类型不同,其所要求的意思能力的程度也有所不同,故对身份行为之意思能力的认定标准需要进行类型化处理。本节即对基本身份行为之意思能力的认定标准展开论述。①

对身份行为能力的认定采纳意思能力标准,意味着无论行为人是否被法院宣告为民事行为能力欠缺者,均应以行为人在特定时间、针对特定身份行为所具有的意思能力为依据来认定身份行为能力的有无,这就需要对意思能力的认定设置相应的标准或判断要素。判断要素的嵌入意味着意思能力的认定并非单纯的事实问题,而是融入了价值判断的法律问题,如何进行制度设计关系到个人特别是精神障碍者实施身份行为的门槛,应予审慎对待。

---

① 本节内容参见拙文《身份行为能力论》(《法学》2021年第10期)。

一 基本身份行为意思能力判断中的价值取向

与民法中的其他制度一样，身份行为之意思能力标准的制度设计也存在着一定的价值冲突。一方面，精神障碍者的自己决定权应当受到尊重；另一方面，精神障碍者作为弱势群体，有因缺乏理性而遭受财产或人身损害的可能性，故需要法律的特别保护。由此产生自由与安全的价值冲突，如何选择关系到意思能力的判断标准，对此不可不辨。身份行为类型多样，而结婚行为属于其中最为典型的一种，故笔者以下主要以结婚行为为例展开分析。所得结论同样适用于其他身份行为。

结婚行为之意思能力的判断是一个看似简单实则不然的问题，因为虽然作出结婚的决定很简单，但结婚的后果却很复杂，不仅涉及人身关系，还涉及夫妻财产制、继承等财产关系，而鉴于婚姻所带来的诸多"福利"，并不能排除以图财为目的的婚姻存在，由此引发对精神障碍者财产安全或人身安全的担忧。[1]这使得在结婚行为能力的判断中自由与安全这两种价值的冲突至为明显。对此，各国和地区的选择不尽相同。以英美法系为例，其对结婚行为能力的判断一般采取较低的标准。如英国法院在2004年的一个案例中指出，婚姻契约在本质上是一个简单的契约，它并不需要较高程度的认知，对结婚能力不应设置过高的标准，否则会剥夺许多精神障碍者对婚姻的体验。[2]这一较低的标准固然突显了"自由"价值，但也为那些仅仅以图财为目的或是具有人身安全隐患的婚姻提供了便利。有鉴于此，加拿大、澳大利亚以及新西兰等国的一些判例遂在传统认定标准之上增加了额外的判断因素，如行为人同时具有管理或保护个人事务及财产方面的能力，[3]行为人具有对婚姻之于结婚对象所产生的广泛后果（包括财产和继承等）的理解能力。[4]与传统标准相比，上述较高的标准体现出对以图财为目的的婚姻的警惕，突显出对"安全"价值的特别追求。

---

[1] 参见 Kimberly Whaley et al., *Capacity to Marry and the Estate Plan*, Canada Law Book, 2010, p. 70。

[2] 参见 *RE. Sheffield City Council v. E & S*, [2004] E. W. H. C 2808 (Fam)。

[3] 参见 *Banton v. Banton*, 1998, 164 DLR (4th) 176; *Feng v. Sung Estate*, 2003 CanLII 2420 (ONSC)。

[4] 参见 *X v. X*, [2000] NZFLR 1125。

笔者认为，对于结婚之意思能力的认定，我国应当确立以"自由"为主导并兼顾"安全"的价值取向，前述一些国家以"安全"为名对结婚能力设置较高标准的做法并不可取。首先，结婚以及自己决定权属于受宪法保护的基本人权，以"自由"为价值取向体现出对基本人权的尊重，而对结婚能力设置过高的标准有限制基本人权之嫌。其次，正如黑格尔所言，婚姻的本质是伦理关系，其以爱为内在的规定性。① 要求行为人以"保护自我利益"的"经济理性"对待结婚的决定，有违婚姻的本质。最后，婚姻关系不同于财产关系，当事人并非利益的对立者，而是互惠者。无论是法律还是法院均没有权力决定结婚是否有利于当事人，更没有权力以对当事人不利为由否定其结婚的自由。就此而言，在结婚之意思能力判断要素的设定上，保障个人自由的价值取向应当得到法律更为优先的考虑，以行为人未来有可能遭受损害为由限制结婚自由的做法是不妥当的。但在保障自由的同时，也不应完全忽略对安全价值的考虑，只是实现该价值的底线是确保行为人的决定系建立在其充分理解婚姻的性质和意义的基础上（因为行为人在根本不了解婚姻为何物时更容易受到伤害），而不能以剥夺行为人的自己决定权为代价。

二 基本身份行为意思能力判断要素的确定

在确定了立法价值取向的基础上，意思能力判断要素的设定便具有相对明确的思考方向。对于意思能力的判断要素应从意思决定能力和理解能力两个方面入手。意思决定能力的判断相对简单，其核心是行为人能否排除外部影响而自由形成意思并为决定，故主要应考量行为人的决定是否受到其无法抗拒的精神状态（如精神疾病、极度紧张、醉酒等）等外部因素的影响。在排除上述影响的前提下，可以认定行为人具有意思决定能力。② 相比之下，理解能力的判断则具有一定的复杂性，对此尚需作更为细致的探究。

理解能力判断的核心问题是，法律应当要求行为人对身份行为的何种信息具有理解力。对此，笔者认为，在以自由为主导并兼顾安全的价值取向之

---

① 〔德〕黑格尔：《法哲学原理》，范扬、张企泰译，商务印书馆，1961，第201～202页。
② 孙犀铭：《意思能力的体系定位与规范适用》（下），《交大法学》2019年第2期。

下，该判断要素的选择应当注意以下两个方面。一是身份行为意思表示的特殊性。应当看到的是，民事行为能力的认定之所以要求行为人对相关法律后果具有一定的认知，是因为法律行为的后果完全取决于当事人意思表示的内容。而身份行为则不然，其权利义务由法律规定，并不取决于行为人的效果意思，故在意思能力的判断要素上不应作与法律行为相同的要求。二是身份行为的伦理属性。身份行为的伦理属性决定了人身关系是其"内核"，财产后果只具有次生意义，故不应要求行为人像缔结财产合同那样，对相关财产权益予以一定的理解和权衡，否则就是要求行为人将精细的利益衡量纳入身份行为的决定过程，降低了身份行为应有的意义和品格。[1]这意味着对身份行为意思能力程度的要求要低于财产行为。

在上述认识的基础上，应当认为，对于身份行为之理解能力，行为人对特定身份行为的性质以及基于该性质所产生的后果具有理解能力即可，而不应要求其对所有的法律后果特别是财产后果均具有理解能力。具体来说，对于结婚行为，行为人应对婚姻的性质及社会一般观念上婚姻所产生的义务及责任具有理解能力。前者是指婚姻所意味的永久的、一夫一妻的共同生活；后者则指婚姻通常产生的夫妻相互关心、相互照顾以及共同承担家庭责任等内容。对于离婚行为，当事人应对离婚的意义（即婚姻的永久结束）以及一般意义上离婚所导致的后果（即共同生活的解消）具有理解能力。对于收养行为，当事人应对收养的意义（即解消亲生父母子女关系，建立养父母子女关系）以及一般社会观念上的收养后果（即被收养人不再与生父母共同生活，而与养父母共同生活等）具有理解能力。对于解除收养的行为，当事人应对解除收养的意义及后果（即永久解消养父母子女关系）具有理解能力。

三 基本身份行为意思能力判断规则的适用

身份行为能力的判断主要发生在身份行为的登记、司法鉴定以及司法裁判这三大领域，这三个领域均不可避免地涉及意思能力判断规则的适用。但

---

[1] 参见 *RE. Sheffield City Council v. E & S*，[2004] E. W. H. C 2808 (Fam)。

需要指出的是，该规则的适用并不意味着登记机构和法院要对每一个人的意思能力进行评估，也不意味着每一个行为人均要对自己具有意思能力进行积极证明。在此有一个非常重要的原则即意思能力推定原则。其是指任何一个成年人，除非有相反的情况（即存在意思能力障碍）存在，均应被推定具有意思能力，该原则体现出对个人自由意志的尊重，并有助于避免个案审查中可能产生的公权力恣意，为许多国家和地区的法律所承认，也应为我国民法理论所遵循。[①]在上述认识的基础上，意思能力判断规则在不同部门的适用程度与侧重点有所不同。

对于身份行为的登记机构而言，意思能力认定的专业性决定了其只能在形式层面适用上述规则，这主要体现在以下几个方面。一是对于能够清晰表达意愿、不具有明显精神障碍的申请人，登记机构应推定其具有意思能力。二是对于严重精神错乱或因醉酒等暂时丧失意识、无法表达意愿的申请人，登记机构应认定其不具有意思能力，不受理登记申请。三是对于存在明显精神障碍而意思能力存疑的申请人，登记机构可要求其提供鉴定部门出具的身份行为能力鉴定意见，以之为是否受理登记申请的依据。在申请人具有身份行为能力但存在行动或表达障碍的情形下，应允许其法定代理人或其他亲友协助完成登记。

对于司法鉴定部门而言，应当充分认识到意思能力判断所具有的法律属性，并在此基础上规范鉴定工作。一方面，应依意思能力判断规则制定身份行为能力认定的技术性规范，使其更加契合身份行为的特性；另一方面，应在医学诊断的基础上，重视判断精神障碍之于被鉴定人理解能力和意思决定能力的影响，避免仅依精神障碍诊断否定被鉴定人的意思能力，以使鉴定结果更接近于法律判断，从而为登记机构和法院提供更为专业的鉴定意见。

对于法院而言，应当认识到在意思能力的判断中，医学判断固然是基础，但法律判断才是核心和根本。故应当改变目前过于依赖司法鉴定（虽然司法鉴定意见因其专业性而具有较强的证据效力，但其作为证据之一，仍然需要查证属实才能为法院所采信）的做法，更不宜直接将医院出具的精神障

[①] 参见 Assisted Decision-Making（Capacity）Act 2015（Ireland），Sec. 8（1）。有关大陆法系国家和地区民法典和民事相关规定在此方面的规定参见李霞《协助决定取代成年监护替代决定——兼论民法典婚姻家庭编监护与协助的增设》，《法学研究》2019年第1期。

碍诊断证明作为认定意思能力的依据，而应在参照上述证据的基础上，结合当事人的具体表现（动作、表达、沟通等）、证人证言以及立法精神等对当事人的意思能力作出最终认定。

第四节 基本身份行为的合法性要件

与其他民事法律行为一样，基本身份行为也需要在不违反法律、行政法规强制性规定及公序良俗的前提下，方能获得认许。对于解消性身份行为而言，由于现行法对其所需具备的有效要件未予以特别规定，应从婚姻家庭法秩序以及整体法秩序出发，对其是否具有违法或背俗事由（即效力障碍事由）予以认定。但对于创设性身份行为而言，如前所述，法律基于维护身份秩序、家庭伦理或公序良俗的考虑，对其规定了特别积极有效要件，这些要件常以强制性规定的面目出现，从而成为创设性身份行为的合法性要件。以下仅对此问题展开分析。

一 基本身份行为合法性要件的考量因素

从各国及地区的规定来看，法律对于结婚、收养以及任意认领这三类创设性身份行为的积极有效要件的规定主要考虑了以下几个方面的因素。

一是公共利益。身份关系的形成关乎家庭秩序、社会稳定以及未成年人的利益。故身份行为有效要件的规定应当体现出对身份秩序及其所蕴含的公共利益的维护。法律对法定婚龄、禁婚亲、禁止重婚的规定，以及对送养人的条件、收养人收养能力的规定等就是典型的例证。

二是家庭伦理和家庭和谐。维护家庭伦理、促进家庭和谐稳定是婚姻家庭法的核心价值取向，这在身份行为的有效要件中也有所体现。例如结婚要件中关于直系血亲禁止结婚的规定、配偶需共同收养的规定等即反映了上述价值取向。

三是利害关系人的利益。虽然身份行为发生在特定当事人之间，但由此建立的身份关系却并非仅涉及身份行为的当事人，也将对因与该当事人存在紧密的身份协同关系而不得不分担身份行为结果的第三人产生重大影响。有鉴于此，一些国家和地区的立法遂将相关第三人的同意作为身份行为的有效要件。如收养子女应经其生父母的同意，配偶一方单独收养子女时应经他方配偶之同意等。①

二 我国民法上各基本身份行为的积极有效要件

（一）结婚的积极有效要件

根据《民法典》第1047条、第1048条以及第1051条的规定，结婚的有效要件主要包括三项：（1）法定婚龄的规定，即男不得早于22周岁，女不得早于20周岁；（2）禁婚亲的规定，即直系血亲和三代以内的旁系血亲禁止结婚；（3）符合一夫一妻制，即禁止重婚。上述规定体现出对家庭伦理以及公共利益的维护。对于上述积极有效要件，有以下问题需要厘清。

一是关于直系血亲不能结婚的规定是否适用于拟制直系血亲。对此，学者多持肯定态度，认为这一规定完全适用于拟制直系血亲。②笔者深以为然。一方面，根据《民法典》第1111条和第1072条第2款，养父母子女关系以及形成抚养教育关系的继父母子女关系之间的权利义务，与自然血亲父母子女之间的权利义务相同，因此，适用于后者的禁止结婚的规定同样适用于前者。另一方面，允许拟制直系血亲结婚也有违固有的伦理观念。正因如此，许多国家和地区的民法皆禁止拟制直系血亲结婚（即使拟制直系血亲关系解除）。③笔者认为，这一规定符合固有的伦理道德观念，值得借鉴。

二是三代以内的拟制旁系血亲（主要是养兄弟姐妹）能否结婚。对此，诸如日本、我国台湾地区等明确规定拟制旁系血亲不在禁婚亲的范围内。④在德国，其民法典虽然明确拟制血亲之间与自然血亲之间适用关于禁婚亲的相同规定，但同时规定，对于拟制旁系血亲，家事法院可以免除结婚禁止，除

---

① 参见《德国民法典》第1749条第1款、《日本民法典》第796条、《葡萄牙民法典》第1981条第1款C项。
② 杨大文、龙翼飞主编《婚姻家庭法》（第八版），中国人民大学出版社，2020，第88页。
③ 参见《日本民法典》第736条、台湾地区"民法"第983条第2款。
④ 参见《日本民法典》第734条第1项、台湾地区"民法"第983条第1款第2项。

非存在与结婚相抵触的重大原因。我国学者多认为,由于养兄弟姐妹结婚既无伦理道德的限制,又无优生学的考量,原则上不应属于禁婚亲的范围,①笔者对这一观点表示赞同。毕竟婚姻自由是受宪法保护的基本权利,对于婚姻的禁止必须具有充分的、合乎婚姻和家庭本质的理由,以免使婚姻自由遭受不当之干涉。从这一意义上而言,禁止拟制旁系血亲结婚并无必要。

此外,对于直系姻亲能否结婚,一些立法例对此明确禁止(如日本民法),②但也有一些立法例未将其列入禁婚亲的范围(如德国、瑞士的民法)③。在我国,《民法典》对直系姻亲间的结婚未予禁止,但此种婚姻的效力涉及公序良俗原则的适用,对此尚有进一步探讨的余地。对此,笔者将在后文详述。

(二)收养的积极有效要件

根据《民法典》的相关规定,收养行为的积极有效要件主要包括以下几点。(1)收养人的条件。如收养人须无子女或者只有一名子女,具有抚养、教育和保护被收养人的能力,未患有医学上认为不应当收养子女的疾病,无不利于被收养人健康成长的违法犯罪记录,年满30周岁,在无配偶且收养异性子女时与被收养人年龄相差40周岁以上,等等。当然,上述条件在特定情形下也有所放宽。④(2)被收养人以及送养人的条件。如被收养人作为未成年人须为丧失父母的孤儿、查找不到生父母的未成年人、生父母有特殊困难无力抚养的子女,送养人则须为孤儿的监护人、儿童福利机构、有特殊困难无力抚养子女的生父母。⑤(3)相关主体的合意或同意。如监护人送养孤儿应得其他有抚养义务的人的同意,生父母原则上需共同送养,有配偶者需与配偶共同收养,收养继子女原则上应经继子女的生父母同意,等等。⑥上述要件体现出对被收养人利益、家庭伦理以及家庭和谐的考虑,值得肯定。

---

① 杨大文、龙翼飞主编《婚姻家庭法》(第八版),中国人民大学出版社,2020,第88页;余延满:《亲属法原论》,法律出版社,2007,第169页。
② 参见《日本民法典》第735条。
③ 参见《德国民法典》第1307条、《瑞士民法典》第95条。
④ 参见《民法典》第1099条、第1100条、第1102条、第1103条。
⑤ 参见《民法典》第1093条、第1094条。
⑥ 参见《民法典》第1097条、第1096条、第1101条、第1103条。

值得说明的是第三类要件中合意或同意的性质。首先，就夫妻共同收养而言，不能比照德国、日本民法典的规定，将其理解为配偶一方收养需经另一方配偶的同意。我国现行法基于对家庭和谐以及被收养人健康成长的考虑，不允许配偶一方单独收养。因此，夫妻"共同收养"应当理解为夫妻双方作为共同收养人需共同实施收养行为，而非分别实施收养行为。其次，就其他有抚养义务的人对监护人送养孤儿行为的同意而言，其作为效力控制机制构成了对监护人送养行为的限制，在性质上属于补助身份行为。这一要件的设立主要是考虑同意权人与孤儿之间所具有的身份利益和情感利益，具有一定的正当性。然而，正如有学者所指出的那样，若同意权人并未实际履行抚养义务，使其享有对送养孤儿的否决权对困境孤儿并非有利。[1] 有鉴于此，笔者认为可借鉴《奥地利普通民法典》第192条第2款的规定，若抚养义务人对该孤儿未尽保护教养义务，或对不同意送养无正当理由时，法院得依送养人（孤儿的监护人）或被收养人的申请，代为同意。

此外，有必要指出的是，虽然我国民法未像日本民法那样，明确规定收养需经生父母同意，但是这一要件在我国民法上并非不存在。在我国，除非生父母死亡、查找不到，或者父母均不具备完全民事行为能力且可能对其未成年子女有严重危害的，均应由父母作为送养人，而其作为送养人时本来就是收养行为的当事人而非利害关系人，收养当然应得其同意。只不过，此种同意系收养的成立要件而非有效要件。

（三）任意认领的积极有效要件

对于任意认领行为，我国目前法律并未予以明确规定，但在解释论层面对此类行为予以承认，故仍有必要在借鉴其他国家和地区规定的基础上对其有效要件予以分析。由于认领涉及认领人、被认领人、被认领人的母亲以及被认领人在法律上的父亲的利益，认领的有效要件的设计应兼顾上述利益。从各国及地区法律规定的情况来看，其有效要件的规定主要考虑了以下因素。（1）被认领人现存的亲子秩序。如依据《瑞士民法典》第260条第1款，当仅存在与母的亲子关系时，父始得认领其子女；《德国民法典》第

---

[1] 薛宁兰、谢鸿飞主编《民法典评注：婚姻家庭编》，中国法制出版社，2020，第492页。

1594条第2款也规定，子女已有法律上之父者，其生父之认领，无效。上述规定有利于维护家庭的稳定和子女的利益，具有一定的合理性。（2）血统的真实性。在是否需要认领人与被认领子女存在真实血缘关系的问题上，多数国家和地区对此持肯定态度，因为这本来就是任意认领的一个前提。正如美国联邦最高法院在一起案件中所指出的那样："血缘联系的意义在于，它为自然的父亲提供了一个与儿童发展联系的机会（这是其他男性所没有的）。"[①]（3）生母的同意。对于认领是否要求非婚生子女生母的同意，各国及地区则规定不一。德国民法规定，认领必须获得母的同意（《德国民法典》第1595条第1款），而《葡萄牙民法典》则未有此限制。对此，笔者认为，建立在真实血缘关系上的父子关系是一种自然关系，此种关系受到宪法的保护，而且父子关系的建立有利于未成年子女的利益，不应依母亲的单方意志而否定。故不要求母亲同意的立法例更值得借鉴。（4）成年子女的同意。在非婚生子女已经成年的情形下，不存在未成年人利益保护问题且涉及子女与认领人利益的平衡，故借鉴《日本民法典》第782条、《葡萄牙民法典》第1857条的规定，认领成年子女，须得其承诺。综上所述，任意认领的积极有效要件主要包括以下几项：（1）认领人与被认领人具有真实的血缘关系；（2）被认领人不存在法律上的父亲；（3）认领成年子女需经其同意。

最后需要说明的是，对于基本身份行为而言，由于其不得附条件和期限，在要件具备的情形下，一般自行为成立时即发生法律效力。但任意认领行为较为特殊，认领者从一开始即为生父，因此，认领应当有溯及力，即溯及至子女出生时发生效力，但第三人已经取得的权利不受影响。

[①] *Lehr v. Robertson*, 463 U. S. 248, Supreme Court of the United States, June 27, 1983, p.262, 转引自张学军《中国"非婚生子女"认领制度之立法研究》，《江海学刊》2018年第6期。

第七章
基本身份行为的效力瑕疵

基于本书第四章的阐述,基本身份行为在效力上的瑕疵形态包括不成立、无效与可撤销三种,对于这三种瑕疵形态的认定,虽然民法典婚姻家庭编针对结婚和收养这两类身份行为有相应的规定,但相关内容并不完整,且缺乏对协议离婚和协议收养等其他基本身份行为效力瑕疵的规定。本章在结合民事法律行为的有关规定以及身份行为特点的基础上,对上述三种瑕疵形态的具体认定及后果予以体系化阐释。

第一节 基本身份行为的不成立

一 基本身份行为不成立的意义

(一)基本身份行为不成立的理论争议

所谓基本身份行为的不成立,系指不满足基本身份行为的成立要件而导致的基本身份行为在事实上不存在的一种状态。笔者在第四章中指出身份行为的瑕疵形态应当包括不成立,但事实上,对于基本身份行为而言,应否承认不成立这种瑕疵形态,在学界存在较大的争议。有持反对观点者,认为基本身份行为应仅有无效与有效之分,不存在成立与不成立之分。[1] 有持肯定观点者,认为不成立也应当是身份行为的一种瑕疵形态。[2] 还有学者虽然认可基本身份行为存在"不成立"这种瑕疵状态,但同时认为,基本身份行为只有

---

[1] 参见《两愿离婚无效与撤销之原因及其诉讼——身分法研究会第七次学术研讨会记录》,《台大法学论丛》1992年第1期。
[2] 张作华:《亲属身份行为基本理论研究》,法律出版社,2011,第114页。

成立与不成立之说，无所谓有效与否的判断，成立即为有效，不成立即当然无效。①这一观点实际上否定了身份行为不成立与无效的界分。

（二）基本身份行为不成立之理论证成

笔者认为，基本身份行为不成立这一瑕疵形态应得到民法理论的认可，理由如下。

首先，自逻辑上讲，正如同法律行为的不成立源于对法律行为成立要件的违反，身份行为的不成立也源于对身份行为成立要件的违反，既然在理论上承认成立要件的独立价值，那么，在不满足成立要件时，即应当有"不成立"这一法律评价。特别是，《民法典》对婚姻无效事由予以限制性的规定，而对在成立要件（如合意、登记）欠缺的情形下，在法律上应如何评价，又应如何认定其后果，均没有明确的规定。将不成立作为基本身份行为瑕疵形态的一种，可以弥补现行法的漏洞，是依据民法以及身份法的一般理论进行的法的续造。

其次，自理论上分析，持否定观点的学者多认为身份行为的不成立与无效在法律后果上并无差异，但事实上并非如此。一方面，就二者的性质而言，身份行为不成立意味着身份行为根本不存在，而无效的前提则是身份行为已经存在但不符合有效要件。显然，自逻辑上讲，"身份行为成立后，始有生效与否的问题，婚姻不成立，显为婚姻有效、无效以前的问题"。②另一方面，就法律后果而言，身份行为不成立，既不产生身份行为应有的效力，也不产生作为法律事实的效力。但无效或被撤销的身份行为虽然不产生当事人所希望的后果，但却因法律事实的存在而产生某些旁属效果或次要效果。③例如，在法国、德国以及葡萄牙等国家和地区的民法典上，即使婚姻被认定为无效或被撤销，对于善意或诚信的"配偶"也产生与离婚相同的法律后果。而这一"待遇"对于那些根本不成立的婚姻，则并不适用。就此而言，并不能将身份行为的无效与不成立等同看待。

---

① 陈棋炎：《亲属、继承法基本问题》，台湾三民书局，1980，第606~608页。
② 陈棋炎、黄宗乐、郭振恭：《民法亲属新论》，台湾三民书局，2004，第113页。
③ 〔葡〕曼努埃尔·德·安德拉德：《法律关系总论》（第一卷），吴奇琦译，法律出版社，2015，第454页。

最后，承认身份行为的不成立也有比较法上的借鉴。如葡萄牙、我国澳门地区民法均设专节对婚姻的不成立予以规定，一些立法例虽未设明文，但也通过解释论对婚姻的不成立予以认可。如德国学者认为于结婚行为违反法律要件时，产生婚姻不成立以及婚姻可废止两种后果。[①]在我国台湾地区，虽然其"民法"对婚姻不成立未设明文，但其"民事诉讼法"第568条第1款对"确认婚姻不成立"之诉予以肯认，相关学者据此认为在婚姻无效之外，也应当承认婚姻的不成立。

综上所述，虽然基本身份行为不成立这一瑕疵形态在我国民法典上并无明文规定，但无论是在理论上还是实践中均有承认的必要，而且在解释论层面也能够得到证成，故应对此予以承认。

二 基本身份行为不成立的事由

关于基本身份行为不成立的事由，在承认不成立这种瑕疵形态的立法例中，其规定不尽一致。以结婚行为为例，《葡萄牙民法典》第1628条规定的婚姻不成立情形包括：在无职权主持结婚行为之人面前缔结婚姻，结婚时欠缺一方或双方当事人的结婚意思表示，或同性的两人结婚，等等。在德国，学者施瓦布认为，婚姻没有在民事身份官员面前缔结、结婚双方根本没有作出结婚的意思表示均应属于婚姻不成立。[②]弗卢梅也认为，未按法定方式结婚的，并不构成婚姻的无效，而是根本不构成婚姻的缔结。[③]在日本，虽然依《日本民法典》第742条第2项和第802条第2项，婚姻或收养未办理户籍登记者无效，但学界通说认为此处之"无效"实系不成立之意。[④]在我国台湾地区，虽然其"民法"对结婚、收养、终止收养违反形式要件者，均规定为无效；[⑤]但有学者认为，在不具备婚姻形式要件的情形下，"无效"实质上应为

---

① 〔德〕迪特尔·施瓦布：《德国家庭法》，王葆莳译，法律出版社，2022，第41页。
② 〔德〕迪特尔·施瓦布：《德国家庭法》，王葆莳译，法律出版社，2022，第41、43页。
③ 〔德〕维尔纳·弗卢梅：《法律行为论》，迟颖译，法律出版社，2013，第287页。
④ 唐敏宝：《身分行为之研究——以身分行为之体系化为中心》，台湾政治大学1997年硕士学位论文，第103页。
⑤ 台湾地区"民法"第1079条之4规定："违反收养方式者，收养无效。"第1080条之2规定："违反终止收养方式者，终止收养无效。"

婚姻的不成立。①在司法实践中，法院也于多个案例中判决结婚行为因不符合形式要件而不成立。②借鉴上述学说及判例，并结合我国民法典的规定，笔者认为，对于典型的基本身份行为即要式身份行为而言，其不成立的事由主要包括欠缺意思表示和欠缺法定形式两种情形。

（一）欠缺意思表示

意思表示是身份行为的核心构成要素，如果当事人未表达缔结身份行为的意思表示，自然不存在身份行为。这里有两种特殊情形需要讨论。

其一，当事人已办理身份行为登记但欠缺意思表示。身份行为登记固然具有推定当事人有身份行为意思表示的作用，但与物权登记一样，此种推定也存在被推翻的可能性，而缺少意思表示的登记仅具有形式意义，并不足以成立身份行为，故于此情形下应认定身份行为不成立。例如，当事人一方或双方于不知情的情形下被办理结婚或离婚登记，即应认为结婚或离婚不成立。

其二，在办理身份行为登记前，当事人撤回意思表示。如前文所述，身份行为的意思表示是自登记时生效。至于登记的时点，根据《民法典》《婚姻登记工作规范》《收养登记工作规范》，除结婚登记是当场办理外，对于协议离婚登记、收养登记和协议解除收养登记，则自申请到登记均有一个时间间隔。③即使结婚登记系当场作出，登记机关的审查同样需要一定的时间。而在这个审查期限内，基于对当事人意思自治的尊重，应当允许当事人撤回意思表示。当事人撤回意思表示的，应认为身份行为不成立。

（二）欠缺法定形式

如前所述，欠缺法定形式的身份行为应认定为不成立，这在比较法上已经有所体现。只不过，由于各立法例规定的身份行为成立的"形式要件"不同，身份行为不成立的事由也有所不同。例如，根据我国台湾地区"民法"

---

① 史尚宽：《亲属法论》，中国政法大学出版社，2000，第177页。
② 参见台湾地区台中地方法院2010年家诉字第176号民事判决、台中地方法院2009年家诉字第167号民事判决。
③ 依《民法典》第1077条，协议离婚自申请到发证的时间为30～60日；依《收养登记工作规范》第18条、第27条，收养登记和解除收养登记的审核期为30日。

第982条，结婚需要满足三个要件，即书面形式、两名以上证人之签名以及办理结婚登记（第1050条对离婚也作了相同的规定）。在司法实践中，法院认为缺失任何一个要件，皆可导致婚姻不成立。例如，在一起案件中，当事人急于结婚，但证人当天有事无法出席，被告在经证人同意且授权后代证人签名，法院因此判决结婚不成立。①在另一起案件中，法院认为：向户政机关为离婚登记，系两愿离婚成立要件之一，当事人只订立离婚书面协议及有两名以上证人之签名，则离婚因尚未"成立"而不产生效力，当事人自无权请求他方偕同办理离婚户籍登记。②而在德国，根据《德国民法典》第1310条，结婚仅要求双方当事人于户政人员面前为结婚的意思表示，登记并非婚姻的成立要件，是故未办理登记并不影响婚姻的成立，但未依前述方式结婚的，则婚姻不成立。

在我国，如前所述，虽然《民法典》第1049条、第1076条仅要求结婚或离婚的男女双方亲自到婚姻登记机关申请结婚登记或离婚登记，第1105条仅规定收养应当向民政部门申请收养登记，并未如德国法那样要求当事人在登记人员面前为结婚、离婚或收养的意思表示，但是从民法典中的"亲自"这一表述，以及《婚姻登记工作规范》《收养登记工作规范》的相关规定来看，当事人的意思表示均要求在登记人员面前完成，这实际上是对当事人意思表示方式的要求。就此而言，我国身份行为的方式既包括对意思表示方式的要求，也包括登记，二者缺失任何一个，皆应认定身份行为不成立。

三　基本身份行为不成立的补正

如前所述，所谓法律行为的补正，是指消除法律行为的瑕疵以使瑕疵法律行为可以产生相应法律效力的方法。传统民法理论仅承认有效要件瑕疵的补正，并不承认成立要件瑕疵的补正，③即"尚未成立的行为，无所谓补正或

---

① 参见台湾地区台中地方法院2012年家诉字第161号民事判决。
② 参见台湾地区"最高法院"1987年台上字第1382号民事判决。
③ 杨代雄：《法律行为论》，北京大学出版社，2021，第355页。

治愈问题"。① 这一观点通常而言是正确的，因为所谓的"治愈"只适用于生病的人，而不适用一个根本不存在的人。但从稳定身份秩序、尊重当事人的意思自治和既存身份关系的角度出发，在特定情形下仍有必要对身份行为不成立的补正予以承认。这主要包括以下两种情形。

（一）意思表示方式瑕疵之补正

在当事人存在意思表示且办理了登记，只是未按法定方式表达意思时，此种瑕疵存在被治愈的可能性。究其原因在于，法律要求意思表示以法定方式表达，主要目的在于确认当事人之间的确存在意思表示，而如果其他事实能够证明意思表示的存在，则应当认为方式的目的已经实现，方式欠缺的瑕疵就可以被补正。这一点在域外立法上也有所体现。例如《德国民法典》第1310条规定，结婚的表示必须由当事人双方亲自在民事身份官员面前作出，违反该规定，即导致婚姻不成立。但其同时规定了几种例外情形，其中之一即如果结婚双方已经作出结婚的意思表示，且双方从结婚起已经共同生活10年或在一方死亡时至少已经共同生活了5年，且民事身份官员已经将婚姻登记于婚姻登记簿，或已将婚姻的有效存在作为子女出生证明的基础，结婚亦得成立。而此种情形实际上就是对结婚意思表示方式欠缺的补正。

《德国民法典》的上述规定体现了对既成身份关系的尊重，值得肯定。依我国法律，无论是创设性身份行为还是解消性身份行为，均要求当事人共同亲自去登记机构办理登记，其中隐含着当事人应在登记人员面前作出意思表示的要求，未遵循上述法定方式，虽登记亦应认定身份行为不成立。但如果意思表示能够以其他方式确定的话，则应当认为上述瑕疵被补正。而可以作为结婚不成立补正事由的主要有两种：一是当事人于知悉登记的事实后明确表示承认，二是当事人于知悉登记的事实后基于自愿形成事实上的夫妻共同生活关系（如举行婚礼并共同生活）。上述补正方式也可以适用于其他几种基本身份行为。在收养存在意思表示方式瑕疵时，当事人的

---

① 苏永钦：《走入新世纪的私法自治》，中国政法大学出版社，2002，第26页。

承认或亲子共同生活的事实可以作为补正方式。[①]在协议离婚或协议解除收养存在上述瑕疵时，当事人的承认或共同生活的实质解消亦可以作为补正的方式。

（二）登记欠缺之补正

从理论上而言，登记乃身份行为的成立要件，未经登记身份行为即不成立（除非成立事实婚姻或事实收养），并不存在补正的问题。这一结论固然可以适用于解消性身份行为，但对于创设性身份行为而言则不尽然，因为在当事人已经达成结婚或收养合意且具有身份上的共同生活的事实时，从尊重当事人的意思自治以及既成身份关系的角度出发，应当给予当事人补正的机会。对此，《民法典》第1049条规定，未办理结婚登记的，应当补办登记。《民法典婚姻家庭编解释一》第6条进一步规定，补办登记具有溯及既往的效力，即婚姻关系的效力从双方均符合结婚实质要件时起算，这实际上是通过补办登记承认了未登记期间"事实婚姻"的效力，可以说，"补办登记"构成了对登记欠缺这一瑕疵的补正。

笔者认为，以补办登记为登记欠缺的补正方式既体现了对既定身份关系以及当事人意思自治的尊重，又使事实婚姻关系的认定具有相对客观的依据，在不承认事实婚姻的立法背景下具有一定的合理性。但过于随意的补办登记显然会减损婚姻登记的意义和严肃性，有鉴于此，有必要对补办登记的条件予以一定的限制。借鉴其他国家和地区关于事实婚姻的规定，笔者认为，只有足以替代登记的事由存在，才可以补正登记欠缺这一根本性瑕疵，而只有社会一般观念认可的夫妻共同生活事实的存在，才足以充当此类事由。依据我国社会一般观念，此种事实的构成需要具备以下三个条件：一是具有以夫妻名义共同生活的事实，二是具有结婚的合意，三是共同生活应当持续一定的期间（以5年为宜）。应予注意的是，虽然补办登记不失为一个较好的补正方式，但在实践中，特别是在当事人感情破裂的情形下，期望双方达成补办登记的合意往往是不现实的。如果因补办登记不成而不认可既已存在的事实婚姻关系的话，会使当事人一方对婚姻的合理期待落空，故于此情

---

① 参见甘肃省天水市中级人民法院（2014）天民一终字第55号民事判决书。

形下有必要增设司法确认这一补正方式，即允许当事人通过诉讼程序来解决其身份认定的问题。①

值得注意的是，在我国，收养领域也存在未办理收养登记而长期以养亲子的名义共同生活的情形，但《民法典》并未针对此种情形规定补办登记制度。一些地方法院在此方面进行了有益探索。如江苏高院于2019年下发的《家事纠纷案件审理指南（婚姻家庭部分）》表达了这样的意思，即离婚时对于符合收养条件的，夫妻双方应当补办收养登记，法院再依法处理未成年人抚养问题。虽然这里的"补办"无论是语义还是效力均不明确，而且仅是在离婚情形下适用，但其中所体现出的精神值得肯定。在笔者看来，从稳定身份秩序、保护当事人合法权益的角度出发，有必要对已经形成的事实上的收养关系予以一定程度的承认，在具体操作上可以参照适用《民法典》第1049条，即在当事人均同意且符合收养实质要件的情形下，允许补办收养登记。至于补办登记的条件，也应当具备社会一般观念所认可养亲关系存在的事实状态。参照上述补办结婚登记的条件，应当包括以下几个方面：一是具有收养的合意，二是具有和平、公开抚养并以亲子身份共同生活的事实，三是以亲子身份共同生活且抚养的事实经过5年。②在一方当事人拒绝补办时，应当允许另一方当事人向法院起诉，请求法院对事实收养关系予以确认。

四 基本身份行为不成立的认定途径及请求权主体

基于民法理论，法律行为的不成立意味着该行为在事实上并不存在，因此，任何人均得主张不成立，不需要经由法院宣告。这一理论在有的国家和地区也被适用到身份行为领域。如《葡萄牙民法典》第1630条规定，法律上不成立的婚姻，不产生任何法律效力。不论法院是否宣告，任何人均得随时主张婚姻不成立。笔者认为，在我国，传统民法理论之于身份行为的适用尚不能一概而论，需根据身份行为不成立的原因而区别对待。具体而言，对于未办理身份行为登记而导致的身份行为不成立，其认定并不需要法院宣告，

---

① 金眉：《论我国事实婚姻制度之完善》，《南京社会科学》2017年第10期。

② 雷春红：《欠缺法定要件收养关系的法律规制——以浙江省为样本》，《西部法学评论》2014年第1期。

任何人均得主张。但对于已办理登记但意思表示缺失导致的不成立，其涉及对行政登记效力的否定，故必须经过法院的确认，于此情形下应当允许当事人向法院提起身份行为不成立之诉。

至于身份行为不成立之诉的原告，依《民事诉讼法》第122条，其应是与本案有直接利害关系的人。这首先是指身份行为当事人。至于当事人之外的第三人是否有权提起身份行为不成立之诉，应当看到的是，身份行为的成立与否主要关涉身份行为当事人的利益，故应当最大程度地尊重当事人的真实意愿，第三人诉请身份行为不成立的权利应受到限制。一般而言，只有因特定身份行为而遭受身份利益受损的第三人，或者说，特定身份行为的成立对其身份利益产生了直接的、现实的、客观的影响的第三人，才有权提起不成立之诉。就此而言，不仅法人、非法人组织并非适格原告，身份行为当事人的近亲属也不得仅以自己的财产利益受到影响为由提起不成立之诉。上述认识在司法实践中也有所体现。例如，在一起村委会诉请法院宣告收养关系不成立的案件中，法院认为村委会无权提起诉讼而驳回起诉。[①] 上述判决值得肯定。

第二节 基本身份行为的无效

一 基本身份行为无效的事由

（一）比例原则在基本身份行为无效事由确定中的适用

在民法理论上，法律行为无效制度体现了国家意志对私法自治的干预，具有强烈的公共利益性质。由于法律行为无效对私人自治的限制具有严厉性，各国及地区的立法对此始终抱有一种谨慎的态度，尽力不因无效制度而过分破坏作为民法基石的私法自治。[②] 而这一目的主要是借助比例原则来实现的。所谓比例原则，原是行政法上确定国家干预适度性的一项基本原则，要

[①] 参见广东省韶关市中级人民法院（2014）韶中法民一终字第235号民事裁定书。
[②] 黄忠：《违法合同的效力判定路径之辨识》，《法学家》2010年第5期。

求国家对基本权利的干预应当符合适当性、必要性和均衡性三项要求。"适当性"要求干预手段必须要适合于目的之达成,"必要性"要求在数个可供实现目的的手段中,必须要选择对基本权利干预最轻的手段,"均衡性"要求对基本权利的干预程度与其所追求的目的在效果上要相称。①不难看出,比例原则的核心理念在于禁止国家超越实现目的所必要的程度而对个人自由进行过度干预。也正因如此,比例原则由一项原本适用于行政法上的基本原则,上升为一项对整个法秩序都发挥作用的宪法原则,从而也适用于民法领域。适用比例原则确定法律行为的无效事由不能过分扩大无效事由的范围,以最大程度地维护私法自治原则。从各国及地区的规定来看,无效法律行为一般限于两种情形。(1)基于维护公共利益的需要。这主要表现为违反强制性规定或公序良俗的法律行为无效。(2)基于贯彻私法自治原则的需要。这主要包括两种情形:一是无行为能力人或无意思能力者所实施的法律行为无效,此类行为之所以无效,是因为其主体无法作出理性判断,无从贯彻自治理念;二是通谋虚伪行为无效,此类行为之所以无效,是因为当事人均不愿使合同发生法律效力,使其无效乃是尊重当事人内心意思的体现。我国民法典对于法律行为无效事由的规定与上述情形基本一致。②

身份行为无效制度是国家对于身份行为中意思自治的否定,同样体现了国家意志与个人意志的冲突,故其制度设计也需要解决好国家管制与私人自治之间的关系,以防止公权力对私人家庭生活的过度干预。③因此,身份行为无效事由的确定同样需要遵循比例原则。那么,将什么样的事由确定为无效事由才是适当、必要且均衡的?应当看到的是,在承认身份关系得由当事人依其意愿发生变动的前提下,肯定身份行为的效力,对促进婚姻自由、家庭自治以及稳定婚姻家庭关系具有十分重要的意义。而无效这一法律评价则使身份关系不能发生当事人所预期的法律效果,这不仅违背当事人的自由意志,也影响了身份关系的安定性。就此而言,身份行为的无效事由应受到更加严格的限制,比例原则的适用应当主要考虑以下两个方面。

其一,就必要性和正当性而言,原则上应当将身份行为的无效事由限于

---

① 郑晓剑:《比例原则在民法上的适用及展开》,《中国法学》2016年第2期。
② 参见《民法典》第153条、第154条、第144条、第146条。
③ 申晨:《论婚姻无效的制度构建》,《中国法学》2019年第2期。

违反公共利益及身份行为本质的情形。公共利益主要体现为国家在婚姻家庭领域欲实现的政策目标，这在婚姻领域主要表现为一夫一妻制以及提高人口素质、维护婚姻伦理、稳定婚姻家庭关系等公共政策，在收养领域则表现为被收养人最大利益以及促进和谐、稳定家庭关系的目标等。这些公共利益一般以具体身份行为积极有效要件的形式体现，对这些有效要件的违反原则上构成无效事由。至于身份行为的本质，即指身份行为的高度人身性以及与此相关的绝对个人意志，有违该本质的行为亦应认定为无效。

其二，就均衡性而言，应对法律欲实现的目标与使身份行为无效所涉及的利益进行比较，若后者较前者处于更加优位的地位，则不应使身份行为无效。例如，我国《婚姻法》将"疾病婚"规定为无效婚姻，是基于保障家庭成员的健康和提高人口素质的目的，却因此牺牲了公民的婚姻权利。婚姻权利乃受宪法保护的基本权利，在权利位阶中居于极高的位阶，而禁止疾病婚的目标可以通过其他方法实现，故疾病婚无效制度并不符合均衡原则。[①]《民法典》删除了上述规定，值得肯定。

以上述原则确定基本身份行为的无效事由，其结果是：在民法总则中被认定为无效事由者，在身份行为中未必无效，存在纳入可撤销行为的可能性，这使基本身份行为的无效事由相比于法律行为的无效事由在范围上更为狭窄。

（二）基本身份行为无效事由的类型

如前所述，《民法典》对基本身份行为的无效并未采取封闭式立法模式，因此，其无效事由的类型不仅包括婚姻家庭编规定的事由，也存在将民法典总则编规定的无效事由纳入的可能性。但对于婚姻无效事由而言，上述结论尚有疑问。主要原因在于，《民法典》于第1051条规定了三种婚姻无效事由，该条虽然没有像《日本民法典》那样规定"仅于下列情形无效"，但依《民法典婚姻家庭编解释一》第17条第1款，当事人以上述三种无效婚姻以外的情形请求确认婚姻无效的，法院不予支持。这实际上是将《民法典》第1051条的规定解释为封闭式立法。对此，笔者认为，基于稳定婚姻家庭的目的，

---

① 申晨：《论婚姻无效的制度构建》，《中国法学》2019年第2期。

对于婚姻无效的事由予以严格限制是必要的，但完全排除民法总则的规定未尽妥当。《日本民法典》虽然对婚姻无效事由采封闭式立法模式，但其关于无效、可撤销事由的规定较为宽泛，对于民法总则中的效力瑕疵事由，其即使未纳入婚姻无效的范畴，也基本上可以通过撤销制度解决。但我国民法典中无论是婚姻的无效事由还是可撤销事由均较为狭窄，这导致诸如欠缺结婚行为能力、通谋虚伪之结婚的效力等无从认定，故对于《民法典》第1051条的解释应为民法典总则编相关规定的适用留下空间。至于《民法典婚姻家庭编解释一》第17条第1款，考虑到该条的目的主要在于排除当事人以婚姻登记程序瑕疵为由主张婚姻无效的情形，故可对其进行限缩解释，即将其理解为"除《民法典》第1051条规定的三种无效情形外，以违反婚姻家庭编的其他规定为由主张婚姻无效的，不予支持"，从而为适用民法典总则编相关规定留下余地。在上述认识的基础上，笔者认为，基本身份行为的无效事由主要包括以下三类。

1. 违反基本身份行为的积极有效要件

如前所述，国家对家庭领域中公共利益的保护往往通过对身份行为设置积极有效要件的方式体现，而对此类要件的违反构成无效。例如，就结婚行为而言，《民法典》第1051条规定了三种无效事由，即重婚、有禁止结婚的亲属关系、未达法定婚龄。这三种事由皆是对结婚实质要件或者说结婚所涉身份秩序和公共利益的违反，对其作无效处理是合理的。需要指出的是，《日本民法典》对婚姻无效事由的安排与我国不同，其将违反结婚实质要件列入了可撤销婚姻事由的范畴。《德国民法典》由于采取了单一的废止制，违反结婚实质要件的婚姻也是作可废止处理。在笔者看来，这样的安排不足以体现无效婚姻与可撤销婚姻的区别，并非最优选择。事实上，即使是在德国，其民法典的上述规定也并非为学者所普遍认可。有学者即认为，这种制度设计对缔结婚姻的瑕疵不加区分，即使是具有重婚或近亲属间结婚这种严重危害公共利益的瑕疵，婚姻也并非无效，这是不可容忍的。[①]

然而，我国民法典关于收养无效事由的规定则值得思考。从《民法

---

① Staudinger/Voppel（2018），Vorbemerkung zu §§1313ff., Rn.17，转引自李昊、王文娜《婚姻缔结行为的效力瑕疵——兼评民法典婚姻家庭编草案的相关规定》，《法学研究》2019年第4期。

典》第1113条的规定来看，违反收养要件的规定皆被纳入无效事由，但显然，并非所有的收养要件皆关涉公共利益，这一规定有扩大无效收养的范围之嫌。《民法典》关于收养要件的规定总的来说主要有以下几类：一是对收养人（第1098条、第1102条）、被收养人（第1093条）、送养人（第1094条、第1095条）适格性的要求，二是对收养子女数量的要求（第1100条第1款），三是对相关主体同意的要求（第1096条、第1103条、第1104条），四是对共同收养（第1101条）或共同送养（第1097条）的要求。在上述要件中，前两类要件或者是基于被收养子女利益的考虑，或者是国家人口与计划生育政策的体现，均属公共利益的范畴，将对其的违反纳入无效事由原则上是适当的。① 至于后两类要件则应另当别论。一方面，这两类要件并不都是有效要件，其中也有成立要件的内容。如收养人和送养人的同意、继父或继母与被收养继子女生父母的同意即为成立要件，对其的违反应为收养不成立而非无效。另一方面，即使是构成有效要件的"同意"（诸如抚养义务主体的同意），或者"共同"收养或送养，也主要是考虑收养会对这些主体的身份利益造成重大影响，而并非基于公共利益的考虑，故没有必要使对上述要件的违反无效。相反，为平衡上述主体的利益和被收养人的利益，将其纳入撤销事由更为妥当。这一点在比较法上也有所体现，如日本民法、我国台湾地区"民法"一般即将未经同意权人同意的收养列入可撤销的范围。② 综上所述，《民法典》第1113条对无效收养事由的规定过于宽泛，在司法适用中应当作出一定的限制。

2.违反公序良俗

违反公序良俗在法律行为效力瑕疵事由中是作为兜底性规定存在的，这一规定能否适用于基本身份行为在理论上存在颇多争议。在日本，自中川教授提出身份行为体系化理论后，通说即认为民法总则对身份法不具有通则性

---

① 应指出的是，依《民法典》第1098条第1项和第1100条，收养人需无子女或只有一名子女；无子女的收养人收养子女不得超过两名，有子女的收养人收养子女不得超过一名。这虽然符合《民法典》制定时的人口政策，但与《人口与计划生育法》准许生育三胎的最新规定已明显不符，从立法目的出发，应以当下的人口政策对民法典的上述规定予以修正，不能僵化地将违反上述规定的收养认定为无效。

② 参见《日本民法典》第806条之2、第806条之3，台湾地区"民法"第1079条之5。

质，从而身份行为不得适用公序良俗原则。但我妻荣、药师寺志光教授以及青山道夫博士则认为，公序良俗是民法上一以贯之的大原则，亲属法上的行为亦不得违反之，虽然民法典对婚姻无效的情形予以列举，但在此之外，违反法律目的乃至婚姻本质的婚姻也应当被认为无效。[1]上述分歧在我国也同样存在。有的学者认为，由于婚姻家庭法关于身份行为要件的规定已将公序良俗具体明文化，不应再以违反公序良俗为由认定身份行为无效。但也有学者认为，虽然基于身份行为的特殊性以及否定身份行为的高代价，原则上不宜将公序良俗作为否定身份行为效力的一般原则，但如果身份行为具有反社会性而无法被现行法所完全涵盖，则该原则仍有适用的余地。[2]

对此，笔者认为，无论是基于公序良俗原则在民法中的地位，还是基于违反公序良俗行为的不受法律保护性，违反该原则的身份行为均应无效。但能否将《民法典》第153条第2款关于违反公序良俗无效的规定作为身份行为无效的兜底性条款，尚需具体问题具体分析。在笔者看来，上述"背俗条款"适用于解消性身份行为并无问题，因为家庭法对其的无效事由原本就无规定，存在适用民法总则的余地。但能否适用于结婚、收养行为则存在疑问，因为一般认为，在法律已将违反公序良俗的行为具体化的情形下（如重婚、直系血亲结婚等均是违反该原则的体现），再将"背俗条款"作为婚姻、收养无效的一般性条款，则有可能导致无效事由扩大化进而危及婚姻家庭关系的稳定。在笔者看来，这一担忧固然有一定的道理，但法律的"具体化"未必涵盖了所有违反公序良俗的情形，因此，也不能绝对排除该条款的适用。但为了避免对婚姻自由和家庭稳定的妨碍，应对身份行为领域中该原则的内涵予以严格解释。即只有结婚、收养严重违反婚姻家庭伦理，导致身份关系混乱，或有违婚姻家庭本质者，才被视为违反公序良俗。例如，导致身份关系混乱的直系姻亲结婚，[3]禁止结婚的亲属间收

---

[1] 〔日〕加藤雅信等编《民法学说百年史：日本民法施行100年纪念》，牟宪魁等译，商务印书馆，2017，第895页。

[2] 于飞：《公序良俗原则研究——以基本原则的具体化为中心》，北京大学出版社，2006，第202页。

[3] 秘明杰：《由"公公娶前儿媳"引发的法律思考》，《河南科技大学学报》（社会科学版）2014年第4期。

养辈分不相当者，利用收养谋求其他利益而违反收养目的等，①均应认定为违反公序良俗而无效。

3.违反身份行为本质

如前所述，身份行为是高度人身性的行为，它的实施应当体现当事人的个人意志，如果当事人在不能正确表述其个人意志的情形下实施了身份行为，则应当认定其为无效。这主要是指欠缺身份行为能力的情形。

对于身份行为能力欠缺者实施的身份行为的效力，在采撤销一元制的国家和地区，其当然是作为撤销事由，例如《德国民法典》即规定无行为能力人实施的结婚行为、无意识或暂时精神障碍者所实施的结婚行为、无意识或暂时精神障碍者对收养的申请及同意可废止。②即使是采无效和撤销二元制的立法例，通常也将身份行为能力的欠缺纳入可撤销事由的范围。我国学者对此有不同的观点，有的学者认为此类婚姻应属可撤销，③有的学者则认为其应属无效。④对此，笔者认为，虽然身份行为能力欠缺者实施的身份行为并不涉及公共利益，但其并非行为人自主决定的结果，而基本身份行为作为具有高度人身属性的法律行为，应体现当事人的自由意志。就此而言，将此类行为纳入无效制度更为妥当，而纳入可撤销制度则存在一定的不足，因为此种制度设计一般是规定当事人恢复常态后可将其撤销，然而，当事人能否恢复常态并不确定，如果一直未能恢复常态而使婚姻有效，则不仅有违意思自治原则，对于意思能力欠缺者利益的保护也有所不周。而对于认定无效所导致的完全否定身份行为的严厉后果，可通过补正制度缓和。上述结论对收养、协议离婚、协议解除收养等其他基本身份行为同样适用。

笔者主张身份行为能力的认定系以意思能力而非民事行为能力为标准，而民法典并未对意思能力欠缺情形下身份行为的无效设有明文，这使得上述结论在现行法上面临法律适用的难题。对此，笔者认为，这一问题可通过适

---

① 史尚宽：《亲属法论》，中国政法大学出版社，2000，第613~614页。
② 参见《德国民法典》第1314条第2款第1项、第1760条第2款第1项。
③ 马忆南：《民法典视野下婚姻的无效和撤销——兼论结婚要件》，《妇女研究论丛》2018年第3期。
④ 李昊、王文娜：《婚姻缔结行为的效力瑕疵——兼评民法典婚姻家庭编草案的相关规定》，《法学研究》2019年第4期。

用或变通适用《民法典》总则编的规定来解决。具体而言，在身份行为能力欠缺者同时也是无民事行为能力人时，可直接适用《民法典》总则编第144条认定此种行为无效。在其为限制民事行为能力人时，由于总则编第145条规定的"效力待定"这一后果不适用于身份行为，于此情形下应对该条变通适用，认定此种行为无效。至于在身份行为能力欠缺者为完全民事行为能力人的情形下，由于《民法典》总则编对此无相关规定，应认为存在法律漏洞，而鉴于意思能力与民事行为能力在本质上的同源性，可以类推适用第144条，认定此种行为无效。[①]

（三）特殊问题：虚假身份行为效力之探讨

所谓虚假身份行为，是指当事人并没有建立或解消社会一般观念上身份关系的意图，只是单纯为了追求所设想的目的利用法律规定的次要效果而实施的身份行为。包括虚假结婚、虚假离婚、虚假收养或虚假解除收养等，在实践中最为常见的是虚假结婚及虚假离婚即虚假婚姻行为。

关于虚假身份行为的效力，学界主要围绕虚假婚姻行为展开，主要有以下几种不同的观点。一是无效说。认为虚假婚姻的当事人并无结婚或离婚的真实意思，应认定为通谋虚伪行为，并依民法总则上的通谋虚伪行为规则认定其无效。我国台湾地区学者多持此观点，[②]我国大陆地区一些学者对此也表示支持。[③]二是可撤销说。认为虚假结婚仅是欠缺婚姻有效的私益要件，并未损害他人及社会公共利益，由当事人决定是否撤销比认定为无效更为妥当。[④]三是区别对待说。即对于虚假结婚，认为此种行为违背了婚姻制度的本质，因此属于无效婚姻；但对于虚假离婚，则认为当事人具有解除法律上婚姻关系的意思表示，并不存在虚假表示，故应为有效。[⑤]四是有效说。认为虽然

[①] 田韶华：《身份行为能力论》，《法学》2021年第10期。
[②] 史尚宽：《亲属法论》，中国政法大学出版社，2000，第192页；王泽鉴：《民法总则》，北京大学出版社，2009，第339页。
[③] 杨立新：《〈民法总则〉规定的虚假民事法律行为的法律适用》，《法律科学（西北政法大学学报）》2019年第4期。
[④] 贺剑：《意思自治在假结婚、假离婚中能走多远？——一个公私法交叉研究》，《华东政法大学学报》2022年第5期；金眉：《论通谋虚伪结婚的法律效力》，《政法论坛》2015年第3期。
[⑤] 蔡立东、刘国栋：《司法逻辑下的"假离婚"》，《国家检察官学院学报》2017年第5期。

虚假意思表示可以作为交易契约无效的理由，但对于婚姻而言则并不适用，"盖依方式公然缔结之行为，不能因私的密约左右其效力"。①

针对上述争议，笔者认为，对于虚假身份行为的效力问题，应当对创设性身份行为和解消性身份行为予以区别对待。

1. 虚假之创设性身份行为的效力

所谓虚假之创设性身份行为，主要指虚假结婚和虚假收养行为。这两类行为应为无效，原因有二。

一方面，虚假结婚和虚假收养在性质上属于通谋虚伪行为，应当适用《民法典》第146条的规定认定其为无效。所谓通谋虚伪身份行为，即当事人在通谋的基础上作出了虚假的意思表示。而所谓虚假意思表示，意指当事人虽然作出了追求特定法律效果的意思表示，但实际上内心并无效果意思，因此并不希望该表示发生法律效果。虚假结婚和虚假收养从表面上看确实有追求办理结婚或收养登记并取得相关身份的意思，但正如前文所述，创设性身份行为的效果意思具有特殊性，其需要具有发生婚姻或亲子共同生活关系的实质意思。而虚假结婚和虚假收养则仅仅具有形式意思，并不具有实质意思，在这一点上显然存在着虚假性。若仅依登记肯定结婚或收养的效力，不仅不符合当事人的意愿，也有违结婚或收养的本质。

另一方面，虚假结婚和虚假收养有违结婚和收养的本质，属于违反公序良俗的行为，应依《民法典》第153条第2款的规定认定为无效。法律保护婚姻、收养关系的目的在于促进夫妻、亲子之间的共同生活，正是这种实质意义上的共同生活体现了婚姻以及亲子关系的本质，其虽然未被明确写入法条中，但却是结婚或收养的题中应有之义。而在虚伪婚姻、收养的情形下，当事人约定不建立实质的夫妻或亲子共同生活关系，仅将婚姻或收养行为作为获得次生效果的工具，是对婚姻或收养制度之滥用，有违结婚或收养的本质，系对公序良俗的违反。

2. 虚假之解消性身份行为的效力

虚假之解消性身份行为主要表现为虚假离婚和虚假解除收养，其效力认定规则不同于虚假结婚和虚假收养。一方面，如前所述，对于解消性身份行

---

① 〔日〕栗生武夫：《婚姻法之近代化》，胡长清译，中国政法大学出版社，2003，第59页。

为而言，其效果意思在很大程度上体现为形式意思，并不要求具有实质性解消共同生活的意思。而在当事人办理离婚登记或解除收养登记的情形下，不可谓没有此项意思。就此而言，虚假离婚和虚假解除收养并不存在虚假意思表示，当事人要解除法律上身份关系的意思表示实际上是真实的（其所不愿解除的只是实质的共同生活关系）。①另一方面，所谓离婚不离家或解除收养不离家，既不违反公共政策，也不违反善良风俗，因此，不能认为未实质性解消共同生活关系违反公共政策。

然而，当事人单纯为追求相关单身待遇而假离婚，离婚不离家，这明显是一种违反诚信原则的行为，使当事人基于此种行为获得本不应当获得的利益，显然是对此种行为的纵容和鼓励，同时也使离婚制度沦为当事人谋求利益的工具，与社会一般观念多有不符。因此，需要对此种行为予以一定的规制。即虽然假离婚在婚姻家庭法上是有效的，但在当事人所要实现的某些特定目的领域（如征收补偿、购房等），则不能认其有效。

二 基本身份行为无效的补正

无效法律行为补正制度在基本身份行为中的适用具有重要意义。特别是对于创设性基本身份行为而言，从尊重既成身份事实的原则出发，在某些情形下，当事人已经建立的夫妻共同生活或亲子共同生活要比遵守法律所规定的前提条件更为重要。结合民法理论以及我国相关法律的规定，无效身份行为的补正事由主要有以下几种。

（一）无效事由的消失

从大陆法系国家及地区的法律规定来看，少有将无效事由的消失作为无效身份行为的补正事由，这在很大程度上与其秉承的无效法律行为不得因无效事由的消失而"起死回生"的理论一脉相承。②但对这一问题，需要辩证看待。正如前文所述，不同立法例对创设性身份行为无效或撤销事由的规定不

---

① 田韶华：《民法典编纂中身份行为的体系化建构》，《法学》2018年第5期。
② 但《俄罗斯联邦家庭法典》第29条规定，在审理确认婚姻无效案件时，如果法律不准结婚的条件已经消除，法院可以认定婚姻有效。

尽一致，我国法律上的无效事由，在有的立法例可能仅为可撤销事由，而在这些立法例中，障碍的消失则可以作为补正事由。如《日本民法典》（第745条第1项）即将达到法定婚龄作为婚姻撤销的补正事由。

《民法典》对无效基本身份行为的补正未设统一规定，但根据《民法典婚姻家庭编解释一》第10条，如果提起婚姻无效诉讼时法定的无效婚姻情形已经消失，则不再宣告婚姻无效。这意味着无效事由消失即为婚姻无效的补正事由。对此，笔者认为，将无效事由的消失作为补正事由符合身份法稳定身份关系的价值取向，值得肯定。而且这一制度不仅适用于结婚行为，也应当类推适用于其他身份行为。例如，对于收养行为而言，根据《民法典》第1098条，收养人需满足一定的条件，如其未患有在医学上认为不应当收养子女的疾病以及年满30周岁等。如果收养人在收养时并不符合上述条件，但事后其疾病得以治愈，或年满30周岁，则应当认为无效事由消失，收养转为有效。

值得讨论的问题是在无效事由具有违法性时其消失能否作为补正事由。这一问题在婚姻因重婚而无效的情形下尤具探讨价值，即在重婚者的合法婚姻因离婚或另一方配偶的死亡而不复存在时，则本应无效的重婚能否变为有效？对此，实务界存在不同的观点。有的法院主张为打击重婚这种违法行为，不应认可此种瑕疵治愈事由。① 但有的法院则持相反意见，认为前一段婚姻关系的解除能够使后一段婚姻关系变为有效。② 还有的法院认为，在第一段合法有效婚姻关系因办理离婚登记或法院的离婚判决而解除婚姻关系的情形下，重婚可以变为有效；而一方的死亡导致的第一段婚姻关系的终结则不能治愈重婚这一瑕疵。③ 从比较法的角度来看，有的立法例将前婚不复存在明确规定为补正事由，只是对可补正情形的规定不尽一致。如我国澳门地区民法将前婚的撤销作为补正事由，④《葡萄牙民法典》将前婚的无效和撤销作为补正事由（但其是将重婚作为可撤销婚姻处理），⑤ 而根据美国《统一结婚离婚

---

① 参见江苏高院2019年下发的《家事纠纷案件审理指南（婚姻家庭部分）》第7条。
② 参见广东省深圳市中级人民法院（2015）深中法民终字第1578号民事判决书。
③ 参见内蒙古自治区乌海市海南区人民法院（2019）内0303民初29号民事判决书。
④ 参见澳门地区民法第1506条。
⑤ 参见《葡萄牙民法典》第1633条第1款C项。

法》第207条（b）项，前婚的无效或解除均可作为补正事由。

对此，笔者认为，法律禁止重婚，目的在于贯彻一夫一妻制，保护合法的婚姻关系，而在重婚一方的前婚已经不复存在的情形下，从尊重既成身份关系的角度出发，应认为法定无效的事由已经消失，后婚的效力得以补正。① 至于前婚消灭的原因，原则上既包括离婚或重婚者的合法配偶死亡，也包括前婚因无效或被撤销而不复存在，上述情形在作为补正事由上不应有所区别。但需要注意的是，无效事由消失的补正不具有溯及力，身份行为的效力应自无效事由消失之日起产生。

（二）确认

无效身份行为因确认而有效，这在一些国家和地区的法律规定或判例上得到了体现。例如，在日本，已存在实质婚姻关系的夫妻之一方未经他方同意而进行婚姻申报，② 而他方配偶得知已为申报的事实后以明示或默示的方式表示追认，则婚姻因追认而溯及至申报之初有效。③ 此外，根据《德国民法典》第1315条第1款第2项及第3项，无行为能力原因排除后，或当事人恢复意识、排除精神障碍后，当事人明示继续维持婚姻的，婚姻不得废止。第1760条第3款对当事人无行为能力、无意思能力、精神障碍情形下收养的废止也作了同样的规定。在我国，"确认"作为补正事由，主要适用于身份行为因行为人欠缺身份行为能力而无效的情形。对此，有学者认为，于当事人恢复行为能力之后，即应认为无效情形消失，婚姻即有效。④ 但笔者认为，意思能力欠缺情形下实施的身份行为并不能反映行为人的自由意志，故意思能力恢复本身并不能导致无效情形的当然消失，只有行为人在恢复意思能力后明确表示维持身份行为效力的，效力瑕疵方能补正。故上述德国的立法例值得借鉴。

---

① 最高人民法院民一庭：《如何理解"法定的无效婚姻情形已经消失"》，载杜万华主编《民事审判指导与参考》（总第69辑），人民法院出版社，2017，第171页。
② 依《日本民法典》第742条，当事人未提出结婚申报的，婚姻无效。
③ 王融擎编译《日本民法条文与判例》（下册），中国法制出版社，2018，第695页。
④ 李昊、王文娜：《婚姻缔结行为的效力瑕疵——兼评民法典婚姻家庭编草案的相关规定》，《法学研究》2019年第4期。

（三）转换

无效身份行为转换主要在日本和我国台湾地区被讨论。在日本，学界对于无效身份行为的转换存在两种相反的观点。少数学者认为，身份法为强制性规定，不应允许依当事人的意思而任意转换，且无效身份行为的转换与户籍制度也多有不符。而多数学者则认为，认可转换有利于保护未成人的利益，符合立法精神。[①] 与理论界侧重于承认无效身份行为的转换不同，日本实务界对此一般持较为谨慎的态度。在司法实践中，对将虚伪的无效出生登记转换为有效认领一般予以肯定，但对其他情形下的转换则多持否定态度。如对将他人之子虚伪登记为自己所生之子的行为，司法实践并不认可其可转换为收养行为。究其原因在于，收养为要式行为，其以办理收养登记为要件，故将虚伪之出生登记转换为收养不为法律所认可。[②] 在我国台湾地区，学者对此问题的认识也不尽一致。有的认为，无效行为的转换对身份行为并无适用的余地；[③] 有的则认为，将收养自己非婚生子女的行为转换成认领，原则上应当被允许。[④]

对此，笔者认为，无效法律行为转换制度的理论基础在于意思自治和诚信原则，而这两项原则在身份行为领域同样具有适用的余地，且有效的身份行为在一定程度上能够维护身份关系的安定性和未成年子女的利益，故在理论上不宜一概否定该制度对于身份行为的适用。但从各类身份行为的性质来看，结婚、离婚并没有适用转换的余地，而从保护未成年子女利益出发，认领和收养这两类行为的转换则有承认的必要。但转换在身份行为中的适用应当注意以下问题。其一，当事人所实施的原本无效的身份行为必须具备另一身份行为的有效要件。就此而言，由形式要件要求较严格的身份行为转换为不要式的身份行为是可以的，但反之则不可以。例如，收养自己非婚生子女的无效收养可以转换为认领，但无效的认领则不能转换为收养。其二，在身

---

① 泉久雄「身分行為」星野英一編『民法講座』（第7卷）有斐閣、1988、43頁。
② 本山敦「虚偽の届出と無効な身分行為の転換」『法学教室』総382号、2012年。
③ 唐敏宝：《身分行为之研究——以身分行为之体系化为中心》，台湾政治大学1997年硕士学位论文，第169页。
④ 施启杨：《民法总则》，台湾三民书局，2011，第317页。

份行为因违反禁止性规范而无效的情形下，转换应符合禁止性规范的本意，即转换不能以降低善良风俗的标准或减少善良风俗的内容的方式认可原行为的效力。①

但上述原则的适用也并不是绝对的，从维护身份行为的公益性、安定性以及保护未成年子女利益的角度出发，也应当有所例外。例如，在我国台湾地区的一个案例中，当事人明知被认领子女与其无血缘关系，仍办理认领，并自幼抚养逾四十年，均以父子、父女相称。法院从身份行为的公益性及安定性的法益考量，将该无效认领转换为有效收养。②这一判决具有一定的借鉴意义。在实践中，确实存在出于各种原因而将无血缘关系的子女声称为自己的亲生子女并办理户口长期共同生活的情形，于此情形下，认领固然无效，但如果完全否认当事人之间的身份关系会严重破坏身份关系的安定性并使当事人遭受重大不利，则有认可转换为有效收养的余地。但此种转换仅适用于1992年《收养法》实施之前的"认领"，如果"认领"的事实发生在该法实施之后，则由于此时收养需登记方能成立，应通过办理补正登记的方式弥补。

三　基本身份行为无效的认定途径及请求权主体

（一）基本身份行为无效的认定途径

在民法理论上，无效法律行为系当然无效，无须法院宣告。那么，这一理论能否适用于身份行为？对此，学者们的见解有所不同。有的对此持肯定态度，认为婚姻无效为自始无效、当然无效，无须有关部门确认，仅在当事人之间就婚姻的效力发生争议向法院起诉时，才需要法院进行裁判。③有的则认为，虽然无效婚姻的后果是当然无效、绝对无效，但无效婚姻必须通过诉讼程序宣告，④"该判决特别为一项以使婚姻无效为目的的诉讼而设"。⑤换言

---

① 〔德〕维尔纳·弗卢梅：《法律行为论》，迟颖译，法律出版社，2013，第713页。
② 参见台湾地区"最高法院"2014年台上字第2301号民事判决。
③ 薛宁兰、谢鸿飞主编《民法典评注：婚姻家庭编》，中国法制出版社，2020，第84页。
④ 杨晋玲：《讼抑或非讼：无效婚姻与可撤销婚姻案件的审理程序问题探析——基于实证的分析》，《中华女子学院学报》2021年第2期。
⑤ 朱庆育：《民法总论》（第二版），北京大学出版社，2016，第234页。

之，未经法院宣告，任何人不得主张婚姻无效。

在比较法层面上，《日本民法典》未将法院宣告作为婚姻无效的必经程序，但《瑞士民法典》则有所不同，其第109条第1款规定，婚姻在法院作出无效宣告的判决后无效。在我国，《民法典》对此未设明文，但根据《民法典婚姻家庭编解释一》第9~16条，有权确认婚姻无效的机关为人民法院。而所谓无效婚姻"自始没有法律约束力"，是指无效婚姻在依法被确认无效时，才确定该婚姻自始不受法律保护。这意味着婚姻只有在被法院依法确认无效之后，才为自始无效。在此之前，任何人、任何机关均不得宣告婚姻无效，这与瑞士民法的规定相似。然而，对于无效收养，法律规定则有所不同，除法院可以宣告收养无效外，依《中国公民收养子女登记办法》第12条，民政部门也有权确认收养无效。[①]至于协议离婚和协议解除收养无效是否也采取宣告制，现行法未设明文。

笔者认为，我国目前对婚姻无效所采取的司法宣告制值得肯定，而且这一模式应当适用于所有的基本身份行为。首先，基本身份行为的无效意味着身份关系未形成或消解，这不仅事关当事人的利益，也事关子女、其他第三人的利益乃至公共利益，而且正如前文所述，基本身份行为并非只要存在无效事由即应被认定无效，其也存在经由补正而有效的可能性，故不能任由当事人主张无效。其次，基本身份行为多为要式行为，系经国家公权力机关的确认并经登记方有效成立，而基于登记的公定力、确定力，在未经法定程序撤销之时，任何个人均不得否定身份行为登记的效力。再次，采取当然无效的路径，会造成婚姻家庭秩序的混乱，也不利于被收养人等未成年子女的利益保护。例如，如果允许收养人以不符合收养实质要件为由自行主张收养无效，而拒绝对被收养人履行抚养义务，显然有违收养法的立法宗旨。[②]最后，无效宣告涉及无效及补正法律规范的适用，需要专业的法律知识，而这超出了行政机关的能力，赋予其径行认定无效的权力，有扩大行政权力之嫌。[③]综上所述，基本身份行为的无效均应由人民法院宣告，未经宣告，任何人不得主张其为无效。

---

① 该条规定："收养关系当事人弄虚作假骗取收养登记的，收养关系无效，由收养登记机关撤销登记，收缴收养登记证。"
② 靳羽：《要件欠缺收养关系的法律规制》，《人民司法》2010年第3期。
③ 李俊：《略论民法典中收养制度的设计》，《甘肃政法学院学报》2006年第1期。

（二）基本身份行为无效确认请求权的主体

1. 身份关系存在情形下无效确认请求权的主体

既然基本身份行为的无效请求需向法院主张，接下来的问题便是：何人有权主张？对此，无论是立法者还是学者，均主要围绕婚姻无效进行规定或讨论。笔者也首先对此进行分析。

就规定了婚姻无效制度的立法例而言，有权提起无效之诉之主体的范围不尽一致。总的来说，对于违反结婚实质要件的，各立法例一般赋予婚姻当事人、有关国家机关（包括主管机关或检察机关）以诉讼主体资格。如《瑞士民法典》第106条、《法国民法典》第184条、《日本民法典》第744条等即为典型例证。但对于未达法定龄情形下的无效婚姻，有的立法例（如我国台湾地区"民法"第989条）则将这一主体限于婚姻当事人或其法定代理人等。此外，对于婚姻当事人之外的第三人是否有权请求宣告婚姻无效，各立法例的规定也不尽一致。如瑞士、法国均允许利害关系人提起诉讼；日本则将第三人限制在当事人的亲属；而在我国台湾地区，对于法律未设明文者，在解释上有学者从绝对无效、当然无效的角度出发，认为任何人均得主张。①

在我国，《民法典》对可以诉请宣告婚姻无效的主体之范围未设明文，但根据《民法典婚姻家庭编解释一》第9条，这类主体包括婚姻当事人及利害关系人。此处的利害关系人因婚姻无效事由的不同而有所不同：以重婚为由的，为当事人的近亲属及基层组织；以未达法定婚龄为由的，为未达法定婚龄者的近亲属；以有禁止结婚的亲属关系为由的，为当事人的近亲属。对此，笔者认为，根据我国《民事诉讼法》第122条，起诉的条件之一即原告须是与本案有直接利害关系的公民、法人和其他组织。就此而言，上述解释第9条将诉请婚姻无效的主体确定为婚姻当事人和利害关系人，无疑是正确的。但从实际效果来看，我国目前对于婚姻无效请求权主体的规定尚有以下不足。一是国家干预不足。婚姻关系虽然是一种民事关系，但其所涉及的却不仅仅是婚姻当事人的利益，还有社会公共利益，而婚姻无效制度也正是为了维护婚姻中的公共利益。但根据上述第9条，除了重婚无

---

① 高凤仙：《亲属法：理论与实务》，五南图书出版股份有限公司，2005，第73~74页。

效的请求权主体包括基层组织，其他无效婚姻的请求权主体均限定于婚姻当事人及其近亲属。而在实践中，当事人除非感情不和，一般不会提起婚姻无效之诉；在未触及切身利益的情形下，当事人的近亲属也无动力提起无效诉讼。① 这使婚姻无效制度不能充分实现其目的。二是虽然规定基层组织可以提起因重婚而无效的申请，但并未明确基层组织的范围，学者们对此的理解也不尽一致。有的将其理解为村委会、居委会，有的则将其理解为当事人所在单位、居委会、村委会、妇联以及户籍管理机关等机构。② 即使村委会、居委会被公认为属于基层组织，但由于人员流动性大，其对所在辖区村民、居民的婚姻状况也未必有全面的了解，将其列为请求权主体并不具有可操作性。三是对于未达法定婚龄的无效婚姻而言，将利害关系人限于未达法定婚龄之当事人的近亲属也不尽妥当，因为婚姻是否有效对于已达法定婚龄者的近亲属而言显然也具有身份上的利害关系，故应将其与其他无效婚姻平等对待。

综上所述，笔者认为，有权诉请婚姻无效的适格原告应当根据婚姻无效的事由认定。（1）对于违反公共利益的无效婚姻（即违反结婚实质要件的婚姻），适格原告应为婚姻当事人、利害关系人以及有关国家机关。此处的利害关系人应当是身份行为无效而致其身份地位或利益受直接影响的人亦即当事人的近亲属。对于此处的国家机关，考虑到民政部门具有婚姻管理的行政职责，将其列为适格当事人较为妥当。（2）对于不涉及违反公共利益的无效婚姻，诉请宣告无效的主体不应包括国家机关，而仅应为婚姻当事人及利害关系人。

收养与婚姻无效的情形相似，故上述结论对收养也适用。至于解消性身份行为，其后果为解消身份关系而非创设身份关系，不像创设性身份行为那样关乎公共利益，故没有必要将国家机关列为起诉主体。

2. 身份关系解消情形下无效确认请求权的主体

在无效身份行为被宣告无效之前，其身份关系可能因一方或双方死亡、

---

① 马忆南：《民法典视野下婚姻的无效和撤销——兼论结婚要件》，《妇女研究论丛》2018年第3期。
② 杨立新：《亲属法专论》，高等教育出版社，2005，第103页；最高人民法院民法典贯彻实施工作领导小组主编《中华人民共和国民法典婚姻家庭编继承编理解与适用》，人民法院出版社，2020，第84页。

离婚、解除收养等而先行解消，于此情形下，是否仍然可以提起请求确认身份行为无效的诉讼，又应当如何确定请求权主体的范围，是一个需要研究的问题。对此，各国及地区的规定有所不同。如依《瑞士民法典》第106条第2款，婚姻解消后，主管机关不再依职权追诉其无效，但利害关系人仍得请求宣告婚姻无效。美国《威斯康星州州法》则规定，在婚姻一方当事人死亡后，婚姻不得再被废止。[1]在该州发生的一起涉及配偶一方死亡后其子女就其生前婚姻主张无效的诉讼中，初审法院即以上述规定为依据驳回诉请，但上诉法院认为，允许法院在当事人一方死亡后宣告婚姻无效符合婚姻上的公共政策和立法意旨。[2]

对此，笔者认为，在身份关系已经解消的情形下，由于不再危及公共利益，作为公权力机构的民政部门不得再诉请身份行为无效。然而，身份行为的有效与否即使在身份关系解消后仍有可能对当事人或利害关系人的身份利益产生影响，故应视情形决定是否有宣告无效的必要。具体而言，在身份行为因离婚、解除收养而解消的情形下，当事人之间的财产关系和身份关系已经得到清算，身份关系已经不复存在，故原则上不应允许再提起无效之诉。而在身份行为因当事人一方或双方死亡而解消的情形下，身份关系是否存在直接关涉生存方或利害关系人的身份利益，故仍有必要允许当事人或利害关系人提起无效之诉。对此，在我国，《民法典婚姻家庭编解释一》第14条即针对婚姻无效情形对此种诉讼予以肯认。[3]在笔者看来，上述规定也应当类推适用于其他身份行为。例如，在收养或协议解除收养无效的情形下，即使收养人已经死亡，但相关身份行为有效与否涉及被收养子女能否回归原生家庭，以及能否继承收养人遗产的问题，故被收养人或利害关系人可以提起确认无效之诉；在协议离婚无效的情形下，即使一方当事人已经死亡，但协议离婚有效与否直接关系到另一方当事人能否继承死者遗产的问题，故生存一方或利害关系人可以提起确认离婚无效之诉。此外，任意认领也存在同样的问题。正如日本一则判例指出的那样，亲子关系是身份关系之基本法律关

---

[1] 参见 Wisconsin Statutes, § 767.313（2）。
[2] *Ellis v. Estate of Toutant*, 2001 WI App 181, 247 Wis. 2d 400, 633 N.W. 2d 692.
[3] 该条规定："夫妻一方或者双方死亡后，生存一方或者利害关系人依据民法典第一千零五十一条的规定请求确认婚姻无效的，人民法院应当受理。"

系，被认领人就确定亲子关系不存在享有法律上的利益，因此，即使在认领人死亡后，也允许被认领人提起认领无效之诉。①

四 基本身份行为无效确认请求权的限制

（一）限制身份行为无效确认请求权的正当性

由于身份关系是一个继续性的法律关系，生活在其中的人们不仅有人身结合、财产结合，还有情感上全身心的付出，一旦其被宣告无效，不仅意味着现实利益的丧失，也意味着期待利益的丧失，难免会发生与道德伦理相悖的结果。以下的三个典型案例就充分说明了这一问题。

一是江苏省盱眙县人民法院审理的一起案件。在该案中，鲍某与植某于1985年3月举行结婚仪式并开始共同生活。1992年鲍某起诉离婚，一审法院判离，1993年二审调解和好。1993年鲍某离家出走后，与秦某共同生活，并于1996年生育一女，于2015年与秦某领取结婚证。2018年鲍某遭遇交通事故死亡，肇事者应付死亡赔偿金60万。2019年植某诉诸法院，请求宣告秦某与鲍某的婚姻无效。法院给予了支持。②

二是安徽省六安市金安区人民法院审结的一起案件。在该案中，儿子冉某申请其已去世的父亲与继母之间持续30年的婚姻无效，理由是他们是三代以内的旁系血亲，而冉某自小与其父和继母共同生活。法院对其无效请求给予了支持。③

三是四川省广安市中级人民法院审理的一起案件。在该案中，54岁的单身汉方某（小时患过脑膜炎，留有后遗症）于1993年即其31岁时，收养一名女婴并在家人的帮助下将其抚养成人。23年后，已出嫁的养女将方某告上法庭，要求认定这段收养关系无效。两级法院均认为收养无效，因为该"收养"不符合收养的条件（主要是方某作为无配偶者，与养女的年龄未相差40周岁以上）。④

---

① 王融擎编译《日本民法条文与判例》（下册），中国法制出版社，2018，第734页。
② 参见江苏省盱眙县人民法院（2019）苏0830民初558号民事判决书。
③ 参见安徽省六安市金安区人民法院（2016）皖1502民初3968号民事判决书。
④ 案例引自《法律收养无效 难抹养育之恩》，https://www.sohu.com/a/122205421_442411，最后访问日期：2022年4月5日。

上述三起案件的判决可以说都是严格按法律规定作出的裁判，但从价值导向看，其裁判结果均有待商榷。在第一起案件中，植某虽然是死者的合法丈夫，但其在妻子离家与他人生活26年的情形下并不提起无效之诉，直至确定死亡赔偿金归属时方出现，夺财目的不言而喻。在第二起案件中，被继母抚养长大的继子在父亲死后诉请婚姻无效，其争夺遗产的目的不言自明。在第三起案件中，被养父抚养长大的养女不起诉解除收养，而诉请收养无效，不能不使人怀疑其有逃避赡养义务的动机。上述案件中的当事人主张无效的目的显然有违公序良俗和诚信原则，对其诉讼请求予以支持，存在将法律变成谋取个人利益的工具之危险，有违正义原则。就此而言，笔者认为，应对当事人诉请无效的请求权予以一定的限制。

（二）身份行为无效确认请求权限制的路径

对于婚姻或收养无效宣告的限制，《德国民法典》的相关规定可资借鉴。例如，其第1761条第2款规定，收养关系之废止将对养子女之利益有严重危害者，不得终止之，但为收养人之重大利益，而有废止之必要者，不在此限；第1316条第3款规定，对于婚姻违反结婚实质要件，且不存在应使该婚姻例外地继续维持之情形（即废止婚姻对一方或子女有重大不利），主管机关有义务提出废止之申请。言外之意，如果废止婚姻对一方或子女有重大不利，则该婚姻应例外地继续维持。上述规定虽然系针对婚姻和收养的废止而设，且第1316条限制的主要是管理机关的废止权，但其立法精神具有一定的借鉴意义。而且结合前文所述三个案例，这一精神的适用范围还可以进一步扩张。

在笔者看来，于认定婚姻、收养等创设性身份行为无效的情形下，鉴于婚姻、收养关系中不仅存在当事人的利益，特别是被收养人、未成年子女这些应受婚姻家庭法特别保护之人群的利益，也存在社会公共利益。就此而言，对于婚姻、收养这类创设性身份行为，在无效的认定上应当引入利益衡量原则及诚信原则，具体如下。第一，如果认定无效将对婚姻当事人、未成年子女或收养人（在养子女经其抚养成年的情形）造成重大不利，而认定其有效并不会对第三人或社会公共利益造成重大不利，则应例外地认定其有效。在江苏省南通市通州区的一起案件中，法院否定了原告监护人诉请的宣告原告持续40多年的收养无效，在法院所阐述的原因中，就有为收养人利益以及公序良俗的考量，这值得肯定。① 其二，在无效事由是当事人为追求身份行为的后果而有意造成的，而认定有效并不危及社会公共利益时，则依禁反言原则应禁止当事人提起无效主张。其三，在主张无效的一方有违诚信原则，而被主张的一方为善意诚信者时，即使法院宣告无效，也应当在结果上将无效身份行为视为有效行为，以维护诚信一方的利益。②

基于上述认识，对于前文所述的第二个、第三个案例，主张无效一方的非诚信因素至为明显，且宣告身份行为无效对于夫妻之间生存一方以及收养人存在着重大不利，故不应支持原告的无效确认请求权。对于第一个案例，认定后婚有效将对前婚中的合法配偶产生重大不利，故仍应认定后婚无效。但即使如此，鉴于植某在长达26年的时间里不主张婚姻无效，其作为非诚信一方应受到法律的否定性评价。而秦某为善意诚信当事人且已与死者形成稳定的生活关系，在后果上应将无效婚姻作有效婚姻对待，以保护其作为善意诚信者的利益。

第三节 基本身份行为的撤销

一 基本身份行为撤销事由的类型

（一）基本身份行为撤销事由的确定标准

虽然可撤销法律行为也属于效力瑕疵的法律行为，但其与无效法律行为有所区别。一方面，无效行为在理论上属于当然无效、确定无效，即使当事人没有请求，法院在审理案件时也应当主动宣告无效；而可撤销行为则在撤销权人行使撤销权后才自始无效。另一方面，无效制度的目的主要在于维护社会公共利益和国家意志；而可撤销制度的目的则在于保障意思表示符合当事人的真实意志，从而维护"自由"价值的实现。③ 因此，如果说无效制度是

---

① 参见江苏省南通市通州区人民法院（2020）苏0612民初630号民事判决书。
② 夏昊晗：《诚信原则在"借违法无效之名毁约"案型中的适用》，《法学》2019年第6期。
③ 申晨：《论婚姻无效的制度构建》，《中外法学》2019年第2期。

公益性质的，那么可撤销制度则是私益性质的。

然而，各国及地区对身份行为撤销的规定则并未完全体现出上述原则。例如，在采单一撤销制的立法例中，撤销事由也包括对公共利益的违反（如德国、葡萄牙等国家的民法均将存在禁止性障碍的婚姻列为可撤销婚姻）；即使是采无效和撤销双轨制的日本民法，也对上述原则予以突破。如《日本民法典》所列举的婚姻或收养无效事由仅限于欠缺意思表示及形式要件这两类事由，而撤销事由除意思表示瑕疵这类传统的撤销事由外，还包括违反结婚或收养禁止性要件的情形。①

对此，笔者认为，正如日本我妻荣教授所言，在特定的场合，法律行为应当作为无效还是可撤销，是一个立法政策问题，②故上述立法例乃是建立在各国及地区不同立法政策的基础上，对于我国并不具有当然的借鉴意义。我国民法典既然选择了无效和撤销双轨制，那么，二者之间即应当有一个界分的基准，从前文所述身份行为无效事由的判断标准来看，将这一基准界定为是否事关公共利益及身份行为本质，较为妥当。即身份行为无效的事由原则上应当限制在违反公共利益以及身份行为本质的情形下，而那些并不涉及公共利益或身份行为本质的瑕疵则应归入撤销事由。就此而言，身份行为可撤销制度不仅有保障当事人意思自治的功能，还可以收纳不具有无效必要性的瑕疵身份行为，以实现个人利益与家庭共同体利益平衡，这使得可撤销身份行为的制度设计较民事法律行为之制度设计有所不同。

在上述认识的基础上，身份行为的撤销事由除了欺诈、胁迫等意思表示瑕疵事由，还包括对不涉及公共利益以及身份行为本质的身份行为有效要件的违反，由于后者主要发生在收养领域（如收养行为欠缺同意权人的同意、父母未共同送养等），并不具有普遍性，笔者在此不再详述。以下仅针对意思表示瑕疵这一共通的撤销事由作出分析。

（二）应予关注意思表示瑕疵的基本身份行为类型

首先需要解决的问题是：是否所有的身份行为均应关注意思表示的瑕

---

① 参见《日本民法典》第742~747条、第803~807条。
② 〔日〕我妻荣：《新订民法总则》，于敏译，中国法制出版社，2008，第360页。

疵？考察比较法上关于基本身份行为意思表示瑕疵类型的规定，会发现各立法例在这一问题上规定不一。在身份行为类型较为齐备的日本和我国台湾地区，前者对于结婚、收养、协议离婚、协议解除收养的意思表示瑕疵均予以规定；而后者虽然对除了结婚行为的其他身份行为中的意思表示瑕疵未设明文，但在解释上和司法实践中，则认为其均可以适用"民法"总则关于法律行为意思表示瑕疵的规定，或类推适用亲属编关于结婚意思表示瑕疵的规定。[①]此外，在规定了任意认领的立法例中，对其意思表示瑕疵，有的予以规定（如瑞士、葡萄牙、奥地利的民法典），有的则未设明文（如日本民法及我国台湾地区"民法"）。

笔者认为，除任意认领外，其他基本身份行为的意思表示瑕疵问题均应受到关注。

应当关注结婚行为的意思表示瑕疵自无须多言，对于应当关注协议离婚、收养、协议解除收养等身份行为的意思表示瑕疵，其正当性可以从学者争议较大的对协议离婚的分析中证成。对于协议离婚行为，有学者认为，离婚登记本是私法公法化的结果，其中的意思表示不同于民法上的意思表示，不能适用民法中的意思表示瑕疵理论。对协议离婚当事人的离婚意思应采表示主义而非意思主义，不允许以意思表示有瑕疵为由撤销离婚登记。[②]这一观点的问题在于：结婚登记与离婚登记的性质相同，为何经登记的结婚可因意思表示瑕疵而撤销，经登记的离婚就不可以呢？事实上，协议离婚与结婚一样，都是高度人身性行为，且离婚对当事人的重要性不亚于结婚，故对于协议离婚，亦应强调当事人意思表示的真实性，存在意思表示瑕疵的离婚行为之效力应当受到影响。同理，收养和协议解除收养以及收养中第三人的同意等均事关当事人身份关系的重大变动，也应对其意思表示瑕疵问题予以应有的关注。

但是，对于任意认领而言，即使其存在意思表示瑕疵，也不应影响认领的效力。主要原因如下。一方面，任意认领作为身份行为，其发生效力不仅需要有认领人的意思表示，还需要认领人与被领人之间有自然的血缘关系。如果仅

---

① 史尚宽：《亲属法论》，中国政法大学出版社，2000，第12页。
② 邹双卫：《论意思瑕疵对离婚登记效力的影响》，《广东广播电视大学学报》2005年第1期。

仅因为认领人存在意思表示瑕疵就撤销认领的话,那么与撤销权人具有真实血缘关系的非婚生子女的利益将不能得到保障,立法目的就不能得到实现。另一方面,认领不仅有任意认领,也有强制认领,即使任意认领因意思表示瑕疵而被撤销,法院依然可以通过判决强制其认领,这样看来,法律没有必要对认领中的意思表示瑕疵问题予以关注。换言之,只要具有真实的血缘关系,即使存在欺诈、胁迫等意思瑕疵,也不影响认领的效力。只有在有事实足以认定认领人非生父时,认领方可撤销,以兼顾血统真实原则及人伦亲情的维护。[①]

(三)基本身份行为领域应予关注的意思表示瑕疵类型

从我国民法典总则编的规定来看,作为可撤销事由的意思表示瑕疵主要包括重大误解、受欺诈、受胁迫以及显失公平等几种类型,那么,上述意思表示瑕疵类型在基本身份行为制度中是否均应受到关注?考察比较法上对基本身份行为意思表示瑕疵类型的规定,可以看到,各身份行为中意思表示瑕疵的类型颇不一致。就结婚行为而言,《德国民法典》规定的意思表示瑕疵类型最多,包括结婚时不知其结婚、欺诈、胁迫、虚伪表示;《日本民法典》则仅规定了欺诈、胁迫,虽未规定虚假表示,但在解释上一般认为其第742条第1项中的"因认错人等而无结婚的意思"的表述涵盖了虚假表示;意大利和葡萄牙的民法典均规定了胁迫、错误、虚伪表示,但未规定欺诈;《法国民法典》规定了错误和胁迫,未规定欺诈和虚假表示;我国台湾地区"民法"仅规定了欺诈、胁迫;《瑞士民法典》则仅规定了错误和欺诈;在美国和英国,普通法上的欺诈、胁迫等同样是婚姻可撤销的事由。就收养行为或收养中的同意之意思表示瑕疵而言,《日本民法典》规定了欺诈、胁迫、认识错误及虚假表示;《奥地利普通民法典》规定了欺诈、胁迫;《德国民法典》规定了欺诈、胁迫、当事人认识错误等。[②]

[①] 林秀雄:《家族法论集》(二),汉兴书局有限公司,1995,第212页。
[②] 以上内容参见《日本民法典》第742条第1项、第747条、第764条、第802条、第808条、第812条、第785条,《德国民法典》第1314条、第1760条,《法国民法典》第180条,《瑞士民法典》第107条、第260a条,《意大利民法典》第122条、第123条、第265条,《葡萄牙民法典》第1628条、第1635条、第1990条、第1860条,《奥地利普通民法典》第201条、第154条,台湾地区"民法"第997条、第1070条。另参见 Matrimonial Causes Act 1973, Sec. 12(c); California Family Code, Sec. 2210; New York Domestic Relations Law, Sec.7。

各立法例所呈现出的差异固然说明，没有一种立法例将民法总则中的所有意思表示瑕疵类型均适用于身份行为，但从另一个侧面也说明，各类意思表示瑕疵在各身份行为中都有可能存在。那么，我国法律对于可撤销身份行为的意思表示瑕疵类型应作何种选择？应当看到的是，在我国民法典所规定的意思表示瑕疵类型中，"显失公平"之于基本身份行为的不适用性，以及"胁迫"之于基本身份行为的可适用性，自无须赘言，"通谋虚伪"身份行为的效力在无效制度中已经解决，在此亦不予赘述。问题在于欺诈、重大误解等瑕疵类型是否适用于基本身份行为。为论述的方便，笔者首先以结婚行为为例予以分析，再对所得结论在其他身份行为中的适用性予以探讨。

1. 欺诈

如前所述，诸如法国、意大利、葡萄牙、西班牙等国家和地区的民法典均未将欺诈作为婚姻效力瑕疵的事由，究其根本，依葡萄牙学者的见解，主要是因为欺诈作为效力瑕疵事由，要考虑欺诈方的恶意，然而，结婚并不考虑受意人的主观状态，关键在于判断根据一般观念是否存在尽管表意人有错误但依然有使婚姻发生效力的正常意思，因此，在结婚中欺诈没有意义。[①]但这并不意味着欺诈在这些国家和地区就完全脱离了家庭法的规制，事实上，其化身为"错误"为家庭法所关注，即在一方隐瞒患有不能治愈的重大疾病或遗传性传染病的情形下，允许当事人基于错误撤销婚姻或使婚姻无效。对此，笔者认为，将结婚欺诈通过"错误"予以规制在一定意义上减轻了表意人的举证责任（因为主张错误的表意人不需要证明对方存在故意），有利于对表意人利益的保护。然而，"错误"的构成不强调相对方的恶意，且不能为受欺诈方的损害赔偿请求权提供依据，这使法律对欺诈这种恶意行为应有的否定性评价不能得到体现。就此而言，欺诈仍有必要成为独立的婚姻瑕疵事由。

2. 重大误解

如前所述，各国和地区对婚姻"错误"的规定有所不同，未规定婚姻欺诈的立法例，一般将错误作为婚姻效力瑕疵的事由；反之，则对错误未予关

---

① 〔葡〕威廉·德奥利维拉、弗朗西斯科·佩雷拉·科埃略：《亲属法教程》，林笑云译，法律出版社，2019，第231页。

注或仅予有限关注。在我国，一些学者对此持反对观点，理由有二。一是基于结婚的要式性和内容的法定性，无论是表示错误还是内容错误，均不适用于结婚行为。对于一方当事人基本情况的认识错误，在该方有告知义务时，则可以认定其为欺诈。①二是基于婚姻行为的严肃性以及当事人的亲密关系，婚姻当事人应当在婚前，对结婚对象进行亲自、长期、细致及谨慎的考察及评价。如果未尽上述合理注意义务，则不得以重大误解为由主张婚姻的撤销。②笔者认为上述观点值得商榷。首先，虽然基于登记行为的要式性和婚姻内容的固定性，一些发生在财产行为中的错误的确不可能发生在结婚领域，但这并不意味着错误在结婚行为中就没有意义。在当事人对影响夫妻共同生活的重大事项（例如对方在性和生育方面的疾病）发生错误认识，但不能证明对方存在欺诈故意时，允许当事人以错误主张撤销，这可以使其利益得到保护。其次，就结婚行为而言，不应对当事人课加所谓的"合理注意义务"，该义务系针对理性经济人而设，是为了自己的利益而应尽的谨慎注意义务。但结婚恰恰是一个非理性行为，要求当事人对结婚对象尽到像对交易对象那样的谨慎、注意义务，显然有悖于婚姻的本质。综上所述，结婚行为中的错误或重大误解这种意思表示瑕疵应当被关注。③

3. 真意保留

所谓真意保留，即表意人故意作出不符合内心真意的意思表示。尽管我国民法典总则编对真意保留并未设明文，但通说认为其也系意思表示瑕疵的一种。许多国家和地区的民法典对此设有明文，如《德国民法典》第116条规定，在一方存在真意保留的情形下，其意思表示并不因之而无效，但相对人明知其非真意的除外。对于财产行为而言，这样的规定起到了平衡双方当事人利益的作用，值得肯定。然而，上述真意保留规则对结婚行为并不适用。究其原因在于，结婚行为系要式行为，具有严肃性，只要当事人依法定形式表达了结婚的意愿并在形成合意的基础上办理了结婚登记，结婚登记即

---

① 李昊、王文娜：《婚姻缔结行为的效力瑕疵——兼评民法典婚姻家庭编草案的相关规定》，《法学研究》2019年第4期。
② 申晨：《论婚姻无效的制度构建》，《中外法学》2019年第2期。
③ 冉克平：《论意思自治在亲属身份行为中的表达及其维度》，《比较法研究》2020年第6期。

具有公定力，无论相对方是否知其真意，均不影响结婚的效力。①故真意保留在结婚行为中不应当受到关注。

综上所述，在可撤销婚姻制度中应予关注的意思表示瑕疵类型主要有欺诈、胁迫、重大误解。上述结论在理论上也可以适用于结婚之外的其他身份行为，但具体能否适用，还要依据各具体身份行为的特质进行分析。例如，就协议离婚、协议解除收养这类解消性身份行为而言，其成立上的要式性、内容的单纯性以及当事人之间的既定身份关系，均决定了不可能发生针对身份行为的认识上的错误，故在解消性身份行为中无须关注重大误解这一意思表示瑕疵类型。

二 基本身份行为撤销事由的认定

虽然基本身份行为的意思表示瑕疵事由与财产行为的并无二致，但在判断上并不能完全适用财产行为的规则，而应结合身份行为的特质作出认定。为论述的方便，笔者以下仍然首先以结婚行为为例展开讨论。

（一）欺诈

所谓欺诈，系指任何一个有意识地引起、强化或维持他人不正确设想的行为。②根据《民法典总则编解释》第21条，构成民事欺诈一般需要满足四个要件：一是存在告知虚假情况或者有告知义务的人隐瞒真实情况的虚假陈述行为，二是行为人在主观上存在故意，三是相对人因受欺诈而陷入错误，四是相对人因错误而作出意思表示。在上述四个要件中，最为重要的是虚假陈述的认定。对此，《民法典》及相关解释未设明文，借鉴两大法系的民法理论，主要可以从以下几个方面予以认定：（1）该虚假陈述必须指向某种"事实"，主观上的价值判断即使有夸大的成分也不构成欺诈；（2）该事实应为能够对当事人作出决定具有实际影响的"重要事实"；（3）该虚假陈述具有违法性，如果反于真实的陈述或沉默针对的是某个不具有合法性的问题（如

---

① 冉克平：《论婚姻缔结中的意思表示瑕疵及其效力》，《武汉大学学报》（哲学社会科学版）2016年第5期。

② 〔德〕维尔纳·弗卢梅：《法律行为论》，迟颖译，法律出版社，2013，第644页。

涉及隐私），则并不构成欺诈。

上述理论也可以适用于结婚行为，其中对虚假陈述的"事实性"以及"违法性"的认定较为简单。对前者，如果一方当事人为了达到结婚的目的欺骗对方自己很爱对方，则由于"爱"是一个极具主观性的价值判断，此种"欺骗"并不构成法律上的欺诈；对后者，一方当事人针对涉及他人个人隐私且并不涉及对方利益的问题保持沉默也不构成欺诈。然而，至于何种虚假陈述具有重要性，以至于对一方当事人的结婚决定具有实际意义，则存在认定上的困难。学者对此认识不一。有的学者认为，对患有不宜结婚的疾病、犯罪行为，或长期的赌博、吸毒等恶习，或性取向与性功能障碍等方面的隐瞒，均可以认定为欺诈；但对于财产状况、道德品质的虚假陈述，则并非欺诈。① 有的学者认为，一方故意隐瞒真实身份或姓名、实际年龄、生理缺陷、恶劣品质、婚史等，均构成结婚欺诈。②

对此，应当看到的是，虽然理想的婚姻建立在爱情的基础上，但并不能排除一些客观因素对于结婚决定的影响，诸如社会地位、家庭、财产、学历、职业以及身体健康状况等均可能成为择偶的考量因素。那么，这些因素是否均可作为结婚欺诈的基础呢？从比较法来看，答案是否定的。如《德国民法典》第1314条第2款第3项将结婚欺诈界定为"受欺诈之人，若知悉其实际情形及结婚本质之价值者，即不同意结婚"的情形，但"欺诈涉及财产关系或由第三人所为，而他方配偶不知情者，不在此限"。在美国，一般认为，法律对一个人的婚姻地位有正当的和合法的关注，故能导致婚姻被废止的必须是能够直接影响一般婚姻关系的欺诈，而非仅仅能引起废止特定婚姻的欺诈。质言之，虚假陈述只有涉及婚姻的本质（the very essential aspect of marriage）时，才构成欺诈。③ 可见德国和美国均将"婚姻的本质"作为认定结婚欺诈的标准。这也为许多国家和地区的立法或司法实践所认可。

笔者认为，基于婚姻制度的严肃性、伦理性及效果的复杂性，法律必

---

① 申晨：《论婚姻无效的制度构建》，《中外法学》2019年第2期。
② 冉克平：《论婚姻缔结中的意思表示瑕疵及其效力》，《武汉大学学报》（哲学社会科学版）2016年第5期。
③ Kerry Abrams, "Marriage Fraud," *California Law Review* 100（2012）: 1.

须保障其格外稳定。鉴于个人对婚姻的多元化期待，如果将当事人认为的所有对结婚具有"重要"意义的事实均作为欺诈认定基础的话，则这不仅使爱情以外的结婚原因具有法律上的正当性，也使婚姻成为满足个人期待的工具，显然有违公共政策。就此而言，上述立法例中的"婚姻本质"之客观标准具有一定的合理性。所谓婚姻的本质，应当理解为夫妻排他而永久的共同生活。故基于婚姻伦理和诚信原则可能对夫妻共同生活产生影响的事实，均应认定为涉及婚姻本质的重要事实，这既包括与性和生育有关的事实（如不孕不育、不欲生育子女以及结婚时已与他人怀孕的事实等），也包括身体或精神上的重大恶疾，还包括重婚、个人身份等其他涉及夫妻共同生活的事实。对于上述重要事实，结婚当事人有告知对方的义务，故意隐瞒或作不真实陈述即构成婚姻欺诈。至于一方事人针对社会地位、财产、个人性格、职业等的虚假陈述，由于与婚姻的本质无关，不构成欺诈。

至于第三人为欺诈的情形，依《民法典》第149条，只有相对人知道或者应当知道该欺诈行为的，受欺诈方始得撤销该民事法律行为。德国、日本民法以及我国台湾地区"民法"也有类似规定，但能否适用于身份行为，相关规定有所不同。以结婚行为为例，在日本，一般认为，在第三人欺诈的情形下，无论相对人是否知情，受欺诈方均得撤销婚姻。①依《德国民法典》第1314条第2款第3项，仅在相对人知情时，受欺诈方始得撤销。在我国台湾地区，有学者认为，在因第三人欺诈而离婚的情形下，在相对人明知其欺诈之事实时，受欺诈方始得撤销。②对此，笔者认为，在我国，《民法典》第149条在基本身份行为中应作变通适用，即受欺诈方撤销身份行为应以相对人实际知情为限。盖相对人实际知情即相当于和第三人恶意串通或利用第三人损害受欺诈人的利益，不应对其保护；但在其并不知情时，不能仅以其"应当知情"而允许撤销。财产行为强调相对人的"应知"，主要目的在于减轻受欺诈方的举证责任，体现出对受欺诈方更为优先的保护。③而基本身份行为重当事人的意思自治，仅以"应知"而允许撤销婚姻有害

---

① 史尚宽：《亲属法论》，中国政法大学出版社，2000，第265页。
② 史尚宽：《亲属法论》，中国政法大学出版社，2000，第431页。
③ 〔德〕维尔纳·弗卢梅：《法律行为论》，迟颖译，法律出版社，2013，第647页。

于相对人的意思自由。但需要注意的是，即使相对人对于第三人的欺诈并不知情，但在第三人欺诈的内容系相对方有告知义务而其未予告知时，相对人本人构成欺诈。

上述结论虽然针对结婚行为而言，但同样适用于其他基本身份行为。在此认识的基础上可以对基本身份行为中欺诈的认定标准作如下归纳：所谓身份行为欺诈，应当是针对与身份关系本质有关的重要事实的恶意虚假陈述，至于与身份关系本质无关的事实的虚假陈述则不构成欺诈。对于收养而言，其重要情况一般包括当事人的身份、被收养子女的健康状况、收养人实施收养的意图①以及《民法典》第1098条所涉收养人应具备的条件等。至于收养人、被收养人的财产状况并不构成认定欺诈的因素。②对于协议离婚、协议解除收养或协议解除继亲子行为而言，由于其目的和内容较为单一，欺诈主要表现为对解除决定的作出具有决定性意义的虚假陈述。此处之"决定性意义"应为在客观上具有重要意义者，至于个人主观意义上的事项，如一方欺骗对方自己患了重大疾病、自己与他人婚外同居等均非客观上具有重要意义者，但如果一方欺骗对方为了某种目的暂时离婚再复婚，使对方相信并同意离婚，则此行为构成欺诈。

（二）胁迫

所谓胁迫，是当事人一方以未来危害的发生相要挟，迫使对方当事人同意实施法律行为。关于胁迫的认定，依《民法典婚姻家庭编解释一》第18条，其主要表现为行为人以给对方当事人或者其近亲属的生命、身体、健康、名誉、财产等方面造成损害为要挟，迫使另一方当事人违背真实意愿结婚的情形。据此，胁迫的构成需要以下条件：一是行为人存在上述胁迫行为并表现出目的或方式上的不法性，二是行为人存在要挟讹诈的故意，三是使相对人陷入恐惧，四是相对人基于恐惧作出不符合真意的意思表示。对于上述理解在身份行为中的适用有以下问题需要分析。

---

① Michael J. v. L. A. City Department of Adoptions, (1988) 201 C. A. 3d 859, 876.
② 《德国民法典》第1760条第4款规定："因重要情况受恶意欺诈所为之收养，如对收养人或养子女就财产关系所为之欺诈，或欺诈系申请权人或同意权人不知情，或非由申请权人或同意权人且非由中介收养人所为之欺诈者，不得废止之。"

其一，胁迫的主体。如同财产行为一样，身份行为中胁迫的主体也包括当事人一方以及第三人。在第三人为胁迫时，胁迫对表意人意思自由影响甚大，故对受胁迫方予以优先保护。即如《民法典》第150条所规定的那样，无论相对人是否知情，受胁迫方均可行使撤销权。该条亦可适用于基本身份行为。应予注意的是，对于婚姻关系而言，当事人往往屈从于父母的意志而选择结婚或离婚，这是否构成胁迫？对此，《法国民法典》持肯定态度，其第180条第1款规定，对夫妻双方或者其中一方实施强制，包括当事人出于对某个直系尊血亲的敬畏而被强制，构成婚姻无效之情形。而葡萄牙民法理论则认为，担心惹恼自己应当顺从和尊重的人（主要是父母）而结婚，系单纯的敬畏，不构成胁迫。①《西班牙民法典》第1267条第4款则明确规定，敬畏和屈服不是合同无效和撤销的原因。笔者认为，来自父母的强制的确会给身份行为当事人施加极大的精神压力，但当事人之所以会选择屈服，主要是因其不愿使父母不悦或希望顺父母之意，尚不能认定为胁迫。

其二，胁迫的内容。对此，各国和地区的规定有所不同。以针对结婚的胁迫为例，根据《巴西新民法典》第1558条，其是指基于重大的灾祸或对受胁迫人自己、家人的生命、健康、名誉的重大和逼近的威胁；对于《葡萄牙民法典》第1638条第1款中的结婚胁迫，在解释上一般认为，仅当胁迫针对生命或名誉时，胁迫方有法律意义，至于可能影响结婚决定的那些财产上的诱因，则在所不问。②但德国、法国、日本民法则均无此限制，在解释上认为财产方面的加害也构成胁迫。③从《民法典婚姻家庭编解释一》第18条的规定来看，结婚胁迫的内容所涉及的范围较为宽泛，对当事人或其近亲属人身、名誉以及财产的要挟，均构成胁迫。对此，笔者认为，虽然财产损害在身份行为中不具有典型意义，但由于不能排除在财产对个人或家庭具有重大意义的情形下，以造成财产损害胁迫他人实施身份行为的

---

① 〔葡〕威廉·德奥利维拉、弗朗西斯科·佩雷拉·科埃略：《亲属法教程》，林笑云译，法律出版社，2019，第236页。
② 〔葡〕曼努埃尔·德·安德拉德：《法律关系总论》（第一卷），吴奇琦译，法律出版社，2015，第297页。
③ 史尚宽：《亲属法论》，中国政法大学出版社，2000，第267页。

可能性，不能一概将针对财产的胁迫排除在外。但至于此种胁迫是否能够影响身份行为的效力，则应视其是否足以影响身份行为的决定而定。此外，胁迫所称损害未必一定来自胁迫方，在实践中，行为人承诺与之结婚会使对方当事人避免遭受意外的重大损害或他人施加的重大损害，而迫使对方当事人作出结婚意思表示的，也应构成胁迫。对此，《葡萄牙民法典》的相关规定可资借鉴。①

其三，未来危害的程度。许多国家和地区的民法典针对结婚的胁迫强调了后果的严重性。如《巴西新民法典》第1558条明确规定，胁迫对于结婚当事人所产生的应是"重大和逼近的威胁"；《葡萄牙民法典》第1638条第1款也强调，胁迫是使结婚当事人一方"遭受重大恶害之不法威胁"。笔者认为，上述规定具有一定的合理性。基于稳定身份关系的价值目标，能够构成结婚之胁迫的，必须是较财产法上的胁迫危害程度更为严重的行为。具体来说，其应当是重大和逼近的恶害并使人有理由相信其会成为事实，以致当事人一方陷入重大恐惧而不得不作出违心的意思表示。至于"重大和逼近的恶害"的认定，宜采主观标准。危害是否重大，是否会造成重大恐惧，涉及具体情形和个人的忍受程度，这是一个极具主观性的问题，一个意志特别坚定的人的选择并不代表每一个人在面临胁迫时都应当作出如此的选择，故应当考虑个案的具体因素并参考社会一般观念予以认定。我国现行法虽未要求结婚中的胁迫必须为"重大和逼近的恶害"，但从"迫使另一方当事人违背真实意愿结婚的"这一后果来看，在解释上应当作此认定。

其四，胁迫行为的持续。胁迫的行为必须持续至身份行为完成时。如果虽然有胁迫行为发生，但这一行为在身份行为完成前即已终止，则尽管表意人仍然同意结婚，但不能认为此行为构成胁迫。

（三）重大误解

所谓重大误解，在大陆法系民法上也称为错误，是指表意人在自身不知情的情形下（因其自身的原因）作出与真意（内心效果意思）不一致的

---

① 参见《葡萄牙民法典》第1638条第2款。

行为。①从域外立法例来看，各国及地区对于身份行为错误的规定同样主要体现在结婚领域。所谓错误，主要包括两大类。一是对人的认识错误，主要包括对相对人的身份或基本特质的认识错误。②所谓人的身份错误，在意大利，主要指人的同一性错误；③在法国，主要指一方对另一方的身份、国籍、所属家庭等的错误认识。④所谓人的基本特质的错误，系指对于结婚的意思具有决定性的特质的错误认识。这种具有决定性的特质，在葡萄牙，主要包括另一方的婚姻状况或宗教状况、国籍、不名誉的罪行、不体面的生活和习惯、性无能、严重的身体畸形、不能治愈的疾病和遗传或传染性疾病等；⑤在巴西，则主要涉及身份、荣誉、名誉、婚前所犯罪行、不可治愈的身体缺陷或严重的可传染或遗传的疾病以及严重的精神病等。⑥二是针对结婚本身的错误（即法律行为性质错误）。例如，在德国、日本、瑞士以及葡萄牙的民法典中，当事人不知道其在结婚、错误办理结婚仪式等均被认为构成错误。⑦但值得注意的是，上述错误类型在各立法例上的表现有所不同。例如，在规定了婚姻欺诈的立法例中，其或者未规定错误（如我国台湾地区"民法"），或者将错误仅限于对当事人身份或者行为性质的认识错误（如德国、日本、瑞士民法）；而在未规定婚姻欺诈的立法例中，错误的类型则较为宽泛，与前一种立法例中构成婚姻欺诈的信息或因素存在极大的重合之处。就此而言，两种立法例均将对结婚决定具有重大影响的事实纳入法律范畴，可谓殊途同归。

笔者认为，结婚中的重大误解应当是表意人在对结婚具有决定性意义的事项上的认识错误。而对于"决定性"，必须结合主观实质性和客观实质

---

① 〔日〕近江幸治：《民法讲义Ⅰ民法总则》（第6版补订），渠涛等译，北京大学出版社，2015，第190页；〔日〕我妻荣：《新订民法总则》，于敏译，中国法制出版社，2008，第277页。
② 参见《法国民法典》第180条第2款、《意大利民法典》第122条第2款、《葡萄牙民法典》第1635条（B）项、第1636条。
③ 参见《意大利民法典》第122条第2款。
④ 《法国民法典》，罗结珍译，北京大学出版社，2010，第63页。
⑤ 〔葡〕威廉·德奥利维拉·弗朗西斯科·佩雷拉·科埃略：《亲属法教程》，林笑云译，法律出版社，2019，第235页。
⑥ 参见《巴西新民法典》第1556条、第1557条。
⑦ 参见《德国民法典》第1314条第2款第2项、《日本民法典》第742条第1项、《瑞士民法典》第107条第2项、《葡萄牙民法典》第1635条第1项。

性，按照案件的情节和社会一般观念予以认定。① 这在我国主要限于对人的认识错误。其包括两个方面：一是人的同一性错误，二是与结婚有关的人的特质的错误。前者主要是对人的身份的认识错误，如认错人，这种情况在实践中较少发生。而与结婚有关的人的特质主要是与夫妻共同生活有关的特质，包括性取向、个人身份信息、法律身份（是否已婚）、与夫妻共同生活有关的疾病以及婚前是否与他人怀孕等。其判断标准应与欺诈的相同。需要指出的是，虽然第二种情形与构成婚姻欺诈的因素相同，但仍然将其作为"错误"对待的意义在于，即使表意人无法证明对方的恶意，也可以以错误为由撤销婚姻，这较"欺诈"更有利于保护意思表示不真实一方当事人的利益。

上述结论也适用于收养行为。所谓收养中的重大误解，是指对收养人或被收养人存在的与收养实质有关的认识错误。其判断标准与收养欺诈的基本相同，主要包括被收养人的同一性错误，以及对当事人的身份、被收养子女的健康状况以及收养人实施收养的意图等的错误认识。对此，《德国民法典》第1760条第2款第2项可资借鉴。

三 可撤销基本身份行为的补正

与法律行为的无效相同，法律行为的撤销也可以补正。《民法典》第152条规定了撤销权消灭的两种情形：一是未在法定除斥期间内行使撤销权，二是当事人知道撤销事由后明确表示或者以自己的行为表明放弃撤销权。后者在解释上可以认为是当事人通过追认对法律行为的瑕疵予以补正。②

可撤销身份行为的确认在许多国家和地区的民法典中均有明确的规定，而且尤为强调当事人的明确意思表示。例如，《德国民法典》第1315条规定，对于因错误、欺诈、胁迫而缔结的婚姻，配偶于发现上述瑕疵或胁迫终

---

① 〔葡〕威廉·德奥利维拉、弗朗西斯科·佩雷拉·科埃略：《亲属法教程》，林笑云译，法律出版社，2019，第235页。
② 〔日〕近江幸治：《民法讲义Ⅰ民法总则》（第6版补订），渠涛等译，北京大学出版社，2015，第293页。

止后，明示继续维持其婚姻的，不得废止婚姻；第1760条第3款规定，对在无行为能力、错误、受胁迫等情形下所为的收养的同意，如果行为人表明该收养关系应予维持，其收养关系不废止。《日本民法典》第745条第2款、第747条第2款均规定了可撤销婚姻可因当事人的追认而不得撤销，第804~807条对可撤销收养行为也作了相同规定。可以说，上述立法例均规定可撤销婚姻可因撤销权人的确认而补正，从而不得撤销，这对于稳定婚姻关系或收养关系具有积极的意义。

与上述立法例不同，我国民法典婚姻家庭编对可撤销婚姻的补正问题未设明文。无论是受胁迫的婚姻还是婚前隐瞒重大疾病的婚姻，民法典均只是对撤销权行使的期间予以规定，未对可撤销婚姻可因确认而补正设有明文。对此，笔者认为，可撤销主要是违反了身份行为的私益要件所致的效力瑕疵，并不涉及公共利益，如果当事人愿意维持身份关系，则基于对当事人意思自治和既成身份关系的尊重，法律没有必要干涉。因此，民法总则对可撤销行为所规定的确认这种补正方法，应同样适用于包括结婚行为在内的所有基本身份行为。但基本身份行为具有高度的人身属性，因此，这里所谓的"确认"应当仅指明确的意思表示，单纯的沉默以及共同生活事实本身不足以认定为"确认"。

四 可撤销基本身份行为之撤销权的行使

关于可撤销身份行为之撤销权的行使，我国民法典仅针对胁迫或隐瞒重大疾病导致的可撤销婚姻作出了笼统的规定，对此尚有较大的可解释空间。而综合民法典总则编以及婚姻家庭编的规定，可撤销身份行为之撤销权的行使规则如下。

其一，撤销权主体。可撤销身份行为并不涉及公共利益的违反，允许撤销主要是为了保护利益受损的一方的利益，故撤销权人应当是存在意思表示瑕疵的一方，如受胁迫方、受欺诈方、重大误解方、享有同意权但未同意或同意有瑕疵的一方等。

其二，行使期间。依据《民法典》第1052条第2款和第3款，因胁迫结婚的，受胁迫方应当自胁迫行为终止之日起一年内行使撤销权；若被非法限制人身自由，则应当自恢复人身自由之日起一年内行使。依第1053条，因一方婚前隐瞒重大疾病的，撤销权应自知道或者应当知道撤销事由之日起一年内行使。上述规定与《民法典》第152条第1款第2项具有一致性。对于其他类型的可撤销婚姻或其他可撤销身份行为，其行使期间亦可适用或类推适用上述规定来确定。

需要注意的是，《民法典》总则编第152条第2款对撤销权规定了最长期间，即当事人在民事法律行为成立后五年内没有行使撤销权的，撤销权消灭。这一规定是否适用于身份行为？对此，笔者认为，之所以对撤销权设置最长期间，主要原因在于如果允许知晓时间过晚的当事人行使撤销权将危及交易秩序的稳定，这对于财产行为固然有其必要，但对于具有高度人身属性的基本身份行为而言，则不应以知晓时间过晚为由否定当事人的撤销权，毕竟当事人在身份行为上的自我决定权更应当受到法律的保护。在此方面，《民法典婚姻家庭编解释一》第19条第2款即针对受胁迫或者被非法限制人身自由的当事人请求撤销婚姻的情形，明定不适用五年的最长期间，这一规定值得肯定，并且可以类推适用于因其他事由而撤销婚姻或撤销其他身份行为的情形。

那么，在身份关系因离婚、解除收养或不享有撤销权的当事人一方死亡而已经解消的情形下，撤销权人还能否行使撤销权？对此，《德国民法典》第1317条第3款规定，婚姻已解消者，不得再申请婚姻之废止。《日本民法典》第744条第1款则仅规定，一方当事人死亡后，检察官不得请求撤销婚姻。对此，笔者认为，可撤销制度的目的在于依撤销权人的意思使之从既有身份关系中退出，所撤销者，乃现实存在的身份关系，但在身份关系已经解消且相关财产关系已经得以清算的情形下，再行使撤销权并无意义。故在身份关系已经解消的情形下，不得再请求撤销身份行为。

其三，应当向法院请求撤销。值得注意的是，我国《婚姻法》规定撤销权人既可以向法院，也可以向婚姻登记机关请求撤销，《民法典》修正了这一规定，将其调整为只能向法院请求撤销，这无疑是正确的。一方面，对于胁迫、重大疾病的隐瞒等可撤销事由，在当事人存在争议时，需要在当事人质证的基础上依据相关证据以及胁迫、欺诈等行为的构成要件予以认定，而婚姻登记机关作为行政机关，不具有解决上述争议问题的能力，故由法院撤销更为妥当；另一方面，这样的规定也与民法典总则编关于可撤销民事法律行为撤销权行使方式的规定相一致。这一结论对其他基本身份行为也可适用。

第四节　基本身份行为未有效缔结的法律后果

关于民事法律行为无效或被撤销的法律后果，《民法典》第155条和第157条予以规定。据此，无效的或被撤销的民事法律行为自始没有法律约束力，并发生财产返还、折价补偿或损害赔偿等后果。此外，虽然《民法典》对民事法律行为不成立的后果未设明文，但根据《民法典总则编解释》第23条，于此情形下，可以参照适用《民法典》第157条的规定。据此，民事法律行为不成立的后果与无效、撤销的后果大致相当。以上规定明确了民事法律行为不成立、无效及被撤销的三大后果：一是自始无效，二是恢复原状，三是赔偿损失。那么，上述规定是否同样适用于基本身份行为？这一问题颇值思考。本节即针对这一问题展开分析。为表述方便，笔者将法律行为或身份行为的不成立、无效及被撤销统一称为"未有效缔结"。

一　基本身份行为未有效缔结的溯及力

所谓法律行为未有效缔结的溯及力，是指法律行为无论何时被认定为不成立、无效或被撤销，其效果均溯及至行为实施之初，这意味着行为自实施之初便无法律约束力。[1] 相应地，法律行为尚未履行的不再履行，已经履行的则发生给付返还。

所谓身份行为未有效缔结的溯及力问题，即身份行为在被认定为不成立、无效或者被撤销后，是否自始没有法律约束力。对于身份行为的不成立而言，其系当事人的行为自始不符合身份行为的构成要件，故无论何时认定

---

[1] 朱庆育：《民法总论》（第二版），北京大学出版社，2016，第309页。

为不成立，均应自始没有法律约束力，对此应无疑问。但对于身份行为的无效和撤销而言，则由于当事人之间不仅已经发生了事实上身份关系的变动，而且这一变动已经成为诸多行为或法律关系的基础，其是否仍然具有溯及力便值得思考。故以下主要针对身份行为无效和撤销的溯及力问题作出分析。

（一）现行立法及理论争议

关于身份行为无效或撤销的溯及力，依《民法典》第1054条第1款和第1113条第2款，无论是无效婚姻、被撤销的婚姻，还是无效收养，均自始没有法律约束力，由此肯定了婚姻无效、被撤销以及收养无效的溯及力，体现了与《民法典》总则编第155条的高度一致。然而，学界对此却颇有争议，并围绕这一问题形成了以下几种不同的观点。

1. 溯及力肯定说

该说对现行规定基本上持肯定态度，认为婚姻的无效及撤销均具有溯及力。[①]至于其中的原因，有学者认为是《民法典》第155条并没有为瑕疵法律行为溯及力的例外预留空间，故从体系性的角度看，上述规则在婚姻家庭法上应延续。[②]还有学者从女性的视角出发，认为"自始无效"的规定对恢复善意一方当事人的未婚身份，使其在婚姻效力被否定后重新择偶更加有利。[③]此外，也有学者对无效收养溯及力的规定持肯定态度。[④]

2. 溯及力否定说

该说对现行规定持反对态度，认为婚姻、收养的无效与撤销均不应具有溯及力。[⑤]至于其中的原因，或者是基于尊重亲属身份关系"事实先在性"，以及维护当事人婚姻家庭权益的考虑，[⑥]或者是基于身份关系难以恢复到身

---

① 杨立新：《亲属法专论》，高等教育出版社，2005，第105页。
② 罗正环：《论无效婚姻的财产制度》，《人民司法》2018年第13期。
③ 马忆南：《民法典视野下婚姻的无效和撤销——兼论结婚要件》，《妇女研究论丛》2018年第3期。
④ 杨立新：《亲属法专论》，高等教育出版社，2005，第206页。
⑤ 徐国栋：《无效与可撤销婚姻中诚信当事人的保护》，《中国法学》2013年第5期。
⑥ 姜大伟：《体系化视阈下婚姻家庭编与民法总则制度整合论》，《西南政法大学学报》2018年第4期。

行为成立之时这一客观事实的考虑,① 或者是基于最大程度保护被收养人利益的考虑。②

3.溯及力区别对待说

该说认为完全承认溯及力和完全否定溯及力均不尽合理,应当区分情况分别对待,至于此种区分应当建立在何种基础之上,学者们又有不同的观点。

一是无效与撤销区分说。有学者认为,无效婚姻因其违法程度严重,事关社会的公共秩序与善良风俗,应当自始无效;而可撤销婚姻则应从法院判决之日起无效,否则将对当事人(尤其是女方)及子女利益的保护造成极为不利的结果。③对于收养,也有学者认为,无效收养应自始无效,收养的撤销则不应具有溯及力,从而使收养被撤销后,其实际效果与解除收养相似,由此可以对被欺诈、被胁迫方的利益提供更加周到的保护。④

二是身份关系类型及瑕疵事由区分说。有学者认为,婚姻无效或被撤销后,夫妻人身关系不可能恢复到婚姻缔结前的状态,而父母子女关系也不受影响。至于财产关系是否发生恢复原状的后果,则应视瑕疵事由的不同予以确定。违反结婚实质要件的,婚姻的无效或撤销对财产关系不应具有溯及力;至于其他效力瑕疵情形下,则应使财产关系自始不发生效力。⑤还有的学者认为,无效或被撤销的效果原则上溯及既往,但在夫妻双方的财产关系和父母子女关系上则不发生溯及既往的法律效果。⑥

三是善意和恶意区分说。有学者认为,婚姻被宣告无效后原则上具有溯及既往的效力,但对善意的配偶一方仍发生有效婚姻的效力。⑦换言之,婚姻

---

① 周友军:《我国民法典编纂中收养制度的完善》,《广东社会科学》2019年第4期。
② 冉克平:《论〈民法典婚姻家庭编(草案)〉的体系、内容及其完善》,《武汉大学学报》(哲学社会科学版)2019年第6期。
③ 薛宁兰:《婚姻无效制度论——从英美法到中国法》,《环球法律评论》2001年第2期;余延满:《亲属法原论》,法律出版社,2007,第212、218页。
④ 曾丽:《瑕疵收养行为的效力研究》,西南政法大学2014年硕士学位论文,第27页。
⑤ 申晨:《论婚姻无效的制度构建》,《中外法学》2019年第2期。
⑥ 李昊、王文娜:《〈民法典〉婚姻无效和婚姻可撤销规则的解释与适用》,《云南社会科学》2021年第2期。
⑦ 冉克平:《论〈民法典婚姻家庭编(草案)〉的体系、内容及其完善》,《武汉大学学报》(哲学社会科学版)2019年第6期;李洪祥:《我国民法典立法之亲属法体系研究》,中国法制出版社,2014,第136页。

的无效仅对恶意方具有溯及力,对善意方则无溯及力。

此外,还有少数学者针对协议离婚的无效或撤销的法律后果进行了研究,认为协议离婚的无效与撤销均应具有溯及力,但不得对抗善意第三人。①

上述理论争议反映出基本身份行为无效和撤销的溯及力问题具有相当大的复杂性,而这一问题不仅关涉当事人的利益,还关涉子女的利益以及第三人的利益,不仅关涉法律对个体利益的维护,还关涉法律对婚姻家庭共同体利益的考量,可谓瑕疵基本身份行为法律后果制度设计的基础,故有必要予以深入分析。

(二)比较法考察

1. 日本和我国台湾地区

日本民法和我国台湾地区"民法"对基本身份行为的效力瑕疵采取无效与可撤销双轨制,其基本身份行为有关无效或撤销之溯及力的规定与财产行为的相比有一定的差异。

就婚姻无效与撤销的溯及力而言,《日本民法典》第748条第1款规定,婚姻的撤销仅向将来发生效力,第749条进一步明确在父母子女关系以及财产分配等问题上准用离婚的规定,这显然是婚姻的撤销不具有溯及力的体现。然而,依《日本民法典》第748条第2款和第3款,对于当事人因婚姻而取得的财产,根据其在结婚当时是否知悉撤销原因的不同,应对这部分财产予以部分或全部返还。这意味着婚姻的撤销使当事人的财产关系在一定条件下发生恢复原状的后果,这与第748条第1款所规定之婚姻的撤销不具有溯及力存在一定的矛盾。此外,《日本民法典》对婚姻无效的溯及力问题未设明文,依学界通说,婚姻无效应为自始无效。我国台湾地区"民法"第998条同样规定了婚姻的撤销仅向将来发生效力。对于婚姻的无效,学界通说也认为其应为自始无效。②但从婚姻无效或撤销的后果来看,其并未像日本民法那样规定财产上的不当得利返还责任,并且其第999条之1规定,无论是无效还是撤销均准用离婚法关于赡养费请求

---

① 余延满:《亲属法原论》,法律出版社,2007,第321~322页。
② 史尚宽:《亲属法论》,中国政法大学出版社,2000,第206、209页。

权以及财产取回、分配的规定,婚姻撤销后的父母子关系亦准用离婚的规定,这使得婚姻撤销之无溯及力更为彻底,而且在一定程度上限制了无效婚姻的溯及力。

对于收养无效或撤销的溯及力问题,日本以及我国台湾地区的民法理论一般认为收养的无效具有溯及力,但对于收养的撤销,则有不同的见解。依《日本民法典》第808条,收养的撤销准用婚姻撤销的规定,据此可知收养撤销也不具有溯及力,但因收养而取得的财产同样存在返还的问题。而在我国台湾地区,虽然其"民法"对于收养的撤销没有像日本民法那样准用婚姻撤销的条款,但其第1079条之5规定,收养的撤销,准用"民法"关于收养终止的规定。由于收养的终止不具有溯及力,在解释上收养的撤销也不应具有溯及力。但有学者对此持否定态度,认为由于法律未设明文,此时应当适用民法总则的规定,对收养的撤销作出具有溯及力的解释。①

至于协议离婚或协议解除收养无效或被撤销的追溯力问题,无论是日本民法还是我国台湾地区"民法"均未设明文。在日本,为避免身份关系空白,学界对此种情形下的溯及力多持肯定态度。我国台湾地区学理上一般也持此种观点,认为登记离婚无效及被撤销均具有溯及既往的效力,离婚当事人之间的婚姻继续有效。②

2. 德国和瑞士

德国和瑞士对婚姻的效力瑕疵均采单轨制,瑞士采取单一的无效制,德国则采取单一可废止制。二者的相同之处在于均规定婚姻的无效或废止原则上不具有追溯力,当事人之间的关系参照离婚的规定处理。《瑞士民法典》对无溯及力的规定最为彻底。依其第109条,在法院作出无效宣告前,无效婚姻具有有效婚姻的一切效力。裁判上的无效宣告对于夫妻双方及其子女的效力,参照适用关于离婚的规定。而依《德国民法典》第1313条和第1764条,婚姻或收养的废止均自判决确定时解消,并不具有溯及力。但是,两国对于前述无溯及力的规定也存在一定的限制。如根据《瑞士民法典》第109

---

① 史尚宽:《亲属法论》,中国政法大学出版社,2000,第620页。
② 史尚宽:《亲属法论》,中国政法大学出版社,2000,第468页。

条第1款,即使婚姻无效宣告不具有溯及力,生存的一方在任何情况下均丧失继承法上的请求权;根据《德国民法典》第1318条第5款,若配偶一方在结婚时知道婚姻是可废止的,则不享有第1931条规定的继承权。这意味着在配偶继承权的否定这一问题上,婚姻的无效或废止在一定程度上具有溯及力。

3. 法国、意大利、葡萄牙和巴西

这四个国家虽然对身份行为效力瑕疵状态的规定有所不同,但对婚姻效力瑕疵的溯及力原则上均持肯定态度,只是基于保护子女及诚信缔结婚姻的善意方利益的考虑,在溯及力规则的适用方面有所限制。如在法国,无效婚姻期间所生子女依然视为婚姻期间所生子女,不受婚姻无效溯及力的影响。[①] 对于诚信缔结婚姻的善意方而言,婚姻即使无效,在双方均为善意的情形下,对双方仍然产生婚姻的效力,若仅有一方善意,该婚姻仅产生有利于该方的效果。这被称为误想婚姻或推定婚姻。[②]《意大利民法典》第128条、《葡萄牙民法典》第1647条第1款和第2款、《巴西新民法典》第1561条均作了相似的规定。

4. 英国和美国

在英国传统理论上,无论是无效判决还是撤销判决均具有溯及既往的效力,[③] 但基于保护当事人及其子女利益的需要,这种理论在现代英国家庭法上已趋于缓和。例如,根据英国1973年《婚姻诉讼法》第21条,基于一项无效婚姻(包括婚姻被撤销)判决的授权,法院可以根据该法作出财产分割指令,而该法在财产分割方面实际上将无效、离婚和司法别居等同对待。此外,对于无效婚姻中的子女,只要其出生于婚姻成立之后,均视为婚生子女。上述规定在一定程度上缓和了无效婚姻的溯及力,其结果是婚姻无效与被撤销的后果逐渐与离婚相同。

在美国,根据传统法上的"关系回溯"理论,经法院宣告确认无效或撤

[①] 参见《法国民法典》第201条、第202条。

[②] 〔法〕科琳·雷诺–布拉尹思吉:《法国家庭法精要》(第17版),石雷译,法律出版社,2019,第58页。

[③] 〔英〕凯特·斯丹德利:《家庭法》,屈广清译,中国政法大学出版社,2004,第41页。

销的婚姻，自始不存在，所有该婚姻产生的行为均为无效。[①]但为了避免绝对的溯及既往对伴侣一方、子女或第三人造成不公平的结果，《统一结婚离婚法》授权法院可以基于"公正"的理由作出无溯及力判决，[②]在分配财产、确定扶养和子女抚养事宜（几乎所有州均认可基于无效婚姻而生的子女视同婚生子女这一原则）时适用离婚的规定。此外，为了保护无效或可撤销婚姻中的无过错方，《统一结婚离婚法》第209条规定了推定配偶制度，即将善意缔结婚姻者认定为推定配偶，其享有与合法婚姻中的配偶相同的权利，包括请求扶养的权利以及继承权等。这一制度为一些学者所认可[③]并在一些州的家庭法上得到了体现。[④]

从上述介绍中可以看出，尽管不同立法例对于基本身份行为的类型以及效力瑕疵形态的规定有所不同，但从结婚或收养无效或被撤销的法律后果来看，各立法例均未严格贯彻溯及力的一般理论，而是或者规定无溯及力，或者在承认溯及力的同时又予以一定的限制。如德国主张婚姻的废止无溯及力，对当事人的关系按离婚对待，但同时对非善意一方的继承权及受扶养权予以一定的限制；法国、英美国家虽然承认婚姻无效或撤销具有溯及力，但对善意一方则给予与离婚相同的对待。上述结果导致无效、可撤销婚姻或收养与有效婚姻或收养之间的界限变得并不那么清晰。[⑤]此外，无论哪种立法例，婚姻的效力瑕疵对子女的婚生子女身份均不产生影响，体现出保护子女利益的立法理念。

（三）理论梳理

借鉴各国及地区的相关规定，并结合我国的立法及民法理论，笔者认为，对于基本身份行为无效或撤销的溯及力问题不应一概而论，而应根据身

---

① 〔美〕哈里·D. 格劳斯、大卫·D. 梅耶：《美国家庭法精要》（第5版），陈苇译，中国政法大学出版社，2010，第41页。

② 参见美国《统一结婚离婚法》第208条（e）项。

③ Dana E. Prescott, "The Putative Spouse and Marriage by Estoppel Doctrines: An 'End Run Around Marriage' or Just a Marriage?" *Child and Family Law Journal* 8（2020）.

④ 参见 California Family Code, Sec. 2251; Texas Family Code, Sec. 8.060。

⑤ 〔美〕哈里·D. 格劳斯、大卫·D. 梅耶：《美国家庭法精要》（第5版），陈苇译，中国政法大学出版社，2010，第182页。

份行为的类型区别对待。对于解消性身份行为而言，其无效与撤销原则上应有溯及力，因为使解消性身份行为无效或撤销的目的在于恢复原有的身份关系，而只有使其具有溯及力才能实现这一目的，否则在身份行为解消与其被宣告无效或被撤销之间就会存在一段时间的身份关系空白。而且解消性身份行为的法律后果是使当事人之间的身份以及身份上的权利义务解消，使之恢复原状也并不存在法律上的障碍，原则上不必对其溯及力予以限制。但在协议解除收养行为关系到被收养之未成年子女利益的情形下，对溯及力规则的适用应当遵循最有利于被收养人利益的原则，在溯及既往不利于被收养人时，不应强行恢复收养关系。协议解除继亲子关系的行为也当作此解。然而，对于创设性身份行为而言，其无效及撤销原则上不应有溯及力，理由如下。

首先，创设性身份行为之继续性给付的性质使恢复原状不具有可操作性。身份行为上的给付无论是人身性的（如照顾、同居），还是财产性的（如支付扶养费），均是在身份关系存续期间需要持续履行的义务，绝非一次性给付即可完成，因而具有继续性行为的特征。而在民法理论上，继续性行为的给付是随着时间的推移而不断展开的，总给付的内容决定于应为给付时间的长度，由于时间具有不可回溯性，继续性行为产生的给付效果也具有不可逆性。故一般认为，对于继续性行为，应当限制无效或撤销的溯及力，使其仅向将来发生效力，从而使过去的法律关系不受影响。[①] 创设性身份行为作为继续性行为，上述理论对其同样适用。

其次，创设性身份行为给付内容的人身性使恢复原状不具有合理性。身份行为区别于财产行为的重要特征即在于其权利义务多具有强烈的人身属性，如夫妻之间的同居义务、忠实义务，父母对子女的照顾义务，子女对父母的赡养义务等。若使身份行为的无效具有溯及力，财产性给付固然可以返还，但人身性给付既无法以"原状"返还，也无法以不当得利请求返还。而由于财产性给付与人身性给付义务紧密相连，在后者不能恢复原状的情形下，仅使前者发生返还会导致有失公平的结果。例如，甲在其配偶乙因年老、患病等而需要扶养的时候支付了扶养费，但乙同时也对其予以生活上的

---

① 王泽鉴：《债法原理》（第二版），北京大学出版社，2013，第157页。

照顾，在婚姻被宣告无效而"照顾"这种人身性给付无法返还的情形下，如果要求乙返还扶养费，显然是不公平的。

再次，创设性身份行为的共同体指向使溯及力规则的适用有失妥当。如前所述，创设性身份行为在性质上属于共同行为，其目的在于建构身份共同体，而民法总则对于无效法律行为溯及力的规定主要着眼于个体间的交易，无法完全适用于具有共同体特点的行为。这是因为，共同体或团体设立后会发生诸多内、外部关系，使其溯及既往无效会引发诸多困难，创设性身份行为也不例外。基于身份共同体的建立，当事人不仅在内部存在关于人身事务、日常事务或财产关系的安排，在外部也与第三人建立了一定的关系（例如，夫妻一方基于日常家事代理权与第三人实施法律行为），而在身份关系已经成为诸多法律关系基础的情形下，如果因为身份行为被宣告无效或撤销而使身份共同体的存在归零的话，不仅不利于婚姻家庭的稳定，也会危及交易安全，显然有失妥当。毕竟，"身份关系与财产关系紧密关联的场合全部认定无效，有给善意第三人带来不测损害之虞的情况是无法否定的"。①

最后，创设性身份行为权利义务的法定性决定了不溯及既往具有一定的合理性。民事法律行为的效力瑕疵事由或涉及内容，或涉及决定法律行为内容的意思表示，而创设性身份行为的效力瑕疵事由则仅涉及身份的取得，并不涉及身份上的权利义务。这意味着即使身份的取得存在瑕疵，但当事人在身份关系中所履行的权利义务却因其法定性的特征，并不为当事人的意思所左右。如果身份行为自始无效，那么这将会导致虽然当事人在相当长的时间里履行了身份上的法定义务，却不能享有身份上的权利，这对于善意当事人而言甚为不公。因此，从稳定身份秩序、尊重既成事实的角度出发，创设性身份行为的无效或撤销应仅涉及身份的丧失并使当事人进入身份关系的清算程序（在婚姻关系中则类似于离婚的清算），至于已经履行的权利义务，则不应否定其效力。

综上所述，创设性身份行为的无效与撤销不应具有溯及力，乃是基于公益、交易安全及身份关系的稳定，避免所生子女成为非婚生子女②以及身份

---

① 〔日〕我妻荣:《新订民法总则》，于敏译，中国法制出版社，2008，第276页。
② 王泽鉴:《民法总则》，北京大学出版社，2009，第473页。

行为本身特点的考量,与效力瑕疵的状态并无关系,故前文所述区别无效和撤销而分别认定溯及力的观点并不可取。然而,使身份行为的无效或被撤销仅向将来发生效力,正如有德国学者所认为的那样,可能损害善意一方当事人的利益,如在一方基于被欺诈或被胁迫而结婚的情形下,其可能并不希望婚姻只是面向未来无效,而是希望彻底从婚姻中解放出来。① 这是否意味着应采取区分善意与恶意而分别认定溯及力呢?对此,笔者认为,从法律不应保护恶意者的角度出发,似乎法国、意大利以及英美法系所规定的无效婚姻仅对善意方产生婚姻效力更具有合理性,然而,这样的规定实际上只是使善意方获得与离婚相同的对待,并不意味着对于恶意的一方而言,其从婚姻中所获得的一切利益均应恢复原状。这是因为,在恶意方依法履行了相关义务的情形下,剥夺其身份上的权利也是不公平的。特别是身份关系权利义务的交错性和互惠性,使溯及力仅对恶意方产生也不具有可操作性。但为体现出对恶意者的否定性评价,在进行财产清算时,法律仍然可以从公平正义出发,对恶意当事人的某些权利如继承权、婚后受扶养的权利等予以一定的限制。在这方面,《德国民法典》的相关规定值得借鉴。

接下来的问题是:在理论层面创设性身份行为的无效与撤销不应具有溯及力,然而,在实定法层面,《民法典》第1054条第1款和第1113条第2款针对婚姻、收养两类重要的创设性身份行为均规定其无效与撤销自始没有法律约束力,这是否意味着上述结论在我国民法上没有适用的空间?笔者认为不然。一方面,正如前文所述,法律行为无效或撤销的溯及力虽为法律明确承认,但在法律行为的特性使其不适宜恢复原状的情形下,理论上也承认例外的存在(如继续性合同或共同体设立行为),这意味着《民法典》第1054条第1款和第1113条第2款中的溯及力规则在具体适用中也可以有例外。另一方面,从体系化解释的角度来看,《民法典》第1054条第1款中所谓的"自始没有约束力"实际上并未得到全面的贯彻。例如,其最后一句"当事人所生的子女,适用本法关于父母子女的规定",以及《民法典婚姻家庭编解释一》第22条关于婚姻被确认无效或被撤销后,同居期间

---

① 转引自李昊、王文娜《婚姻缔结行为的效力瑕疵——兼评民法典婚姻家庭编草案的相关规定》,《法学研究》2019年第4期。

的财产原则上按共同共有处理的规定，实际上就是溯及力的例外。就此而言，对《民法典》第1054条第1款和第1113条第2款"自始没有约束力"应作限缩解释，即在追溯力有悖于身份行为的性质或者造成不公平结果时，对溯及力规则排除适用。

二 基本身份行为未有效缔结情形下的人身关系与财产关系

身份行为未有效缔结情形下的人身关系与财产关系在身份行为不成立中的情形较为简单。身份行为不成立，意味着当事人自始不存在特定的身份关系，由此发生身份以及财产上恢复原状的后果。但在身份行为无效或被撤销的情形下，当事人的人身关系或财产关系的处理则较为复杂。以下针对创设性身份行为和解消性身份行为分别讨论。

（一）创设性身份行为无效或被撤销后的人身关系和财产关系

创设性身份行为无效或被撤销后，当事人之间不再具有相应的夫妻、养亲子等身份关系，也不再具有基于特定身份的权利义务，对此无须赘述。问题在于对在此之前所形成的人身关系或财产关系应如何处理。在无溯及力的解释论下，相关法律后果尚需根据给付的性质分别探讨。

1. 基于身份上的共同生活的给付

基于身份上的共同生活的给付无须以任何形式返还，这主要包括两个方面。

其一，人身性给付。所谓人身性给付，是指当事人相互之间或一方向另一方所提供的扶助、照顾等，如在婚姻无效或被撤销前，当事人相互间所为的同居、扶助、照顾；在收养无效或被撤销前，养子女从收养人那里或者养人从成年养子女那里获得的生活照料等。由于此种给付不具有恢复原状的可能性，故即使身份行为无效或被撤销，其效力亦应维持，无论是"恢复原状"的请求还是以金钱的方式折价返还的请求，均不应得到支持。

其二，具有互惠性质的财产给付。所谓互惠性质的财产给付，是指此种财产性给付从表面上对给付方是一种不利益，但实际上，给付方的给付或者具有相应的回报（如生活扶助、协力等），或者建立在对方已为相应给付的基础上，具有强烈的互惠性质，故无须返还。这主要包括两种情形。一是夫妻一方向另一方支付的扶养费、养父母向养子女支付的抚养费或成年养子女向养父母支付的赡养费等。二是夫妻共同财产。夫妻共同财产的形成固然基于夫妻的身份和法律的规定，但其理论基础却是夫妻之间的协力，同时夫妻共同财产制对当事人的婚姻家庭分工也提供了一个合理的预期，故不宜因婚姻无效或被撤销而否定财产共有关系。这一点在我国《民法典婚姻家庭编解释一》第22条中已经有所体现。①

上述结论意味着即使身份行为无效或被撤销，当事人仍然可以保有已经发生的身份上的权利义务。究其原因在于，民法上的无效观念只是当事人所意欲的效果不发生，而不意味着其他效果也不发生。至于其他效果发生的依据，德国学者拉伦茨认为，其并非当事人企求或法律行为引发的效果，而是无效法律行为作为一种事实行为引发的法律效果。②葡萄牙也有学者认为，误想婚姻的效力并非出自法律上的行为，而是出自一种对当事人关系合法性的错误信念所导致的事实状态，是"通过婚姻之外观表现出的实体事实，法律对之赋予了与该行为相类似的效力"。③这一观点值得赞同。就此而言，在创设性身份行为无效或被撤销之后，其实际上是基于事实上的行为产生了法律规定的效果。

2. 以缔结身份关系为目的的财产给付

此种性质的财产给付主要指彩礼。所谓彩礼，系按当地的习俗给付的、作为婚约成立标志或具有聘定意义的财物。关于彩礼给付的性质，学界多将其解释为附解除条件（即婚姻未缔结）或以结婚为目的的赠与，这样在解除条件成就或目的不达的情形下，彩礼即应作为不当得利返还。《民法典婚姻家庭编解释一》第5条关于彩礼返还的规定基本上建立在这一认识的基础上。但从该条的规定来看，其设定的彩礼返还的情形或者是未办理结婚登记，或者是办理结婚登记但未共同生活，或者是离婚，均未涉及婚姻无效或被撤销

---

① 该条规定："被确认无效或者被撤销的婚姻，当事人同居期间所得的财产，除有证据证明为当事人一方所有的以外，按共同共有处理。"
② 〔德〕卡尔·拉伦茨：《德国民法通论》（下册），王晓晔等译，法律出版社，2003，第630页。
③ 〔葡〕威廉·德奥利维拉、弗朗西斯科·佩雷拉·科埃略：《亲属法教程》，林笑云译，法律出版社，2019，第293页。

的情形。① 那么，在后一种情形下彩礼是否应返还？

对此，笔者认为，回答婚姻无效或被撤销情形下彩礼应否返还和如何返还的问题，关键在于判断此种情形下彩礼给付的目的是否实现。应当看到的是，彩礼给付固然是以结婚为目的的，但如果仅仅将"结婚"理解为办理结婚登记，显然不符合社会一般观念对于婚姻的认识，因为只有以夫妻的名义共同生活才符合婚姻的本质。在上述认识的基础上，对于婚姻无效或被撤销后的彩礼返还，应当在充分考虑当事人已经办理结婚登记且共同生活的事实、造成无效及撤销的原因以及彩礼的用途和流向等因素的基础上予以认定。具体而言，婚姻无效或被撤销固然使婚姻不复存在，但当事人已经办理结婚登记并且共同生活，所以并不能将其完全等同于未办理结婚登记的情形。对于双方在一起共同生活时间较长，或彩礼用于共同生活消费，或男方对婚姻无效、被撤销具有过错的，可以视情形判决不返还或返还较少部分。对于双方没有共同生活或共同生活时间较短，或女方对婚姻无效、被撤销具有过错的，可以判决全部返还或返还较大比例。

3. 基于身份或以身份为基础的法律行为从他方当事人处所得的财产

此种情形下的给付主要表现为一方基于配偶或养父母子女的身份继承对方的遗产，或接受对方的赠与取得相应财产，或作为对方生命保险之受益人而领取保险金等。这种情形根据《日本民法典》第748条，应发生返还不当得利的结果，只不过在返还的范围上视当事人的善意或恶意而有所区别。我国台湾地区也有学者持相同的观点。② 对此，笔者认为，由于此种财产取得的基础为"身份"，如果认为身份行为未有效缔结情形下财产的取得均构成不当得利，显然对善意的当事人有所不公；但如果一概认定财产取得不受影响，则难免产生助长恶意一方利用婚姻、收养骗取钱财的不良后果。就此而言，有必要针对当事人的主观状态而分别处理。即在财产获得者为善意的情形下，上述财产获得的效力应予维持；但若其为恶意，则无论是继承、受赠之财产还是其作为受益人所获得的保险金，均应返还。

---

① 该条规定了三种应当返还彩礼的情形，即双方未办理结婚登记手续，双方办理结婚登记手续但未共同生活，婚前给付并导致给付人生活困难。后两种情形下彩礼的返还应当以双方离婚为条件。

② 史尚宽：《亲属法论》，中国政法大学出版社，2000，第215页。

至于创设性身份行为的无效与撤销对于第三人的影响，因其原则上不具有追溯力，故第三人基于对当事人身份关系的信赖而为法律行为的效力，或者身份关系当事人基于身份与第三人所为法律行为的效力，均不受影响。例如，夫妻基于日常家事代理权与第三人所为的法律行为，夫妻一方为家庭生活向第三人借债，养父母以养子女代理人的身份签订合同等，均不受身份行为无效或被撤销的影响。

（二）解消性身份行为无效或被撤销后的人身关系与财产关系

如前所述，解消性身份行为无论是无效还是撤销均应具有追溯力，这意味着原身份关系应当认定为未解消，身份关系得以恢复。例如，协议离婚无效或被撤销，视为当事人未离婚，双方在"离婚"后撤销前的这一段时间内仍为夫妻关系。协议解除收养或协议解除继亲子关系无效或被撤销，视为拟制关系未解除，双方在"解除"后撤销前的一段时间内仍为养亲子或继亲子关系。值得注意的是，无论是创设性身份行为还是解消性身份行为，于其无效或被撤销情形下，均有可能涉及第三人的身份利益，这在协议离婚后当事人一方又再婚的情形，或未经生父母同意而收养子女的情形下，至为明显。对于上述情形下应当如何平衡当事人之间的利益冲突，由于所涉问题较为复杂，笔者将于后文专节探讨。

三 基本身份行为缔结过失之损害赔偿责任

关于婚姻无效或被撤销引发的过错方的损害赔偿责任，《日本民法典》第748条第3款、《意大利民法典》第129条之2第1款、《韩国民法典》第825条、《巴西新民法典》第1564条第1项以及我国台湾地区"民法"第999条均有所规定。在我国，《民法典》第1054条第2款对此也设有明文，这一规定体现了法律对善意一方的救济以及对恶意一方的惩罚，符合民法的精神，并且与民法典总则编中法律行为无效或被撤销的后果相衔接，对此应当肯定。需要指出两点：一方面，尽管上述损害赔偿责任系对婚姻无效和被撤销的规定，但依《民法典总则编解释》第23条，在身份行为不成立的情形下，也有损害赔偿责任适用的余地；另一方面，尽管《民法典》仅针对婚姻的无效和撤销规定了损害赔偿责任，但在解释论上，此种责任对于其他身份行为也有适用的余地。有鉴于此，笔者将身份行为不成立、无效或被撤销所导致的损害赔偿责任统一称为身份行为缔结过失的损害赔偿责任，为论述的方便，以下主要围绕婚姻缔结过失责任展开分析，所得结论原则上也适用于结婚之外的其他身份行为。

（一）身份行为缔结过失之损害赔偿责任的性质

1. 理论争议

关于婚姻缔结过失责任的性质，学界主要针对婚姻无效或被撤销的损害赔偿责任而展开讨论，有以下两种具有代表性的观点。一是侵权责任说。该说认为，婚姻无效或被撤销所导致的损害赔偿责任并非债务不履行责任，而属于侵权责任。[1] 至于侵害的客体，有的学者认为是无过错方的人格尊严、健康权和结婚自由权，[2] 有的学者认为是无过错方的婚姻家庭权益以及受害人的名誉权、隐私权等人格权。[3] 二是缔约过失责任说。该说认为，如果将《民法典》第1054条第2款中的损害赔偿责任界定为侵权责任，则不能将无过错一方所遭受的财产损害纳入赔偿范围，故应将其界定为缔约过失责任。[4] 笔者认为，上述观点均有可商榷之处。

首先，就侵权责任说而言，其存在的问题在于：一方面，该观点将赔偿范围限定在过错方的侵权行为所造成的损害，忽视了该制度在本质上是对"因婚姻未有效缔结"而遭受的损害的赔偿，从而未能充分体现该制度的立法精神；另一方面，该观点将此种责任的保护客体界定为婚姻自主权、人格尊严和健康权等人格权益，使赔偿范围原则上限于精神损害赔偿以及遭受人身损害情形下的医疗费等财产损失赔偿，而无过错方因信赖婚姻而有效支出的费用则难以纳入赔偿范围，这使此项制度的功能大打

---

[1] 史尚宽：《亲属法论》，中国政法大学出版社，2000，第214页。
[2] 蒋月：《准配偶重疾告知义务与无过错方撤销婚姻和赔偿请求权——以〈民法典〉第1053条和第1054条为中心》，《法治研究》2020年第4期。
[3] 吴国平：《论民法典中无效与可撤销婚姻制度的立法构建——以台湾地区相关立法为借鉴》，《海峡法学》2017年第1期。
[4] 刘征峰：《结婚中的缔约过失责任》，《政法论坛》2021年第3期。

折扣。

其次，就缔约过失责任说而言，也存在两个方面的问题：一方面，该观点将此种责任的保护范围限于财产损害，忽略了于婚姻无效或被撤销的情形下，无过错方所遭受的最为直接以及最为严重的损害乃精神损害的现实；另一方面，缔约过失责任作为参与契约缔结的当事人在契约订立过程中（即接触、磋商等阶段）因违反先契约义务而产生的责任，系针对契约行为而设，将这一概念适用于在性质上并非契约行为的身份行为，难谓妥当。

2. 性质认定

笔者认为，对于《民法典》第1054条第2款所规定的损害赔偿责任的性质及定位，应溯本追源从《民法典》第157条入手分析，因为从二者的内容来看，前者实乃后者在婚姻家庭法中的特别规定。就此而言，有必要对第157条所规定的损害赔偿责任的性质予以分析。

关于《民法典》第157条所规定的损害赔偿责任的性质，学界多将其归入缔约过失责任。[1]其法理基础在于，在当事人因缔约而为接触或磋商时，基于诚实信用原则，彼此之间互负保护、说明、告知、协力等先合同义务，于一方违反此项义务而致他方损害时，其即应负损害赔偿责任。就此而言，缔约过失责任的实质在于抑制违反诚信的行为和保护合理信赖。而这样的理论不独适用于契约行为，也适用于非契约的法律行为，不独适用于财产行为，也适用于身份行为。就此而言，《民法典》第157条所规定的损害赔偿责任实乃法律行为实施中过失责任的典型体现，由于其系针对法律行为而非契约行为的规定，借鉴一些学者的观点，将其界定为缔结法律行为过失责任更为妥当。[2]而《民法典》第1054条第2款所规定的损害赔偿责任即上述责任在婚姻家庭法中的体现。就其性质而言，应属有别于侵权责任的特别责任或者法定债务不履行责任。对于婚姻不成立情形下的损害赔偿责任，也当作此解。

---

[1] 孙维飞：《〈合同法〉第42条（缔约过失责任）评注》，《法学家》2018年第1期；张家勇：《论前合同责任的归责标准》，《法学家》2014年第1期。

[2] 邱聪智：《回到民法第一一三条——为缔结法律行为过失责任催生》，《高雄大学法学论丛》2007年第1期。

（二）身份行为缔结过失之损害赔偿责任的构成

依《民法典》第1054条第2款、第157条及司法解释的相关规定，身份行为缔结过失之损害赔偿的构成需符合以下要件。

一是身份行为不成立、无效或被撤销。正如前文所述，所谓无效或被撤销，系指由人民法院作出无效宣告判决或撤销判决的情形，在法院未作出判决之前，任何人不得主张身份行为无效或被撤销，亦不得主张损害赔偿请求权。

二是一方当事人对身份行为效力瑕疵具有过错。这里的"过错"，系指对身份行为的未有效缔结具有故意或过失，即行为人知道或应当知道具有效力瑕疵事由而仍然与他方实施身份行为。① 具体到结婚行为，配偶一方知道婚姻存在障碍（如自己已婚），或存在欺诈、胁迫行为，或明知第三人欺诈或胁迫，或明知对方具有重大误解而悖于诚信未告知对方等，均应认定其存在过失。

三是他方遭受损害。这里的"损害"，系指由身份行为效力瑕疵导致的损害，亦即与身份行为的不成立、无效或被撤销具有因果关系的损害。其既包括财产损害，也包括非财产损害。前者一般指当事人一方为身份行为的有效成立而支出的费用，如为举行婚礼而支出的相关费用；后者则指当事人一方因身份行为未有效成立而遭受的精神痛苦。财产损害的存在应由受害人举证证明，但鉴于身份行为对于当事人的重要意义，精神损害应当采取推定的方式认定。

值得注意的是，《民法典》第1054条第2款规定"无过错方有权请求损害赔偿"，即将请求权主体限定在无过错方，这是否意味着"受害人无过错"也是此种责任的构成要件之一？如果受害人对婚姻的无效或撤销也有过错，则其是否仍然可以向对方请求损害赔偿？对此，有学者持否定观点，认为如果双方均有过错，则任何一方均不享有此项赔偿请求权。② 而笔者认为，法律行为缔结过失责任制度的目的固然在于救济无过错方，但

---

① 张家勇：《论前合同责任的归责标准》，《法学家》2014年第1期。
② 最高人民法院民法典贯彻实施工作领导小组主编《中华人民共和国民法典婚姻家庭编继承编理解与适用》，人民法院出版社，2020，第108页。

如果认为受害人只有在无任何过错的情形下才可以主张损害赔偿，则在受害人仅存在过失或轻微过失，而对方存在故意或重大过失的情形下，相应结果对受害人显然过于严苛，有失公平。故笔者同意这样的观点，即在损害赔偿责任的构成层面，不要求受害人无过失，但在损害赔偿范围层面，于受害人存在过错的情形下，则可适用过失相抵规则减轻过错方的责任。①

（三）身份行为缔结过失之损害赔偿责任的范围

于身份行为存在效力瑕疵的情形下，过错方应当对受害人的何种损害予以赔偿？对此，有学者基于缔约过失责任的定性，认为此种赔偿责任仅限于对财产损害的赔偿，受害人所遭受的精神损害应当通过婚姻自主权规范寻求侵权法的救济。②而笔者认为，虽然在财产合同领域，缔约过失行为所造成的损害一般都是财产损害，但在情感因素和伦理因素浓厚的身份行为中，违反相关义务所造成的最为直接和重要的损害即是精神损害，这正是身份行为无效责任与合同无效责任的重要区别之一，套用合同领域的缔约过失责任理论解决身份行为无效责任的赔偿范围是不恰当的。因此，应将精神损害纳入身份行为缔结过失责任的赔偿范围。这样一来，身份行为未有效缔结的损害赔偿范围既包括财产损害，也包括精神损害。③对于精神损害，其赔偿数额可以参照《最高人民法院关于确定民事侵权精神损害赔偿责任若干问题的解释》（以下简称《精神损害赔偿责任解释》）第5条之规定，在综合考虑过错人的过错程度、损害后果、过错方的经济能力以及受诉法院所在地平均生活水平等因素的基础上确定。财产损害，一般是指信赖利益损失，主要包括无过错方基于信赖所支出的各项费用，如举行婚礼及拍摄婚纱照的相关开支等。而基于婚姻直接获得的利益，如扶养给付、夫妻法定财产制所形成的共同共有，或通过夫妻财产约定所获得的利益，或因离婚、继承而获得的利益等，均不在赔偿范围之内。而无过错方因生命、身体健康受损而产生的医疗费、误工费、残疾赔偿金、死亡赔偿金等，则应通过侵权责任救济，也不在婚姻

---

① 刘征峰：《结婚中的缔约过失责任》，《政法论坛》2021年第3期。
② 刘征峰：《结婚中的缔约过失责任》，《政法论坛》2021年第3期。
③ 薛宁兰、谢鸿飞主编《民法典评注：婚姻家庭编》，中国法制出版社，2020，第101页。

未有效缔结的损害赔偿范围之内。

  需要说明的是，虽然上述分析主要针对婚姻缔结过失责任而展开，但其基本精神也可适用于结婚之外的其他身份行为。但收养缔结过失责任的特别之处在于，收养关系存在三方当事人，即收养人、送养人与被收养人。在收养未能有效缔结的情形下，这三方当事人均有可能遭受损害，也均可以作为赔偿请求权主体；而赔偿义务主体则仅为收养人或送养人，被收养人并非赔偿义务主体。①

---

① 杨立新：《收养行为无效的损害赔偿责任》，《扬州大学学报》（人文社会科学版）2022年第2期。

第八章
基本身份行为的若干争议问题

第一节 登记程序瑕疵之身份行为的效力

一 身份行为登记程序瑕疵的界定

所谓身份行为登记程序瑕疵，即在办理身份行为登记的过程中，登记机关或者当事人的原因导致的已经完成的身份行为登记存在程序上的违法性。结合我国现行法对身份行为登记程序的规定，登记程序瑕疵主要有以下几种。

（一）非本人亲自到场登记

依《民法典》、《婚姻登记条例》以及《中国公民收养子女登记办法》的相关规定，当事人办理结婚登记、离婚登记、收养登记以及解除收养登记，均应共同、亲自到登记机构办理。[①]在当事人本人未亲自到场的情形下办理登记即属程序瑕疵。其主要包括两种情形：一是当事人一方未亲自到场，而由对方或者委托他人代为办理；二是当事人双方均未到场，而由第三人代为办理。

（二）非管辖地登记

我国法律对当事人应到何处的登记机构办理登记有着明确的规定，如

---

① 参见《民法典》第1049条、第1076条第1款，《婚姻登记条例》第4条，《中国公民收养子女登记办法》第4条。

《婚姻登记条例》第4条规定，内地居民结婚，当事人应当共同到一方当事人常住户口所在地的婚姻登记机关办理结婚登记。如果当事人在既非男方常住户口所在地也非女方常住户口所在地的"第三地"的婚姻登记机构办理结婚登记，即存在登记程序瑕疵。

（三）相关证件或证明材料缺失，或不符合法定登记条件情形下的登记

依我国法律规定，当事人办理身份行为登记，应当提交法律要求的证件或证明材料，如办理结婚登记需提交身份证、户口簿、单身及非近亲声明书等。登记机构不仅对上述证件及证明材料负有审核义务，同时对当事人是否符合法律规定的登记条件也有审核义务。如果登记机构在证件、材料缺失，或不符合法定登记条件的情形下为当事人办理了登记，则为程序瑕疵。

（四）证件或证明材料存在瑕疵情形下的登记

这主要是指当事人提交的证件或证明材料存在问题，而登记机构未能发现的情形，如当事人在办理身份行为登记时使用伪造、变造的身份证，或借用、冒用他人的身份证，或伪造相关证明材料等。

（五）其他违反法定程序的情形

如根据《民法典》第1105条第2款和《中国公民收养子女登记办法》第7条第2款，收养查找不到生父母的未成年人的，收养登记应当在登记前公告。如登记机构未经公告即办理登记，则为明显的程序瑕疵。

需要指出的是，在上述登记程序瑕疵类型中，有一些瑕疵同时构成了对身份行为有效要件的违反，如在当事人未达法定婚龄、具有禁止结婚的亲属关系或不具有身份行为能力的情形下，登记机构由于未尽审慎审查义务仍为其办理了相关登记。对于这种情形，依《民法典》的规定对身份行为的效力予以认定即可，无须纳入程序瑕疵予以探讨。故以下所称程序瑕疵仅指不涉及身份行为有效要件之单纯的程序瑕疵。

二 登记程序瑕疵情形下身份行为效力认定的现状

（一）相关立法现状

我国目前并不存在针对登记程序瑕疵情形下身份行为效力的统一规定，仅在结婚和收养行为方面有一些不够系统的规定。

对于结婚登记，《民法典》并未明确程序瑕疵之于婚姻效力的影响，但根据《民法典婚姻家庭编解释一》第17条，当事人不能以结婚登记程序存在瑕疵为由主张婚姻无效，而应通过申请行政复议或者提起行政诉讼撤销结婚登记。这一规定导致的问题在于：一方面，在当事人通过民事诉讼请求确认婚姻无效的情形下，法院对其诉讼请求的驳回是否意味着其婚姻有效？另一方面，在当事人依行政诉讼请求撤销结婚登记的情形下，如果法院支持其诉讼请求，则结婚登记的撤销对婚姻的效力是否产生影响？遗憾的是，上述问题未能在该条中得到回应。此外，在民法典编纂的过程中，《民法典婚姻家庭编（草案三次审议稿）》第828条第4项规定，以伪造、变造、冒用证件等方式骗取结婚登记的婚姻无效，但2019年12月23日十三届全国人大常委会第十五次会议进行审议时删去了该项规定。2021年11月18日最高人民检察院联合最高人民法院、公安部、民政部发布的《关于妥善处理以冒名顶替或者弄虚作假的方式办理婚姻登记问题的指导意见》，也未涉及婚姻效力问题。

对于收养登记，《民法典》婚姻家庭编未对收养登记程序瑕疵之于收养的效力设有明文，但依《中国公民收养子女登记办法》第12条，收养关系当事人弄虚作假骗取收养登记的，收养关系无效。所谓的"弄虚作假骗取收养登记"在解释上应当包括"以伪造、变造、冒用证件等方式"办理收养登记的情形。但上述规定存在一定的缺陷，因为收养的无效关涉当事人的实体关系，需要根据法律规定的要件认定，行政机关认定收养关系无效有超越其职权范围之嫌。

至于离婚登记、解除收养登记等程序瑕疵之于身份行为效力的影响，无论是《民法典》还是相关司法解释均未设明文。

（二）理论及司法实践现状

关于登记程序瑕疵下身份行为的效力，学界针对结婚行为的探讨较多，主要有以下几种不同的观点。一是无效说。即认为存在登记瑕疵的婚姻无效，建议立法时规定冒用或伪造身份证明骗取婚姻登记的婚姻属于无效婚姻。① 二是有效说。即认为结婚登记程序瑕疵对婚姻的效力原则上不构成影响，只要当事人符合结婚实质要件，就不属于无效婚姻。法院可以判令婚姻登记机关对存在的瑕疵进行补正。② 三是区别对待说。即认为一方"以虚假身份信息骗取登记"属于欺诈行为，此种情形下的结婚应纳入可撤销婚姻的范围；③ 在冒用、借用、盗用他人身份信息或使用伪造的身份资料骗取结婚证的情形下，应当认定婚姻不成立。④ 司法实践针对此类问题的看法也不尽一致。对于结婚登记瑕疵而言，司法解释明确规定此种瑕疵引发的纠纷应当通过行政复议或行政诉讼解决，所以，在民事诉讼中直接针对此种情形下的婚姻效力作出认定的裁判并不多见。但也不乏正面回应的裁判。例如，对于当事人未共同亲自办理结婚登记的情形，有的法院认为当事人之间不存在婚姻关系，⑤ 有的法院则认为此种瑕疵不影响婚姻的效力。⑥ 对于当事人借用或冒用他人身份证办理结婚登记的情形，有的法院认为结婚证所"确认"的婚姻关系应当认定为不成立，而基于结婚合意共同生活的两个当事人之间的婚姻关系则成立。⑦ 针对收养登记程序瑕疵情形下收养的效力，法院的认识也不尽一致。

综上所述，在针对登记程序瑕疵是否影响身份行为效力的问题上，现行法对此并没有明确的规定，由此导致了理论界和实务界的诸多分歧，对此问题的解决，尚需在理论上进行梳理。

（三）登记程序瑕疵之于身份行为效力的影响之理论分析

笔者认为，不宜将仅具有登记程序瑕疵的身份行为作无效处理，理由如下。

首先，如前所述，基于稳定身份秩序、尊重既成身份关系的考虑，法律

---

① 曹贤余：《登记瑕疵婚姻效力分析》，《河北法学》2013年第7期。
② 冉克平、曾佳：《民法典视野下婚姻登记瑕疵的困境及其路径选择》，《河北法学》2020年第10期。
③ 余睿、梁君瑜：《论以虚假身份信息骗取登记之婚姻关系的解除》，《广西大学学报》（哲学社会科学版）2013年第6期。
④ 黄曙光：《利用虚假身份信息骗取登记的婚姻关系如何解除》，《中国审判》2009年第3期。
⑤ 参见黑龙江省齐齐哈尔市铁锋区人民法院（2015）铁民初字第611号民事判决书。
⑥ 参见山东省济南市中级人民法院（2014）济民五终字第185号民事判决书。
⑦ 参见安徽省寿县人民法院（2016）皖0422民初1422号民事判决书。

对身份行为的无效事由予以严格的限制。一般认为，只有违反身份行为有效要件并导致有违公共利益或身份行为本质的行为才被认定为无效。法律对登记程序的要求并非身份行为的实质有效要件，故不宜扩大身份行为无效事由的范围，不能将仅具有登记程序瑕疵的身份行为认定为无效。

其次，在登记程序虽然存在瑕疵但当事人之间已经形成实质的身份上的共同生活关系时，一概认定身份行为无效，对当事人的身份利益会造成重大影响，这不利于对当事人合法权益的保障。即使在伪造、变造身份证件办理结婚登记的情形下，伪造者可能不具有结婚的意愿，但另一方当事人显然存在结婚的意愿并对婚姻利益抱有期待，对善意当事人不采取任何救济措施而简单地认定婚姻无效，显然不利于对其利益的保护。

再次，将仅具有登记程序瑕疵的身份行为认定为无效存在逻辑问题。例如，在冒用他人身份信息办理结婚登记的情形下，认为被冒名者与第三人的"婚姻"无效显然建立在认为此种"婚姻"已经成立的基础上，而后一种认识不无疑问。无论被冒名者是否知情，其均无与第三人结婚的效果意思，也从未表达这样的意思，认为其与第三人之间成立婚姻关系于理不符。

最后，排除单纯的登记程序瑕疵对身份行为效力的影响，具有比较法上的借鉴。例如，《日本民法典》第739条第2款对结婚登记的程序予以规定，即结婚申报应通过双方当事人及两名以上成年证人签名之书面或口头申请而作出。而依其第742条第2项，若当事人已经申报婚姻，但其申报欠缺上述方式要件，婚姻不因此而无效。上述条文体现出仅仅违反登记程序的规定并不导致婚姻无效或不成立的立法精神，值得我国借鉴。

三 登记程序瑕疵之于身份行为效力的影响之类型化分析

关于登记程序瑕疵之于身份行为效力的影响，笔者认为不能一概而论，程序瑕疵是否影响到身份行为的实质要件是需要考量的重要因素。当然，如前所述，在程序瑕疵属于法律规定的无效情形时，应依《民法典》的规定认定行为无效。例如，登记机关未尽审核义务为未达法定婚龄或不具有身份行为能力的当事人办理结婚登记，或为不符合收养人、送养人、被收养人条件的收养人办理收养登记，这样的婚姻或收养自然应当宣告无效，对此无须赘述。而针对不涉及法定无效事由的登记程序瑕疵对身份行为效力的影响，则主要应考察其是否对当事人意思表示的作出产生影响。在登记程序瑕疵不影响当事人意思表示时，身份行为的效力不应当受到影响（当事人在非管辖地登记的情形即为典型的例证）。反之，则应当根据瑕疵事由对身份行为的效力予以认定。这主要包括以下两种情形。

（一）当事人使用他人身份信息办理身份行为登记的情形

此种情形较为常见的模式是甲因不符合结婚实质要件（实践中多为未到法定婚龄）而冒用乙的身份信息与丙办理结婚登记。实际上，这种情形在财产行为中也会存在，例如，甲冒充乙将乙的房屋转让给丙。有学者将此种类型的行为统一称为"使用他人名义实施法律行为"，以区别于"以他人名义实施法律行为"的代理行为，对此应当赞同。[①]因为甲虽然使用乙的姓名和其他身份信息，却是为自己实施法律行为，故此类行为不同于代理。对于此类行为的效力，学者之间的认识不尽一致。通说认为此类行为的效果可以准用代理的规定。如果名义载体同意他人借用自己的名义，则法律效果归属于名义载体；反之，则准用无权代理的规定，由名义载体决定是否追认该法律行为。[②]这主要是基于保护相对人的信赖利益、交易安全以及名义载体利益的考虑。但上述结论并不适用于身份行为。相比于财产行为，身份行为具有高度的人身属性，而特别需要指出的是，这里的"人身属性"并不取决于姓名，而是取决于当事人本身的特质（如相貌、品德、资质、身体健康状况等）。正如有学者所言，姓名固然是一个人的身份代号，却不是决定一个人身份的主要或唯一的因素，结婚应当重视当事人的意愿以及婚姻生活的实质内容，不能仅凭结婚登记的姓名确认婚姻成立与否以及是否有效。[③]因此，无论行为人是以自己真实的身份还是使用他人的身份与相对人缔结身份关系，无论名义载体对行为人使用其名义是否知情，都应当认为法律效果归属于真正实施身份行为的人而非名义载体，后者也不存在通过追认使身份行为对其生效的

---

① 杨代雄：《使用他人名义实施法律行为的效果——法律行为主体的"名"与"实"》，《中国法学》2010年第4期。
② 〔德〕迪特尔·梅迪库斯：《德国民法总论》，邵建东译，法律出版社，2000，第694~695页。
③ 王礼仁：《"婚姻登记瑕疵"中的婚姻成立与不成立》，《人民司法》2010年第11期。

权利。就此而言，在甲使用乙的名义与丙实施结婚行为的情形下，如果丙对于甲使用他人名义的事实是知情的，且与甲共同表达了结婚的意愿并办理了结婚登记，应当认为身份行为是由甲和丙共同实施的，甲和丙之间成立婚姻关系（而乙和丙之间则不成立婚姻关系）。至于结婚证上写的是丙和乙的姓名，在解释上应当视为结婚登记错误，可通过纠错机制更正。①这种做法在实践中已有所体现。例如，在江苏省法院和妇联联合发布的2020年度江苏婚姻家庭典型案例中，其中之一即当事人冒用表姐周某的身份信息与张某进行了结婚登记，后周某向法院起诉要求确认其与张某的婚姻关系不成立。法院判决周某与张某的婚姻关系应为不成立。判决生效后，周某凭判决书到民政局办理了更正登记。这一判决与民政部门作出更正登记的处理方式均值得肯定。②

然而，在上述案例中，如果丙对甲使用他人名义并不知情，一般而言，由于姓名本身并不关乎婚姻的实质，单纯的姓名欺诈并不足以影响婚姻的效力；但如果行为人甲在姓名欺诈的同时也进行了与该姓名相关的身份欺诈，使相对人丙陷入错误并作出结婚的决定，则应当认为其构成结婚欺诈，丙可以请求撤销婚姻。

（二）当事人使用虚假身份信息办理身份行为登记的情形

此种行为原则上也可以纳入"使用他人名义实施身份行为"的范围，只不过这里的"他人"是虚构的而非真实的。于此情形下，基于前文对于身份行为性质的分析，应当认为姓名的标识并不具有法律意义。甲以虚假的姓名进行身份行为登记，并不意味着其想使这个名义载体享有权利承担义务，而只是想使自己处于匿名状态。而作为相对人而言，其只是想和对方缔结身份关系，至于对方姓甚名谁对于其决定的作出并不具有决定意义，因此，应当认为身份行为在当事人之间已经成立，使用虚假姓名并不导致身份行为不成立。但是，如果当事人使用虚假身份信息的目的在于欺骗对方结婚从而骗财，而非形成实质的

---

① 2021年11月18日，最高人民检察院联合最高人民法院、公安部、民政部颁布《关于妥善处理以冒名顶替或者弄虚作假的方式办理婚姻登记问题的指导意见》，其中第3条规定，对于以冒名顶替或者弄虚作假的方式办理婚姻登记的，可以作出撤销或更正登记的决定。

② 参见江苏长安网，http://www.jszf.org/fzjs/202103/t20210305_57144.html，最后访问日期：2022年2月10日。

婚姻关系，则构成身份欺诈，受害方可以请求撤销身份行为。

此外，对于身份行为当事人本人未亲自到场这一程序瑕疵，由于其使登记机构无法认定当事人具有实施身份行为的意思表示，于此情形下应当认定身份行为不成立。但在当事人对办理身份行为登记的事实明知或应知的情形下，其明确表示追认或者自愿形成了身份上的共同生活事实，则应当认为上述瑕疵已被补正。这一问题在第七章第一节中已有所论述，此处不赘。

四 登记程序瑕疵情形下私法与公法的体系化衔接

值得注意的是，鉴于登记之行政登记性质，于登记存在程序瑕疵的情形下，当事人亦可以提起行政诉讼，而如果行政诉讼中法院以登记机构的行政行为违法为由（事实上，多数登记程序瑕疵是登记机构的审核不当造成的）判决撤销身份行为登记或登记行为无效，则实体法致力于稳定身份关系的目的就会落空。于此情形下，实体法上关于登记程序瑕疵情形下身份行为效力的认定规则与行政诉讼应当产生一定的体系效应。

这一体系效应首先体现在对身份行为登记性质的认定上。如前所述，身份行为登记的公法性质及在私法上的意义决定了其在法律效果上具有民行合一的特点，身份行为登记行政诉讼实乃"名行实民"的非典型行政诉讼，法院应结合此类诉讼的特殊性对行政诉讼法的相关规定予以妥当解释以作出正当的个案裁判。而这种特殊性对于此类案件行政裁判的影响在于，虽然身份登记行政纠纷并非实体法上的身份关系纠纷，但其裁判结果会对身份关系产生直接且终极的影响，特别是否定身份行为登记的效力将会直接导致婚姻或收养关系不复存在，故此类诉讼的行政裁判不应忽略对原告和另一方行政相对人之间实体关系的考察和观照。而那些影响当事人实体关系的因素应成为行政裁判应予考量的重要因素，这主要包括以下几个方面。[1]

（一）稳定婚姻家庭秩序的价值取向

法官针对具体的待判案件从事法解释工作，其任务在于就被托付的案

---

[1] 田韶华：《论婚姻登记行政诉讼的判决方式》，《行政法学研究》2020年第1期。

件作出"正当的"即符合正义理念的裁判,而正义的理念常常蕴含在法的价值取向中。正如笔者一直强调的那样,基于婚姻家庭对国家、社会以及个人所具有的重要意义,维护婚姻家庭的稳定始终是婚姻家庭法遵循的基本价值取向。身份行为登记的行政裁判虽然并不解决婚姻家庭纠纷,但其结果却直接影响到婚姻家庭关系的存续,故其也应当遵循上述原则。这会使分属于不同法律部门的行政诉讼法和婚姻家庭法具有规则体系上的一致性。

(二)《民法典》中相关民事法律规范的适用

虽然身份行为登记诉讼为行政诉讼,但也应考虑相关民事法律规范的适用,这一点并不存在法理上的障碍。一方面,虽然行政法和民法分属公、私法两大法域,但进入20世纪后,公私法之间出现了日渐融合的趋势,行政法和民法在一些特定的领域常常会发生交错;[①]另一方面,正如前文所述,身份行为登记具有民行合一的特点,对其应否撤销的判断由于影响到实体关系,不可避免地要涉及对家庭法相关规定的考察。就此而言,在婚姻登记行政诉讼中,不仅可以而且也有必要适用《民法典》婚姻家庭编的相关规定。

(三)登记行为的违法性对于身份行为实质要件的影响

由于身份行为登记并不包含登记机关的法效意思,登记能够产生私法效果,并非基于登记机关的赋权或许可,而是基于当事人的自主意志,这就使登记行为合法与否和身份行为的效力之间并不存在一一对应的关系,即使登记行为不合法,也不意味着身份行为就一定没有效力。而在身份行为有效的情形下,原则上不能否定登记的效力。故登记行为的违法性是否触及婚姻、收养的实质要件特别是当事人的真实意思表示,是行政裁判需要考虑的重要因素。这一点也得到了最高人民法院行政审判庭的认可。[②]

[①] 江河:《行政诉讼中民法规范的适用》,《西南政法大学学报》2015年第1期。
[②] 最高人民法院行政审判庭向浙江省高级人民法院作出的法〔2005〕行他字第13号的答复函第2条明定:"根着《中华人民共和国婚姻法》第八条规定,婚姻关系双方或一方当事人未亲自到婚姻登记机关进行婚姻登记,且不能证明婚姻登记系男女双方的真实意思表示,当事人对该婚姻登记不服提起诉讼的,人民法院应当依法予以撤销。"

（四）违法情形的可补正性

行政行为的合法性审查一般不考虑违法情形的补正。基于行政法理论，行政行为作出后，作为其根据的事实状态或法律状态嗣后发生变化，不影响对其合法性或违法性的判断。[1]据此，登记行为在作出时存在违法性，即使起诉时该违法性已不复存在，该行为也不因此变为合法。但如前所述，基于对既成身份关系和当事人意思自治的尊重，对于身份行为登记时存在的效力瑕疵允许事后补正，以维系身份行为的效力。这一规则应成为身份行为登记的行政诉讼判决应予考量的因素。

基于上述认识，在身份行为登记程序瑕疵不足以影响当事人的实体关系特别是当事人真实意思表示时，或者登记时存在的违法情形已被补正的情形下，均不宜适用撤销判决，而判决确认违法但不撤销或者确认违法并责令更正，是更为妥当的选择。而只有在登记违法的情形构成身份行为无效的事由且未被补正，或登记严重违背当事人意愿（如被结婚、被离婚）时，才能够作出确认无效判决。[2]如此，即实现了身份行为领域内私法与公法的体系化衔接。

第二节 基本身份行为效力认定中的利益冲突与协调

法律行为效力的认定往往涉及与善意第三人的利益冲突，于此情形下，一些大陆法系国家和地区的民法或者针对一些特定瑕疵事由（如心中保留、通谋虚伪、欺诈等）规定法律行为的无效或撤销不得对抗善意第三人，或者通过登记之公信力、动产善意取得制度等对善意第三人提供保护。身份行为的效力认定中也会存在身份利益冲突问题，此种情形虽不涉及交易安全，但却涉及身份安全并攸关公共利益，如何处理颇值得思考。由于这一问题主要发生在协议离婚以及收养领域，笔者主要对此作出分析。

---

[1] 〔德〕哈特穆特·毛雷尔：《行政法总论》，高家伟译，法律出版社，2000，第230页。这一理念也为我国司法实践所承认，参见最高人民法院（2017）最高法行申字第121号行政裁定书。
[2] 田韶华：《论婚姻登记行政诉讼的判决方式》，《行政法学研究》2020年第1期。

一 协议离婚效力认定中的身份利益冲突与协调

（一）问题的提出

于协议离婚不成立、无效或被撤销，而当事人之一嗣后又再行结婚的情形下，对离婚效力的认定就会涉及后婚中第三人的身份利益。例如，在江苏省靖江市人民法院审理的一起行政纠纷案件中，殷某与江某于1998年经登记结婚。2008年，一女子冒用殷某的身份信息与江某办理了离婚登记并领取离婚证。2010年，江某与张某在民政局办理了结婚登记并领取了结婚证。事隔数月，江某意外死亡。殷某在江某死后才知道自己早已"被离婚"。其向法院提起行政诉讼，请求撤销其"被离婚"的离婚登记。法院认为，虽然民政局的行政行为违法，但因离婚证与身份关系紧密相连，且离婚当事人之一已经死亡，故判决登记行为违法但不予撤销。[①]判决生效后，殷某又以上述判决为依据，要求法院确认民政局为江某与张某颁发结婚证的具体行政行为违法。一审法院以殷某无原告诉讼主体资格为由裁定驳回殷某的起诉。殷某不服提起上诉，二审法院维持了原裁定。[②]2012年6月，江苏省检察院就该案提起抗诉，启动再审程序。在再审程序中，一审判决江某与张某的结婚登记行为无效，二审对此予以维持。[③]

上述案件虽为行政诉讼，但就裁判结果而言，无论是撤销离婚登记还是撤销结婚登记，均会导致当事人实体身份关系的重大变化，因此，该案的实质是当事人身份关系的认定。而从实体法的角度来看，这一案件的焦点问题是，殷某系"被离婚"，其与江某之间并未就协议离婚达成一致，因此，所谓的"协议离婚"实际上自始不成立。然而，此时江某又与不知情的张某结婚，那么，法律究竟应保护无辜的殷某而认定其与江某的婚姻依然存在，还是保护善意无过失的张某而认可其与江某的婚姻有效？从这两起行政诉讼的判决结果来看，法院实际上作出了不同的选择。在殷某针对离婚登记提起的行政诉讼中，法院判决离婚登记行政行为违法但不撤销，体现出对后婚中张

---

① 参见江苏省靖江市人民法院（2010）泰靖行初字第12号行政判决书。
② 参见江苏省泰州市中级人民法院（2011）泰中行诉终字第0025号行政裁定书。
③ 参见江苏省靖江市人民法院（2013）泰靖行初字第0014号行政判决书；江苏省泰州市中级人民法院（2013）泰中行终字第0061号行政判决书。

某利益的保护；而在殷某针对结婚登记提起的行政诉讼中，再审法院判决结婚登记行为无效，则明显体现出对前婚中殷某利益的保护。那么，何种选择更为合理？再审中的二审法院判决后婚之结婚登记无效，但在前婚之离婚登记未被撤销，亦即离婚行为的效力未被否定的情形下，后婚登记无效的理由又何在？此外，上述案件发生在协议离婚不成立的情形下，而在协议离婚存在无效或可撤销事由的情形下，当事人同样有可能处于与该案相同的境地，于后种情形下又当如何解决？就此而言，针对协议离婚效力瑕疵情形下身份利益冲突问题，不能简单地就事论事，更不能寄希望于行政诉讼，必须通过理论梳理从实体法层面予以解决。

（二）他山之石

从比较法的角度来看，上述问题导致的法律难题并不少见。例如，我国台湾地区就有这样一则案件。[①]在该案中，陈某与蔡某于1973年2月结婚，后二人感情破裂，蔡某遂前往美国，陈某于蔡某在美生活期间，以蔡某违背同居义务、构成恶意遗弃为由，向法院提起离婚之诉，高雄地方法院判决二人离婚。陈某离婚后遂与许某结婚。蔡某得知后以陈某知其住所竟称其所在不明而起诉离婚，提起再审请求废除原判决。在获得胜诉后，蔡某以陈某与许某的婚姻系重婚为由提起确认婚姻无效之诉，法院对其诉讼请求给予了支持。许某遂以该判决侵害其结婚自由权为由，向法院起诉。

针对此案，我国台湾地区"司法院大法官会议"于1994年作出释字第362号释文，认为前离婚判决被法院否定后，后婚成为重婚，但该重婚是由法院判决所致，与一般重婚情况不同。后婚中的第三人善意且无过失，应当依据信赖保护原则，承认后婚的效力，否则将使结婚自由遭受不测之损害。对于由此导致的前后婚姻关系同时存在的后果，可由重婚者一方之前后婚姻中的配偶，向法院起诉请求离婚。据此，信赖前婚关系已经消灭的善意第三人受信赖原则的保护，其婚姻并不因重婚而无效。

2002年，我国台湾地区"司法院大法官会议"又作出释字第552号释

---

① 以下案例介绍，参见雷磊《论依据一般法律原则的法律修正——以台湾地区"司法院大法官会议"释字362号为例》，《华东政法大学学报》2014年第6期。

文，对前述释字第362号释文予以补充与变更。认为婚姻涉及身份关系的变更，事关公共利益，对后婚当事人就前婚关系消灭之信赖应有更为严格的要求，仅重婚相对人善意且无过失，尚不足以维持后婚的效力，须重婚之双方当事人均为善意且无过失，后婚效力始得维持。对由此导致的前后婚姻关系同时存在的现象，应由立法机关综合考量信赖保护原则、身份关系之本质、夫妻共同生活之圆满及子女利益之维护等因素，就究竟解消前婚还是后婚作出认定。该释文同时认为，上述解释也适用于因信赖而协议离婚所导致的重婚。

2007年，我国台湾地区"民法"亲属编修订，其第988条增设第3款，规定重婚无效，但重婚之双方当事人因善意且无过失信赖一方前婚关系消灭（因两愿离婚或离婚判决）而结婚者，不在此限。同时新增第988条之1，规定于前述第988条第3款后婚有效的情形下，前婚关系自后婚成立之日起视为消灭（前婚关系视为消灭的效力，准用离婚的规定）。上述规定在吸取前述释字第552号释文精神的基础上，进一步认为前后婚姻不能并存，后婚有效而前婚关系消灭。之所以作出如此选择，其理由为：婚姻的本质在于共同生活，且前婚夫妻已达成离婚协议或一方向法院起诉离婚，婚姻已出现破绽，基于身份安定之要求，以维持后婚为宜。①

笔者认为，前述我国台湾地区释字第362号释文造成两个婚姻并存的局面，违反一夫一妻原则，缺乏法律上的正当性。建立在释字第522号释文基础上的"民法"第988条第3款和第988条之1虽然避免了上述问题，但也存在以下不周之处：一是将对善意第三人的保护建立在重婚者也为善意无过失的基础上，此种情形在实践中毕竟为少数，多数情形下仅第三人为善意，故上述条文未能对多数善意第三人的利益提供保护，有失妥当；二是上述条文将善意第三人信赖的对象限定在离婚判决或两愿离婚登记上，未将无效或撤销判决纳入其中，适用范围有些狭窄。但即使如此，上述释文和规定所体现出的价值取向上的碰撞及选择仍然为我们解决这一问题提供了有益借鉴。

---

① 刘宏恩：《从王永庆"三房"配偶身分案论重婚新法规定之溯及适用——一个法学解释方法的问题》，《月旦法学杂志》2016年第7期。

(三）问题之解决

在笔者看来，在协议离婚存在不成立、无效或可撤销事由，当事人一方就协议离婚的效力提起诉讼，而另一方当事人已经另行结婚的情形下，法律原则上应认定前婚关系并未解消，后婚无效。之所以不遵循民法理论中保护善意第三人的规则而认可后婚的效力，主要原因于，传统民法理论认为法律行为的无效或撤销原则上不能对抗善意第三人，其目的在于保护交易安全，即认为善意第三人的信赖关乎交易安全，而为了交易安全这一公共利益有必要牺牲真正权利人的个人利益。然而，婚姻制度本身就关乎社会公益，重婚之善意第三人的信赖相比于前婚当事人的身份利益而言并不具有优位性。就此而言，民法总则中的信赖保护原则并不能当然适用于身份行为。恰恰相反，无论是从一夫一妻制的基本原则出发，还是基于社会一般观念，前婚均具有优位性。就此而言，在协议离婚不成立、无效或被撤销的情形下，后婚应当认定为重婚而无效。然而，在协议离婚的效力瑕疵可以归责于重婚者的前婚配偶的情形下，基于诚实信用原则，前婚配偶应当承担不利后果，此时应当认定后婚有效。至于重婚无效情形下善意当事人利益的保护，其由于在重婚中属于无过错方，可以依《民法典》第154条向过错方请求损害赔偿，同时，法院也应当依照顾无过错方的原则进行财产分割。

二　收养行为效力认定中身份利益的冲突与协调

收养行为效力认定中身份利益的冲突主要发生在被拐儿童获救后又被收养的情形。依《民法典》第1093条第2项，"查找不到父母的未成年人"可以作为被收养人。这使查找不到父母的获救被拐儿童也可以被合法收养，这在2020年修订的《未成年人保护法》中也得到了体现。[①]但无论是《民法典》还是《未成年人保护法》，均未规定若日后被拐儿童的生父母出现并提出抚养请求应当如何处理，于此情形下便产生了收养效力认定的难题。这在2004年发生于河北省的一起案件中体现得尤为明显。在该案中，丁某、杨某的年

---

① 参见《未成年人保护法》第94条第1项、第95条。

仅3岁的儿子被人拐走又遭遗弃，孩子在福利院被人依法收养。4年后警方将拐卖儿童的罪犯抓获，丁某、杨某得知儿子去向后，把社会福利院告上了法庭，请求法院依法判令福利院交还孩子，恢复他们对孩子的抚养和监护权。一审法院认为，按照自然血亲优于拟制血亲的传统理念，孩子确应交给其亲生父母抚养，但该案中养父母无论在物质生活方面，还是在文化修养方面均优于生父母，暂由养父母行使监护权更有利于孩子的身心健康和成长发展，故基于未成年人利益最大化原则驳回了原告的诉讼请求。[1]这一判决结果体现出明显的价值判断——儿童利益优先，这固然不可谓不正确，但也不无可质疑之处：就儿童的成长而言，养父母所提供的物质生活就一定比亲缘基础上亲子关系的建立更重要吗？就此而言，仅仅依靠价值判断尚不足以从根本上解决问题，仍有必要从制度层面寻找更为合理的解决方案。

根据民政部、公安部于2015年联合发布的《关于开展查找不到生父母的打拐解救儿童收养工作的通知》，在经法定程序确定查找不到被拐儿童的父母或其他监护人而启动收养程序时，收养人、送养人（社会福利机构）和公安机关在办理收养登记时要签订收养协议，约定若被收养儿童的亲生父母查找到儿童，提出抚养请求，并且亲生父母符合继续抚养条件的，收养人应当与社会福利机构办理解除收养关系登记。但若儿童的生父母双方或者其他监护人有出卖或者故意遗弃儿童行为的，已成立的合法收养关系不受影响。在笔者看来，这一规定出台在《民法典》颁布之前，系对《收养法》无法将获救被拐儿童纳入被收养人范围的一种变通，在当时具有一定的正当性。然而，其将此种收养规定为附解除条件的收养实际上并不利于被拐儿童的收养。毕竟，不是每一个收养家庭都愿意承受日后将自己辛苦抚养、与自己感情深厚的孩子交还他人的风险和痛苦。就此而言，这一方案并非最佳选择。

在笔者看来，对这一问题的解决需要跳出或者保护生父母或者保护养父母的固有思维，而把被收养人的利益以及法律秩序考虑在内，就法律秩序而言，《民法典》和《未成年人保护法》已经赋予民政部门作为监护人依法将

---

[1] 案情参见《〈亲生父母无缘与子相见〉后续：法院判令丁俊超之子归养父母抚养》，新浪网，https://news.sina.com.cn/s/2004-12-03/02484417263s.shtml，最后访问日期：2022年4月18日。

打拐解救儿童送养的权利，而收养人也是依法收养，从法律的安定性以及身份秩序的稳定性出发，不应当认定收养无效，否则将导致打拐解救儿童回归家庭的立法目的无法实现。就被收养人利益最大化的判断而言，最为重要的并非对生父母或养父母双方物质生活、文化修养的比较，而是应当最大程度地尊重被收养人的意愿。正如前文所述，被收养人并非收养关系中的客体，而是主体，对于是否回到生父母身边应当由具有身份行为能力的被收养人决定。故可以在被收养人年满8周岁后，由其本人决定是否解除收养关系。

需要指出的是，与协议离婚一样，在协议解除收养行为不成立、无效或被撤销（原收养人并无过错），而被收养人已被他人收养的情形下，也面临着原收养人与后收养人之间的利益冲突。笔者认为，于此情形下，原则上应当保护原收养人的利益，但如果否定协议解除收养行为的效力会严重影响到被收养人利益，则应当维护后一个收养关系的效力。

第三编
衍生身份行为

民法典背景下身份行为的体系化研究

第九章
身份关系协议概说

第一节 身份关系协议的界定及类型

一 身份关系协议的界定

（一）身份关系协议称谓之厘定

对于婚姻家庭领域当事人有关身份上权利义务的约定，学界对其的称谓不尽一致，诸如身份协议、身份关系协议、身份性协议、婚姻家庭协议、家事协议、身份契约或身份合同等称谓在现有文献中均有出现。相比之下，笔者更认同"身份关系协议"这一称谓。一方面，虽然在理论上协议与合同常常混用，但从我国的立法语言习惯来看，在表达婚姻家庭领域中的意思合致时，往往以"协议"称之，如离婚协议、收养协议、监护协议、遗赠扶养协议、赡养协议等，故以"协议"指称身份关系上的意思合致更符合我国的立法语言习惯；另一方面，与家事协议、身份性协议、婚姻家庭协议这些概念相比，"身份关系协议"不仅更能突出此种协议的特点，而且更具涵盖性，特别是，《民法典》第464条第2款使用了"涉及身份关系的协议"这一表述，而"身份关系协议"与之更加接近。综上，本书采"身份关系协议"这一称谓。

（二）身份关系协议的概念与特征

所谓身份关系协议，顾名思义，是指能够发生身份法上效果的协议。[①]但其并非一个实定法上的概念，再加上学者对何谓"身份法上的效果"认识不

---

① 陈信勇：《自然债与无名身份协议视角下的生育纠纷》，《浙江社会科学》2013年第6期。

同，故对于这一概念的界定形成了以下几种不同的观点。一是认为身份关系协议是指具有亲属身份关系的当事人订立的有关身份关系以及基于身份关系形成的财产关系的书面协议，包括纯粹身份协议和身份财产协议。前者即前文所述的基本身份行为，后者则指夫妻财产制协议等具有财产内容的身份协议。[①] 二是认为身份关系协议是指婚姻家庭当事人就婚姻家庭的各种人身、财产关系签订的协议。[②] 三是认为身份关系协议是具有特定身份的当事人之间就身份上事务所达成的协议的统称，其不仅包括具有法律约束力的协议，也包括不具有法律约束力的协议。[③] 不难看出，上述观点的分歧主要集中在三个方面：第一，身份关系协议是否均为具有法律约束力的协议；第二，身份关系协议是否包括基本身份行为；第三，身份关系协议是否仅指基于身份形成的财产关系协议。针对上述分歧，笔者的观点如下。

首先，身份关系协议不应包括不具有法律约束力的身份情谊行为。这一问题实际上涉及"协议"与"合同"的关系。根据《民法典》第464条第1款，合同是民事主体之间设立、变更、终止民事法律关系的协议。可见，协议是一种比合同更为宽泛的概念。如果从"协议"的原本意义及实践运用来看，其仅是对当事人协商一致并达成合意的表述，既包括具有法律约束力的合同，也包括没有法律约束力的意思合致（如实践中大量存在的框架协议、战略协议、君子协议等），但对于实定法上明文规定的协议，应当认为已相当于双方或多方法律行为，具有法律约束力。故《民法典》第464条第2款中所谓的"身份关系协议"，应指具有法律约束力的协议，不包括身份情谊行为。由于二者的界分标准具有一定的复杂性，笔者将于本章第二节详述，此处不赘。

其次，身份关系协议不包括基本身份行为。身份关系协议在本质上是对身份关系的契约性调整。而正如笔者在上一编中所分析的那样，虽然基本身份行为也系当事人意思合致的结果，但这种意思合致只是对身份关系领域个人自我

---

① 朱广新、谢鸿飞主编《民法典评注：合同编 通则》（1），中国法制出版社，2020，第12页。相似见解参见薛宁兰、崔丹《身份关系协议的识别、类型与法律适用》，《法治研究》2022年第4期。
② 孙宪忠：《婚姻家庭协议里的"学问"》，《光明日报》2019年8月4日，第7版。
③ 孙丽萍：《无名身份协议之司法对待》，浙江大学2013年硕士学位论文，第20页。

决定权的承认，并非像合同那样是对以自己的意思设定规则的认可。①因此，对于基本身份行为，当事人仅能就身份的得丧达成一致，至于身份上的权利义务则并不由当事人的意思所决定，这与以内容磋商为核心特征的合同不同。就此而言，对于基本身份行为并不能以合同理论予以说明。②将基本身份行为纳入身份关系协议，掩盖了基本身份行为的本质，不能体现出此类身份行为的特殊性。

再次，身份关系协议以身份上的权利义务为内容。这有两点内涵：一方面，不能把身份关系协议等同于身份财产协议，因为身份上的权利义务既包括财产性内容，也包括人身性内容，除身份财产协议之外，以人身性权利义务（如父母照顾责任）为内容的协议也属于身份关系协议；另一方面，不能把身份当事人之间的所有协议均纳入身份关系协议，如果协议所涉内容并非身份上的权利义务，则其并非身份关系协议，典型的如夫妻之间签订的赠与合同、借款合同等。

最后，身份关系协议的当事人不限于具有特定家庭身份的人。毫无疑问，身份关系协议的当事人多为具有特定家庭身份的人，但在有的情形下只要协议内容涉及的是身份上的权利义务，即使当事人之间不具有家庭身份关系，该协议也属于身份关系协议。典型的，如收养人与被收养人之间签订的收养关系协议、委托人与受托人签订的意定监护协议等。

在上述认识的基础上，我们可以对身份关系协议作如下界定：身份关系协议是当事人以发生身份上的权利义务变动为目的签订的协议。

二 身份关系协议的类型

身份关系协议的类型多样，以其所涉身份关系的类型为标准，可以分为婚姻关系协议、父母子女关系协议、收养关系协议和监护关系协议。

（一）婚姻关系协议

婚姻关系协议即当事人就夫妻间的人身或财产关系所签订的协议，其中

---

① 〔德〕卡尔·拉伦茨：《私法的重构》，魏曦岚、韦冠鹏译，载张双根等主编《中德私法研究》（2014年·总第10卷），北京大学出版社，2014，第62页。
② 〔日〕我妻荣：《债权各论》（上卷），徐慧译，中国法制出版社，2008，第29页。

最为常见也最容易发生纠纷的是婚姻财产协议。其主要包括但不限于以下类型。

1. 夫妻财产制协议

所谓夫妻财产制协议，是婚姻当事人就婚姻关系存续期间的夫妻财产制度包括财产的归属、管理、使用、处分等所作的约定。此种协议为两大法系多数国家和地区的立法所承认。以夫妻财产制协议签订的时间划分，可以将其分为婚前协议和婚内协议。各国及地区对二者的态度有所不同，有的仅承认婚前协议而不承认婚内协议（如法国、日本、葡萄牙等），有的则对二者均予以承认（如德国、瑞士以及英国、美国等）。在我国，《民法典》第1065条第1款对二者均予承认，并予以同等对待。至于当事人可以约定的财产制的类型，虽然该条规定当事人可以将婚内所得财产以及婚前财产约定为各自所有、共同所有或者部分各自所有、部分共同所有，但一般认为，该条并非完全列举，当事人可以在上述类型之外任意选择不为法律和公序良俗所禁止的夫妻财产制。[1]

2. 离婚财产分割协议

离婚财产分割协议，是夫妻在离婚时就财产（包括债务）分割问题进行的约定，其系离婚协议的组成部分，在性质上属于附随身份行为。需要指出的是，在理论和司法实践中，不乏观点将离婚财产分割协议作为夫妻财产制协议的一种来对待，这一观点值得商榷，因为其忽略了此种协议与夫妻财产制协议的本质区别：后者是夫妻对婚姻关系存续期间财产的安排，其目的是婚姻的维系和经营；而前者则解决离婚后的财产归属等问题，其目的是离婚。故二者不可混为一谈。

3. 以婚姻解除为预设的婚姻财产协议

以婚姻解除为预设的婚姻财产协议，系指欲维持婚姻关系的当事人在婚前或婚内就将来可能发生的离婚或一方、双方死亡的财产后果预先作出的安排。该种协议关注的主要是婚姻关系解消时的财产分割，而非婚姻关系存续期间的婚姻财产问题，故其区别于夫妻财产制协议；此外，其系以维持婚姻关系而非解消婚姻关系为目的，故又区别于离婚财产分割协议。从比较法的

---

[1] 薛宁兰、谢鸿飞主编《民法典评注：婚姻家庭编》，中国法制出版社，2020，第248页。

角度来看，两大法系对于婚姻财产协议关注的重点并不相同，在大陆法系大部分国家和地区，立法规范的重点为夫妻财产制协议，其内容只涉及婚姻关系存续期间的财产问题，并不涉及离婚后果。而在英美法系，以婚姻解除特别是离婚为预设的婚姻财产协议则为立法和理论关注的重点。[①]我国与大陆法系情况基本相同，仅于《民法典》第1065条对夫妻财产制协议予以规定，对以婚姻解除为预设的婚姻财产协议则未设明文。

4.夫妻忠诚协议

所谓夫妻忠诚协议，是指夫妻在婚前或婚内达成的，要求违反忠实义务的一方承担不利后果的约定。[②]此种不利后果在实践中多表现为由义务违反者向对方给付违约金或损害赔偿金，或在离婚时放弃全部财产、子女抚养权和探望权等。关于忠诚协议的性质，学界存在身份行为说[③]、财产行为说[④]以及兼具身份性和财产性的双重属性说[⑤]等不同的观点。对此，笔者认为，主张忠诚协议为财产行为或部分财产行为的观点，仅仅关注到协议中的违约金或财产分割条款的财产属性，却忽略了上述条款只是忠诚协议的一部分而非协议的全部，其作为违反忠实义务的后果，并不能决定协议的性质，协议的性质仍应根据给付义务的性质确定。忠诚协议本身是一个要求夫妻互尽忠实义务的协议，是对婚姻家庭法上夫妻忠实义务的契约性诠释，其目的是婚姻关系的维系而非婚姻关系的解消。就此而言，忠诚协议应当界定为身份行为，具体而言是一种婚姻领域内的身份关系协议。

（二）父母子女关系协议

父母子女关系协议，是当事人就父母子女间的权利、义务签订的协议，其内容主要是对亲子间的法定权利义务进一步的具体化。其主要包括以下几种类型。

---

① 〔德〕凯塔琳娜·博埃勒-韦尔基等主编《欧洲婚姻财产法的未来》，樊丽君等译，法律出版社，2017，第36页。有关英美法系各国及地区的相关立法，参见该书第三章的相关介绍。
② 刘加良：《夫妻忠诚协议的效力之争与理性应对》，《法学论坛》2014年第4期。
③ 郭站红：《夫妻忠诚协议的法学思考》，《宁波大学学报》（人文科学版）2010年第2期。
④ 赵敏：《"忠诚协议"效力问题的法律分析——以现行法为视角》，《广西政法管理干部学院学报》2010年第3期。
⑤ 隋彭生：《夫妻忠诚协议分析——以法律关系为重心》，《法学杂志》2011年第2期。

1. 父母责任协议

所谓父母责任协议，是在子女不能由父母共同抚养的情形下，由父母双方就子女的抚养权归属、抚养方式、抚养费的给付以及探望等问题达成的协议。依协议的内容，父母责任协议主要可以分为子女抚养协议和探望协议；而依父母的婚姻状态，则可以分为离异父母之间的父母责任协议、分居父母之间的父母责任协议以及非婚父母之间的父母责任协议。

所谓离异父母之间的父母责任协议，是父母离婚时就子女的抚养、探望等问题达成的协议。根据《民法典》第1076条第2款、第1084条第3款及第1085条，夫妻在离婚时，无论是协议离婚还是诉讼离婚，均可就子女的抚养问题达成协议。此外，根据《民法典》第1086条，夫妻在离婚时也可就非直接抚养子女一方的探望权的行使问题达成协议。基于对父母"特权"的尊重，这样的协议也得到了许多国家和地区家庭法的承认。

所谓分居父母之间的父母责任协议，是具有婚姻关系的夫妻在分居期间就子女抚养、探望等问题达成的协议。虽然我国民法典对于此种协议并未设明文，但考虑到夫妻之间的非正常婚姻状态，应当允许当事人签订此种协议。这也得到了司法实践的肯认。①

所谓非婚父母之间的父母责任协议。是没有婚姻关系且未共同生活的双方就子女的抚养、探望等问题达成的协议。虽然我国民法典婚姻家庭编对此种协议未设明文，但由于非婚生子女的父母之间不存在婚姻关系，子女往往由一方直接抚养，其情形与父母离婚类似，应当准用离婚的规定，允许父母之间就非婚生子女的抚养、探望等问题进行约定。对此，美国、德国等国家的相关规定可资借鉴。②

2. 赡养协议

所谓赡养协议，是当事人之间就赡养义务的履行或分担所达成的协议。在实践中，其主要有以下几种表现形式。

一是赡养义务履行协议，即在赡养人与被赡养人之间就赡养义务的履行签订的协议。虽然《民法典》与《老年人权益保障法》对此类赡养协议均未

---

① 参见最高人民法院于2015年12月4日公布的婚姻家庭典型纠纷案例之四。
② 参见本书第三章对于德国、美国等国家立法例的考察。

设明文,但此类协议在实践中早已屡见不鲜,而且也得到了实务部门的认可,①对其合法性应予承认。有观点认为,以协议限定法定赡养义务不符合我国传统的家庭伦理,这一观点值得商榷。赡养协议并未免除赡养义务,而是在当事人意思自治的基础上将法律规定较为笼统的义务具体化,相当于在存在法律约束的同时增加了契约约束,这对促进赡养人履行赡养义务、保障被赡养人的合法权益具有积极的意义。

二是赡养义务分担协议,即赡养人之间就赡养义务的分担所签订的协议。于存在多个赡养义务人的情形下,当事人之间难免因赡养义务的承担问题而发生纠纷,这不仅造成被赡养人的利益受损,同时也影响赡养义务人之间的和睦。于此情形下,应允许赡养人签订赡养义务分担协议,明确各自的赡养义务,这无论是对纠纷的解决还是对被赡养人的权益保障都是一个不错的选择。我国《老年人权益保障法》第20条规定,在老年人同意的情形下,赡养人之间可以就赡养义务的履行签订协议,该条即是对此种协议的肯认。

三是继承型赡养协议,即赡养关系的当事人在签订赡养义务履行协议或分担协议时,同时对被赡养人将来死亡后各赡养人可获得的遗产份额予以约定的协议。此种协议的性质较为复杂,若签约主体是赡养人与被赡养人,则协议系赡养协议与继承协议的混合;若签约主体为多个赡养人,则协议系赡养协议与遗产预分配协议的混合。但无论是哪一种,在本质上都属于"继承养老"的模式,即以赡养人承担的赡养义务决定继承遗产的多少。

四是分家析产型赡养协议。在我国一些农村地区存在分家析产的习惯,该协议的内容除父母财产或家庭共有财产的分割之外,还包括对赡养义务分配的约定。至于此种协议的性质,在协议所分配者为被赡养人的财产,而财产取得人同时承担赡养义务的情形下,可以认为该协议是附赡养义务的赠与协议。同时,其中有关赡养义务的具体约定实际上也是一个协议。就此而言,此种分家析产协议可谓包括了赡养协议与附赡养义务之赠与协议的混合协议。

---

① 司法部发布的《赡养协议公证细则》第2条第1款规定:"赡养协议是赡养人就履行赡养义务与被赡养人订立的协议。或赡养人相互间为分担赡养义务订立的协议。"

(三)收养关系协议

所谓收养关系协议,是指收养人与送养人之间就相关权利义务所达成的协议,而非就收养的成立达成的合意。其主要包括以下三种类型。

1. 一般收养关系协议

《民法典》第1105条第3款规定,收养关系当事人依其意愿可以签订收养协议。这里的"收养协议",主要是指当事人对于送养人和被收养人的权利义务所进行的约定,包括保密义务、收养协议的解除及违约责任等内容。

2. 不完全收养协议

不完全收养是与完全收养相对应的一种收养模式,是指养子女与亲生父母之间在收养后仍保留一定的权利义务(如部分照顾权、监护权或探望权等)的收养方式。从比较法的角度来看,一些国家如法国、美国等不同程度地承认了不完全收养协议。我国民法采取的是完全收养模式,这固然有利于被收养人更好地融入收养人的家庭,但也限制了社会公众的选择权,从尊重当事人意思自治以及保护未成年人利益的角度出发,在当事人对不完全收养达成协议的前提下,有必要对此种协议的效力予以认可,这对于继父母收养继子女的情形尤为适用。①

3. 解除收养时当事人之间达成的协议

解除收养时当事人之间达成的协议,其内容主要包括对于解除收养后有关抚养费的返还、补偿等问题。

(四)监护关系协议

所谓监护关系协议,是确定监护人及监护职责之具体履行的协议,基于此种协议所确定的监护称为意定监护。根据现行法,我国的意定监护制度除了《民法典》第33条规定的成年意定监护,还包括第29条规定的遗嘱监护以及其他意定监护。②而意定监护协议总的来说主要包括以下几类。

---

① 周友军:《我国民法典编纂中收养制度的完善》,《广东社会科学》2019年第4期。
② 费安玲:《我国民法典中的成年人自主监护:理念与规则》,《中国法学》2019年第4期。

1. 成年意定监护协议

《民法典》第33条规定，具有完全民事行为能力的成年人，可以与其近亲属、其他愿意担任监护人的个人或者组织签订书面协议，约定在自己将来失能时，由后者担任监护人并履行监护职责。此种协议旨在为自己确立未来的监护人，建立未来可能发生的监护关系，体现出对当事人意思自治的尊重。

2. 具有监护资格的人之间确定监护人的协议

《民法典》第30条规定，具有监护资格的人可以通过协议确定监护人。此种协议的目的在于通过监护人的选择确立监护权的归属和行使。在我国，此类协议的主体是除父母之外具有监护资格的其他近亲属，协议所选择的监护人为协议当事人中的一人或数人。

3. 父母为子女签订的未来监护协议

父母为了避免自己将来丧失监护能力而无法继续监护子女的情形，通过协议的方式为子女预先确定监护人。从尊重父母对子女所享有的"特权"的角度出发，这样的协议应当得到法律的承认。《民法典》对此并未设明文，但根据《民法典总则编解释》第8条，法院对此种协议应依法予以支持。

需要指出的是，根据《民法典总则编解释》第13条，监护人于其出于患病、外出务工等原因而在一定期限内不能完全履行监护职责的情形下，可以将全部或者部分监护职责委托给他人，由他人代为履行监护职责，当事人之间签订的协议即为委托监护协议。此种协议并未在被监护人与受托人之间建立监护关系，故并非意定监护协议。

第二节　身份关系协议与身份情谊行为的界分

一　身份情谊行为的界定

所谓情谊行为，是对德语Gefalligkeiten一词的翻译。对于这一概念，德国通说认为其是指"当事人之间不具有受法律约束的意思，不产生相应给付义务和违约责任的行为"。① 这一界定使情谊行为成为所有虽具有法律行为的外形但因不具有受法律拘束的意思而不产生法律约束力的行为之总称。而我国大陆学者则多将其定义为行为人以建立、维系或者增进与他人之间相互关爱的感情为目的，不具有受法律拘束的意思且无偿利他的行为。② 与前述德国学者的定义相比，这一理解更为强调该行为的情谊基础和无偿利他等特征，与我国台湾地区学者所称"好意施惠行为"颇为一致。在笔者看来，我国学者的定义虽然体现了大部分情谊行为的特征，却使那些虽不具有无偿利他特性但同样没有受法律拘束意思的行为在民事行为体系中无处安放，相比之下，德国学者的界定更具有涵盖性，值得赞同。在上述理解的基础上，笔者认为，所谓身份情谊行为，系指具有特定家庭身份的当事人就家庭事务所实施的，不具有受法律拘束的意思，且不发生法律拘束力的行为。

身份情谊行为不具有法律约束力，因此，当事人之间并不具有法律上的权利义务，也不存在强制执行问题，这构成了与具有法律约束力的身份关系协议的最大区别。正因如此，对于二者的界分就非常重要。夫妻、父母子女等具有特定身份的当事人之间的关系较为亲密，他们之间签订的协议往往不被认为具有受法律约束的意思，而意思合致的特征又使此种协议具有成为法律行为的可能性，由此导致了理论和实务中身份关系协议与身份情谊行为在认定上的分歧。故有必要对二者界分的标准予以探讨。由于其他国家和地区多将身份关系协议称为家庭协议，笔者在同一意义上使用这两个概念。

二 身份关系协议与身份情谊行为界分标准的域外法考察

（一）英美法系身份关系协议与身份情谊行为的界分标准

在英美法系，这一问题的本质是身份关系协议能否被认定为合同。英美法上的合同被视为一项有约束力的允诺，而依何种标准判断一项允诺是否具有约束力，则是认定一项允诺是否属于合同的前置问题。根据英美合同法理论，除要约、承诺之外，有三个因素在此种判断中发挥着重要作用：创设法

---

① 〔德〕维尔纳·弗卢梅：《法律行为论》，迟颖译，法律出版社，2013，第102页。
② 王雷：《民法学视野中的情谊行为》，北京大学出版社，2014，第12页。

律关系的意图、公共政策以及约因。对于家庭协议是否属于具有约束力的合同，同样需要考虑上述因素。

1. 创设法律关系的意图（intention to create legal relations）

在英国，一个为学界和判例所普遍承认的规则是：一个协议要想成为有约束力的合同，当事人必须有创设法律关系或受法律约束的意图。在美国，虽然其《第二次合同法重述》第21条规定，是否存在真实的或明确的受法律约束的意图并不影响合同的成立，但对该条的说明指出家庭协议或社交约定要成为合同，行为人必须表示相应意图。这使英美两国在家庭协议之法律约束力的认定上并无太大的差别。从司法实践来看，二者对于创设法律关系的意图之存在均采取了二元推定规则。即对于商业协议，推定当事人具有创设法律关系的意图；对于家庭协议和社交协议，则推定当事人不具有此种意图。[1]

家庭协议适用上述推定规则最为经典的案例是英国的鲍尔弗案。在该案中，妻子请求法院执行其丈夫所作出的在出国工作期间每月给她30英镑的承诺，法院以当事人没有创设法律关系的意图为由未予支持。[2]但上述推定允许当事人以反证推翻，只不过要推翻的话，当事人仅仅证明主观上有创设法律关系的意图是不够的，还必须有一些具有相应意图的客观证据，而法院会在考量家庭成员的关系以及协议的内容是否确定等相关因素的基础上作出判断。例如，对于当事人在关系不睦时（如离婚时或即将离婚时）订立的财产协议，法院通常认为具有创设法律关系的意图，因为此种情形下的当事人被认为处于对抗状态而较少考虑情感和伦理，更希望以法律手段解决纠纷。[3]

2. 公共政策（public policy）

尽管英美合同法并未明确将"公共政策"纳入合同约束力的判断要件，但它实际上隐藏在"创设法律关系的意图"这一因素之后发挥着作用。例如，在前述英国的鲍尔弗案中，法院虽然以当事人没有创设法律关系的意图为由判决协议没有强制执行力，但从判决书的理由来看，真正的原因实际上

---

[1] S. Atiyah, *An Introduction to the Law of Contract*, 6th Edition, Oxford University Press, 2006, p.154.
[2] 参见 *Balfour v. Balfour*, [1919] 2 KB 571。
[3] 参见 *Merritt v. Merritt*, [1970] 1 WLR 1121, 1123。

是法律不应干预夫妻间协议这一公共政策。这是因为，"关于这些允诺，每一个家庭都是国法法令所不达、鞭长莫及的领域"，①强制执行此类协议不仅会使市场侵入本应由伦理和道德规范的私人领域，同时此类纠纷过于烦琐，也会造成司法资源的浪费。②有鉴于此，诚如有学者所言，推定家庭协议没有约束力的真正目的是将婚姻家庭关系排除在法律干预之外，所谓的"没有创设法律关系的意图"只是掩盖这一目的的"烟雾弹"。③

但上述公共政策的正当性也遭到了学者的质疑。有学者指出，上述理论虽然适合鲍尔弗案所在的时代，但已经不能适应现代社会的发展。因为在现代社会，家庭事务更多依赖于个人选择而不是法律规定，合同在家庭关系中的适用愈加普遍，其地位也愈加重要，故试图将家庭协议排除在法律的调整之外既不现实也不可能。④此外，还有学者指出，上述公共政策不仅给了法院太大的自由裁量权，同时也给当事人造成了太多的不确定性。⑤此种质疑在一定程度上使公共政策对于家庭协议约束力的限制有所松动，如婚姻财产协议等家庭协议的约束力在实践中得到了相当大程度的承认。

3. 约因（consideration）

在英美合同法中，约因是判断允诺是否具有约束力的要件之一。所谓约因，简单来说，系指合同当事人各方为购买或换取对方许诺而支出的代价，亦即合乎法律规定的交换要素。⑥家庭环境是一个有别于市场领域的所在，家庭协议往往不具有交易的性质，因此通常被认为欠缺约因而无约束力。例如，在美国伊利诺伊州上诉法院审理的一起案件中，一个妻子作出了修改土地信托协议以换取其配偶关于继续做一个好丈夫的允诺，法院以该允诺欠缺约因为由否定了其约束力。但值得说明的是，尽管约因在英美合同法上具有重要的地位，但其并非合同成立的决定性要素。一方面，如果没有创设法律关系的意图的话，即使存在约因，也不能成立合同；另一方面，对于被法

---

① 〔德〕海因·克茨：《欧洲合同法》（上卷），周忠海等译，法律出版社，2006，第10页。
② 〔英〕埃万·麦肯雅克：《契约法》（第四版影印本），法律出版社，2003，第126页。
③ Sally Wheeler & Jo Shaw, *Contract Law: Cases, Materials and Commentary*, Oxford University Press, 1994, p.165.
④ 〔英〕埃万·麦肯雅克：《契约法》（第四版影印本），法律出版社，2003，第126~127页。
⑤ Gregory Klass L., "Intent to Contract," *Virginia Law Review* 95.
⑥ 杨桢：《英美契约法论》（修订版），北京大学出版社，2000，第100~101页。

律承认具有约束力的家庭协议（如婚姻财产协议），实际上并不要求约因的存在。[1]

（二）大陆法系身份关系协议与身份情谊行为的界分标准

在大陆法系，家庭协议是否具有法律拘束力，与此种协议是否具有法律行为属性具有密切的关系。判断一个家庭协议是否具有约束力，实际上就是判断其是否具备使法律行为具有约束力的根本性要素——效果意思。而那些不具有效果意思、没有法律约束力的行为并非法律行为。[2]就此而言，大陆法系的效果意思与英美法系的"创设法律关系的意图"实有异曲同工之妙，二者均起到了在意思合致领域界分法律行为与情谊行为的作用。

至于如何认定是否存在效果意思，大陆法系并未形成英美法系那样严密的法律技术工具体系，而是认为应当根据表意人的外在行为，并在对诸因素予以综合衡量的基础上，依诚实信用原则及交易习俗作出认定。这些因素包括利益性质、双方当事人的利益状态以及信赖状态等。[3]从司法实践的情况来看，该标准适用的结果与英美法系之结果大致相似。一般而言，商业行为、有偿行为、有名合同以及所涉利益具有重大价值或所涉事务在法律上和经济上具有重要性的无偿行为，通常被认为具有效果意思。而在家庭、友情及社会交往领域，以财产利益为内容或婚姻不再完整时的协议通常被认为具有效果意思，而婚内不具有财产给付的约定则相反。[4]如在德国，父母可以就照顾子女事务的分工及分歧的消除作出约定，但此类协议并不属于法律行为。[5]

此外，与英美法系一样，在大陆法系，公共政策在判断法律行为属性时也起到非常重要的作用。在德国，一般认为，配偶双方针对婚姻共同生活核心领域的约定不具有法律约束力，否则不仅会侵害配偶一方的个人自

---

[1] "A premarital agreement shall be in writing and signed by both parties. It is enforceable without consideration." California Code, Family Code – FAM § 1611.
[2] 〔德〕迪特尔·梅迪库斯：《德国民法总论》，邵建东译，法律出版社，2000，第148页。
[3] 〔德〕本德·吕斯特、阿斯特丽德·施塔德勒：《德国民法总论》（第18版），于馨淼、张姝译，法律出版社，2017，第160页。
[4] 〔德〕维尔纳·弗卢梅：《法律行为论》，迟颖译，法律出版社，2013，第96~98页。
[5] 〔德〕迪特尔·施瓦布：《德国家庭法》，王葆莳译，法律出版社，2022，第431页。

由决定权,也不符合婚姻的本质。例如,在一起"违反约定停服避孕药"案件中,女子违反与男友达成的避孕约定而自行服用避孕药,导致怀孕生子,男方要求女方赔偿损失,德国联邦最高法院认为,由于此项约定涉及个人生育自由,应认为该女子没有受法律拘束的意思。①上述认识体现出弗卢梅所言的公共政策:应将家庭关系、爱情、友情以及社会交往中的人际关系等排除在可以约定的内容之外(即使当事人意欲使其具有约束力),这样就可以确保家庭关系、社会交往以及友情交往不致被诉至法院而强制执行相关承诺。②

总结两大法系对于身份关系协议之法律约束力的判断标准,可以看出,二者均在各自的逻辑体系之内,运用不同的法律技术工具对这一问题予以回应。虽然分析工具不尽相同,但所得结论基本一致,即在家庭协议是不是具有约束力的合同或法律行为的判断上,虽然当事人有无发生法律约束力的意思是最为基本的考量因素,但最终起决定作用的则是法律应否调整这类行为的公共政策。③而基于公共政策的考量,两大法系对于家庭协议的约束力虽然原则上持否定态度,但法院也会通过对协议订立情形的综合考察来认定当事人是否具有创设法律关系的意思。而随着婚姻家庭观念的变革以及家庭协议愈加普遍,完全不承认家庭协议约束力的传统公共政策也在发生转变,至少在涉及财产利益的情形下,诸如婚前或婚内的婚姻财产协议、分居或离婚协议等身份关系协议的约束力已在世界范围内获得了普遍认可。

三 身份关系协议与身份情谊行为界分的应然标准

与两大法系相比,我国学者对于法律行为判断标准的研究着力不多,虽然《民法典》第133条明确将意思表示作为民事法律行为的核心要素,但对于究竟是何种要素决定了民事法律行为的约束力,以及应依何种标准界分法律行为与情谊行为,尚未形成一套系统的理论体系。借鉴两大法系的理论并

---

① 〔德〕海因·克茨:《欧洲合同法》(上卷),周忠海等译,法律出版社,2006,第105页。
② 〔德〕维尔纳·弗卢梅:《法律行为论》,迟颖译,法律出版社,2013,第96~97页。
③ 谢鸿飞:《论创设法律关系的意图:法律介入社会生活的限度》,《环球法律评论》2012年第3期。

结合我国立法现实，笔者认为，判断家庭协议究竟是情谊行为还是具有法律约束力的身份关系协议，主要应当考虑以下两个方面的因素。

（一）协议所涉内容是否属于法律的调整范围

两大法系在判断家庭协议是否具有约束力时所遵循的公共政策，本质上是对法律调整范围的认识，这是判断一个行为是否属于法律行为的前置问题。这是因为，对于法律依其自身属性无法涉及的法外空间，无论当事人意愿如何，均不可能产生法律约束力。而某一行为究竟是否属于法律调整的范围，由于涉及法律对社会、生活的介入程度，实际上是一个价值判断问题，而协议所涉内容是否属于法律保护的利益是一个较为妥当的判断标准。至于何种利益应受法律保护，则应根据法律的规定及立法精神来判断。一般而言，协议涉及的下列内容或领域，应当认为属于法外空间。一是情感世界。正如拉伦茨教授所言，"纯粹内在的心路历程与态度、思想、感觉、意见、确信、好恶等，依其本质非法律可及"。[1] 二是以建立、维持或者增进相互感情为目的的行为。这一领域法律也不宜介入，以免造成对道德、礼仪、习俗等社会生活规则的破坏。[2] 三是纯粹个人自治的领域，典型的如生育或不生育的决定。

婚姻家庭是一个特殊的所在，既有纯粹受道德、伦理、个人自治规范的部分（如夫妻情感的维系、生育计划、共同生活模式等），也有受法律规范的部分（如夫妻财产关系、近亲属间的扶养关系等）。前者并非法律保护的利益，应当排除在法律的调整范围之外，否则会使亲友间的相互理解、扶持与帮助功利化、金钱化，有违婚姻家庭的本质；[3] 而后者则属于受法律保护的利益，以此为内容的协议应当纳入法律调整的范围。

---

[1] Larenz / Canaris，Methodenlehre der Rechtswissenschaft，3. Aufl.，1995，S.192，转引自王雷《情谊行为、法外空间与民法对现实生活的介入》，《法律科学（西北政法大学学报）》2014年第6期。

[2] 王雷：《情谊行为、法外空间与民法对现实生活的介入》，《法律科学（西北政法大学学报）》2014年第6期。

[3] 于飞：《公序良俗原则研究——以基本原则的具体化为中心》，北京大学出版社，2006，第124~125页。

（二）当事人是否具有效果意思

在我国民法理论上，意思表示同样是民事法律行为的核心要素，而效果意思则是意思表示的构成要素。至于如何判断有无效果意思，笔者认为，两大法系采取的对商业行为和社交行为区别对待的做法是合理的。基于商业行为的获利动机，营业性允诺对于商主体应当具有更为严格的法律约束力；[①]而社交领域的行为一般受礼仪、道德的约束，当事人很少希望受到法律的约束，但对家庭协议一概推定没有效果意思则未尽妥当。如前所述，家庭关系中既存在法律规范的部分，也存在不受法律规范的部分，在协议内容涉及前者的情形（如关于家务的分工或子女的教育等）下，当事人固然不希望通过法律解决矛盾；但在协议内容涉及后者（如婚姻财产协议）时，则不可谓没有效果意思。故对于家庭协议中的效果意思，应当根据其内容及签订的情形予以确定。

对此，笔者认为可以采取如下标准。首先，对于法律规定的有名家庭协议，应当认定其具有效果意思。此类协议既然为法律所允许，便意味着当事人签订此类协议时即具有受法律拘束的意思，这使有名性具有了确认效果意思的技术意义。其次，对于法律未予明确规定的无名家庭协议，鉴于法律不可能对所有的身份关系协议均予以列举，故不能一概推定当事人没有效果意思，而应予以区别对待。具体而言，对于有相应法律制度为依托的家庭协议，应当推定其具有效果意思；对于法律既未明确规定也没有相应法律制度为依托，且其内容不具有强制执行性的无名家庭协议，鉴于婚姻家庭关系中复杂的人身性和情感性因素，应推定其不具有效果意思。

四 身份关系协议与身份情谊行为的具体界分

根据前文所述标准，法律规定的有名家庭协议应当认定为身份关系协议，其主要包括民法典及其司法解释上的婚姻财产协议、离婚协议、赡养协议、收养关系协议、解除收养关系协议以及监护关系协议等。对于无名

---

① 张翔：《论效果意思的辨别》，《法律科学（西北政法大学学报）》2019年第6期。

家庭协议，内容涉及受法律保护的利益并且有相关法律制度为依托的，也应当认定为身份关系协议，典型的如非婚父母之间达成的父母责任协议、夫妻之间就将来可能产生的离婚损害赔偿所达成的预先协议等。对于这些协议，虽然法律未设明文，但其均以法律规定的父母子女关系或离婚损害赔偿制度为依托，故应当认定其具有法律约束力。而那些以维系夫妻感情或纯粹属于家庭自治范围的家庭事务为内容的无名家庭协议，则应认定为身份情谊行为，典型的如夫妻就家务分工、生育计划、照顾子女的分工以及共同生活方式等达成的协议等。需要指出的是，由于此类协议所涉内容并非法律保护的利益，即使当事人具有所谓的"效果意思"，也不应承认其法律拘束力。

上述标准可以为司法实践中的一些争议问题提供相应的分析工具。如在全国首例空床费协议案中，夫妻双方约定，如果丈夫在午夜零时至清晨七时不归宿，即按每小时100元的标准向妻子支付空床费。事后男方不回家居住，双方感情破裂，女方在提出离婚的同时，主张男方应按协议支付4000元的空床费。此项请求虽为两审法院所支持，[1]但笔者认为法院的判决尚值商榷，因为此种协议所涉乃夫妻间的同居义务，同居义务虽系婚姻的题中应有之义，但并不意味着每晚都要归宿，故夫妻间关于每晚同居的约定并不属于法律保护的利益，该协议并非法律行为。或有论者称，即使每晚均要同居并非法定义务，但补偿费给付作为约定义务应当具有约束力。对此，笔者认为，就补偿费的性质而言，其实际上是一方于违反其承诺的非法律义务时向对方支付的违约金，此种违约金在理论上属于独立违约金或不真正违约金，其由于不存在主债务，并非如一般违约金那样系以主契约的有效存在为前提。[2]而鉴于协议约定的"给付"并非法律上的义务，所涉利益也并非法律保护的利益，故无论当事人是否具有效果意思，此种协议均属于情谊行为，并不因违约金约定而改变其性质，否则，无异于间接强制履行情谊行为。[3]综上所述，所谓的"空床费协议"应纳入情谊行为的范畴，法律不应予以调整。

---

[1] 参见重庆市第一中级人民法院（2004）渝一中民终字第3442号民事判决书。
[2] 黄立：《民法债编总论》，中国政法大学出版社，2002，第515页。
[3] 谢鸿飞：《论创设法律关系的意图：法律介入社会生活的限度》，《环球法律评论》2012年第3期。

第三节　身份关系协议的体系定位

一　身份关系协议属于合同

如前所述，虽然我国民法典合同编中的合同为债权合同，但从《民法典》第464条第1款的规定来看，我国民法上的合同实际上不限于此，而应当理解为广义的合同，完全可以覆盖物权合同以及离婚协议、夫妻财产制协议等身份关系协议。①故身份关系协议在性质上可以定位于合同。至于其在合同类型体系中的定位，应当看到的是，不同类型身份关系协议的定位也有所不同，如有的属于双务合同（如离婚财产分割协议），有的属于单务合同（如赡养协议）；有的属于束己合同（如夫妻财产制协议），有的属于利他合同（如父母责任协议）；等等。但它们也有一些共通之处，这在一定程度上构成了身份关系协议制度设计的基础。这主要表现在以下两个方面。

（一）身份关系协议多属于长期性、继续性合同

所谓继续性合同，是指义务非一次给付可完结，而是继续给付方得实现，甚至需在未来不确定日期方能履行的合同，其区别于义务能够一次性履行完毕的一时性合同。②由于身份关系的长期性和稳定性，身份关系协议绝大部分都是具有长期性特点的继续性合同，典型的如夫妻财产制协议、以离婚为预设的婚姻财产协议，以及子女抚养协议、赡养协议等；只有极少部分为一次性协议如离婚财产分割协议。长期性、继续性的特点对身份关系协议的履行、效力瑕疵的认定以及解除后果等均有一定的影响。具体而言，协议持续时间较长，时间因素在协议履行中占据重要地位，而时间的推移会导致客观环境或缔约基础的变化，这会对协议的约束力造成一

---

① 李永军：《论民法典合同编中"合同"的功能定位》，《东方法学》2020年第4期。
② 〔法〕弗朗索瓦·泰雷等：《法国债法：契约篇》，罗结珍译，中国法制出版社，2018，第142~143页。

定的影响。此外，在协议无效、被撤销或解除时，由于协议的履行需要延续较长的时间，有可能发生一些给付不能返还，恢复原状规则的适用受到一定的限制等情况。

（二）身份关系协议多属于要式合同

从比较法的角度观察，虽然各国及地区立法例对于身份关系协议内容的规定有所不同，但对于其形式一般都有着严格的规定。以婚姻财产协议为例，多数立法例都要求书面形式，有的还要求公证（如法国、德国、瑞士等）[1]，或要求证人见证（如加拿大等）[2]。之所以对婚姻财产协议的形式有如此严格的要求，是因为此类协议关乎夫妻财产关系，对于婚姻当事人的利益、婚姻家庭秩序的维系乃至第三人的利益均具有重要意义，形式上的要求既能够使当事人的权利义务明确化，避免纠纷的发生，同时也能起到警示当事人使其谨慎行为的作用。[3]《民法典》第1065条和第1076条对夫妻财产制协议和离婚协议也规定了书面形式。至于书面形式的类型，可以准用《民法典》合同编第469条，即包括合同书、信件、电报、电传、传真等可以有形地表现所载内容的形式，以及电子数据交换、电子邮件等方式。书面形式为婚姻财产协议的成立要件，未以书面形式订立的婚姻财产协议应当认定为不成立。

二　身份关系协议属于身份行为

（一）身份关系协议的特质：家庭法属性

身份关系协议虽然就其表现形式而言具有合同的性质，但就其特质而言，则属于身份行为的一种，故身份关系协议应定位于具有家庭法属性的协议。身份关系协议的家庭法属性主要体现在以下几个方面。

首先，价值取向上的伦理性。身份关系协议虽然以个人主义为基础，但其作为身份行为的一种，在追求个人自由的同时，也应受家庭法价值取向的

---

[1] 参见《法国民法典》第1394条、《德国民法典》第1410条、《瑞士民法典》第184条等。
[2] 参见 Ontario Family law Act, Sec.55; Nova Scotia Matrimonial Property Act, Sec.24。
[3] 薛宁兰、谢鸿飞主编《民法典评注：婚姻家庭编》，中国法制出版社，2020，第244页。

制约。过度强调身份关系协议中的意思自治，忽视家庭法价值取向对其的约束，不仅会破坏婚姻家庭法的内在体系，也会削弱婚姻家庭的团体主义和整体主义，加剧婚姻家庭的不稳定性。就此而言，身份关系协议之上也承载着家庭法稳定身份秩序、维护身份关系和谐安定、保障身份正义、维护夫妻乃至家庭共同利益以及家庭弱者利益等价值追求。① 这与体现尊重意思自治、维护交易秩序、保障交易公平、维护个人利益最大化等财产法价值目标的财产合同有着本质的区别。②

其次，性质上的非交易性。身份关系协议并不具有财产合同那样的交换性质，因此并非交易行为。无论是夫妻财产制协议、离婚财产分割协议，还是子女抚养协议、赡养协议，均不能认为其中存在着"对价"或"交换"，而当事人也并非合同法所预设的、能够为自己利益最大化考虑的经济理性人。即使在离婚财产协议中，当事人的特殊关系也使协议并未均体现出财产合同那样的利己理性。相反，情感因素对身份关系协议内容的形成往往具有决定性作用，而对家庭的期望和维护使协议当事人不乏利他的考虑。

最后，内容上的非定型化与关联性。一方面，家庭生活的多样化和个性化使身份关系协议的内容很难像特定类型的财产合同那样有着固定的规则和模式；另一方面，身份关系协议掺杂了情感、伦理、妥协等多种因素，通常并非个别性的安排而是对家庭生活整体考量的结果。例如，在离婚财产协议中，一方之所以分得较多财产，主要原因在于其对家庭尽了较多义务、需要抚养子女或者另一方对离婚具有过错等；在赡养协议中，某一个子女承担较多的赡养义务与其将会得到或继承父母较多的财产不无关系。这种多因素的关联使身份关系协议的正当性之证成不能单纯依据外部内容，而必须深入当事人全部关系的内部。

（二）身份关系协议的内容：身份权利与义务

身份关系协议在身份行为类型体系中属于权利变动型行为，而此种权利

---

① 王雷：《情谊行为、法外空间与民法对现实生活的介入》，《法律科学（西北政法大学学报）》2014年第6期。
② 肖新喜：《论民法典婚姻家庭编的社会化》，《中国法学》2019年第3期。

义务并非作为一般民事主体的权利义务，而是身份上的权利义务。从这个角度来看，身份关系协议的内容主要有两大类。

一是法定义务的再约定。所谓法定义务的再约定，系指民事主体在既存法定义务的前提下，就法定义务的具体内容和履行方式进行约定，从而使相对抽象概括的法定义务具体化确定化的法律行为。[①]身份上的权利义务虽然由法律规定，但通常较为概括和抽象，在当事人以协议的方式对法定义务予以具体化时，此种协议即属于法定义务的再约定，其在本质上是对法定义务的契约性调整。父母责任协议、赡养协议以及近亲属间的意定监护协议等皆属此类。

二是对家庭法缺省规则的变更或排除。这主要发生在身份财产关系领域。与人身性身份关系不同，法律对于身份财产关系的调整通常以任意性规范为主，即如果当事人没有另行约定，该任意性规范即行适用（此即法定缺省规则）；而在当事人通过约定对该任意性规范予以变更或排除时，其便不复适用。身份关系协议中不乏以变更或排除法定缺省规则为目的的协议，如异于法定财产制的婚姻财产协议、离婚财产分割协议以及排除法定监护的意定监护协议等。

身份关系协议的上述特性对其制度设计的影响在于，对于具有法定义务再约定性质的身份关系协议而言，当事人只能对法定义务予以具体化明确化，既不能排除法定义务，也不能与法定义务的设立宗旨相悖。而对于变更或排除法定缺省规则的身份关系协议，虽然其内容体现出更多的意思自治，但也不能过于偏离在法定缺省规则中体现出来的国家为婚姻家庭构建的保护职能。

（三）身份关系协议的基础：基本身份行为或身份

身份关系协议的产生或依附于基本身份行为，或依附于特定的身份，这使其不同于一般民事主体之间的协议。依附于特定的身份但与基本身份行为无关的身份关系协议主要发生在父母子女关系领域，如非婚父母之间签订的父母责任协议、成年子女之间或成年子女与父母之间签订的赡养协议、近亲

[①] 张辉：《民法中法定义务再约定研究》，北京化工大学2012年硕士学位论文，第4页。

属间的监护协议等。

而依附于基本身份行为的身份关系协议则一般发生在婚姻关系领域，在性质上属于附随身份行为，典型的如基于结婚行为签订的夫妻财产制协议、基于离婚行为签订的离婚协议、基于收养行为签订的收养协议等。其附随性体现在以下几个方面。一是产生上的附随性，即身份关系协议依附于基本身份行为而产生。二是效力上的附随性。基本身份行为的生效往往是身份关系协议的特别生效要件。例如，虽然当事人可以在婚前签订夫妻财产制协议，但该协议系于结婚后生效；类似，离婚前签订的离婚财产分割协议也是在离婚时才发生法律效力。三是消灭上的附随性。在基本身份行为不成立、被宣告无效或撤销时，原则上附随身份行为也随之失效。

三　身份关系协议属于关系契约

（一）关系契约的基本理论

关系契约（relational contract）理论是美国法学家麦克尼尔针对以个别性契约（discrete contract）[①]为默示的规制对象的古典契约理论以及新古典契约理论的不足而提出的。所谓关系契约，系将契约看作有关规划将来交换的过程的当事人之间的各种关系。关系契约与个别性契约的重要区别在于：个别性契约的一切活动，包括达成协议的过程及协议的履行，都是短暂的、现时性的，当事人之间关联较少；而关系性契约则通常是长期的、非现时性的，其不只是个别性的交换，而是涉及在动态过程中缔约主体的各种关联和交互性。[②]关系契约的理论构造主要包括以下内容。

其一，契约主体是具有有限理性的社会人。与古典契约理论强调抽象的个体不同，关系契约理论认为，人不可避免地生活在关系中，因此应将人置于社会关系中而不是作为孤立的个体看待。这样，契约主体就从抽象的人转换为具体的人，人的差异性得以在法律上体现。而具体的人受制于信息或知

---

① 所谓个别性契约，是双方当事人在既不考虑过去交易历史也不打算将来继续交易的情形下进行的简单经济交换的契约。孙良国：《关系契约理论导论》，吉林大学2006年博士学位论文，第52页。

② 〔美〕麦克尼尔：《新社会契约论》，雷喜宁、潘勤译，中国政法大学出版社，1994，第10、5页。

识的不完备性以及自身认知能力的局限性，不可能在契约签订时对所有的条款都作出妥当安排，这就是所谓的"有限理性"。①

其二，合意并非契约权利义务的唯一依据。与个别性契约在缔约时即可将未来的各因素提前纳入契约的考量范围不同，关系契约多为长期契约，当事人不可能在订约之初就对未来的变化有清晰的认识，而必须随着情事的变更调整其利益诉求和期待。故最初的合意虽然具有一定的作用和地位，但不能全面揭示已经发生的、正在发生的和未来要发生的契约现象，不能应对契约关系的持续性和复杂性，不能成为唯一的权利义务的源泉。②

其三，契约关系是契约的重要因素。关系契约理论认为，契约关系不是静止的，而是一个不断变化和发展的渐进过程，契约的内容不应局限于当事人的初始合意，而应将当事人在契约关系进行中的意思、行为及重要情事均纳入考察范围。③在此基础上，契约规范被视为一个超越了合意的开放性体系，既包括习惯、道德等外在规范，也包括如角色保全、互惠、允诺的实现、弹性、权利的设置与限制、契约性团结等。④

其四，合作理念和利益平衡。与古典契约理论重视当事人之间的利益博弈不同，关系契约理论认为契约关系使当事人结成一个相互依赖的"利益共同体"，契约法应努力维持和促进当事人的契约团结和互惠合作。⑤这一理论在英国法院的一则判例中得到了体现。其认为，在关系契约中，即使合同没有明确规定，当事人在合同履行时也负有默示的诚信义务。⑥

综上所述，相较古典以及新古典契约理论，关系契约理论的重大变革在于，其认为契约不是静态的"一纸协议"，而是一个动态的发展过程，因而对契约的分析不再局限于最初的"合意"，而是将其作为一个整体，关注当事人在动态契约过程中的行为及付出，从而更加准确地指出契约中的交易是如何发生的，以使纠纷的解决更加符合契约正义。其作为一种新型的契约理

---

① 卿志琼：《有限理性、心智成本与经济秩序》，经济科学出版社，2006，第23页。
② 〔美〕麦克尼尔：《新社会契约论》，雷喜宁、潘勤译，中国政法大学出版社，1994，第45页。
③ 张艳：《关系契约理论基本问题研究》，南京大学2014年博士学位论文，第25页。
④ D. Campbell, H.Collins & J. Wightman, eds., *Implicit Dimensions of Contract*: *Discrete, Relational and Network Contracts*, Hart Publishing, 2003, p.213.
⑤ 张艳：《关系契约理论基本问题研究》，南京大学2014年博士学位论文，第53页。
⑥ 参见 *Alan Bates and Others v. Post Office Limited*, [2019] EWHC 606 (QB)。

论模型,被越来越多的学者所关注和赞同,并被运用到社会学、经济学、劳动法学等多个领域,当然,也包括家庭法学领域。

(二) 关系契约理论之于身份关系协议的可适用性

虽然关系契约理论建立在商业契约模式的基础上,但其被英美法系的许多家庭法学者用以作为婚姻家庭关系的分析工具,从而为家庭法的研究提供了一个崭新的视角。①该理论之于身份关系协议的意义主要表现在以下几个方面。

首先,关系契约理论为身份关系协议提供了一个更为合理的分析工具。身份关系协议多为长期性、继续性协议,与市场经济领域内的长期性合同一样,当事人在缔约时对未来后果的考虑也存在不全面的可能性,这使以协议为决定契约内容的唯一依据是不合理的。而关系契约理论将长期关系中的情事变更、双方的投入、未来发展以及当事人意愿的变化等因素纳入决定协议内容和效力的考量范围,②从而为身份关系协议提供了一个更符合其性质的分析工具,以使所得结论更加契合实质正义。

其次,关系契约理论使亲密关系对于身份关系协议的价值和影响得以突显。与财产合同相比,身份关系协议中当事人的关系较为特别,其不仅是一种身份关系,更是一种既寻求彼此之间经济支持,也寻求非经济支持和精神支持的亲密关系,③基于此种关系的身份角色、经济依赖、性别差异、家庭分工、互惠合作等,对当事人的行为有着特别重要的影响。关系契约理论将"关系"置于意思自治之上优先考虑,使我们得以在关系背景之下理解身份关系协议,从而能够对当事人的权利义务作出更为精确、更符合生活实际的分析和判断。

最后,身份关系协议与关系契约理论的价值取向高度契合。正如笔者多次强调的那样,与市场交易不同,家庭生活建立在家庭共同体利益的基础上,而非践行个人自治之所在,信任、关心、亲密、互惠、利他是其价值中

---

① Sharon Thompson, "Feminist Relational Contract Theory: A New Model for Family Property Agreements," *Journal of Law and Society* 45 (2018).
② 孙良国:《关系契约理论导论》,吉林大学2006年博士学位论文,第119页。
③ Sharon Thompson, "Feminist Relational Contract Theory: A New Model for Family Property Agreements," *Journal of Law and Society* 45 (2018).

心，而且基于对婚姻维系以及子女利益等的考量，当事人之间更容易达成妥协。这与以追求个人利益最大化并强调个人主义自治的传统契约理论格格不入，而与关系契约理论所强调的互惠合作的价值取向高度协调。这使关系契约理论在家庭法领域具有极强的可适用性。

值得注意的是，虽然关系契约理论与身份关系协议具有高度的契合性，但其毕竟是以商业合同为模型构建的，未能充分考虑到婚姻家庭关系中当事人地位的特殊性。而在女性主义法学视角下，该理论的适用还应当特别关注家庭领域内基于性别不平等而产生的权力结构失衡，以及协商能力的不对等对个人自主性及协议内容所带来的影响。[①]

综上所述，身份关系协议既是合同又是身份行为的定位使协议当事人受到合同和身份的双重保护或双重制约，这体现出"合同"并非"身份"的对立面，它们作为身份关系的两面而相互结合，共同影响着法律对身份关系协议的规制。[②] 而身份关系协议的关系契约特征又使其与个别性契约区别开来，特别是融入了女性主义视角的关系契约理论使家庭内部关系被法律所关注。上述特性对身份关系协议的解释、效力瑕疵的认定、履行以及违约救济等方面将产生深刻的影响。

[①] Sharon Thompson, *Prenuptial Agreements and the Presumption of Free Choice Issues of Power in Theory and Practice*, Hart Publishing, 2015, p.154.

[②] Janet Halley, "Behind the Law of Marriage（Ⅰ）: From Status/Contract to the Marriage System," *UNBOUND* 6（2010）: 1.

第十章
身份关系协议制度的特殊构造及具体展开

依《民法典》第464条第2款，于法律未设明文的情形下，身份关系协议依其性质可以准用合同编的规定。而根据本书第四章第一节对身份行为法律适用规则的分析，以及身份关系协议所具有的身份性、专属性、非交易性、关系性等特性，民法典合同编之于身份关系协议的适用可以分为四种情形。一是因有违身份关系协议的性质而不得适用，如关于合同转让、清偿抵充的规定等。二是因文义排除了对身份关系协议适用的可能性而不得适用，如关于格式条款、网购合同的规定等。三是可得适用。这主要是指那些不因财产合同或身份关系协议之区分而有所不同的技术性规定，如关于合同的协议变更、协议解除或约定解除的规定等。四是需要根据身份关系协议的性质予以变通适用。这主要包括合同的法定解除、情事变更以及违约责任制度等，此外也包括总则编中可以适用于合同的制度，如效力瑕疵、意思表示的解释等。前三种情形自然无须赘言，但对于第四种情形，其涉及合同法律规范在身份关系协议中适用的特殊性，故有必要予以深入探讨。本章即主要针对第四种情形所涉及的法律问题展开研究。

第一节 身份关系协议的解释及漏洞补充

一 身份关系协议的解释及漏洞补充概说

诚如有学者所言，法律人的主要工作在于解释。[①]而所谓解释，既包括

---

① 王泽鉴：《民法总则》，北京大学出版社，2009，第380页。

法律解释，也包括法律行为解释。而法律行为解释的核心即意思表示的解释。合同解释属于法律行为解释的下位概念，就其核心和基础而言也是意思表示的解释。关于合同解释，我国有学者将其分为狭义的解释、补充的解释和修正的解释三类。狭义的解释即阐释性解释，补充的解释是针对合同未明示部分进行补充，修正的解释是在否定合同条款效力的基础上对因此发生的空白部分进行填补。① 在笔者看来，虽然无论是补充的解释还是修正的解释最终都离不开对当事人意思表示的确定，但二者在本质上并非纯粹的"含义的确定"，与阐释性解释自有不同，将其置于合同漏洞填补之下分析更为妥当。故笔者以下对意思表示解释或合同解释皆采狭义的理解。

　　身份关系协议多发生在具有亲密关系的当事人之间，遣词用语具有一定的随意性，不像商业合同那般字斟句酌、考虑周密，更容易发生理解上的分歧，疏漏之处在所难免。特别是长期性的身份关系协议，由于其对未来的安排具有不确定性，更容易存在漏洞，故也存在解释与漏洞补充问题。所谓身份关系协议的解释，系指对身份关系协议的争议条款所作的分析和说明，其核心即意思表示的阐释性解释。所谓身份关系协议的漏洞补充，则是指在身份关系协议关于某非必要事项应有约定而未约定进而存在不圆满现象时，依据一定的规则对协议内容予以补充使其完整化。② 关于身份关系协议的解释或漏洞补充规则，《民法典》未设明文，但其第142条第1款和第2款分别针对有相对人的意思表示和无相对人的意思表示的解释规则作出了规定。基于前文对意思表示解释、法律行为解释以及合同解释关系的说明，应当认为，该条实际上起到了统摄意思表示解释和法律行为解释规则的作用，当然适用于合同解释。③ 至于合同漏洞的填补，虽然《民法典》合同编第510条和第511条有所规定，但这两个法条显然并未穷尽所有的合同漏洞填补方法，前文学者主张的"补充的解释"或"修正的解释"也应当纳入漏洞填补方法的范畴，这已经得到学界的认可。④ 需要注意的是，上述规定或理论虽然奠定了合同解释的基础，但其主要是以财产行为为模型而设计的，并未观照身份关系

---

① 韩世远：《合同法总论》（第四版），法律出版社，2018，第866~882页。
② 崔建远：《论合同漏洞及其补充》，《中外法学》2018年第6期。
③ 姚辉：《民法学方法论研究》，中国人民大学出版社，2020，第388页。
④ 崔建远：《论合同漏洞及其补充》，《中外法学》2018年第6期。

协议的特殊性，故不能完全适用于身份关系协议。身份关系协议的解释和漏洞补充应建立在其本身所具有的性质及目的的基础上，如此方能契合当事人的意思自治及身份法的价值取向。

二 身份关系协议的解释

合同解释的目标乃通过合同条款探寻双方当事人的共同意思，[1]亦即共同展现在外能够被第三人所理解的意思。对于身份关系协议而言，其较少采取要约、承诺这种单个意思表示合致的成立方式，而是多采取协商的方式，这使"确定共同意思"这一目标就显得尤为必要。至于如何确定当事人的共同意思，则涉及身份关系协议解释的核心问题：解释标准及解释中应予考量的因素。

（一）身份关系协议的解释标准

关于合同的解释标准，多数国家和地区的民法理论认为，在能够确定当事人主观的共同意思时，应以当事人的意思为标准（即使当事人的理解与一般理解不同）；而在无法确定主观共同意思时，则以客观标准即一个理性人处于缔约环境中的理解为标准进行解释。[2]《法国民法典》第1188条第2款以及2016年《国际商事合同通则》第4.1条第2款均作了如是规定，这也得到了日本以及我国一些学者的赞同。[3]

在笔者看来，上述客观标准对于财产合同特别是商事合同而言无疑是恰当的。因为商主体都是理性的经济人，而且商事交易也有着相对固定的交易规则，作为商事主体应当对合同条款内容的确定性尽到必要的注意义务，故将理性人的理解作为合同当事人应有的理解不仅必要而且具有可操作性。但

---

[1] 韩世远：《合同法总论》（第四版），法律出版社，2018，第870页。
[2] 崔建远：《合同解释论——规范、学说与案例的交互思考》，中国人民大学出版社，2020，第159页。
[3] 〔日〕近江幸治：《民法讲义 I 民法总则》（第6版补订），渠涛等译，北京大学出版社，2015，第153页；崔建远：《合同解释论——规范、学说与案例的交互思考》，中国人民大学出版社，2020，第158页。

这一标准并不适用于身份关系协议。首先，身份关系协议的当事人一般具有亲密关系，即使是身份财产协议，也不可避免地充斥着情感色彩，故不能以一个经济理性人的理解去判断身份关系协议的内容。其次，以爱情和亲情为基础的家庭共同生活不像商业合同那样具有固定的模式，这使身份关系协议极具个性化色彩。可以说，每一个家庭的财产安排以及子女抚养、老人赡养模式等均不相同，不存在一个可以从纯粹客观、超越个体的普遍性视角观察到的普遍规则，对于身份关系协议的内容也并不存在脱离当事人主张的所谓的"第三方"的客观判断。最后，身份关系协议并非交换关系，相对人即使对表意人的表示具有信赖利益，也不必然产生商业合同领域那样优先的信赖保护。

就此而言，对于身份关系协议的解释应当以双方当事人应有的理解为标准，而不应当以所谓的"第三人"或"理性人"的理解为依据，这是由身份关系协议的个性化特征所决定的。在这一解释标准之下，法官所要探求的并非协议条款的"规范意义"或"标准意义"，而是当事人个别化的认知。至于当事人应有的理解，于当事人存在共同理解的情形下，应按其共同理解认定；而在当事人未能形成共同理解的情形下，则应当结合协议所使用的词句、协议的条款、协议的目的和性质、协议签订后当事人的行为、家庭成员的习惯用语及家庭长期生活中所形成的共同认知等，探知争议条款的真实含义。

（二）身份关系协议解释中应予考量的因素

关于意思表示解释应予考量的因素，根据《民法典》第142条第1款，其主要包括相关条款、行为的性质和目的、习惯以及诚信原则等。这一规定对于身份关系协议也同样适用，只是鉴于身份关系协议有别于财产合同的特性，上述规定在身份关系协议中的适用具有一定的特殊性。这主要表现在以下两个方面。其一，身份关系协议所涉内容乃家庭事务，协议用语往往较为随意，故对其的解释不能拘泥于所用词句的客观文义，在客观文义不符合当事人真意时，应充分利用可以辅助的解释素材，探求争议条款的真实含义。①

---

① 曹巧娇：《民法典体系化对婚姻家庭司法的启示与重构》，载上海市法学会编《上海法学研究》（2020年第9卷），上海人民出版社，2020。

其二，身份关系协议在性质上属于关系契约，当事人之间的"关系"对协议内容的确定有着重要的意义，故基于"关系"的诸要素应成为身份关系解释中应予考量的因素。这主要包括以下几个方面。

1. 协议的目的

身份关系协议的目的即身份关系协议所欲实现的身份法上的效果，其决定了当事人意思表示的内容，故应当成为协议解释中应予考量的重要因素。例如，在一起离婚后财产纠纷案件中，当事人在离婚协议中约定争议房屋"现在由女方带两个子女住。以后归儿子所有"，对其中的"以后"，男方认为其系指儿子成年后，而女方则认为其系指自己去世以后。法院从订立协议的目的以及协议整体角度出发，认为该协议不仅是为子女利益作的安排，而且还保障着女方和子女的居住权，故应采女方的解释。[①]法院的这一解释即充分考量了协议的目的。

2. 协议签订的背景

缔约背景对当事人的意思往往具有决定性意义，故对身份关系协议中的用语应当在协议签订时的相关背景之下予以合理解释。例如，在一起离婚后财产纠纷案件中，当事人在离婚协议中约定"所有的汽车等财产，离婚后属男方"，但在离婚时查明男方隐瞒婚内所购的登记在其个人名下的房屋一套，男方主张依协议该房应归其个人所有。[②]于此情形下，应当认为，在协议签订时女方对男方购买的房屋一无所知，不应当将案涉房屋纳入"等"字所涵盖的范围。

3. 协议签订后当事人的行为

身份关系协议多为长期协议或继续性协议，在时间的流逝中，当事人有可能通过自己的行为对签订之初协议不甚明确之处予以明确，对此在解释时应予考量。例如，在一起离婚后财产纠纷案件中，当事人双方对离婚协议中约定的"被告承担原告住房一套"的理解发生分歧，原告认为所谓的"承担"意味着购买，被告则认为此乃提供租赁住房之意。而事实是，离婚后被告为原告租了一套房屋供原告居住达三年之久，而原告从未提出异议，法院

[①] 参见云南省瑞丽市人民法院（2020）云3102民初1769号民事判决书。
[②] 案例引自《离婚藏匿房屋十余载，事发被判返钱百余万》，搜狐网，https://www.sohu.com/a/317071315_100007707，最后访问日期：2022年4月7日。

根据协议签订的情况以及离婚后当事人的行为认为此处之"承担"不应解释为购买。[①]这实际上是通过当事人行为对协议的不甚明确之处予以解释。

4. 风险的合理分配

身份关系协议的当事人是家庭领域的利益共同体,对其的解释应当朝维持和促进当事人的互惠合作的方向努力。特别是,身份关系协议的长期性决定了难免会发生当事人在协议签订时未能预测到的风险,例如,在婚前夫妻财产制协议或以离婚为预设的婚前协议中,当事人就有可能没有预见到生育和抚育子女对女方经济状况带来的影响。于此情形下,在当事人对协议相关条款的理解发生争议时,对争议条款的解释就不应拘泥于文字,而应将关系契约所特有的互惠合作等因素纳入考量的范围,以合理分配风险,实现当事人的利益平衡。

三 身份关系协议的漏洞补充

身份关系协议产生漏洞的原因主要有以下几种:一是当事人对非必要之点,未予协商;二是当事人对非必要之点,虽协商但未能达成协议;三是部分条款因违反强制性规定或公序良俗原则而无效。关于其漏洞补充方法,应从合同漏洞填补理论中寻找依据。根据民法理论,合同漏洞填补方法一般有三种,即协议补充、任意性规范补充以及补充的解释。协议补充是指当事人在原合同之外针对合同漏洞另行达成协议;任意性规范补充是指以法律中的任意性规范对合同的漏洞予以填补;至于补充的解释,则是对合同的客观规范的内容加以解释,其所探求的是假设的当事人的意思,亦即双方当事人在通常交易上合理或意欲接受的意思。[②]《民法典》第510条明确了协议补充和补充的解释这两种方法(补充的解释的依据主要有合同的相关条款及交易习惯),第511条则明确了任意性规范补充。但需要指出的是,上述规定主要是针对财产合同特别是商事合同而设,并不能完全适用于身份关系协议。例如,第510条中的交易习惯补充方法以及第511条针对质量、价款等约定不明时的任意性规范补充方法

[①] 参见吉林省松原市宁江区人民法院(2021)吉0702民初2902号民事判决书。

[②] 王泽鉴:《债法原理》(第二版),北京大学出版社,2013,第223~224页。

等均不能适用于身份关系协议。

就此而言，身份关系协议的补充方法虽然也有上述三种，但是，其补充的依据则应根据身份关系协议的性质确定。例如，对于任意性规范补充而言，其范围不能局限于合同编的规定，也应当考虑婚姻家庭编的规定。至于究竟适用婚姻家庭编的任意性规范还是合同编的任意性规范，应视漏洞的性质而定。例如，针对离婚协议中的财产分割条款约定不明，如果是财产归属未约定，应适用婚姻家庭编的任意性规范；如果是履行期限和方式约定不明，则应参照适用合同编的任意性规范。对于补充的解释的依据，则应当考虑身份关系协议的目的、立法精神等。此外，为保证解释结果的妥当性，对于上述方法的适用，应以诚实信用、公平原则以及婚姻家庭法特别原则为标准对解释结果进行综合的考量。①

第二节　身份关系协议的效力

根据本书第一编第四章针对身份行为效力瑕疵一般规则的阐述，身份关系协议的效力规则主要包括如下内容：身份关系协议的有效要件需同时满足《民法典》总则编第143条以及婚姻家庭编的相关特别规定；身份关系协议的效力瑕疵形态主要有不成立、无效、可撤销和未生效；《民法典》总则编关于民事法律行为效力瑕疵事由的规定原则上适用于身份关系协议，但在瑕疵事由的认定上应将身份关系的特殊因素纳入考量范围；等等。对于上述一般问题，笔者不再赘述。本节仅对身份关系协议效力认定中的一些特殊问题展开讨论。

一　缔约能力与身份关系协议的效力

（一）身份关系协议之缔约能力的认定

关于身份关系协议之缔约能力应采何种标准，立法和理论学说多围绕夫妻财产制协议或离婚协议展开，主要有以下几种不同的观点。一是完全民事

---

① 崔建远：《论合同漏洞及其补充》，《中外法学》2018年第6期。

行为能力标准。认为无论是夫妻财产制协议还是离婚协议均属重大民事法律行为，当事人应当具有完全民事行为能力。①从我国的司法实践来看，在涉及这两类协议的案件中，法院多持此种观点。②二是限制民事行为能力标准。认为不能排除限制民事行为能力人实施身份关系协议的可能性，如经法定代理人同意，限制民事行为能力人也可以签订夫妻财产制协议。③这一观点也有比较法上的参考。如根据《德国民法典》第1411条，限制行为能力人订立夫妻财产制契约，应得其法定代理人的同意；无行为能力的配偶一方，则可由法定代理人代为订立。三是意思能力兼顾行为能力的标准。《瑞士民法典》第183条规定，夫妻财产制契约的订约人，须有判断能力。但未成年人或受总括保佐的成年人（依该法第17条，这两类人为无行为能力人）订立此类契约，须取得其法定代理人同意。

比较上述观点，除《瑞士民法典》的规定之外，其他两种观点对夫妻财产制协议之缔约能力皆采取民事行为能力标准，只是在程度上有所不同而已。对此，笔者认为，身份关系协议之缔约能力与基本身份行为一样，也应采取意思能力标准。除了笔者在第一编中所述理由，还应当看到的是，身份关系协议是个性化的协议，而且当事人之间具有一定的亲密关系，对于彼此的精神、健康状况较熟悉，采意思能力标准并无妨碍交易便捷的弊端，反而更有利于尊重当事人的意愿。至于瑞士民法所采取的在意思能力标准之外又增加行为能力欠缺者订立协议需经法定代理人同意这一做法，不仅在配偶系法定代理人的情形下不具有可操作性，也不利于对行为人自我决定权的保护，对我国立法不具有借鉴意义。

（二）身份关系协议之意思能力的具体判断

对身份关系协议采意思能力标准，是否意味着只要具有基本身份行为的意思能力，就一定具有身份关系协议之能力？对此，日本通说认为，既然对于主行为，具有判断能力即为已足，则对从行为亦无理由要求主行为以上之

---

① 薛宁兰、谢鸿飞主编《民法典评注：婚姻家庭编》，中国法制出版社，2021，第366页。
② 参见吉林省高级人民法院（2019）吉民申2923号民事裁定书。
③ 申晨：《论夫妻财产法的自治化》，对外经济贸易大学2018年博士学位论文，第85页。

行为能力。故有结婚行为能力者，亦有夫妻财产制契约之能力。①美国《加利福尼亚州家庭法》第1501条更是明确规定，如果未成年人有缔结婚姻的能力，或者已经缔约了有效婚姻，则其有能力签订有效的婚前协议或其他婚姻财产协议。我国台湾地区学者的观点则有所不同，如史尚宽先生认为，有形成身份行为能力者，原则上亦有为附随身份行为的能力。如有离婚行为能力者，也有订定子女监护协议的能力。但对于夫妻财产制协议而言，行为人应具有财产法上的行为能力。②

在笔者看来，上述观点均值得商榷。夫妻财产制协议、离婚协议等固然是基本身份行为的附随行为，但其在内容上与基本身份行为有所不同。基本身份行为关涉自然人的基本权利，且当事人的效果意思仅决定身份的得丧而并不决定当事人的权利义务，故其意思能力的认定应采取较低的标准。但身份关系协议的效果意思涉及身份上的权利义务，不仅关涉当事人的利益，也关涉未成年子女等其他身份人的利益，故应采较基本身份行为能力更高的判断标准。质言之，有基本身份行为能力者，未必有身份关系协议的意思能力。

那么，身份关系协议之意思能力标准应当如何认定？笔者认为可参照司法部公共法律服务管理局在《精神障碍者民事行为能力评定指南》中对民事行为能力认定标准的规定，即能否良好地辨认有关事务的权利和义务，能否完整、正确地作出意思表示，能否有效地保护自己的合法权益。③但值得说明的是，参照适用上述标准并不意味着身份关系协议之意思能力的认定重新回归民事行为能力标准，因为上述标准在身份关系协议中的适用仍是建立在个案审查的基础上，所谓"有关事务""意思表示""合法权益"皆是针对具体身份关系协议而言，这与依民事行为能力欠缺宣告作出的行为能力认定有所不同，故其在本质上仍然是对意思能力的个案审查。此外，适用该标准，所得结论或者是有意思能力，或者是没有，不存在限制意思能力的情形，故也没有法定代理人同意规则适用的余地。

至于意思能力对身份关系协议的影响，与基本身份行为的情形相同。即

---

① 林秀雄：《夫妻财产制之研究》，中国政法大学出版社，2001，第188页。
② 史尚宽：《亲属法论》，中国政法大学出版社，2000，第15页。
③ 参见司法部公共法律服务管理局于2018年发布的《精神障碍者民事行为能力评定指南》附录A"民事行为能力判定标准细则"。

在当事人不具有相应的意思能力时，其所缔结的身份关系协议应为无效；而在其具有相应的意思能力时，即使其为受法院宣告的民事行为能力欠缺者，也不影响其缔结的身份关系协议的效力。

二 自主性与身份关系协议的效力

（一）自主性对身份关系协议效力的影响

从意思自治的角度而言，只有当法律行为系行为人的自主行为时，才能够依其意思表示的内容发生法律效力。而所谓自主行为，即不受强制以及不是出于无知的行为。①是故，当事人在受欺诈、受胁迫或具有重大误解等意思表示瑕疵情形下实施的法律行为均非自主行为，在效力上属于可撤销。虽然上述规则在身份关系协议中可得适用，但对意思表示瑕疵的认定不能脱离婚姻家庭关系的具体情境。对于欺诈而言，只有那些对身份关系协议的签订具有决定意义的事实的虚假陈述才构成欺诈。例如，在离婚财产分割协议或夫妻财产制协议中，一方为获得较多财产而隐瞒夫妻共同财产，或为达到使对方让步的目的而隐瞒婚生子女并非对方亲生子女的事实等，即构成欺诈。而对于主观判断的虚假陈述则应另当别论。例如，夫妻一方欺骗另一方签订夫妻财产制协议即可维系婚姻，则此种"虚假陈述"并非法律意义上的欺诈。上述结论也同样适用于重大误解。对于胁迫的判断，则可以类推适用《民法典婚姻家庭编解释一》第18条，但是，一方以离婚相要挟则并不构成胁迫。②至于显失公平的认定，由于涉及对身份关系协议公平性的判断，笔者将于后文详述。

（二）家庭权力结构失衡对身份关系协议自主性的影响

上述规则固然能够对身份关系协议中的非自主一方提供救济，但其均建立在将当事人预设为具有平等的法律地位、平等磋商能力以及平等选择机会的基础上；而在家庭语境之下，家庭权力结构失衡现象使上述规则遭到了破

---

① 冉克平：《意思表示瑕疵：学说与规范》，法律出版社，2018，第55页。
② 申晨：《〈民法典〉视野下婚内协议的效力认定》，《法学评论》2021年第6期。

坏。所谓家庭权力结构失衡，是对支配服从的家庭模式的一种描述，其通常是指家庭成员的一方相对于另一方在情感、经济、伦理等方面拥有更多的资源和更大的控制权，或者更具将自我意志强加给对方的可能性，而另一方（通常是女性、儿童和老人）则处于屈从的地位。① 造成权力失衡的原因是多方面的，既包括性别不平等、经济地位的差异、家庭暴力，也包括教育文化水平、职业与社会地位、对配偶的情感依赖程度差异以及男女双方角色关系的积久观念等。这种单边控制的存在无疑破坏了民法所预设的平等模式，由此导致身份关系协议特别是婚姻关系协议并非如财产合同那样是一种充分议价的合同，这对处于弱势地位的当事人一方的自主判断产生了消极影响。

事实上，契约关系中的权力失衡现象在其他领域也存在，其中最为典型的即消费者合同和劳动合同，而为了保护作为弱势群体的消费者和劳动者，法律用强行法的形式对合同的内容予以干预，旨在实现实质意义上的平等。然而家庭法的这一问题并未引起足够的重视，以至于有学者指出，平等概念的使用使家庭法的问题更加混乱，因为平等被乔装成一个独立的规范，其让我们不仅对权力失衡的存在视而不见，也对它所包含的具体权利视而不见。对家庭内部权力结构失衡的忽略使身份关系协议特别是婚姻关系协议的当事人被视作具有平等地位、平等磋商能力、平等选择机会的市场主体，进而使我们认为他们所作出的任何决定都是其独立意志的体现。② 但事实并非如此。权力结构失衡实给家庭弱者造成一种不得不屈从于对方的压力，从而使其作出的决定不能体现真实的意愿。这种"关系性自治"（relational autonomy）有别于传统意义上的私人自治。③ 就此而言，在身份关系协议效力的认定中，应特别重视家庭权力结构失衡对当事人自主性的影响。

（三）家庭权力结构失衡进入身份关系协议规范的路径

家庭权力结构失衡的本质是一方对另一方实施了不当影响，至于这种

---

① 李祥云、宋成方：《离婚调解话语中男女权力失衡问题研究》，《中国海洋大学学报》（社会科学版）2014年第4期。
② 〔美〕玛萨·艾伯森·法曼：《虚幻的平等：离婚法改革的修辞与现实》，王新宇等译，中国政法大学出版社，2014，第40、281页。
③ Jonathan Herring, *Relational Autonomy and Family Law*, Springer, 2014, pp.20-22.

不当影响如何影响协议的效力，两大法系的规范路径不尽一致。在德国，"不当影响"被纳入违反善良风俗中考察。例如，在德国联邦最高法院涉及夫妻财产合同效力的一则判决中，法院认为，由于当事人之间存在经济和社会地位上不对等的情形，男方明显向女方施加了明示或暗示的压力，遂以违反善良风俗为由认定协议无效。① 在英美法系，"不当影响"本身即属于导致合同可撤销的事由之一，其通常是指行为人滥用自己与受害人的关系，以间接而隐蔽的方式让对方产生心理压力进而影响其自由判断，从而使其接受自己的提议。② 但在英美传统合同法理论上，不当影响中的"压力"必须是异常的和例外的，家庭中性别或经济力量不对等所导致的权力失衡经常被法院视为亲密关系协议中的正常结果从而不适用该规则。而家庭法学者特别是女性主义学者对此进行了改造，强调性别不平等导致的权力失衡对个人自主性以及协议内容所带来的影响同样构成不当影响。③ 这一理论逐渐为一些国家的立法者或实务界所采纳。例如，加拿大《不列颠哥伦比亚省家庭法》即明确将配偶一方不适当地利用另一方的脆弱包括另一方的无知、迫切需要或疾病等情形下签订的协议认定为可废止。④ 在2017年澳大利亚的一起婚前协议纠纷案中，法院通过考察缔约背景，认为当事人之间存在着权力的不均衡，从而认定存在不当影响，最终否定了协议的效力。⑤

与上述国家和地区相比，经济、社会地位或性别等方面的不平等所造成的家庭权力结构失衡，及此种失衡对身份关系协议效力的影响，尚未引起我国立法和司法实践的关注。从我国民法典的现行规定来看，无论是欺诈、胁迫还是重大误解的规定都不足以解决上述问题。有鉴于此，有必要借鉴国外的立法及司法经验，将家庭权力结构失衡所导致的非平等性和非

---

① 王葆莳：《德国联邦最高法院典型判例研究·家庭法篇》，法律出版社，2019，第62页。
② 谭和平：《意思表示瑕疵理论与立法比较研究》，湖南师范大学2012年博士学位论文，第198～199页。
③ Sharon Thompson, *Prenuptial Agreements and the Presumption of Free Choice Issues of Power in Theory and Practice*, Hart Publishing, 2015, p.154.
④ 参见 Family Law Act（British Columbia），Sec.93（3）（b）。
⑤ Sharon Thompson, "Feminist Relational Contract Theory: A New Model for Family Property Agreements," *Journal of Law and Society* 45（2018）: 617–645.

自主性作为影响身份关系协议效力的考量因素。至于具体路径，由于我国民法典并没有规定"不当影响"这一效力瑕疵事由，在现有制度之下，可以通过以下两种途径解决。一是对于特别严重的不当影响，可以准用胁迫的规定。例如，对于长期遭受家庭暴力的一方对对方拟定的婚姻财产协议的同意，即可准用胁迫规则撤销。二是将不当影响纳入显失公平规则的考察范围。由于"显失公平"涉及身份关系协议内容的公平性问题，笔者将于下文一并论述。

三 公平性与身份关系协议的效力

（一）公平性作为身份关系协议效力认定考量因素的正当性

公平作为民法的基本原则，当然适用于婚姻家庭领域，但公平性应否成为身份关系协议效力认定的考量因素，则是一个充满争议的问题。这主要发生在夫妻财产制协议、离婚财产分割协议以及子女抚养费约定等涉财产的身份关系协议中。

从我国目前的司法实践来看，能否以显失公平规则或违反公平原则为由否定身份关系协议的效力尚存争议。对于离婚财产分割协议而言，有的法院持否定观点，认为在离婚的情形下，婚姻当事人对财产具有更大的分配自由，不能简单适用合同法领域的公平原则，显失公平不是撤销离婚财产分割协议的法定事由。[①]有的法院持肯定观点，对当事人以显失公平主张撤销离婚财产分割协议的请求予以支持。[②]有的法院则持相对谨慎的态度，认为虽然离婚财产分割协议有财产利益的考虑，但不可避免地包含一些感情以及子女抚养等因素，故不能轻易将协议中一方放弃主要、大部分财产或承担大部分债务的约定认定为显失公平。[③]最高人民法院也认为，不能轻易以显失公平为由撤销离婚财产分割协议，特别是在一方为达到快速离婚的目的，将大部分或全部夫妻共同财产均答应给对方，而一旦离婚，即以协议显失公平为由起诉

---

① 参见福建省霞浦县人民法院（2018）闽0921民初3584号民事判决书。
② 参见广东省江门市中级人民法院（2014）江中法民一终字第27号民事判决书、安徽省高级人民法院（2016）皖01民终3493号民事判决书。
③ 参见北京市第二中级人民法院（2022）京02民终3053号民事判决书。

撤销的情形下，不能支持撤销。① 总的来说，对于离婚财产分割协议，不支持或谨慎支持显失公平规则的适用得到了多数法院的认可。这一观点在夫妻财产制协议效力的认定中也得到体现。如山东省高院即认为，婚姻财产协议充满复杂情感因素，很难完全用公平来衡量，亦无从判断是否显失公平。因此，对于当事人以显失公平为由主张撤销婚内财产分割协议的请求，法院原则上不予支持。② 此外，对于子女抚养协议中的公平性问题，在司法实践中也存在两种不同的观点。有的法院认为此种协议不存在显失公平的问题；有的法院则以抚养费数额明显过高，与原告的收入情况不符，约定存在显失公平的情形为由，对抚养费的数额进行变更。③

对此，笔者认为，涉及财产的身份关系协议与财产合同一样存在公平性问题，法院应对其公平性作出审查。一方面，身份关系协议固然夹杂着家庭情感因素，但在其核心内容乃财产的分配或给付的情形下，当然存在公平与否的问题，而身份关系协议是否公平不仅关系到婚姻家庭社会功能的实现，也关系到家庭法维护家庭和谐、保护弱者目标的实现，最终关系到家庭法正义价值的实现，故应当受到法律的关注。情感和身份因素并非否定身份关系协议之公平性评价的充分理由。④ 另一方面，身份关系协议虽然是两个成年人意思合致的产物，但正如前文所述，家庭权力结构的失衡使当事人的缔约地位并非完全平等。因此，对此类协议的效力审查要特别警惕一方利用其强势地位压榨弱者，造成财产分配严重不公的结果。即使是子女抚养协议或赡养协议，也不应对义务人造成不合比例的负担。⑤ 正如德国司法实践所显示的那样，法院在处理身份关系协议纠纷时，不仅应当关心当事人权利义务的实现，更应当关心如果协议有效，其将会对弱势的一方产生什么样的后果，进而会对整个社会带来什么样的影响。⑥

---

① 最高人民法院民事审判第一庭编著《最高人民法院民法典婚姻家庭编司法解释（一）理解与适用》，人民法院出版社，2021，第609~610页。
② 参见《山东省高级人民法院关于印发全省民事审判工作会议纪要的通知》（鲁高法〔2011〕297号）。
③ 参见河南省遂平县人民法院（2016）豫1728民初1556号民事判决书。
④ 蔡睿：《显失公平制度的解释论定位——从显失公平与公序良俗的关系切入》，《法学》2021年第4期。
⑤ 〔德〕迪特尔·施瓦布：《德国家庭法》，王葆莳译，法律出版社，2022，第526页。
⑥ 李娜：《"夫妻财产增加额均衡"制度研究：以德国为例》，《环球法律评论》2011年第3期。

然而，涉财产的身份关系协议毕竟不同于纯粹的财产合同，其所具有的非理性、非充分议价的特点使对其的公平性评价很难完全适用财产法规则，这就有必要对身份关系之公平性评价标准进行探讨，而域外立法及司法实践在这方面的规定及做法对我国立法及司法具有一定的借鉴意义。

（二）身份关系协议公平性审查的比较法考察

从比较法的角度来看，身份关系协议的公平性审查多围绕婚姻财产协议展开。许多国家和地区的法院对离婚时当事人所提交的协议具有最终的许可权，而协议的公平性正是司法审查的重点，如果协议在签订时对一方显失公平，则其被认为不具有法律约束力。

在英美法系中，显失公平往往是婚姻财产协议不具有强制执行力的法定理由。如美国《得克萨斯州家庭法》第4.006条以及澳大利亚1975年《家庭法》第90K条（1）（e）项均作如是规定。至于如何判断协议内容公平与否，各国和地区的做法不尽一致。有的采取形式标准，如美国新泽西州的法律规定，如果当事人没有按法律规定的程序（包括充分的财产披露、独立的法律咨询意见等）签订婚前协议，则婚前协议应认定为显失公平；而如果不存在上述情形，则不能作此认定。[①]有的则采取实质标准，如根据加拿大《不列颠哥伦比亚省家庭法》，虽然没有程序上的瑕疵，但考虑了协议签订后的时间长短、签订协议时的确定性意愿以及当事人依赖协议条款的程度等因素后，协议被认为严重不公平，则法院可以废止协议。[②]

大陆法系也将协议签订时的公平与否作为婚姻财产协议效力审查的重点，但并未对审查标准予以明确的规定。法院判断婚姻财产协议是否显失公平的标准主要是有关离婚经济后果的法律缺省规则，包括婚姻财产的分配以及离婚后扶养制度等。如果协议内容在无正当理由的情形下严重偏离了法定离婚后果，且没有对受损一方遭受的不利以其他方式进行补偿，导致协议背离婚姻的本质，则其通常被认定为显失公平。[③]这在德国的司法实践中体现得较为明显。根据德国的相关判例，诸如限制因照顾子女而放弃工作的妻子

---

① 参见2013 New Jersey Revised Statutes，Sec.37.2-38 c。
② 参见Family Law Act（British Columbia），Sec.93（5）。
③ 李娜：《"夫妻财产增额均衡"制度研究：以德国为例》，《环球法律评论》2011年第3期。

的扶养费或排除其养老金补偿且无相应补偿的夫妻财产制协议，以及单方面加重女方负担的协议等，均被认定为显失公平及违反善良风俗而无效（在德国，显失公平是违反善良风俗的表现，依《德国民法典》第138条第1款属于无效行为）。① 此外，如果协议导致一方遭受严重不利，以致其不得不依靠社会救济，该协议也会被法院视为违反善良风俗而无效。②

（三）我国身份关系协议公平性认定的依据及标准

在身份关系协议公平性评价的法律依据上，我国与大陆法系相似，即法律并未专门针对此类协议的公平性标准设有明文，但民法总则的一般性规定为此种评价提供了依据。笔者在借鉴域外立法及司法经验的基础上，并结合身份关系协议的特殊性，对我国身份关系协议之公平性认定作如下分析。

1. 显失公平规则

在我国，对显失公平作出明确规定的是《民法典》第151条，但在笔者看来，该规则仅适用于婚姻财产协议（包括夫妻财产制协议、以离婚为预设的婚姻财产协议以及离婚财产分割协议等），并不适用于涉及抚养费或赡养费给付的协议。显失公平规则主要适用于对价关系失衡情形，而抚养费和赡养费的给付均非对价给付关系，不存在因协议的签订而当事人之间利益失衡的问题。而夫妻间的财产协议因涉及共同财产的分配，存在对价给付关系，从而有显失公平规则适用的余地。

依《民法典》第151条，构成显失公平需同时满足客观要件和主观要件。这里的"客观要件"即协议的签订造成了双方当事人在利益上的显著失衡。所谓显著失衡，在财产合同中乃是双方所获利益对比的结果，但对于婚姻财产协议而言，由于其并非交换关系，利益是否失衡不能仅从财产分配比例的角度考虑，而应当结合婚姻关系的特性来判断。借鉴其他国家和地区的立法及司法经验，主要应考虑以下几个因素。一是协议是否严重偏离夫妻财产制以及离婚财产分割的法定缺省规则。正如有学者所言，法定方案实际上为夫妻间财产的分配提供了一个标准，婚姻财产协议的安排与法定方案偏离越

---

① 李娜：《"夫妻财产增加额均衡"制度研究：以德国为例》，《环球法律评论》2011年第3期。
② 王葆莳：《德国联邦最高法院典型判例研究·家庭法篇》，法律出版社，2019，第79页。

远,其失衡的程度可能就越高。①二是协议是否构成对配偶一方的重大负担。夫妻作为命运共同体,同甘共苦、相互扶持是法律及婚姻伦理的要求,如果婚姻财产协议仅对配偶一方造成沉重的负担,而对另一方却毫无约束,则应当认为客观上双方利益显著失衡。②三是协议是否具有特殊背景以及合理的关联因素。如前所述,身份关系协议的内容具有交互性和关联性,无论是夫妻财产制协议还是离婚财产分割协议,均非单纯基于经济利益考量的结果,而往往是兼具经济、感情以及家庭伦理的多重考虑之产物,当事人的感情基础、一方对家庭的付出、一方的过错、对子女利益的考量等均会对协议的财产安排产生影响,从而使协议内容具有一定的倾斜性。故对于婚姻财产协议是否公平,不能将财产权利义务的对等作为唯一标准,而必须在对协议签订的背景、协议的整体内容以及关联因素等作综合考量的基础上作出判断。③

至于主观要件,《民法典》第151条将其规定为"一方利用对方处于危困状态、缺乏判断能力等情形"。这在身份关系协议中主要表现为三种情形。一是利用对方处于危困状态。所谓危困状态,是指配偶一方陷入暂时的急迫困境,从而有经济压力或急需金钱等状况。一方利用对方急欲离婚的心理提出苛刻条件,不能认定为乘人之危。二是利用对方缺乏判断能力。这里的"缺乏判断能力"并非如财产合同那样指欠缺一般生活经验或交易经验,而是指欠缺理性思考的能力。利用对方缺乏判断能力,主要指配偶一方不适当地利用了另一方的脆弱或依赖,包括另一方的无知、迫切需要等情形。最为典型的是在婚礼即将举办之时一方要求另一方签订婚姻财产协议,这种时间上的急迫性和对婚礼取消后果的担忧往往使另一方判断力不足。三是不当影响。如前所述,因家庭权力结构失衡而产生的不当影响可以纳入显失公平制度来规制。至于其中的原因,在于《民法典》第151条对显失公平的主观情形并未完全列举,该条中的"等"字意味着还有其他类似情形存在的可能性。而从《国际商事合同通则》《欧洲合同法原则》以及《德国民法典》的有关规定来看,一方当事人存在对另一方的依赖和信任、无经验、显著意志薄弱的情形

---

① 于程远:《〈民法典〉时代家庭契约的效力审查体系》,《社会科学》2021年第5期。
② 于程远:《〈民法典〉时代家庭契约的效力审查体系》,《社会科学》2021年第5期。
③ 贺剑:《〈合同法〉第54条第1款第2项(显失公平制度)评注》,《法学家》2017年第1期。

均可纳入显失公平主观要件的考察范围。①借鉴上述立法经验，对于身份关系协议而言，如果夫妻一方相较于另一方处于经济、文化或社会的劣势地位，或具有情感上的高度依赖（如婚前怀孕等情形），而强势方利用这种不对等向对方施加不当影响，那么应认为此类情形符合显失公平规则的主观要件。

需要注意的是，相较于离婚财产分割协议，显失公平在婚前或婚内签订的婚姻财产协议中更为突出。究其原因，对于婚姻财产协议而言，其是当事人就婚姻关系存续期间的财产关系或将来的离婚后果所作出的约定，由于时间跨度较大以及当事人在此阶段的亲密关系，其"关系契约"的特性更加鲜明，而基于有限理性、预见力不足以及家庭权力结构失衡等原因而产生的协议显失公平的现象就更为突出，法律也应当对此更加警惕。而在离婚财产分割协议签订时，当事人的感情已经破裂，对于离婚后果具有一定的理性及预见力，故预见力不足、情感依赖等因素对协议自愿性的影响较弱。但因家庭权力结构失衡而产生的不当影响，或利用对方对离婚财产协议的内容缺乏了解等情形，在离婚财产分割协议中仍然存在，故不能完全排除显失公平规则的适用。

2.公序良俗原则

虽然公平性审查是身份关系协议效力认定中的重要内容，但应当指出的是，相较于其他国家和地区，我国对于身份关系协议的公平性审查较弱。主要原因有二：一方面，显失公平的行为在我国属可撤销（而非像德国民法那样属无效），身份关系协议只能因撤销权人行使撤销权而无效，而如果当事人不行使撤销权的话，法院并不能依职权否定协议的效力；另一方面，在协议离婚的情形下，我国法律并未赋予法院对于离婚协议的司法审查权，除非当事人向法院起诉，协议的显失公平难以为法院所发现。此外，显失公平规则也有其本身的局限性：一方面，其要求同时满足主观要件和客观要件，因此，即使协议的内容严重不公平，但只要不满足主观要件，该制度便难以发挥作用；另一方面，其仅适用于具有"对价给付关系"的身份关系协议，对不具有对价关系的子女抚养协议或赡养协议等则无法适用。就此而言，不能将《民法典》第151条的显失公平规则作为认定身份关系协议公平与否的唯

---

① 参见《国际商事合同通则》第3.10条、《欧洲合同法原则》第4.109条、《德国民法典》第138条第2款。

一依据。在笔者看来，《民法典》第151条仅是对意思表示不真实情形下显失公平的认定，并未体现民法公平原则的全部内容。①而在协议内容严重背离社会一般观念的情形下，应以公序良俗原则为补充。就此而言，在协议的内容存在实质不公平，并已偏离国家为婚姻家庭所设的保护目标，从而危及公共利益时，应以违反公序良俗原则为由认定协议无效。这一理解有《德国民法典》第138条第1款作为参考。

身份关系协议存在实质不公平的典型体现，即协议对于财产分配或给付义务的规定使一方陷入实质困难的境地。之所以将此种情形认定为对家庭领域内公序良俗的违反，原因在于婚姻家庭作为生活共同体和经济共同体，承载着养老育幼、保护弱者的职能，正是这一职能使家庭对于社会和个体具有特殊的意义。身份关系协议应当促进这一职能的发挥，而不能变成强者压榨弱者的工具。因此，在身份关系协议严重不公平并造成一方实质困难的情形下，应当认为其已偏离了婚姻家庭应有的职能，不应为法律所支持。这在实践中主要表现为，当事人在婚姻财产协议中约定将全部财产都归为配偶一方所有即所谓的"净身出户"，这严重威胁到另一方的生存利益；或者当事人在子女抚养协议或赡养协议中约定与给付方的收入极度不成比例的给付义务，以致给付方生活陷入实质困难境地。有学者认为此类协议实际上剥夺了一方未来基本生存和人格独立的物质保障，属于对人格权益的侵犯，应当纳入违反公序良俗来规制，此种理解不无道理。②至于实质困难的判断，可以以民政部发布的《特困人员认定办法》为依据，即婚姻财产协议导致一方符合该办法所规定的特困人员的条件，以致其需要政府救助供养时，即可认为该方实质困难。

四 合法性与身份关系协议的效力

虽然身份关系协议从表面上看与财产合同一样属于私法自治的范畴，但其实质上与公共利益以及家庭弱者利益紧密相关，故其内容受到更多的限制和干

---

① 蔡睿：《显失公平制度的解释论定位——从显失公平与公序良俗的关系切入》，《法学》2021年第4期。
② 夏江皓：《家庭法介入家庭关系的界限及其对婚姻家庭编实施的启示》，《中国法学》2022年第1期。

预。但需要注意的是，由于身份关系协议的内容关涉家庭生活方式和家庭关系模式，对身份关系协议的干预可能不仅是对财产的干预，也可能构成对家庭的干预。故有必要明晰限制的边界，避免造成对家庭自治的过度干涉。

（一）身份关系协议之内容合法性要求的比较法考察

从比较法层面来看，各国和地区对于身份关系协议（主要是婚姻财产协议）的合法性均有一定的要求，这些要求在立法或司法层面主要表现为对协议内容的不同程度的限制，体现了立法者或司法者对婚姻家庭的保护，以及对当事人的身份利益、生存利益、儿童利益等公共政策的考量。

英美法系多以禁止性规定对婚姻财产协议的内容予以限制。例如，根据美国《统一婚前和婚内协议法》，婚前或婚内财产协议禁止订入以下内容：对子女的抚养带来不利影响，限制家庭暴力受害人依据州法所能获得的救济，对提起分居或离婚之诉的当事人予以惩罚，等等。[1]《艾奥瓦州法》规定婚前协议不能对配偶的受扶养权产生不利影响；[2]《加利福尼亚州家庭法》第1620条规定，除非有法律规定，否则除财产之外，夫妻不能以合同改变法律关系。加拿大《安大略省家庭法》第52条第（2）项规定，婚姻合同中限制一方对婚姻住宅权利的条款无效；《不列颠哥伦比亚省家庭法》规定，如果父母责任协议或探望协议违反儿童利益最大化原则，则法院可以废止该协议。[3]澳大利亚1975年《家庭法》则规定，如果法院发现在协议生效时，考虑到协议的条款和效力，配偶一方处于没有养老金等社会保障就无法生存的境地，则婚姻财产协议中的任何条款均不能排除或限制法院在判定扶养费问题上的裁量权。[4]

大陆法系对婚姻财产协议的内容也有所限制。例如，根据《俄罗斯联邦家庭法典》第42条第3款，婚姻合同不得限制一方法律上的能力、行为能力或请求法院保护的权利，不得规定非财产关系以及对子女的权利义务，不得限制失能一方获得经济扶养的权利，不得使一方陷于极端困难的境地，不得

---

[1] 参见 Uniform Premarital and Marital Agreements Act, Sec.10（b）。
[2] 参见 Iowa Code § 596.5（2）。
[3] 参见 Family Law Act（British Columbia）, Sec.44（4）, 58（4）。
[4] 参见 Family Law Act 1975, Sec. 90F。

与家庭法的基本原则相抵触。在德国，虽然法律对婚姻财产协议的内容未设明文，但在司法实践中，夫妻之间签订的一方放弃扶养费的协议、不可撤回以人工授精方式怀孕的合意或决定的协议等均被认为违反公序良俗而无效。①《日本民法典》也未对夫妻财产制协议的内容设禁止性规定，但有学者认为，这并不意味着协议就不受限制，其第 90 条的公序良俗原则、不能违反强制性规定以及不能免除夫妻间的扶养义务等，均可作为限制工具。②此外，《法国民法典》第 232 条第 2 款、《葡萄牙民法典》第 1778 条均明确规定，如果离婚协议对未成年子女保护不充分或有违儿童利益最大化，法院可拒绝认可该协议并不作出离婚宣判。

综上所述，各国及地区对于婚姻关系协议内容的限制主要表现在以下几个方面：一是不得限制当事人的人格权益，二是不得违反婚姻制度的法定内容，三是不得违反婚姻家庭伦理和危害婚姻家庭社会功能，四是不得违反儿童利益最大化原则。这对于我国立法具有一定的借鉴意义。

（二）我国民法对身份关系协议合法性的要求

我国民法典婚姻家庭编未对身份关系协议的禁止性内容设有明文，但《民法典》第 143 条第 3 项和第 153 条所规定的法律的强制性规定和公序良俗原则显然构成对协议内容的限制。至于何种内容构成对上述规定的违反，借鉴其他国家和地区的立法或司法经验，并结合我国民法的规定，笔者认为其主要包括以下几个方面。

1. 排除相关身份权或免除法定义务

如前所述，身份权包括核心身份权和边缘身份权。对于核心身份权及相对应的法定义务，当事人只能在身份关系协议中对其具体内容和履行方式作出进一步的细化和明确，而不能以任何方式予以排除或免除。例如，夫妻不得在协议中排除非直接抚养子女的一方的探望权，夫妻不得在婚内协议中约定免除彼此之间的扶养义务。而对于边缘身份权及相对应的义务，法律的限制则相对宽松。例如，离婚时的经济帮助、经济补偿和损害赔偿请求权的目

---

① 王葆莳：《德国联邦最高法院典型判例研究·家庭法篇》，法律出版社，2019，第 50 页。
② 松久和彦「ドイツにおける夫婦財産契約の自由とその制限」『立命館法学』4 号、2008 年。

的在于，对婚姻中的利他者、经济弱者以及无过错方予以救济，对此类权利，当事人虽然不能在婚前或婚内协议中事先予以限制，但可以在离婚协议中予以放弃。夫妻共同财产分割请求权这类请求权的目的在于保障当事人的婚姻家庭财产权益，对这类权利，当事人虽然可以在协议中予以排除或限制，但应当受到婚姻伦理以及相应法律规定的制约。

2. 限制公民基本权利

宪法对公民基本权利的规定是宪法确立的客观价值秩序，应为整个法律体系所遵循。[①]民法典人格权编即为宪法中有关公民人格权益规定的具体落实。而无论是宪法对公民基本权利的规定还是民法典对人格权益的规定，均不得由身份关系协议任意限制或排除。因此，身份关系协议中诸如限制一方的行为能力，限制一方的婚姻自由或者在生育、医疗等方面的自我决定权，限制具有残存意思能力的被监护人的自我决定权，禁止受到家庭暴力等侵害的一方向法院起诉等内容，均应无效。但值得注意的是，由于夫妻共同生活的重合性和亲密性，其隐私权受到一定的限制。对于关涉夫妻共同生活的配偶一方的"隐私"，如与婚外异性的不正当交往、与婚外异性怀孕生子等，另一方有知情权。在此，婚姻家庭法所承载的价值高于隐私权所蕴含的价值。[②]故如果身份关系协议对上述知情权或披露义务予以约定，不应认为构成对隐私权的限制。

3. 违反婚姻家庭伦理

婚姻家庭制度以特定的伦理观念为其基础，这些伦理观念虽然未表现为立法上的强制性规定，但体现了家庭法的价值取向，因此其作为公共政策对身份关系协议的内容形成了限制。例如，《民法典》婚姻家庭编第1043条第2款对夫妻应当互相忠实、互相尊重、互相关爱的规定，对家庭成员应当敬老爱幼、互相帮助以及共同维护平等、和睦、文明的婚姻家庭关系的规定，就是婚姻家庭伦理的典型体现。就此而言，婚姻财产协议中约定免除双方或一方的忠实义务，直接或间接地诱使当事人以离婚解决问题而不是加强合作与

[①] 于飞：《公序良俗原则研究——以基本原则的具体化为中心》，北京大学出版社，2006，第157页。

[②] 陈汉：《亲属法视野下的人格权冲突——以隐私权为视角》，《浙江工商大学学报》2014年第1期。

沟通，直接或间接地限制一方的离婚自由（如协议约定一方若提出离婚则赔偿对方100万）等，均为违反婚姻家庭伦理的体现。

4. 危害婚姻家庭社会功能

婚姻家庭承担着养老育幼、培育公民道德以及社会保障等重要的社会功能，婚姻家庭制度的重要目的即促进上述功能的实现。正如德国法院所认为的那样，国家保护婚姻并非为了促进私人的亲密关系，而是为了促进和保证文明社会发展，并减轻个人对国家保障的依赖。[1]身份关系协议虽然是私人协议，但对意思自治的滥用会危及上述功能的实现，因为身份关系协议也会衍生出夫妻或父母子女反目、各方生活不便甚至基本生存权被剥夺、未成年子女陷入困顿等社会问题。[2]因此，在身份关系协议的内容危及婚姻家庭社会功能实现时，此类协议不应为法律所支持。前文所述协议导致一方陷入实质困难境地以致危及其生存的情形，即为典型的体现。

5. 违反未成年人或被监护人利益最大化原则

儿童利益最大化是婚姻家庭法的一项基本原则，对此项原则的违反将导致相关协议的无效。这里的"相关协议"主要包括婚前或婚内协议、离婚财产分割协议以及父母责任协议等。虽然婚姻财产协议仅涉及夫妻间财产的分配，并不涉及子女，但对子女的抚养却有赖于夫妻可以拥有或支配的财产，如果协议对财产的安排对子女的抚养不利，严重影响未成年子女在其父母婚姻关系存续期间或离婚后的生活，则违反了家庭法上未成年人利益最大化原则。至于父母责任协议中违反未成年人利益最大化的判断，笔者将于第十一章中详述。此外，监护制度设立的目的在于更好地保护被监护人的利益，被监护人利益最大化是监护人履行职责时应遵循的原则，这同时构成了对监护关系协议内容的限制。

（三）婚姻家庭观念的变迁与身份关系协议合法性的认定

值得注意的是，随着时代的变迁，婚姻家庭观念也在不断变化，法律对身份关系协议的容许度也在发生变化。诸如婚前协议、赡养协议等曾经被认

---

[1] 王葆莳：《德国联邦最高法院典型判例研究·家庭法篇》，法律出版社，2019，第74页。
[2] 谭佐财：《民法典视角下身份财产法特殊性的理性化重构——夫妻财产关系的视角》，《时代法学》2021年第2期。

为有违婚姻家庭伦理的家庭协议在今天已经获得了较为普遍的认可,而最大的变化莫过于法律对待以离婚为预设的婚姻财产协议的态度。如前所述,此类协议在英美法系国家和地区获得了较为普遍的认同,而在大陆法系国家和地区则遭到了冷遇。但随着婚姻家庭观念的变迁,一些国家和地区的态度也在发生变化。如在日本,虽然《日本民法典》未对此类协议予以承认,但在解释论层面一般认为在婚姻财产协议中可以对离婚的后果提前作出约定。在德国,也允许在夫妻财产制协议中对将来离婚后的扶养费问题作出约定。即使在较为保守的英国,近年来其态度也有所松动,不仅许多学者认为上述认识已经陈腐过时应当放弃,就连法院也开始倾向于认可此类协议的效力。[1]

我国民法典对此类协议未设明文,从司法实践来看,以一方或双方死亡为预设的婚姻财产协议一般不为法院所排斥,法院或按遗嘱、共同遗嘱处理之,[2]或认为此种协议并不违反法律规定;[3]但对于以离婚为预设的婚姻财产协议,则少数法院认可其效力,[4]而多数法院认为此类协议无效。至于无效的理由,法院多是认为此类协议有违婚姻系永久共同生活的本质,同时束缚了离婚自由,违反公序良俗原则。[5]笔者认为,上述观点值得商榷。这一观点的内在逻辑是,男女双方在结婚前或婚姻关系存续期间就算计着离婚时的财产,违背了婚姻乃终生结合的观念,是不道德的。然而,不可否认的是,既然婚姻以感情为基础,那么,婚姻解体的风险从来都是存在的。而在此种风险中,对当事人利害关系最大的莫过于一方对婚姻进行长期投入却因离婚而得不到相应的回报,甚至会遭受不利益。[6]对此,家庭法特设家务劳动补偿等制度以为救济。既然这种离婚导致的利益失衡已经为法律所预见,并且立法者制定相应规则以为防范和救济,就没有理由不允许当事人作出预见并通过契

---

[1] 〔英〕伊丽莎白·库克:《婚姻财产协议与英格兰—威尔士法律委员会的工作》,樊丽君、张敏译,载梁慧星主编《民商法论丛》(第58卷),法律出版社,2015,第437页。亦可参见 *Radmacher v. Granatino*,[2010] UKSC 42,[2011] 1 A.C. 534。
[2] 参见北京市海淀区人民法院(2017)京0108民初37210号民事判决书。
[3] 参见安徽省蚌埠市中级人民法院(2021)皖03民终734号民事判决书。
[4] 参见广东省惠州市中级人民法院(2015)惠中法民一终字第541号民事判决书、湖北省荆州市中级人民法院(2018)鄂10民再21号民事判决书等。
[5] 参见北京市海淀区人民法院(2017)京0108民初37210号民事判决书、山东省平度市人民法院(2018)鲁0283民初9398号民事判决书等。
[6] 蒋月:《婚姻家庭法前沿导论》(第二版),法律出版社,2016,第71页。

约进行防范和救济，终生共同生活的美好愿景并不排斥人们对未来可能遭受的风险"未雨绸缪"。而且，鼓励夫妻在婚前或婚内考虑未来离婚的可能性对于婚姻的稳定未必一定是反作用，因为双方意愿的充分表达，在某种程度上有利于减少在责任分担和必要付出方面的潜在争议和分歧，反倒能促进婚姻的稳定。①总之，各国及地区对待以离婚为预设的婚姻财产协议态度的变化充分说明，在私人自治愈加重要的当下，法律对身份关系协议的干预也应当适度放松，只要协议的内容未对公共秩序或公共利益造成重大损害，就应当给予当事人意思自治以最大程度的尊重。

五　身份关系协议效力的其他问题

（一）身份关系效力的程序保障

有必要指出的是，上述针对身份关系协议的效力审查实际上都属于事后救济，而对于因身份关系协议受到不公平待遇的当事人而言，通过制度设计事先减少由认知缺陷带来的风险或者实质失衡的危险，则是一个更优的选择。有鉴于此，两大法系的许多国家和地区都加强了对签订内容较为复杂且对当事人影响较大的婚前、婚内财产协议等的程序保障。如大陆法系国家和地区多要求此类协议以公证的形式签订，而根据美国《统一婚前和婚内协议法》第9条，在婚姻财产协议签订前，配偶双方均应有寻求独立法律专业意见的机会，均应得到充分的财产披露，在放弃一方的受扶养权时，均应有独立的律师代理等；澳大利亚1975年《家庭法》以及加拿大各省家庭法中也均有类似的规定。上述规定对于我国具有一定的启发价值。鉴于婚前或婚内财产协议普遍存在的理性不足和自主性易受损害的特点，程序保障在事先防范风险这一点上起到了很好的作用。对我国具有一定借鉴意义的是财产披露制度。虽然我国现行法对此未设明文，但这一要求可以基于诚实信用原则从解释论的角度得到证成。②至于英美法系所普遍采取的要求各方当事人均应获得

---

① 〔德〕凯塔琳娜·博埃勒-韦尔基主编《欧洲婚姻财产法的未来》，樊丽君等译，法律出版社，2017，第74页。
② 我国目前仅在《妇女权益保障法》第67条第2款中对离婚诉讼中的夫妻共同财产申报予以规定。

独立法律咨询意见这一做法，由于与我国的传统和主流观念不符，在我国并不具有实施的基础。但为体现婚姻财产协议的严肃性，不妨借鉴大陆法系国家和地区的规定，将公证作为身份关系协议成立的形式要件，因为公证同样能够为当事人提供专业的法律意见，在一定程度上可以起到与获得独立的法律意见相类似的效果。

（二）基本身份行为与身份关系协议效力的牵连关系

1. 基本身份行为效力瑕疵对身份关系协议的影响

身份关系协议在性质上多属于附随身份行为，那么，基本身份行为存在效力瑕疵，是否会影响身份关系协议的效力？有学者对此持肯定意见，认为如果基本身份行为无效，具有附随性质的身份关系协议原则上也应当无效。[①]笔者认为这一结论尚值商榷。一方面，从理论上讲，基本身份行为是婚姻财产协议等附随身份行为的基础，在前者不成立、无效或被撤销时，后者显然无法继续发生效力；但在后者不存在不成立、无效或撤销事由的情形下，并不能认为后者存在效力瑕疵，故将其评价为"失效"更为妥当。另一方面，上述结论对于离婚这类附随于解消性身份行为的协议毫无疑问，但对于婚前或婚内协议这类依附于创设性身份行为的协议而言，尚需考虑其特殊性。

从比较法的角度来看，一些国家和地区的立法例呈现出婚前或婚内财产协议的效力相对独立于婚姻效力的一面。如根据《葡萄牙民法典》第1716条和第1647条，即使婚姻无效或被撤销，如果夫妻双方均为善意，则婚前协议仍对夫妻双方和第三人产生效力；如果仅夫妻一方为善意，则其可主张自己应从婚姻协议中获得的利益。《巴西新民法典》第1564条也体现了上述精神。美国《统一婚前和婚内协议法》第8条则规定，如果婚姻被宣告无效，婚前和婚内协议只在有必要避免不公平结果时具有强制履行力。这一规定为加利福尼亚州、得克萨斯州等的家庭法所吸收。[②]上述规定的共同点在于，在承认婚前或婚内财产协议原则上随婚姻关系的无效或撤销而失效的同时，基于公平或者保护善意一方利益的考虑，例外地承认其有效性。

[①] 薛宁兰、谢鸿飞主编《民法典评注：婚姻家庭编》，中国法制出版社，2020，第250页。

[②] 参见 Connecticut Code, Sec. 46b-36h; North Dakota Century Code, Sec.14-03.2-07; Texas Family Code, Sec. 4.007; 2018 Colorado Revised Statutes, Sec.14-2-308。

笔者认为上述域外法的规定具有一定的合理性。对于婚前或婚内协议这类依附于创设性身份行为的协议而言，如果当事人已经具有了实质的身份上的共同生活，一方或双方对协议已经有所信赖并基于协议对共同生活予以安排，特别是一方基于协议对家庭作出了长期贡献，则使之失效会造成明显不公平的结果。故从公平以及保护善意一方利益的角度出发，应当例外地承认此种协议的有效性。

2.附随身份行为效力瑕疵对基本身份行为效力的影响

那么，附随身份行为存在效力瑕疵，是否会影响基本身份行为的效力？答案是否定的。原因在于，附随身份行为是从行为，其效力瑕疵并不必然影响到作为主行为的基本身份行为，除非导致其效力瑕疵的事由同时也构成了基本身份行为的效力瑕疵事由，这是由主行为的独立性所决定的。

然而，上述结论在附随身份行为与基本身份行为具有整体关联的离婚协议中可能存在一定的问题。离婚协议中的财产分割、子女抚养等内容与离婚合意之间存在一般事务性的联结，彼此具有一定的依存关系，特别是，离婚合意的达成往往是当事人在离婚和财产分配、子女抚养之间博弈的结果。换言之，如果当事人知道财产分割协议的内容不能实现的话，他（她）可能不会同意离婚。在司法实践中，有的法院即认为，财产分割和婚姻关系的解除构成了离婚协议内容的整体，原告不能以自己属于限制民事行为能力人、不能完全辨认财产分割的行为为由，单独要求确认财产分割部分无效，其应当基于同样的理由向民政部门请求撤销离婚登记或确认双方的离婚登记无效。①

对此，笔者认为，离婚财产分割协议的效力瑕疵并不当然影响协议离婚的效力。原因如下：一方面，协议离婚行为作为主行为的性质决定了其效力并不受从行为的影响；另一方面，协议离婚作为身份行为，具有非计算性和非交换性，不应将其作为离婚财产分割的"对价"对待，即使在现实社会中其往往是当事人双方利益博弈的结果，但在法律上也仍应承认并保持其"纯粹性"。然而，在协议离婚和离婚财产分割协议具有同一瑕疵（如当事人欠缺基本身份行为的能力）的情形下，二者均应被确认无效。综上所述，除非

---

① 参见河南省济源市人民法院（2020）豫9001民初2825号民事裁定书。

具有同一瑕疵事由，离婚财产分割协议的无效或撤销原则上不影响协议离婚的效力。对于上述结论导致的当事人在离婚和财产分配、子女抚养之间博弈落空的结果，当事人可以通过重新达成协议或请求法院对离婚后果予以裁判的方式救济。

（三）身份关系协议效力瑕疵的后果

在身份关系协议未能有效缔结（包括不成立、无效、被撤销）时，依民法理论，该协议对当事人并不具有法律约束力。问题在于：其是否与一般民事法律行为一样，发生"未履行的，不再履行；已经履行的，恢复原状"这样的法律后果？对此，尚需结合身份关系协议本身的特点进行分析。

在身份关系协议未履行的情形下，当事人当然不需要依约定履行义务。但对于具有法定义务再约定性质的身份关系协议（如父母责任协议、赡养协议）而言，当事人一方仍然可以基于法律规定请求对方履行义务。其中的法理可作如下阐述。如果将当事人之间身份上的权利义务关系看作一种法定之债的话，那么，将法定义务契约化的身份关系协议既非债的变更，也非债的更新，因为此二者均建立在客体确定的基础上，是对内容明确的法律关系作出的变更或更改；而身份关系中法定义务的内容则是不确定的，身份关系协议只是将抽象的法定义务转换成具体的约定义务，是对原有权利义务的一种确认，既非设定新的权利义务，也非消灭法定义务。因此，即使存在身份关系协议，作为其基础的法定义务也仍然存在，只不过，协议使当事人约定的履行方法获得了优先的效力。在约定义务因协议无效或被撤销而不能履行时，法定义务仍然发生效力。

至于身份关系协议在不成立、无效或被撤销的情形下，是否发生溯及既往、恢复原状的效力，则应视情形而定。当身份关系协议所涉义务本身并非法定义务时，其原则上发生溯及既往的效力。如在夫妻分别财产制协议被撤销的情形下，依协议归各自所有的财产原则上应当重新归入夫妻共同财产；而当身份关系协议所涉义务为法定义务（如赡养、子女抚养等）时，即使没有协议，义务人仍然负担法定义务，故对其在法定义务范围内的费用负担，原则上不发生恢复原状、返还原物的后果。

第三节　身份关系协议的履行与违约救济

一　身份关系协议履行与违约救济概说

身份关系协议作为民事法律行为的一种，对于当事人具有法律约束力，在当事人之间也产生债权债务关系，当事人应按协议履行相应的义务，未按约定履行的，应承担相应的违约责任。此外，当事人也可以协商解除、变更协议，或依照法律规定、约定解除协议。但如前所述，虽然身份关系协议可以准用民法典合同编的规定，但该编有关合同履行和违约救济的规则主要适用于财产合同，只有为数不多的条款可以准用于身份关系协议。

（一）身份关系协议的履行

《民法典》第509条第1款和第2款明确了合同履行的两项原则，即全面履行原则和诚信原则，此二者对于身份关系协议也得适用。但在履行过程中，有以下具体问题需要注意。

其一，对于长期性和继续性的身份关系协议，由于其时间跨度大，是否必须依协议履行，除了要看协议是否具有法律效力，还要看协议的内容是否已经变更，这既包括当事人明确的协商变更，也包括以行为作出的合意变更。后一种情形在婚前或婚内财产协议中经常发生。例如，在美国俄勒冈州的一起案件中，当事人在婚前协议中约定采取分别财产制，但在结婚13年后，女方辞去工作无偿帮助男方打理其公司并以个人财产偿还公司的债务，考虑到这些行为，法院认为协议的内容已经发生了变更。[①] 笔者认为这一认识值得借鉴。处于亲密关系中的当事人通常并不重视文本协议的履行，随着时间的流逝，以行为变更初始协议的情形也是存在的，而这正是关系契约的特点。此外，长期性的身份关系协议也存在适用情事变更规则的余地，对此，

---

① Sharon Thompson, "Feminist Relational Contract Theory: A New Model for Family Property Agreements," *Journal of Law and Society* 45（2018）: 617-645.

笔者将于下文详述。

其二，对于在内容上具有整体性和关联性的身份关系协议而言，需要注意协议的全面履行，原则上不能解除其中某一个条款而使协议的整体性遭到破坏。这在离婚协议中体现得最为明显。在实践中，经常发生离婚当事人在协议中约定将夫妻共有房屋赠与子女，但离婚后，"赠与方"却以行使赠与人的任意撤销权为由主张撤销赠与的情形。这一行为不能得到支持，因为离婚协议中的"赠与"条款是离婚协议不可分割的一部分，与离婚合意、子女抚养条款、共同财产分割条款等共同构成了互为前提、互为结果的一个整体。在婚姻关系已经解除的情形下，如果允许当事人对其中的一个或几个条款予以撤销的话，不仅会破坏离婚协议的整体性，也会助长先离婚再恶意占有财产之有违诚实信用的行为。①

其三，身份关系协议所约定的义务虽然与身份有关，但与财产合同一样，在当事人之间也存在债权债务关系，故民法典有关债权实现或债权保障的规定，对于身份关系协议特别是具有财产给付内容的身份关系协议，有参照适用的余地。例如，在不直接抚养子女的父或母因怠于向其债权人行使债权，而不能履行离婚协议约定的抚养费义务时，离婚协议的他方当事人即可依法行使债权人代位权。在离婚当事人一方低价转让财产导致其不能履行离婚协议约定的支付赔偿金的义务时，他方当事人也可依法行使债权人撤销权。此外，在离婚财产分割协议对当事人双方的财产给付义务均有约定时，双务合同中的抗辩权或抵销制度也有适用的余地。但如果合同编的相关规定悖于身份关系协议的性质，则其没有参照适用的余地。例如，在子女抚养协议中，非直接抚养方不得以其对另一方的债权抵销其应支付的抚养费，直接抚养方也不得以对方未支付抚养费为由拒绝对方探望子女。

其四，在身份关系协议影响第三人债权实现的情形下，鉴于协议所涉义务的身份属性，不存在债权人行使代位权的可能性，但存在适用债权人撤销权的余地。例如，在夫妻一方负债而签订离婚财产分割协议的情形下，在综合考量离婚的原因、举债方的过错、受益方对家庭的付出等因素的基础上，若有理由认为举债方放弃全部或大部分夫妻共同财产的行为明显失当且无正

---

① 陆青：《离婚协议中的"赠与子女财产"条款研究》，《法学研究》2018年第1期。

当理由，并对举债方的个人清偿能力造成重大不利影响的，则举债方之处分财产行为可以认定为"无偿处分"，从而支持债权人的撤销权主张。再如，对于子女抚养协定或赡养协议而言，虽然对抚养费或赡养费负担的约定不能认定为无偿处分或无偿转让财产，但在抚养费或赡养费的数额过高以至于超出社会一般观念，并导致债务人无财产可供清偿时，债务人即有恶意无偿转移财产之嫌，于此情形下，即应当允许债权人就不合理部分主张撤销。

（二）身份关系协议的违约救济

身份关系协议作为有约束力的合同，在当事人一方未履行或未完全履行协议约定的义务时，非违约方可以依民法典合同编的相关规定寻求相应的法律救济。这主要包括以下两种路径。

1. 解除合同

《民法典》第563条第1款规定了非违约方法定解除权的事由，此外，第564~566条对解除权的行使方式以及后果作了规定。上述规定虽可适用于身份关系协议，但在具体适用中具有一定的特殊性。

首先，就可得适用法定解除的身份关系协议的类型而言，其原则上包括诸如离婚财产分割协议、忠诚协议和以离婚为预设的婚姻财产协议等具有财产给付内容的身份关系协议。即使对于具有单务合同性质的赡养协议，法定解除也存在适用的余地。虽然赡养权利人解除协议看起来只有利于赡养人，对其并不有利，但将解除权交由权利人，使其自己决定是否解除合同，而不是由法律禁止解除，便于权利人根据情况作出更有利于其自身的选择。[①]特别是在赡养协议所涉义务乃人身性给付的情形下，协议的解除对于被赡养人并非毫无利益而言。但子女抚养协议和赡养分担协议则应排除在外，因为其并非为协议当事人的利益而是为第三人的利益签订，其目的在于实现第三人的身份权利，故只有积极促进协议的履行，才能使法律允许签订此类协议的目的实现，终止协议的履行只是免除了抚养人或赡养人的义务，对于第三人并不有利。故一方违反约定时，另一方可以请求对方履行义务，或者请求对协议作出变更，而不能单方解除协议。

[①] 崔建远：《合同解除探微》，《江淮论坛》2011年第6期。

其次，就法定解除事由的认定及解除权的行使而言，从《民法典》第563条所规定的法定解除事由来看，原则上只有在不可抗力或一方违约导致合同目的不达的情形下才允许非违约方解除合同。[①] 所谓合同目的不达，在财产合同中，主要是指交易目的无法实现；而在身份关系协议中，则是指身份法上的效果无法实现。身份法上的效果不仅仅体现在财产的获得上，与情感、信任基础也有密切的关系，故亦应将后者纳入考量的因素。例如，对于人身属性较强的赡养协议而言，在赡养人拒不履行、不适当履行赡养义务，或虐待、遗弃被赡养人导致信任基础丧失时，应认定协议无法继续履行，从而允许被赡养人解除协议。此外，由于身份关系协议关涉当事人的身份利益，且不以便捷高效为价值取向，《民法典》第564条对法定解除权期限的限制不适用于身份关系协议。

最后，就身份关系协议解除的后果而言，对于以一时性给付为内容的身份关系协议，其解除后可以发生恢复原状的后果；但对于以继续性给付、人身性给付为内容的身份关系协议，或者具有法定义务再约定性质的身份关系协议，其依性质或者无恢复原状的可能性，或者不宜恢复原状，故不产生溯及既往的后果。

2. 请求对方承担违约责任

《民法典》第577条对承担违约责任的方式作了规定，主要包括继续履行、采取补救措施、赔偿损失（包括支付违约金）等。上述方式对于身份关系协议也有适用的余地。需要指出的是，对于那些具有法定义务再约定性质的身份关系协议而言，虽然其约定的义务原本系法定义务，但由于其已将原有的法定义务以合同的形式具体化，法定义务即转化为约定义务。在一方当事人违反该约定义务时，应当基于当事人之间的协议承担继续履行等违约责任，而不能再按原来的法定义务处理，除非该协议的效力被否定。

对于上述履行和违约救济规则而言，情事变更规则以及违约金制度尤具特殊性和实务意义，以下对此作专门分析。

---

① 该条规定的法定解除事由包括：(1) 因不可抗力而不能实现合同目的；(2) 预期违约；(3) 迟延履行主要债务，且经催告在合理期限内仍不履行；(4) 迟延履行债务或有其他违约行为致合同目的不达；(5) 法律规定的其他情形。

二　情事变更规则在身份关系协议中的适用

（一）情事变更规则适用于身份关系协议的正当性

所谓情事变更规则，依《民法典》第533条，系指合同成立后，在合同的基础条件发生了当事人在缔约时无法预见的且非商业风险的重大变化，而合同的继续履行对当事人一方明显不公平的情形下，该方当事人可以请求法院变更或解除合同的制度。从该条的内容来看，此项规则的适用范围主要是财产合同特别是商事合同，至于该规则能否为身份关系协议所参照适用，存在肯定说[①]和反对说[②]两种不同的观点。对此，笔者同意肯定说，理由包括以下几方面。

首先，情事变更规则并非仅仅适用于交易行为。情事变更规则的目的主要在于，调整不可归责于当事人双方的事由使合同订立的客观基础丧失或动摇从而导致双方利益失衡的问题。虽然这种情形主要发生在可能产生等价关系破坏或对价关系障碍的交易行为领域，但该规则对于非交易行为并非没有适用的余地，因为《民法典》第533条中所谓的"合同的基础条件"，在解释上可以是"为了实现合同客观目的而在逻辑上必须存在的全部情事"，[③]并非仅指经济秩序或交易条件。至于该条中的"明显不公平"既包括对价关系障碍，也包括在没有对价关系情形下一方出现履行困难之艰难情事的情况。在我国的司法实践中，即有法院将该规则适用于夫妻间的房产赠与行为，认为夫妻之间赠与重大财产行为的基础系良好的夫妻感情以及稳定的婚姻关系，而离婚导致合同订立时的情事发生根本性改变，[④]这一认识亦为学界所支持。[⑤]就此而言，情事变更规则并非不能适用于非交易行为。

其次，身份关系协议与情事变更规则规范的事实高度契合。就身份关系

[①] 夏江皓：《情事变更制度在与离婚相关的财产协议中的参照适用——以婚前协议为例》，《法制与社会发展》2022年第1期。
[②] 薛子裔：《身份关系协议对〈民法典〉合同编参照适用的体系化思考》，"审判研究"微信公众号，2020年11月9日。
[③] 韩世远：《合同法总论》（第四版），法律出版社，2018，第492页。
[④] 参见四川省宜宾市屏山县人民法院（2018）川1529民初657号民事判决书。
[⑤] 叶名怡：《夫妻间房产给予约定的性质与效力》，《法学》2021年第3期。

协议而言，其或者是只有一方负担义务的单务合同（如赡养协议、子女抚养协议等），或者为不具有对价关系的双务合同（如离婚协议、夫妻财产制协议等），虽然均非市场经济领域的交易行为，但与财产合同一样，在订立之初也建立在特定关系或环境的基础（包括当事人之间的情感关系、家庭模式、个人的经济状况等）上。由于身份关系协议多具有继续性、长期性的特点，协议缔结时的客观基础会随着时间的推移发生难以预测的重大变化。而协议的时间跨度越大，出现不公平的可能性也就越大。[1]如果始终要求履行原协议的话，有可能造成对一方当事人不公平或者协议目的不能实现的结果，故身份关系协议同样有适用情事变更规则的必要性。[2]

最后，身份关系协议适用情事变更规则具有比较法上的参考。例如，美国《统一婚前和婚内协议法》明确规定，如果协议签订后情事发生重大变更，强制执行协议会导致一方当事人处于实质困难的境地，法院可以拒绝执行协议。[3]英国1973年《婚姻诉讼法》第35条第2款也规定，若在离婚或分居协议中据以作出财产安排的情事发生了变化（包括当事人签订合同时可预见的变化），法院可以变更协议内容。在德国，法院对协议进行"履行审查"的核心在于，配偶一方在离婚时是否以及在多大程度上有可能滥用其合同权利。如果婚姻共同生活和双方的设想有所出入，或者说发生了双方没有预见的重大变化，即可适用《德国民法典》第242条对婚姻财产协议的内容予以变更。[4]而这正是情事变更规则适用的典型情形。[5]

（二）情事变更规则在身份关系协议中适用的特殊性

虽然身份关系协议可以参照适用《民法典》第533条中的情事变更规则，但鉴于此种协议有别于财产关系的特性，该规则在身份关系协议中的适用有一定的特殊性。

---

[1] 参见 *Radmacher v. Granatino*, [2010] UKSC 42, [2011] 1 A.C. 534。
[2] 夏江皓：《情事变更制度在与离婚相关的财产协议中的参照适用——以婚前协议为例》，《法制与社会发展》2022年第1期。
[3] 参见 Uniform Premarital and Marital Agreement Act, Sec. 9 (f) (2)。
[4] 王葆莳：《德国联邦最高法院典型判例研究·家庭法篇》，法律出版社，2019，第82~83页。
[5] 事实上，《德国民法典》第313条的情事变更规则正是从第242条的诚信原则中发展出来的。参见〔德〕卡斯腾·海尔斯特尔《情事变更原则研究》，许德风译，《中外法学》2004年第4期。

1.情事变更规则的适用条件

就情事变更规则的适用条件而言,其特殊性主要体现在以下几个方面。

其一,在对"情事"的考察上,不应仅关注对当事人的经济状况带来影响的因素,还应当将情感、家庭生活模式、个人需求等所有可能影响协议签订的非财产因素纳入考量的范围。

其二,在"情事"是否具有可预见性的判断上,不应苛责。一方面,应充分考虑身份关系协议当事人的有限理性甚至是非理性特点,立足于当事人本人的预见力,而不应像财产合同那样,以一个经济人、理性人的标准去要求。[1]另一方面,所谓"预见",不应局限于对"情事"本身的预见,也应当将对"情事"所带来的重大变化的预见纳入考虑的范围。例如,婚姻当事人对于生育子女这件事是可以预见的,但对子女的出生之于其生活的具体影响,实际上是缺乏预见力的。而要求当事人在一个长期的、非理性协议中对未来发生的所有风险都有超强的预见力是不合理的。

其三,就情事变更不可归责于当事人这一要件的认定而言,其通常是指情事的变更不为当事人所控制,意在表明此种重大变化作为客观情况并非当事人所造成的。但这一标准并不适用于身份关系协议,因为身份关系协议的重大变化在多数情形下与当事人的选择有着直接的关系,例如生育子女、为抚养子女而辞去工作等,由此否定情事变更规则的适用是不公平的。因此,问题的关键不在于情事的变化是否为当事人所控制,而在于当事人的行为是否合乎婚姻家庭伦理和一般社会观念,或者说,是否具有可责性。例如,当事人赌博造成的个人收入严重下降即不能适用情事变更规则。

其四,就情事变更所导致的结果而言,其不仅包括双方利益的显著失衡(主要发生在夫妻财产关系协议中),也包括协议目的的不达(主要发生在赡养协议、子女抚养协议中),[2]不仅包括财产分配不公的情形,也包括造成给付方实质困难或者赡养费、抚养费不能满足权利人需要的情形。

2.情事变更规则的适用结果

在情事变更规则适用的结果上,有两点应予注意。一方面,应当高度重

---

[1] 崔建远:《情事变更原则探微》,《当代法学》2021年第3期。
[2] 韩世远:《合同法总论》(第四版),法律出版社,2018,第505页。

视再磋商义务的履行，促成当事人达成新的协议。身份关系协议事项属于家庭自治的范畴，当事人比任何人都清楚权利义务如何分配才能在家庭内部获得正义的结果，再磋商义务的履行有利于通过当事人的友好合作顺利解决纠纷。另一方面，在当事人协商不成时，法院对协议原则上应予变更而不是解除。这不仅有利于纠纷的终局解决，而且"变更"所具有的弹性也使法院可以斟酌各种因素而作出更为公平的裁判；此外，对于子女抚养协议、赡养协议这类涉及法定义务的协议而言，司法变更也更有利于保障被抚养人、被赡养人的需求。但在变更时，鉴于身份关系协议所具有的内容的整体性、交互性与关联性，法院应当对身份关系协议作整体考量，避免对某一项条款的变更使当事人的利益发生新的失衡。①

（三）情事变更规则在身份关系协议中的具体适用

1. 在婚姻财产协议中的适用

在我国，情事变更规则对于婚姻财产协议的适用非常有必要。究其原因，主要在于《民法典》第1065条规定的夫妻财产制协议实际上构成了离婚时财产分割的基础，而在婚姻的持续过程中难免会有重大情事的变化，若在离婚时继续维持协议则有可能发生不公平的结果。而该规则对于以离婚为预设的婚姻财产协议的适用更不待言。基于前文的分析，婚姻财产协议中情事变更规则的适用需要注意以下两个问题。一是情事变更的认定。其主要包括下列情形。（1）一个或多个子女的出生。子女的出生会给当事人特别是妻子的生活负担、工作、收入能力等带来重大变化，在许多国家和地区的立法或司法实践中均被认定为重大情事变更，对此应予认可。（2）疾病、年龄或健康状况的恶化导致当事人收入能力的下降或所需照顾费用的变化。（3）抚育子女、照顾家庭导致当事人收入能力的下降。（4）经营状况恶化或失业等导致一方经济能力显著下降。（5）其他当事人在订立协议时无法预见的重大变化。二是就情事变更所造成的极为不公平的结果的认定。这里的"不公平的结果"，应当参照前述"显失公平"之客观条件

---

① 夏江皓：《情事变更制度在与离婚相关的财产协议中的参照适用——以婚前协议为例》，《法制与社会发展》2022年第1期。

认定的标准予以认定。这些标准包括协议的履行是否过于偏离法定夫妻财产制以及离婚财产分割的法定缺省规则，是否构成对配偶一方的重大负担或重大利益的失衡，是否造成一方陷于实质困难的境地以致其需要政府的救济，等等。

情事变更规则在婚姻财产协议中适用的典型情形是：协议约定实行分别财产制，或约定一旦离婚女方即放弃对男方财产的分割，但婚后女方因照顾子女和家庭而辞去工作，以至于离婚时其并无经济收入。对于此情形，应当认为，上述协议签订的基础建立在女方认为自己婚后会继续工作并有稳定收入的基础上，但婚后生活的变化使这一基础不复存在，而继续履行协议对女方而言极为不公，故应适用情事变更规则对协议予以变更。此外，在协议当事人所期待的婚姻共同生活未能实现或婚姻生活发生了重大变更的情形下，也有适用情事变更规则的余地。例如，在一起离婚纠纷案件中，当事人签订婚前协议将男方的婚前房屋约定为共同所有，但二人在未举行婚礼、未开展共同生活的情况下，于登记结婚1年10个月后即离婚，法院对女方请求分割房屋的主张未予支持，并参照彩礼返还规则支持了男方请求撤销婚前协议的主张。① 对此，笔者认为，在该案中，婚前协议的签订建立在男方所期待的夫妻共同生活的基础上，而1年10个月的非实质婚姻显然使这一基础不复存在，适用情事变更规则变更或解除该协议更为妥当。

2. 在子女抚养协议中的适用

子女抚养协议作为一种继续性、长期性协议，在履行过程中难免出现情事变更使当事人或子女的情况发生重大变化，继续履行原协议将导致协议目的之不达或对一方当事人有失公平的结果，于此情形下也存在情事变更规则适用的余地，法院可以依一方当事人的请求对协议的内容（主要是抚养费的金额）进行变更。这主要包括以下两种情形。

一是直接抚养子女一方以子女需求增加或个人负担能力不足为由要求对方增加抚养费。一方面，依《民法典》第1085条第2款，父母离婚时关于子女抚养费支付的协议，不妨碍子女在必要时向父母任何一方提出增加抚养费

---

① 参见吉林省长春汽车经济技术开发区人民法院（2020）吉0192民初1718号民事判决书。

的合理要求，据此，子女可以在父母离婚后要求增加抚养费。① 这里的"必要"，是指子女的生活较父母离婚时发生了重大变化，直接抚养子女一方经济条件不能满足子女正常学习生活需要，不增加抚养费将导致子女难以维持正常生活的情形，如协议约定的抚养费不能维持当地实际生活水平，或因子女患病、上学而发生超过原定数额的费用需求等。在上述情形下，直接抚养方也可基于情事变更规则请求对方增加抚养费。另一方面，在直接抚养方因其负担能力发生重大变化而生活困难进而难以满足子女需求时，其也可以向法院请求对方适当增加抚养费数额。

二是抚养费给付方以负担能力不足为由请求减少抚养费。虽然《民法典》总则编及婚姻家庭编的相关解释均未对减少抚养费设有明文，但依民法理论，如果抚养费给付方的收入显著减少或收入能力显著恶化或负担明显增大，以至于抚养费的金额超出其负担能力，则应当支持其减少原定抚养费的数额的请求。但鉴于子女抚养费数额的确定关系到未成年子女的利益，且在多数情形下，双方协商的数额往往是建立在财产分割、债务清偿等多种因素考量的基础上，故对于情事变更规则的适用应当有较为严格的限制。在宁波市中级人民法院审理的一起案件中，法院认为，只有在确有证据证明存在不直接抚养一方整体经济状况明显恶化、劳动能力明显降低、再行支付将无法保障其基本生活等特定情形时，才应考量降低抚养费诉请的合理性。此则判决值得赞同。②

3. 在赡养协议中的适用

由于赡养协议也属于长期性、继续性协议，其与子女抚养协议一样，在履行过程中也会发生情事变更使赡养义务人或权利人的情况发生重大变化，继续履行原协议将导致协议目的不达或对一方当事人有失公平的情形，于此情形下也存在情事变更规则适用的余地，具体包括在赡养权利人的需求增加时，其有权请求增加赡养费；在赡养义务人出于年龄、健康、工作等原因收入能力下降，而难以负担原定较高赡养费时，其有权请求降低赡养费。具体适用可参照对子女抚养费变更的论述，不再详述。

---

① 参见辽宁省沈阳市中级人民法院（2014）沈中少民终字第00144号民事判决书。
② 参见浙江省宁波市中级人民法院（2016）浙02民终1802号民事判决书。

三 身份关系协议中的违约金责任

在实践中,身份关系协议中的违约金条款主要见于以下情形:一是在离婚协议中,当事人针对一方不依约定履行支付赔偿金、补偿金的义务,或不依约定履行办理过户的义务,或不依约定履行支付抚养费、探望权协助的义务等的违约金责任作出约定;二是在赡养协议、意定监护协议等身份关系协议中,对一方不履行协议约定义务的违约金责任予以约定。但相较之下,离婚协议违约金更为常见。笔者主要针对离婚协议违约金展开论述。相关结论视具体情形或适用于其他身份关系协议。

(一)身份关系协议违约金条款的效力

对于离婚协议中的义务能否以违约金约束,学界、实务界有着不同的认识。在《民法典》实施之前,鉴于《合同法》第2条第2款明确排除了合同法对于身份关系协议的适用,多数法院对此持否定态度。而《民法典》实施后,由于其第464条第2款对上述条文作了颠覆性修改,一些法院遂持肯定立场并参照合同编相关规定作出支持违约金或予以司法酌减的判决。但也有不少法院持否定态度,一些学者也持此立场,或是认为离婚协议的身份属性决定了其不适用违约金制度;[①]或是认为具有法定义务属性的抚养费给付义务、探望权相关义务的履行只能由法律调整而不能由违约金条款约束,抚养人也不应当通过违约金条款获利;[②]或是认为高额违约金条款有悖于诚信原则与善良风俗,不应得到法律的支持。[③]

笔者认为,前述否定离婚协议违约金条款效力的观点值得商榷。

首先,离婚协议违约金条款担保的多是抚养费、赔偿金等支付义务或与探望权行使相关的义务等,由于上述义务的履行契合身份法的目的,而违约金条款作为当事人通过约定达成的私人制裁,能够促使债务人竭力履行上述义务,有助于身份法目的的实现。对违约方课以违约金,不仅不悖于离婚协

---

① 参见安徽省合肥市中级人民法院(2020)皖01民终7076号民事判决书。
② 参见王雷《论身份关系协议对民法典合同编的参照适用》,《法学家》2020年第1期,第37页。相关司法实践,参见湖北省黄石市中级人民法院(2022)鄂02民终915号民事判决书。
③ 参见湖南省桃江县人民法院(2021)湘0922民再2号民事判决书。

议所具有的身份属性，还符合家庭伦理道德的期许，也为遏制不诚信行为、保护身份关系协议当事人以及未成年子女的合法权益提供了强有力的工具，故不能因其所具有的身份属性而认定其无效。①

其次，虽然身份关系协议中的义务多为法定义务，但在通过协议将其约定化时，其便转化为约定义务，既然法律允许将法定义务约定化，就意味着对此种义务可采取法定主义和契约主义两种调整方法，而并非如否定说所言只能采取法定主义调整。鉴于现行法并未禁止身份关系协议中的当事人对违约金条款进行约定，自然也不应一概否定该条款的效力。此外，守约方获得的违约金既包含对其所遭受的财产损失、精神损害的赔偿，也包含对违约方的惩罚，并非如否定说所言系从子女抚养费中"获利"，故而也不具有道德上的可责性。

最后，支持离婚协议中的高额违约金约定无效的观点，主要是认为过高的违约金有违公序良俗，这一理解值得商榷。将高额违约金认定为对公序良俗的违反，系建立在违约金条款被债权人当作压榨经济上弱势的债务人之工具的基础上，但实际上，并非所有的高额违约金均存在上述情形。特别是在当事人离婚的情形下，更不能认为因丧失共有房屋所有权而应获得补偿的一方，或因直接抚养子女而有权请求对方支付子女抚养费的一方，相较于另一方而言就处于强势地位。而且，即使违约金过高导致当事人权利义务失衡，也可以通过司法酌减予以矫正，没有必要以违反公序良俗认定违约金条款全部无效。

从比较法的角度来看，在身份关系协议中约定高额违约金的现象在国外也有发生，而不同的观点也同样存在。以美国为例，依其合同法原理，违约金通常在满足以下两个条件时才能得到支持：一是协议约定的违约金数额是衡量违约可能遭受损失的合理方法，二是实际损失难以精确计算。然而，如果违约金数额与违约造成的损失明显不一致从而构成罚金的话，则该项违约金不能得到支持。②但上述规则在有的法院看来并不适用于离婚协议。如在新泽西州上诉法院审理的一起案件中，当事人签订离婚协议，约定男方按时

---

① 石雷：《"优良家风"入法：性质、意涵和适用》，《西南政法大学学报》2021年第2期。
② 参见 *Truck Rent-A-Ctr. v. Puritan Farms*, 2nd, 41 NY2d 420, 425; *Zervakis v. Kyreakedes*, 257 AD2d 619, 620 [1999]。

偿还女方使用的汽车的贷款并在指定日期将汽车过户在女方名下，如果违约，则每天支付150美元的违约金。后男方未按约定履行义务，女方要求其按约定支付迟延履行近四个月的违约金共计18450美元，男方认为这是不具有约束力的罚金而拒绝支付。初审法院和上诉法院均支持了女方的请求。上诉法院的理由是，虽然约定的违约金数额远远高于男方违约给女方造成的损失，但离婚协议具有不同于财产合同的特质，当事人约定违约金的目的在于实现离婚后的生活安宁，这使合同法中关于违约金的规则不能适用于离婚协议，否则不仅约定的目的不达，而且非违约方因此遭受的非财产损害不能得到充分的赔偿，故不能依据违约金的一般规则否定离婚协议违约金条款的效力。①

当然，虽然离婚协议违约金条款应当得到认可，但这并不意味着此项约定就一定有效。其在不符合本书前文所述身份关系协议的有效要件时，同样存在效力瑕疵的可能性。对此，笔者不再赘述。

（二）离婚协议违约金的酌减

鉴于违约金所具有的压力功能和担保功能，当事人约定的违约金通常都较高，于此情形下，存在违约金约定过高而使债务人负担义务过重进而严重损害其利益的可能性。有鉴于此，从实质正义及诚信原则的角度出发，《民法典》第585条第2款规定了违约金的司法酌减制度，即"约定的违约金过分高于造成的损失的，人民法院或者仲裁机构可以根据当事人的请求予以适当减少"。由于离婚协议违约金也存在金额过高而损害债务人利益的可能性（相较于一般民事合同，离婚协议违约金的数额通常较高），故理论上也有适用司法酌减的余地。但这并不意味着合同法中的违约金司法酌减规则对于离婚协议就具有完全适用的余地。

从《民法典》第585条第2款来看，对于财产合同而言，违约损失是评价违约金是否过高的考量基准。至于判断违约金过高的具体标准，一般为超过违约损失的30%。②可见，此处的"损失"系指财产损失。在笔者看来，上

---

① 参见 Holtham, Jr. v. Lucas, 460 NJ Super. 380（App. Div. 2019）。
② 参见《最高人民法院关于适用〈中华人民共和国合同法〉若干问题的解释（二）》（2021年失效）第29条第2款。

述规则并不适用于离婚协议。质言之，不应将损失作为离婚协议违约金过高的评价基准。在离婚协议中，虽然守约方也会因对方的违约而遭受损失，但鉴于此种协议的身份属性，其遭受的财产损失有限，通常情形下其也很难证明自己遭受了多少财产损失。然而，违约造成的对离婚后秩序的破坏，却常常使守约方遭受精神痛苦，而精神损害显然不能为财产损失所涵盖，并且其所具有的非财产性和非计算性也使以损失为司法酌减的基准不具有合理性。

就此而言，对于离婚协议违约金的司法酌减，应当摒弃"违约损失"的评价基准，而将守约方对于协议履行所享有的一切正当利益作为评价基准。① 这里需要重点解决两个问题：其一，守约方具有何种正当利益？其二，如何适用该评价基准？对于前一个问题，应当看到的是，守约方基于协议履行所获得的利益，除相关财产利益之外，还包括在离婚后和平以及父母子女身份关系等方面的非财产利益，这些均应作为正当利益纳入评价范畴。对于后一个问题，应当认为，只有违约金与守约方所具有的正当利益完全或明显不成比例时，才考虑予以酌减。② 如果在考虑一切正当利益的基础上，违约金虽然与财产损失并不相当但仍然具有一定的合理性，则并非完全不成比例，不应当予以减少。

至于离婚协议违约金酌减因素及酌减程度的具体确定，应当看到的是，违约金的酌减比例并非一个全有或全无的判断，而是一个或多或少的动态权衡，故应当通过综合考量违约行为对离婚协议之正当利益的破坏程度、当事的过错和经济承受能力以及协议签订的背景等因素，依据诚信和公平原则对酌减程度作出妥当判断。一般而言，行为之于利益的破坏程度越小以及违约方的过错越小、经济承受能力越低，酌减的必要性就越大，酌减程度也就越高。反之，则应予以较低程度的酌减。

---

① 王洪亮：《违约金酌减规则论》，《法学家》2015年第3期。
② 张力、赵自轩：《英国罚金判断新标准在我国违约金调减中的运用》，《河北法学》2017年第9期。

第十一章
具体身份关系协议的若干特殊问题

第一节 夫妻忠诚协议的效力

一 夫妻忠诚协议的界定及其性质

（一）夫妻忠诚协议的界定

所谓夫妻忠诚协议（以下简称"忠诚协议"），是指夫妻在婚前或婚内达成的，要求违反忠实义务（一般指性行为上的忠实义务）的一方承担不利后果的约定。其目的在于惩罚婚姻不忠行为，维护婚姻家庭的稳定。我国最早涉及忠诚协议的诉讼是2002年上海闵行区法院审理的一起案件。[①]此案之后，全国不少地方都发生过此类案件，且案件数量一直有增无减。此类纠纷涉及婚姻的核心义务——忠实义务，不仅居于法律与道德的交叉地带，而且有多个法律问题叠加交融，故受到了社会大众以及学者的广泛关注，这也正是笔者将其作为一种独立的婚姻关系协议类型予以分析的原因。

（二）夫妻忠诚协议的性质

夫妻忠诚协议的性质不能一概而论，需基于其内容分别作出分析。

忠诚协议并没有固定的模式，一般包括以下内容：（1）婚内损害赔偿或不利财产处理，即约定违反忠实义务的一方应于婚内向对方承担支付违约金或损害赔偿金的责任，或者按约定进行不利于不忠者的财产分割等；

[①] 案情详见徐寿松《法律能干预婚外情吗——一起"夫妻不忠赔偿案"引发的思考》，《人民法院报》2003年1月11日，第4版。

（2）离婚不利后果，即约定因一方的不忠行为而离婚的，违反忠实义务的一方应向对方支付违约金、损害赔偿金，或放弃全部、部分财产权利，或放弃对子女的抚养权、探望权，或必须无条件与对方离婚等，其中以财产性后果居多。

就婚内损害赔偿或不利财产处理型忠诚协议而言，其应当属于情谊行为，对此后文将作详述。离婚不利后果型忠诚协议，则属于法律行为的范畴（具体论述详见后文）。对于其中的离婚损害赔偿型忠诚协议而言，由于法律针对一方严重违反忠实义务的情形下的离婚损害赔偿原本就有着明确的规定，此种协议在性质上应属离婚损害赔偿的预先约定。① 对于离婚财产分割型的忠诚协议而言，其实际上是一种附生效条件的以离婚为预设的婚姻财产协议，但其内容体现了对不忠者的惩罚，这使其与一般意义上的以离婚为预设的婚姻财产协议有所不同。

二　夫妻忠诚协议效力的理论争议及实务分歧

（一）理论争议

自我国首例忠诚协议纠纷出现以来，学界对忠诚协议的研究与争议便没有停止过。研究的重点系此类协议是否具有法律效力。对此形成了以下几种不同的观点。

1. 不受法律调整说

该说认为，忠诚协议实为身份情谊行为，并无法律约束力，不受法律的调整。其理由如下：其一，夫妻间忠实义务只是一种倡导性规定，并非法定义务，故忠诚协议实为道德协议；② 其二，鉴于夫妻之间的亲密关系，忠诚协议往往是情绪化的产物，并无受法律约束的意思；③ 其三，忠诚协议系将财产上的不利益作为违反忠诚的代价，这实际上是将金钱作为维系或保障忠诚的工具，有违婚姻的本质；④ 其四，从社会效果来看，赋予此类协议以法

---

① 冉克平：《论意思自治在亲属身份行为中的表达及其维度》，《比较法研究》2020年第6期。
② 余延满：《亲属法原论》，法律出版社，2007，第14页。
③ 王雷：《民法学视野中的情谊行为》，北京大学出版社，2014，第254页。
④ 何晓航、何志：《夫妻忠诚协议的法律思考》，《法律适用》2012年第3期。

律约束力无异于鼓励当事人签订此类协议，这不仅会使建立在双方情感和信任基础上的婚姻关系变质，也会产生当事人为了取证而侵害个人隐私的负面效果。①

2. 有效说

该说认为，只要忠诚协议是自愿签订，具备民事法律行为的有效要件，就应当对其效力予以肯定。②其理由如下：其一，忠诚协议是夫妻忠实义务的具体体现，属于法律的调整范围；③其二，忠诚协议是当事人理性思考的结果，与合同一样建立在平等自愿的基础上，应当具有约束力；其三，从社会效果看，忠诚协议能够促进当事人约束自己的行为，肯定其效力对维系婚姻家庭将起到积极作用。

3. 无效说

该说认为，即使忠诚协议具有效果意思，也应认定其为无效。至于其中原因，主要有二：一是忠诚协议以金钱责任约束夫妻彼此的自由人格，构成对离婚自由的限制；④二是忠诚协议所约定的赔偿金实际上是侵权损害赔偿，而侵权损害赔偿采法定调整主义，不允许事先约定。⑤

4. 区别对待说

该说认为，忠诚协议的效力应视其内容或类型区别对待。具体而言，协议中有关特定身份权变动的约定（如丧失离婚同意权、监护权或探望权）不具有法律效力，而有关损害赔偿或财产分割的约定则为有效。⑥还有的学者认为，协议中限制夫妻一方与异性的正常交往以及严格要求夫妻一方完成陪伴义务的内容无效，而以履行夫妻忠实义务为内容并约定合理损害赔偿数额的协议则为有效。⑦

---

① 最高人民法院民事审判第一庭编著《最高人民法院民法典婚姻家庭编司法解释（一）理解与适用》，人民法院出版社，2021，第65~66页。
② 蒋月：《婚姻家庭法前沿导论》（第二版），法律出版社，2016，第126页。
③ 梅夏英、叶雄彪：《婚姻忠诚协议问题研究》，《法律适用》2020年第3期。
④ 郭站红：《夫妻忠诚协议的法学思考》，《宁波大学学报》（人文科学版）2010年第2期。
⑤ 余延满：《亲属法原论》，法律出版社，2007，第14页。
⑥ 梅夏英、叶雄彪：《婚姻忠诚协议问题研究》，《法律适用》2020年第3期。
⑦ 申晨：《〈民法典〉视野下婚内协议的效力认定》，《法学评论》2021年第6期。

5. 未生效说

该观点认为，忠诚协议系以协议离婚为条件的财产分割协议，协议离婚这一条件未成就，则协议未生效。一方在离婚诉讼中反悔的，对此种约定的效力应不予确认。①

（二）实务分歧

理论界的上述分歧在司法界中也有所体现。在《民法典》颁布之前，从最高人民法院到地方法院对此问题的认识颇不一致。在2013年《最高人民法院关于适用〈中华人民共和国婚姻法〉若干问题的解释（三）》（2021年失效）出台之前，最高人民法院在该解释的征求意见稿中曾规定，法院应当支持自愿签订且不违反法律、法规禁止性规定的夫妻忠诚协议。后来，最高人民法院对"忠诚协议"的态度出现逆转，将上述规定改为对于一方要求履行忠诚协议的诉讼，法院不予受理。但正式稿则未见任何关于"忠诚协议"的条款。在一些地方法院出台的指导意见中，有的法院认为忠实义务是一种道德义务，并非法律义务，而以道德义务为内容的协议并非确定具体民事权利义务的协议；②而有的法院则认为，忠诚协议中的损害赔偿承诺具有法律约束力，但赔偿数额过高时，法院可以适当调整。③《民法典》颁布后，因为其第464条第2款的规定，很多人认为忠诚协议从此可纳入法律的调整范围，并可参照适用合同编处理；但最高人民法院民一庭认为，忠诚协议应由当事人本着诚信原则自觉自愿履行，法律对此虽不禁止，但也不赋予此类协议以强制执行力。④上述理解和分歧直接导致了类案不同判的现象。在司法实践中，有的忠诚协议被认定有效，⑤或其中的高额赔偿金被调整；⑥有的被认定为无效；⑦

---

① 参见《浙江省高级人民法院关于审理婚姻家庭案件若干问题的解答》（2016）问题6之解答。
② 参见《上海市高级人民法院民一庭的民事法律适用问答选登（二）》问题2之解答、江苏高院《家事纠纷案件审理指南（婚姻家庭部分）》（2019）问题24之解答。
③ 参见《深圳市中级人民法院关于婚姻家庭纠纷案件的裁判指引》（2014年修订）第37条。
④ 最高人民法院民事审判第一庭编著《最高人民法院民法典婚姻家庭编司法解释（一）理解与适用》，人民法院出版社，2021，第65~66页。
⑤ 参见江西省高级人民法院（2020）赣02民终295号民事判决书。
⑥ 参见贵州省贵阳市中级人民法院（2018）黔01民终5882号民事判决书。
⑦ 参见广东省云浮市中级人民法院（2019）粤53民终885号民事判决书。

有的被认定为关于财产的部分有效，关于子女抚养的部分无效；① 有的被认定为未生效；② 还有的被认定为不属于法律调整的范围。③

三 夫妻忠诚协议效力之厘定

（一）忠诚协议是民事法律行为还是情谊行为

从理论界及实务界的分歧来看，忠诚协议究竟为具有法律约束力的法律行为还是不具有法律约束力的身份情谊行为，实乃判断忠诚协议是否有效的前提。对此，有以下问题需要厘清。

一是忠诚协议所涉忠诚义务究竟为法律义务还是道德义务。对此，笔者认为，忠诚义务固然是基于婚姻伦理而产生的道德义务，但鉴于性忠诚是一夫一妻制的要义，且《民法典》明确规定夫妻间应当互相忠实（第1043条第2款），明确禁止婚外同居和重婚（第1042条第2款），应当认为忠实义务具备法定义务的性质。只不过，此种法定义务不具有可强制执行性，而且法律只对严重违反忠实义务的行为进行规制。

二是当事人签订忠诚协议是否具有效果意思。在将忠实义务界定为法定义务的前提下，当事人签订忠诚协议便存在具有效果意思的可能性。之所以说只是一种可能性，是因为签订此种协议，既有可能是双方在理性状态下、充分权衡利弊后作出的慎重选择，④ 也可能如有学者所言，是在"山盟海誓时、燕尔戏谑时、无聊胡闹时、吵嘴打架时、冷战谈判时"所进行。⑤ 前者不可谓没有效果意思，后者很难说具有效果意思。但无论如何，一概认定当事人不具有效果意思显然过于绝对。

三是赋予忠诚协议法律约束力是否违反公共政策。对此，笔者认为，一方面，鉴于道德并不具有强制性，仅仅依靠道德不足以保障夫妻忠实义务的履行，而忠诚协议在某种程度上对婚姻当事人起到了一定的约束和警醒作

---

① 参见重庆市江津区人民法院（2016）渝0116民初3035号民事判决书。
② 参见北京市高级人民法院（2015）高民申字第1119号民事判决书。
③ 参见北京市第三中级人民法院（2021）京03民终8334号民事判决书。
④ 冉克平：《论意思自治在亲属身份行为中的表达及其维度》，《比较法研究》2020年第6期。
⑤ 陈甦：《婚内情感协议得否拥有强制执行力》，《人民法院报》2007年1月11日，第5版。

用，符合婚姻法的精神，并不存在合法性障碍；另一方面，如果说赋予忠诚协议以法律约束力会侵害个人隐私的话，那么婚外同居作为典型的不忠行为，使其发生准予离婚或离婚损害赔偿的后果显然也存在侵害隐私的可能性，但《民法典》却对此予以承认，可见否定忠诚协议法律约束力的理由并不充分。

需要指出的是，上述分析并不意味着笔者完全支持民事法律行为说。事实上，笔者认为，对于忠诚协议是否具有法律约束力不能一概而论，而应当基于协议的内容进行类型化分析。对于以离婚后果为预设的忠诚协议而言，虽然《民法典》对此并未设明文，但"离婚后果"属于法律规范的内容，法律也不禁止此类约定，故应当推定其具有效果意思。但对于不以离婚为条件的婚内损害赔偿或不利财产处理型忠实协议，则不应承认其法律约束力。虽然法律对夫妻忠实义务作出了规定，但其与同居义务等人身性质的义务一样，效力较弱，法律既不能强制履行，也无法就其不履行提供相应的救济措施。因此，如果当事人不离婚而仅以违反忠实义务为由请求按约定予以损害赔偿或财产分割的话，法院不应支持。这样的理解也符合《民法典婚姻家庭编解释一》第4条的精神。[①] 此外，否定婚姻关系存续期间忠诚协议的约束力，也有利于促使当事人基于感情和信任修复夫妻关系，充分发挥家庭的自愈功能，减少婚姻对金钱的依赖。[②]

（二）忠诚协议是否有效

对于具有法律行为性质的忠诚协议而言，其效力的认定应基于协议的内容而区别对待。有关离婚时的人身性后果以及子女抚养问题的约定，如约定违反忠实义务的一方应当无条件同意离婚、丧失对子女的抚养权或监护权等，毫无疑问应当认定为无效。前者违反了离婚自由这一法律的强制性规定；后者则把丧失子女的抚养权或监护权作为对一方违反协议的"惩罚"，有违儿童利益最大化原则。对此自无须赘述。但对于指向离婚财产后果的忠诚协议，其只要不存在民事法律行为的效力障碍，在成立时即为有效，而无论是无效说还是未生效说均值得商榷。

---

① 该条规定，"当事人仅以民法典第一千零四十三条为依据提起诉讼的，人民法院不予受理；已经受理的，裁定驳回起诉"。
② 石雷：《"优良家风"入法：性质、意涵和适用》，《西南政法大学学报》2021年第2期。

首先，忠诚协议并不构成限制离婚自由。所谓限制离婚自由，是指违背当事人的意志，对其离婚自由予以阻挠、干涉等。忠诚协议只是对违反忠诚义务的后果予以约定，其可能为离婚设立了苛刻的条件或提高了离婚的代价，但并未阻碍、禁止当事人在离婚上的选择权，当事人的离婚自由并没有被剥夺。此外，夫妻双方签订此类协议的目的是稳定婚姻基础，对严重背离婚姻本质的不忠行为进行惩罚，这既符合婚姻法的精神，也与传统道德观念和社会公共利益一致，故亦不违反法律的强制性规定和公序良俗。

其次，关于侵权损害赔偿不得事先约定的观点也难以成立。且不论违反忠实义务的责任是不是侵权责任，即使其为侵权责任，该责任不得事先约定的说法也值得商榷。正如最高人民法院在一起涉及专利侵权的案件中所指出的那样，法律并未禁止被侵权人与侵权人就侵权赔偿数额等预先作出约定。相反，基于举证困难、诉讼成本等因素的考虑，当事人完全可以作此约定。[①]这种约定在性质上属于当事人就未来发生侵权时的损害赔偿金额所预先达成的简便的计算和确定方法。上述理由也可以用来解释忠诚协议中关于损害赔偿预先约定的正当性。

最后，未生效说建立在将忠诚协议认定为以协议离婚为条件的财产分割协议的基础上，也难谓妥当。从忠诚协议的内容来看，当事人约定的违反忠实义务的一方在离婚时应承担不利后果，而离婚应当既包括协议离婚也包括诉讼离婚，并不能得出只有在协议离婚的情形下忠诚协议才生效的意思，否则只要不忠者不同意协议离婚，忠诚协议即不生效，那么当事人订立忠诚协议的目的根本就无法实现。故无论是从文义解释还是从目的解释，均不能得出忠诚协议系以协议离婚为生效条件的结论。

四 违反夫妻忠诚协议的后果

（一）违反忠诚协议的认定

在忠诚协议有效的基础上，接下来的问题是如何认定当事人是否违反了忠实义务。在实践中，当事人的约定极具个性化，有的协议对不忠行为的表

---

① 参见最高人民法院（2013）民提字第114号民事判决书。

现约定得较为笼统和概括，如"一方有背叛另一方的行为""有不忠实于婚姻的行为"等；有的则比较具体，如"有外遇""出轨"等。而无论是过于笼统的约定还是过于具体的约定，均会导致法院在认定上的困难。例如，在某法院审理的一起案件中，当事人于婚前签订忠诚协议，约定若一方对另一方有感情伤害和背叛，则在离婚时自愿净身出户。纠纷的产生源于一方发现另一方有和网友聊天并约见网友的行为。争议的焦点即在于上述行为是否属于协议约定的"感情伤害和背叛"。对此，一审法院予以肯定，而二审法院则作出了相反认定。[①] 笔者认为，二审法院的判决值得肯定。这里的关键在于能否将当事人在协议中所列举的"不忠行为"均作为法院裁判的依据。应当看到的是，由于夫妻感情极具主观性和敏感性，当事人在忠诚协议中约定的不忠行为也极具多样性，既包括社会一般观念所认为的不忠行为，例如重婚、婚外同居、婚外性行为等，也包括基于个人情感所认为的不忠行为，如与网友见面、与异性接触较多、发暧昧短信等。后者虽然也可能对配偶的感情带来一定的伤害，但其毕竟不涉及性行为，仍然属于单纯的感情领域，对其中一些行为的限制可能涉及对个人自由的不当干涉，当事人希望法院认定此类行为违反忠实义务实际上就是寻求法律对感情的保障，而这显然超出了法律的调整范围。事实上，此类约定类似于"空床费协议"，在性质上当属情谊行为，并不属于司法裁判的范畴。就此而言，无论当事人在协议中如何约定，能够进入法律规制范围的"不忠行为"都应当限定为法律以及社会一般观念所认为的、对一夫一妻制带来破坏或威胁的行为，包括重婚、婚外同居、婚外性行为等。

（二）违反忠诚协议后果的具体分析

在当事人一方违反忠实义务时，另一方通常会在离婚时请求依忠诚协议进行财产分割，或由不忠者依约定给付违约金或损害赔偿金。

对于协议约定的违约金或损害赔偿金责任而言，问题的关键在于其究竟是何种性质的责任。学界多将其解释为违约责任。在笔者看来，此种责任虽然以协议的形式出现，但在本质上是对违反法定忠实义务责任的预先约定，

[①] 参见河北省沧州市中级人民法院（2015）沧民终字第268号民事判决书。

能否称其为违约责任尚有疑问。因为违约行为是对基础合同约定义务的违反，而忠诚义务本身为法定义务，忠诚协议也并非当事人之间的基础合同，而是对违反忠诚义务后当事人如何承担责任的约定，故而此种责任并非违约责任。① 那么，此种责任是否为侵权责任呢？对此，笔者认为，忠实义务作为夫妻间的义务，是一种相对法律关系的义务，而请求对方忠实于婚姻的权利也非绝对权利，故侵权责任说也有所不妥。而鉴于忠实义务之相对义务的性质，将违反该义务的责任界定为法定债务不履行责任更为妥当。在此认识的基础上，忠诚协议所约定的违约金或损害赔偿金实际上是对此种法定债务不履行责任的预设。需要指出的，为了达到目的，忠诚协议所约定的损害赔偿金数额一般都较高，法院是否均应予以支持便成为问题。有学者建议参照适用《民法典》第585条的规定，予以适当减少。② 对此，应当看到的是，忠诚协议约定的损害赔偿金具有精神损害赔偿的性质，并具有惩罚功能，而精神损害不像财产损失那样能够精确地计算，很难说是否过分高于损失。故原则上，只要不忠者的经济能力能够承受，一般都应予支持。但这并不意味着忠诚协议的高额赔偿金必须得到支持，其作为身份关系协议的一种，如同夫妻财产制协议、离婚财产分割协议等一样，同样需要接受公平性审查，如果协议约定的高额违约金使不忠者陷入实质困难境地而影响其生存，则忠诚协议应被认为违反公序良俗原则而无效，法院可以对赔偿金的数额予以适当调整。

至于约定"净身出户"等财产权利放弃型的忠实协议，有学者认为财产放弃型承诺不产生公平与否之忧，法院无须对此进行调整。③ 笔者认为不然，应当看到的是，此种协议不仅具有以离婚为预设的婚姻财产协议的性质，同时也具有一定惩罚性质。结果有二：一方面，如同其他婚姻财产协议一样，对该种协议也需进行公平性审查，如果协议使不忠者陷入实质困难境地而影响其生存，则该协议应被认为违反公序良俗原则而无效；另一方面，于不存在上述情形的情况下，考虑到忠诚协议所具有的惩罚目的，应在斟酌违反义务的程度以及不忠者经济能力的基础上确定协议的财产分割方案是否合理，只要不忠者的经济能力能够承受，则一般应予支持。

---

① 参见最高人民法院（2013）民提字第114号民事判决书。
② 冉克平：《论意思自治在亲属身份行为中的表达及其维度》，《比较法研究》2020年第6期。
③ 李然、郑思清：《夫妻忠诚协议审判问题研究》，《时代法学》2019年第3期。

第二节　基于婚姻财产协议的不动产物权变动

依《民法典》第209条第1款，除非法律另有规定，不动产物权变动经依法登记，始生效力；未经登记，不生效力。那么，婚姻财产协议是否需要遵循这一规则？其能否直接发生物权变动的效力？由于这一问题横跨家庭法与物权法两大领域，不仅涉及财产法在婚姻家庭法中适用的界限，也关系到民法典体系化的实现，所涉理论较为复杂，是理论界和实务界长期以来深度关注却始终没有定论的问题。尽管这一问题在《民法典》颁布之前就已经存在，但在家庭法回归民法的民法典时代则更加明显，实有必要在理论层面予以厘清。从现有文献来看，针对上述问题，有专门针对夫妻财产制协议进行研究者，有专门针对离婚财产分割协议进行研究者，也有对二者作一体化思考者。在笔者看来，夫妻财产制协议与离婚财产分割协议虽然均为婚姻财产协议，但二者的目的不同，法律性质不同，在是否具有物权变动效力这一问题上的思考路径也有所不同，故应当予以区别对待。此外，基于以离婚为预设的婚姻财产协议以及忠诚协议的特殊性，对其物权变动问题在理论上也应予以回应。故以下针对上述情形分而述之。

一　基于夫妻财产制协议的不动产物权变动

首先需要说明的是，夫妻财产制协议的内容非常丰富，既包括财产的归属，也包括财产的管理、使用、处分、收益以及债务清偿等，但财产归属显然为其核心，而与物权变动相关的，则仅指有关财产归属特别是不动产归属的协议。对此，《民法典》第1065条第2款规定，夫妻对婚姻关系存续期间所得的财产以及婚前财产的约定，对双方具有法律约束力。那么，该条中的"约束力"是仅指债的约束力还是也包括物权变动的约束力？该条是否构成《民法典》第209条第1款但书中的例外性规定？对此，可谓聚讼纷纭，未有定论。

(一)理论争议及实务分歧

关于夫妻财产制协议是否具有直接发生物权变动的效力,学者们有两种截然不同的观点。

1. 肯定说

该说认为,《民法典》第1065条所规定的夫妻财产制协议能够直接发生物权变动,无须经过公示。但支持该说的学者所持理由并不相同,主要有以下几种见解。

一是"债权意思主义+内部物权变动效力"说。该说认为,《民法典》第1065条第2款中的"约束力"应当解释为物权法上的约束力,即依当事人的意思在夫妻内部发生物权变动的效力。[①]至于如此解释的理由,有的学者认为这是由夫妻财产制协议的特殊伦理性和身份属性所决定的,因为基于此种协议维护、保障婚姻家庭关系的目的,要求夫妻像一般交易主体那样必须完成公示,不利于夫妻关系的良性发展;[②]有的学者认为这是实现夫妻意思自治与制度功能的需要,因为夫妻财产制协议最为重要的功能即在于依夫妻双方的意思安排财产归属以替代法定财产制,物权法在此领域应当保持谦抑性。[③]对于这一解释路径下的交易安全保障问题,该说强调,此种物权变动仍然属于基于法律行为的物权变动,因此,要想产生对抗第三人的法律效果,必须遵循物权法上的公示原则,非经公示,不得对抗善意第三人。[④]

二是"债权—物权意思主义+物权变动说"。该说认为,夫妻财产约定(既包括针对整体财产的夫妻财产制协议,也包括针对特定财产归属的约定,还包括离婚财产分割协议)既是一种债的约定,又以物权变动为核心意思内容,该约定一经生效,同时发生债的效果和物权变动的效果,所约定的财产立即归属于约定所有权人。《民法典》婚姻家庭编第1065条第2款实为物

---

① 许莉:《夫妻房产约定的法律适用——基于我国约定夫妻财产制的考察》,《浙江工商大学学报》2015年第1期。
② 冉克平:《夫妻之间给予不动产约定的效力及其救济——兼析〈婚姻法司法解释(三)〉第6条》,《法学》2017年第11期。
③ 姚辉:《夫妻财产契约中的物权变动论》,《人民司法》2015年第4期。
④ 程啸:《婚内财产分割协议、夫妻财产制契约的效力与不动产物权变动——"唐某诉李某某、唐某乙法定继承纠纷案"评释》,《暨南学报》(哲学社会科学版)2015年第3期。

权编第209条第1款之物权变动公示原则的例外情形之一,其中的"拘束力"意味着双方须遵守和尊重夫妻财产归属约定,不得加以否认。该说与第一种观点的不同之处在于,其认为基于夫妻财产归属约定取得的物权变动效果不仅在夫妻内部有效,在外部也有效,第三人善意与否对协议的物权变动效力不产生影响。①

三是非依法律行为发生物权变动说。该说认为,依夫妻财产制协议发生的物权变动与依遗嘱发生的物权变动具有一定的相似性,应纳入非基于法律行为的物权变动范畴。因为虽然协议属于法律行为,但对夫妻之间物权变动效力的发生起决定性作用者乃婚姻这一特殊的身份事实,而非财产制约定,所以,此种协议无须公示即发生物权变动的效力。对于此种解释路径下第三人的保护问题,该说同样强调,此种物权变动仅在夫妻内部有效,而在夫妻生活共同体外部,则仍需登记,否则不能对抗善意第三人。②

2.否定说

该说认为,夫妻财产制协议不具有直接发生物权变动的效力,仅在当事人之间发生债的效力,《民法典》第1065条第2款中的"约束力"应当解释为债的约束力而非物权约束力。相较于肯定说,否定说的理由较为简单。一是认为法律并未将夫妻财产制协议的效力规定为物权效力,解释为债权效力更符合立法本意。③二是认为夫妻财产制协议与其他债权契约并无区别,没有理由不遵循公示原则,否则会危及交易安全。④三是认为无论是将夫妻一方独有房产约定为夫妻共有还是将其约定为另一方所有,均系对转移特定财产权属的约定,并非夫妻财产制协议,不具有直接发生物权变动的效力。⑤

理论界众说纷纭,司法实践对这一问题的认识也存在着严重的分歧,几乎上述每一种观点在司法实践中均有所体现。例如,针对夫妻双方将一方所

---

① 陈永强:《夫妻财产归属约定的法理明晰及规则适用》,《中国法学》2022年第2期。
② 刘耀东:《论基于夫妻财产制契约发生的不动产物权变动——非基于法律行为的物权变动解释路径》,《时代法学》2016年第1期。
③ 吴晓芳:《〈民法典〉婚姻家庭编涉及的有关争议问题探析》,《法律适用》2020年第21期。
④ 贺剑:《夫妻财产法的精神——民法典夫妻共同债务和财产规则释论》,《法学》2020年第7期。
⑤ 叶名怡:《夫妻间房产给予约定的性质与效力》,《法学》2021年第3期。

有的房屋约定为共有这种情况，有的法院认为此种协议属于夫妻间赠与，未经登记所有权不发生转移；①有的法院认为此种协议不适用物权法，直接发生物权变动的效力；②还有的法院将其纳入非基于法律行为的不动产物权变动的范畴，认为未经登记不影响案涉房产为双方共有的事实。③

综上所述，在夫妻财产制协议能否直接发生物权变动这个问题上，学者们从不同角度基于不同逻辑展开的论证充分体现了学术智慧和法学思辨的魅力，而争议焦点归纳起来主要有三个：一是夫妻财产制协议的范畴如何界定，特别是针对特定财产归属的约定是不是夫妻财产制协议？二是基于夫妻财产制协议之物权变动的基础究竟是法律行为还是非法律行为？三是夫妻财产制协议是否具有直接发生物权变动的效力？如果有，则该物权变动是仅在夫妻内部有效还是对外也有效？下面针对以上问题分而述之。

（二）夫妻财产制协议范畴之厘定

要厘清《民法典》第1065条所规定的夫妻财产制协议能否直接发生物权变动的效力，首先需对该条所规定的夫妻财产制协议的范畴予以界定。该问题的主要分歧在于，在夫妻就特定财产的归属作出约定时，若将原本属于夫妻一方的房屋无偿给予另一方所有或确认为双方共有，或者将原本属于双方共有的房屋约定为一方单独所有，该行为究竟为赠与还是夫妻财产制协议。厘清这一问题的意义在于，如果是赠与，由于其是典型的债法上的合同，物权变动应当遵循公示原则；而如果是夫妻财产制协议的话，则其物权变动问题尚有进一步讨论的余地。

对此，相关学者有以下几种不同的观点。（1）认为夫妻财产制协议系对财产的概括性调整，因此，针对某个或某些特定财产的归属作出的约定应为夫妻间赠与。④无论是将一方所有的房屋约定为对方所有还是双方共有，均

---

① 参见安徽省合肥市中级人民法院（2017）皖01民终5611号民事判决书。
② 参见山东省青岛市中级人民法院（2015）青民五终字第1307号民事判决书。
③ 参见福建省福州市鼓楼区人民法院（2012）鼓民初字第3733号民事判决书。有的法院以同样的理由判决婚内财产分割协议在夫妻内部发生物权变动的效力，参见北京市第三中级人民法院民事判决书（2014）三中民终字第9467号民事判决书。
④ 叶名怡：《夫妻间房产给予约定的性质与效力》，《法学》2021年第3期。

属于夫妻间赠与。①《民法典婚姻家庭编解释一》第32条即采取此种观点。②（2）认为无论将一方的特定财产约定归对方所有还是双方共有，均应推定为夫妻财产制约定，只有当事人有明确的赠与意图时，相应约定才为夫妻间的赠与。③此种约定在本质上是对家庭财产关系的一种安排，通常具有家务劳动补偿和感情机能，并非纯粹的赠与。④（3）认为将一方个人特有财产约定归双方共有为夫妻财产制协议，而将一方个人特有财产约定为对方所有则属于夫妻赠与合同。⑤

在笔者看来，要厘清上述问题，需要从夫妻财产制协议的目的说起。所谓夫妻财产制协议，实际上是约定财产制产生的基础，其目的在于排除法定财产制的适用，实现婚姻财产关系的契约性调整。就此而言，夫妻财产制协议具有三个鲜明的特点。一是该协议的效果在于排除或变更法定财产制。如果协议并不妨碍法定财产制的适用，则其非夫妻财产制协议。⑥二是该协议的内容涉及夫妻在婚姻财产法上的地位，亦即基于夫妻身份产生的婚姻上的财产性权利义务。如果协议不涉及上述权利义务，则其非夫妻财产制协议。三是该协议改变了法律对于共同财产的安排，虽然其表面上属私人自治范畴，但实质上与社会公共利益紧密相关，特别是存在一方利用其强势地位压榨另一方从而导致弱者利益受损的可能性，故其要受到法律的强势干预。而上述三点正是界分夫妻财产制协议与夫妻间赠与的标准；至于协议涉及的是概括性财产还是特定财产，则并非绝对标准。虽然夫妻财产制协议通常而言是对婚姻财产的概括性、整体性调整，但在对特定财产归属的约定涉及法定财产制的变更时，也应纳入夫妻财产制协议的范畴。

就此而言，《民法典》第1065条第1款所规定的一般共同制、混合共同制

---

① 杜万华主编《民事审判指导与参考》（总第65辑），人民法院出版社，2016，第251页。
② 该条规定："婚前或者婚姻关系存续期间，当事人约定将一方所有的房产赠与另一方或者共有，赠与方在赠与房产变更登记之前撤销赠与，另一方请求判令继续履行的，人民法院可以按照民法典第六百五十八条的规定处理。"
③ 裴桦：《也谈夫妻间赠与的法律适用》，《当代法学》2016年第4期。
④ 陈永强：《夫妻财产归属约定的法理明晰及规则适用》，《中国法学》2022年第2期。
⑤ 范李瑛：《论夫妻财产制契约所致的物权变动》，《山东社会科学》2016年第5期。
⑥ 贺剑：《夫妻财产法的精神——民法典夫妻共同债务和财产规则释论》，《法学》2020年第7期。

度以及分别所有制等均为排除法定财产制的约定财产制,而约定上述财产制的协议均属夫妻财产制协议。虽然在解释上相关观点多认为该条并非封闭式立法,存在当事人选择其他财产制的可能性,①但这并不意味着夫妻间所有的财产协议均为夫妻财产制协议。例如,在协议将夫妻一方的个人财产无偿给予另一方所有的情形下,其由于既不涉及夫妻间的权利义务,也不涉及法定财产制的排除或变更,不应纳入夫妻财产制协议,而应界定为特殊赠与(即以婚姻为基础的赠与)。②然而,在将一方个人财产约定为夫妻共有,或者将夫妻共有的财产约定为一方所有的情形下,二者虽然均不构成对法定财产制的排除,却对法定财产制中共有财产的范围予以变更,故在本质上其应属于变更共同财产制的协议,也应纳入夫妻财产制协议的范畴。就此而言,《民法典婚姻家庭编解释一》第32条的规定尚值商榷。

(三)夫妻财产制协议之物权变动的基础:法律行为还是非法律行为

厘清这一问题的意义在于,依物权法理论,基于法律行为发生的物权变动原则上应遵循公示原则,而非依法律行为发生的物权变动则不需要,故这一问题实乃分析夫妻财产制协议物权变动的基础理论问题。在此,笔者认为非依法律行为发生物权变动说值得商榷。如前所述,支持该观点的理由之一即将夫妻财产制协议类比于遗嘱继承,但应当看到的是,后者之所以纳入非依法律行为发生的物权变动,是因为遗嘱继承虽然需要遗嘱这个条件,但物权发生转移的根本原因是死亡即继承的开始,遗嘱的功能仅在于确定遗嘱继承"如何发生"。③而在夫妻财产制协议的情形下,并不能说物权发生转移的根本原因是结婚,因为结婚并不具有物权变动的当然效果。此外,在司法实践中,有的法院在认定婚内财产分割协议的效力时,一方面认为该协议是当事人意思自治的结果,另一方面又将其纳入非依法律行为发生的物权变动,很难自圆其说。

相比之下,将夫妻财产制协议之物权变动的效力系于当事人的意思或者

---

① 黄薇主编《中华人民共和国民法典释义》(下),法律出版社,2020,第2008页。
② 叶名怡:《夫妻间房产给予约定的性质与效力》,《法学》2021年第3期。
③ 尹田:《物权法》(第二版),北京大学出版社,2017,第94页。

法律行为具有一定的合理性。在协议将一方所有的房屋约定为双方共有，或将共有房屋约定为一方所有的情形下，由于当事人订立协议的目的即在于确定该房屋的归属，其中当然有发生物权变动的意思合致，这种意思是一种事实上及逻辑上的存在。该协议在物权行为理论之下被认为独立于债权行为，而在不承认物权行为理论的我国法律上，则可以被纳入债权协议中。就此而言，夫妻财产制协议与买卖合同一样既包含债权合意，也包含物权变动的合意，担负着引发债权债务和物权变动的双重任务。①但在协议系针对婚前或婚内的整体财产的归属进行约定的情形（如约定婚前婚后的所有财产均为夫妻共同财产）下，由于客体的整体性和不确定性，很难认为其中存在所谓的"物权合意"，借鉴德国民法理论，在解释上可以认为无论是何方取得何种财产，均依概括继受的原则转为共同共有，而无须通过单独的处分行为完成物权变动，当然也无须完成物权变动的公示。②

上述结论表面上看是基于法律规定的结果，但究其根本，仍然是源于当事人的意思表示，对债权及物权变动意思的否定抽离了夫妻双方最核心的意思，不尽合理。③故依夫妻财产制协议发生的物权变动，应属于依法律行为发生的物权变动。

（四）夫妻财产制协议之物权变动效力的肯定

在这一问题上，笔者不赞成否定说。该说完全否定夫妻财产制协议之物权变动的效力，将其等同于财产法上的债权合同，合理性和正当性尚有待商榷。一方面，财产法上的物权变动之所以需要公示，主要原因在于维护财产归属和支配关系的稳定，维护交易秩序和交易安全，同时也有要求当事人对物权变动尽到相应注意义务的意思。上述考量显然建立在作为独立个体的、理性的陌生人之间的市场交易模型的基础上。而夫妻财产制协议是共同体内部具有亲密关系的夫妻为维护夫妻共同生活、具有一定情感寄托和伦理色彩的非交易性协议，与财产法上的合同显有不同，不能认为适用于财产合同的

---

① 崔建远：《无权处分再辨》，《中外法学》2020年第4期。
② 〔德〕迪特尔·施瓦布：《德国家庭法》，王葆莳译，法律出版社，2022，第117页。
③ 茅少伟：《民法典编纂视野下物权变动的解释论》，《南京大学学报》（哲学·人文科学·社会科学）2020年第2期。

物权变动规则对其也具有当然的可适用于性。另一方面，应当看到的是，作为调整夫妻间财产关系的制度，夫妻财产制的首要目的在于确定夫或妻在婚姻财产上的地位，即夫或妻对于各自或共同取得的财产在婚姻中分别享有何种权利以及如何行使权利以维系夫妻的共同生活，而这种权利必须是具有支配功能和绝对效力的物权，绝不仅仅为以请求权为内容的债权。法定财产制是这样，替代或变更法定财产制的约定财产制也应当是这样。仅承认法定财产制的物权变动效力，而否定取而代之的约定财产制的物权变动效力显有不妥。①综上所述，使夫妻财产制协议仅具有债法上的效力，忽视了此种协议的身份法特性及在夫妻财产法上的后果，限制了夫妻财产制应有功能的发挥，故应当在承认夫妻财产制协议作为身份行为的特殊性的基础上，承认其具有直接发生物权变动的效力。可以说，正是夫妻财产制协议在性质及目的上的特殊性，构成夫妻间物权变动排斥公示原则的正当性基础。②

那么，此种物权变动的效力范围如何？在肯定说中，无论是债权意思说还是非依法律行为发生物权变动说，均将此种物权变动效力限制在夫妻内部，非经公示不得对抗善意第三人。笔者认为这一认识尚值商榷，因为即使是债权意思主义的物权变动模式，也并不意味着当事人只能在内部取得物权；恰恰相反，当事人因意思表示取得的是完全的物权，只是在进行转移登记之前，第三人受到权利外观的保护。③这一理论与夫妻财产制协议之"内部物权说"显有不同。对此，笔者认为，以一般财产法的理论阐释夫妻财产制协议的效力很难做到既逻辑自洽又符合生活实践，对这一问题仍然需要从夫妻财产制之维系夫妻共同生活的目的入手分析。与财产法上的财产相比，婚姻财产法上的"财产"确实如有学者所言乃特殊的财产。④但如果夫妻财产制的目的止于内部权利分配，而不能将之外显为一般财产法上的地位（即物权法上的共同共有权或个人所有权）的话，则这不仅不利于个人婚姻财产权利的全面实现，也会对夫妻的共同生活带来极大的不便。正因如此，各国及地

---

① 薛宁兰、谢鸿飞主编《民法典评注：婚姻家庭编》，中国法制出版社，2020，第252页。
② 裴桦：《也谈约定财产制下夫妻间的物权变动》，《海南大学学报》（人文社会科学版）2016年第5期。
③ 龙俊：《中国物权法上的登记对抗主义》，《法学研究》2012年第5期。
④ 贺剑：《夫妻财产法的精神——民法典夫妻共同债务和财产规则释论》，《法学》2020年第7期。

区的立法均未将基于夫妻财产制取得的财产权利限制于夫妻内部,《法国民法典》第三卷更是将"夫妻财产制契约与夫妻财产制"与契约、继承等一并作为取得财产的方法。只不过,在如何将婚姻财产法上的地位转变为一般财产法上的地位这一点上,由于涉及第三人的保护,法定财产制和约定财产制有所不同。在前者中,一般认为"结婚+法律规定"足以构成权利的公示,故基于法定财产制取得的权利即为一般财产法上的权利,可以对抗第三人。而在后者中,夫妻间的协议本身不具有公示性,如果使之直接具有对外的效力,则对善意第三人利益的保护显有不周,故诸如德国、法国、日本民法以及我国台湾地区"民法"等均对夫妻财产制协议规定了登记对抗制度,即虽然协议能够发生一般财产法上的效力,但非经登记,不得对抗善意第三人。在我国,《民法典》虽然对此未设明文,但其第1065条第3款所规定的"知情对抗"也在一定程度上体现了这一精神。需要注意的是,无论权利的取得是基于法定财产制还是夫妻财产制协议,只要其未依物权法的规定进行公示,则第三人对原有权利外观的信赖均应受到法律的保护,但这是在交易领域中一般财产法适用的结果,与夫妻财产制无关。

　　行文至此,可以得出如下结论:夫妻财产制协议作为家庭法上的协议,其首先产生的是婚姻财产法上的效力,即确定夫或妻在婚姻财产法上的地位以及相应的财产权利,而且这一效力原则上可以延续到离婚或继承时作为离婚财产分割或遗产分割的依据。上述权利并不仅仅为请求权,而是具有支配、管理、使用等权能的物权性权利。而基于便利、维系和促进夫妻共同生活的需要,此种物权性质的权利不需要履行公示手续,在协议生效时即可取得。以上可以说是对《民法典》第1065条第2款中的所谓"约束力"的阐释,其构成了《民法典》第209条第1款但书中的例外性规定。上述婚姻财产法上的效力在夫妻共同生活的范围内可以产生对外的效力,例如,即使未办理房屋共有权登记或个人所有权转移登记,实际权利人也享有排除他人妨碍、请求停止侵害或请求赔偿损失的权利,在遗产继承时也可以主张其对系争房屋已经享有的共有或单独所有权等。但在第三人因信赖登记而取得物权的情形下,则有善意取得制度适用的余地,配偶一方基于夫妻财产制协议所取得的物权应当受到限制。

二 基于离婚财产分割协议的物权变动

与夫妻财产制协议不同,离婚财产分割协议的范畴较为清晰,其系当事人在离婚时对共有财产的分割等问题达成的协议。虽然离婚协议中对共有财产分割的方式不同,但将共有房屋约定为一方所有的情形较为普遍,与本节所论物权变动问题的联系也最为紧密,故以下主要围绕此种情形展开分析。

(一)理论争议与实务分歧

在当事人于离婚协议中将夫妻共有房屋约定为一方所有的情形下,对该协议能否直接发生物权变动的效力,学者之间同样存在争议,主要有以下几种不同的观点。(1)肯定说。认为此种协议能够直接产生物权变动的效力。只不过有的学者认为,此种物权变动仅在夫妻之间有效,未经登记不能对抗善意第三人;[1] 有的学者认为,此项物权变动不仅在夫妻内部有效,在外部也同样有效。至于学者所持理由又可分为三种。一是夫妻财产制协议说。即将离婚财产分割协议与夫妻财产制协议等同看待,既然后者能够直接导致物权变动的发生,那么前者也可以。[2] 二是共同基础丧失说。认为离婚一旦发生法律效力,那么夫妻共有财产就丧失了存在的基础,离婚协议中的财产归属约定也应当同时发生效力,否则就割裂了离婚协议的整体性。[3] 三是非依法律行为发生物权变动说。即将此种情形下的物权变动纳入非基于法律行为发生物权变动的范畴,从而认为不需要公示。[4] (2)否定说。认为离婚财产分割协议不具有物权变动效力,只对协议当事人具有债的拘束力。[5] 至于理由,主要是认为离婚财产分割协议导致的物权变动系基于法律行为而发生的物权变动,需遵循物权公示原则。

在审判实践中,与夫妻财产制协议之物权变动纠纷呈现出的司法乱象不

---

[1] 范李瑛:《论夫妻财产制契约所致的物权变动》,《山东社会科学》2016年第5期。
[2] 陈永强:《夫妻财产归属约定的法理明晰及规则适用》,《中国法学》2022年第2期。
[3] 熊玉梅:《离婚财产分割协议效力探究——以不动产执行异议之诉为视角》,《江西财经大学学报》2020年第2期。
[4] 刘耀东:《论基于夫妻财产制契约发生的不动产物权变动——非基于法律行为的物权变动解释路径》,《时代法学》2016年第1期。
[5] 冉克平:《〈民法典〉视域中离婚协议的夫妻财产给与条款》,《当代法学》2021年第6期。

同，对于离婚协议的物权变动效力，包括最高人民法院在内的多数法院均持否定说。例如，在最高人民法院审理的一起执行异议之诉案中，钟某与林某在离婚协议中约定夫妻共有的房屋归钟某所有但未办理登记（房屋一直登记在林某名下），法院认为，虽然离婚协议作为处分行为有效，但钟某依离婚协议享有的变更登记请求权仅为债权，协议不具有直接发生物权变动的效力。① 这一观点在其他一些判决书中也有所体现。② 但也有的法院持反对意见，认为离婚协议中关于将夫妻共有房屋归为一方的约定能够直接发生物权变动的效力。这种情形属于实际物权与登记物权不一致的情形，应当以真实情况而不是登记认定物权的归属；③ 或认为当事人在离婚协议中对夫妻共同财产的约定，属于夫妻财产制协议，即使未经物权变动手续，也在夫妻之间发生物权变动的效力。④

（二）离婚财产分割协议之物权变动效力的否定

首先需要明确的是离婚协议中将夫妻共有的财产约定为一方所有的性质如何界定。对此，学界存在夫妻财产制契约说⑤、赠与说⑥、共有物分割说⑦以及财产清算说（即夫妻共同体解散时的财产清算）⑧等不同的观点。针对上述观点，笔者认为，夫妻财产制契约说系将离婚财产分割协议与夫妻财产制协议混为一谈，不具有合理性。而对二者的区别前文已有论述，此处不赘。赠与说忽视了离婚协议是对离婚事务的统一安排，协议中的各条款均是这个整体不可分割的一部分，将其中的某个条款视为赠与是对当事人意思的曲解。共有物分割说将夫妻共同财产的分割完全等同于物权法上的共有物分割，忽视了二者的区别：前者系针对夫妻共同财产整体的分割，

---

① 参见《中华人民共和国最高人民法院公报》2016年第6期，第219~226页。
② 参见最高人民法院（2018）最高法民终462号民事判决书、最高人民法院（2019）最高法民申6088号民事裁定书。
③ 参见山东省德州市中级人民法院（2016）鲁14民初19号民事判决书。
④ 参见北京市大兴区人民法院（2016）京0115民初11974号民事判决书。
⑤ 李洪祥：《离婚财产分割协议的类型、性质及效力》，《当代法学》2010年第4期。
⑥ 陈敏、杨惠玲：《离婚协议中房产归属条款相关法律问题探析》，《法律适用》2014年第7期。
⑦ 赵英杰：《离婚房产分割协议效力分析与纠纷处理》，浙江大学2018年硕士学位论文，第9~12页。
⑧ 叶名怡：《离婚房产权属约定对强制执行的排除力》，《法学》2020年第4期。

其目的在于废止夫妻共同共有关系；而后者则系针对特定共有财产的分割，其目的在于消灭特定财产上的共有关系。而财产清算说固然有利于从整体上把握离婚财产分割协议的性质，但不足以对特定财产分割的性质作出有力解释。在笔者看来，离婚财产分割协议具有财产清算与共有物分割的双重性质，既非仅限于共有物的分割，①也非仅限于清算。其中"财产清算"的视角可以帮助我们理解离婚财产分割中考量因素的特殊性（如情感、子女抚养、补偿等），"共有物分割"的视角则可以帮助我们把握针对特定财产归属的约定的性质。

接下来讨论离婚财产分割协议能否直接发生物权变动。在前文所述观点中，对于肯定说中的夫妻财产制协议说和非依法律行为发生物权变动说所存在的理论缺陷，笔者已有论述，此处不赘。至于共同基础丧失说所认为的"在已经登记离婚的情形下不认可物权变动效力的发生，割裂了离婚协议的整体性"这一观点，笔者认为失之偏颇，因为离婚协议的整体性意味着考虑到离婚协议之财产清算的性质，应将特定条款置于整个协议之下观察，而并非一定要认可财产分割协议的物权变动效力。相较之下，在这一问题上，笔者更同意否定说，理由如下。首先，依离婚财产分割协议发生的物权变动毫无疑问属于依法律行为发生的物权变动。其次，仅就离婚协议中针对特定财产归属的约定而言，其在性质上属于共有物分割协议，共有物分割协议属于债权行为，虽然在不承认物权行为理论的前提下，也可以认为该协议包含了物权变动的合意，但除非法律另有规定，否则共有人基于该协议仅能取得履行请求权，而不能取得分得部分的单独所有权。②最后，与夫妻财产制协议的目的在于使当事人取得夫妻财产法上的地位不同，离婚财产分割协议的目的在于使当事人直接取得一般财产法上的地位。而且由于婚姻关系已经解除，不存在对维护、便利夫妻共同生活的考虑，不宜突破物权变动的一般规则。就此而言，离婚财产分割协议既非《民法典》第1065条规定的夫妻财产制协议，也非第209条但书中的例外情形，在将共有房屋约定为一方所有的情形下，办理转移登记后才发生房屋所有权的变动。

---

① 谢在全：《民法物权》（修订五版上册），中国政法大学出版社，2011，第408页。
② 谢在全：《民法物权》（修订五版上册），中国政法大学出版社，2011，第372页。

（三）离婚财产分割协议对申请强制执行的债权的排除力

在不认可离婚财产分割协议具有物权变动效力的前提下，产生了一个问题，即约定所有人的权利能否对抗针对协议所涉房屋请求强制执行的债权人的权利。对此，法院的态度有所不同。例如，在付某与吕某、刘某案外人执行异议之诉一案中，上海市第一中级人民法院认为，在房屋产权人未依法变更的情况下，其约定不具有对抗第三人债权的法律效力。① 而在前文所述钟某执行异议之诉一案中，最高人民法院则从利益衡量的角度出发，认为虽然离婚协议不具有直接发生物权变动的效力，但约定所有权人的权利优先于申请执行的债权人的权利，能够排除强制执行。② 此外，在一起涉及离婚协议将夫妻共有的房屋约定为子女所有的案件中，最高人民法院同样基于利益衡量，认为子女对房屋的请求权优先于金钱债权请求权，也可以排除强制执行。③

笔者认为，最高人民法院的观点值得肯定。首先，虽然约定所有权人基于离婚财产分割协议取得的只是债权，但其原本就是系争房屋的共有权人，且该共有权并不因离婚协议的签订而丧失，这使约定所有权人较一般买受人具有更加优越的法律地位。④ 其次，在约定所有权人已经占有房屋且办理离婚登记的情形下，其与一般买受人一样具有物权期待权，虽然从表面上看其并未支付相应的对价，但正如有学者指出的那样，夫妻离婚分割财产的对价往往是隐形的，有的体现为双方财产的互易，有的体现为对另一方债务的承担，甚至隐含着对另一方情感的补偿，⑤ 因此，只要双方办理了离婚登记并且一方占有房屋，就应当认为其具有了未来取得完整所有权的法律地位。最后，房屋之于离婚当事人，不仅与其之于房屋买受人一样，承载着对生存利益的保障，而且基于离婚财产分割协议的身份行为属性，还承载着国家为婚

---

① 参见《中华人民共和国最高人民法院公报》2017年第3期，第47~48页。
② 参见最高人民法院（2015）民一终字第150号民事判决书、最高人民法院（2019）最高法民申6088号民事裁定书。
③ 参见最高人民法院（2021）最高法民申7090号民事裁定书。
④ 叶名怡：《离婚房产权属约定对强制执行的排除力》，《法学》2020年第4期。
⑤ 赵晋山、王赫：《"排除执行"之不动产权益——物权变动到债权竞合》，《法律适用》2017年第21期。

姻所设立的保护目标,因此,离婚财产分割协议中约定所有权人的利益较一般买受人更应当受到法律的特别保护。至于约定所有权可以排除金钱债权人的强制执行的条件,可以参照《最高人民法院关于人民法院办理执行异议和复议案件若干问题的规定》第28条,并结合离婚财产分割协议本身的特点来确定。

至于以离婚为预设的婚姻财产协议或忠诚协议中的物权变动问题,虽然这两种协议在性质上不同于离婚财产分割协议,但在后果上与其并无二致,故上述分析及结论对此二者同样适用,此处不赘。

第三节 父母子女关系协议中的权利保护

父母子女关系主要包括父母责任协议与赡养协议,这两类协议的特点在于其均为法定义务的再约定,且均涉及对特定利益主体的保护。在尊重当事人意思自治的基础上,实现家庭法对特定利益主体的保护目标,防范和制止通过协议逃避法定义务,损害儿童或被赡养人的利益,是此两类协议法律规制的重点。

一 父母责任协议中未成年子女利益的保护

如前所述,父母责任协议即父母就子女抚养、监护、探望等问题达成的协议。其内容一般包括子女抚养权的归属、抚养或监护的方式、抚养费的支付以及探望权的行使等。对于父母的上述安排,实践中具有高度社会共识的是,父母子女关系是一个"特权"领域,父母对子女的照护模式有一定的自治权,原则上不受公权力机构的约束和责难。[1]故对于父母责任协议中有关子女照顾的约定,一般推定是父母双方充分考虑各方面情况,从最有利于子女教育及健康成长的角度进行的安排,原则上应予认可。然而,此种协议虽然体现了在子女照顾方面父母的"特权",但被注入了保护子女这样一个首要

---

[1] 〔英〕约翰·伊克拉:《家庭法和私生活》,石雷译,法律出版社,2015,第88~89页。

目标，这使父母的意愿受到一定的限制。而这一保护目标主要是通过对协议的缔约资格限制、内容控制以及司法审查来实现的。

（一）父母责任协议的缔约资格限制

父母责任协议作为一种身份关系协议，当然需要具有相应的缔约能力，然而，这并不意味着只要具有相应意思能力，便能够就子女的抚养、监护等问题达成协议。就监护事务的协商而言，前提条件是作为协商主体的父母双方均应具有监护权。虽然父母是子女当然的法定监护人但其也可能被剥夺监护权，而在被剥夺监护权的情形下，其无权就子女的监护事务进行协商。然而，被剥夺监护权者仍应当履行抚养义务（《民法典》第37条），故其仍可能就子女抚养费的负担问题进行协商。

（二）父母责任协议的内容控制

父母责任协议内容控制的重要标准即未成年人利益最大化原则，对该原则的违反会导致协议内容不具有合法性，从而影响协议的效力。而对这一原则的违反主要体现在以下几个方面。

其一，以离婚为预设的婚姻财产协议或夫妻忠诚协议中的父母责任条款。此种条款之所以不被允许，是因为上述协议均为维系婚姻关系而签订，并非为离婚而签订。故无论当事人在签订协议时是否有子女，其对子女抚养归属的约定均非从子女利益的角度出发，而纯粹是牵制对方的筹码。认可这一约定的效力显然有违未成年人利益最大化原则。许多国家和地区的法律明确禁止在以离婚为预设的婚姻财产协议中对离婚时子女的抚养问题作出约定，这正是基于上述考虑。

其二，对子女抚养权归属、方式的约定或探望权行使的约定明显危及子女的利益，例如，当事人约定子女由具有家暴倾向的一方、被撤销监护人资格的一方抚养，或抚养方式、探望方式严重阻碍儿童身心健康等。上述约定的效力不应得到认可。

其三，免除父母一方的法定义务或排除父母一方的法定权利，例如，约定免除不直接抚养方的法定抚养义务，约定一方放弃探望权或不得探望子女，约定直接抚养方违反协议即丧失请求支付抚养费的权利或扣减抚养费等。上述内容或者违反了法律关于父母责任的强制性规定，或者通过减免子女抚养费惩罚直接抚养方，均构成对未成年人利益最大化原则的违反。

其四，免除不直接抚养方的抚养费给付义务，使子女的正常需要不能得到保障。首先需要指出的是，免除一方支付抚养费的义务并不等同于免除抚养义务，故在不影响子女利益的情形下，对此应予认可。然而，如果直接抚养方负担子女全部抚养费不能承担子女所需费用，影响子女健康成长的，则有违未成年人利益最大化原则，不能得到法院的支持。这一点在《民法典婚姻家庭编解释一》第52条中得到体现，值得肯定。

值得思考的是，父母一方为了达到离婚目的而承诺由自己承担全部抚养费，离婚后，又以自己负担能力有限为由以子女的名义请求对方支付抚养费，此种请求应否得到支持？对此，有的法院认为，从诚实信用的角度出发，如果双方的情况较离婚时未发生重大变化，则不能随意否定离婚协议关于子女抚养问题的处理。① 笔者认为这一观点值得商榷。因为支付抚养费是父母的法定义务，尽管父母之间可以通过协议免除一方的义务，但这是建立在直接抚养方的负担能力能够满足子女需要的基础上，如果该方没有此能力却免除对方的义务，实际上是将子女的利益作为离婚的对价或离婚谈判的筹码，违反了未成年人利益最大化原则，不应得到法律的支持。就此而言，如果协议签订之时负担全部抚养义务的一方并没有相应的负担能力，则免除另一方抚养义务的约定应为无效。但如果其当时有负担能力，嗣后情事变更导致其负担能力降低不足以满足子女的需要，则可依情事变更规则请求变更抚养协议。

（三）父母责任协议的司法审查

虽然父母被认为是子女利益的天然守护者，其在子女抚养、监护等问题上的"特权"应当受到法律的尊重，但如前所述，这并不意味着每一份父母责任协议均符合未成年人利益最大化原则。鉴于儿童保护是国家应尽的义务和责任，对父母责任协议的司法审查就成为必要。从比较法的角度来看，无论是未认可协议离婚的立法例，还是认可协议离婚的立法例，均规定了法院

---

① 参见河南省周口市中级人民法院（2020）豫16民终1586号民事判决书。

对父母责任协议的司法审查权,对于有违未成年人利益的内容,法院有权变更协议①或驳回离婚请求②。

反观我国,无论是协议离婚还是诉讼离婚,法律均未对法院就父母责任协议的司法审查权予以明确规定。唯一体现法院对协议进行干预的是《民法典婚姻家庭编解释一》第52条。依据该条,在父母约定子女由一方直接抚养并由该方负担子女全部抚养费的情形下,直接抚养方的抚养能力明显不能承担子女所需费用,影响子女健康成长的,法院不予支持。显然,该条所规定的情形不独发生在上述父母责任协议中,在其他子女抚养协议中也有可能发生。是故,从保护儿童利益的角度出发,我国应当加强法院对父母责任协议的司法审查。这可以通过以下两个方面实现。一方面,在诉讼离婚中,即使当事人对子女抚养、探望等问题达成了协议,但如果法院认为协议不利于子女,可以要求当事人修改,当事人不予修改或修改后仍然不利于子女的,可以判决不准离婚或依未成年人利益最大化原则作出判决。另一方面,对于诉讼外的父母责任协议,在协议内容不利于子女时,借鉴我国台湾地区"民法"第1055条第2款的规定,法院得依主管机关、社会福利机构或其他利害关系人的请求,从保护子女利益角度出发对协议的内容进行变更。在父母责任协议的履行引发的纠纷中,如果法院发现协议不利于子女,也得依职权对协议予以废止或变更。

二 赡养协议中被赡养人的权利保护

老龄化社会的到来使养老成为全社会普遍关注的问题,家庭养老在我国的养老事业中占据着重要地位,落实到法律层面即家庭赡养。而赡养协议作为一种温和的、有利于预防和解决家庭养老纠纷的养老模式,在家庭赡养中发挥着重要作用。赡养协议的目的在于落实被赡养人的赡养权利,故其制度设计应当特别关注被赡养人的权利保护。我国《老年人权益保障法》在此方面有所规定。根据其第20条,赡养人之间签订赡养义务分担协议,应经老

---

① 参见《日本民法典》第766条第3项、台湾地区"民法"第1055条第2款。
② 参见《法国民法典》第232条第2款、《葡萄牙民法典》第1778条、英国1973年《婚姻诉讼法》第35条第2款。

年人同意；协议的内容不得违反法律的规定和老年人的意愿。这里的"经老年人同意"以及"不得违反法律的规定"在一定程度上起到了保护老年人的作用。然而，该条仅针对赡养义务分担协议而设，而且内容较为简单，不能满足实践的需求。故应进一步探索被赡养人权利保护的路径。其中较为重要的，包括对赡养协议的内容及效力控制以及赋予被赡养人任意解除权等。

（一）赡养协议的内容及效力控制

赡养协议所约定的内容一般包括对被赡养人赡养费的给付、生活上的照料以及住处的提供等。协议的内容同样应受到合法性审查，违反法律规定、公序良俗以及损害被赡养人权利的内容应为无效。这主要体现在以下几个方面：一是免除赡养义务致使被赡养人处于无人赡养的境地；二是未经父母同意将共同生活的父母强行分开，分别赡养；三是约定赡养人一次性支付赡养费后不再承担赡养义务；四是以继承遗产等为条件履行赡养义务，或以放弃继承权为条件不履行赡养义务。需要注意的是，在实践中，鉴于被赡养人需求的多样性以及各个家庭情况的不同，赡养协议的内容也呈现出多样性，一些内容是否属于法律允许的范围尚存争议，对此有必要作具体分析。

1. 赡养协议能否免除部分赡养义务人的义务

在实践中，特别是在继承型或分家析产型的赡养协议中，通常约定由承受父母全部或较多财产的一方承担对父母的赡养义务，而其他赡养义务人则不承担或承担较少的赡养义务。那么，这样的内容是否有效？在司法实践中，法院对此的认识不尽一致。例如，对于农村中经常存在的免除女儿赡养义务的赡养协议，少数法院认为，依农村居民的朴素观点，这样的协议不违反法律的规定；[①] 多数法院认为，子女对父母的法定赡养义务不因任何情况而免除，仅约定儿子的赡养义务而免除女儿赡养义务的协议违反强制性规定，应属无效。[②] 在学界，也有不少学者主张赡养协议中免除部分赡养人赡养义务的条款应为无效。[③] 笔者认为，对于上述协议的效力，不能一概而论，应具体问题具体分析。

[①] 参见四川省屏山县人民法院（2017）川1529民初1510号民事判决书。
[②] 参见湖南省新晃侗族自治县人民法院（2019）湘1227民初303号民事判决书。
[③] 吴国平：《我国赡养协议制度的适用与立法完善》，《政法学刊》2022年第2期。

首先，在协议系被赡养人与部分赡养人签订的情形下，法律并未要求赡养人必须向所有的子女请求履行赡养义务，因此，赡养协议仅约定部分子女承担赡养义务不违反法律和公序良俗，不具有违法性。故在被赡养人仅向协议约定的赡养人请求履行赡养义务时，后者不能以协议免除了其他赡养人的义务为由主张协议无效，法院也不能依职权将其他赡养义务人追加为被告。究其原因，乃是于存在多个赡养义务人的情形下，其系根据各自的经济状况分担赡养义务，此种责任在性质上为按份责任而非连带责任。①被赡养人与部分赡养人签订赡养协议仅是对后者所应当承担责任的具体化，并不涉及其他赡养义务人。然而，由于赡养义务系法定义务，当事人并不能以协议免除之。故协议中免除部分赡养人赡养义务的内容并不具有法律效力，在被赡养人有需求时，其仍有权向被免除义务者请求赡养。②

其次，在各赡养义务人签订赡养分担协议的情形下，由于各赡养人对其各自应尽的赡养义务可以协议分担，无论是全部子女分担还是部分子女分担均不具有违法性。相反，在部分子女缺乏赡养能力或放弃分得、继承父母财产的情形下，免除其赡养义务恰恰是兄弟姐妹之间相互体谅的体现，并不能认为此种分担协议无效。但是，此种免除部分子女赡养义务的分担协议仅在子女之间具有效力，而对父母并无效力（即使父母对此表示同意）。因此，在父母基于需求向被免除赡养义务的子女请求履行支付赡养费义务时，该子女仍有义务履行。但其履行后可依赡养分担协议向其他赡养义务人请求追偿。

2. 赡养协议能否对涉及被赡养人遗产继承的事宜予以约定

在实践中，继承型赡养协议并不少见，其往往约定由承担赡养义务的子女继承父母去世后的遗产或大部分遗产，而不承担赡养义务的一方则放弃对父母遗产的继承权。对于此种协议的效力，司法实践的情况不一。有的法院认为，法律并未禁止子女以协议形式对老人的赡养以及遗产继承等问题进行约定，且该协议并未违背老人的意思表示，故该协议对子女应具有法律约束力。③有的法院则持反对观点，认为继承人在被继承人在世时作出的放弃继承

---

① 〔德〕迪特尔·施瓦布：《德国家庭法》，王葆莳译，法律出版社，2022，第532~533页。
② 参见吉林省高级人民法院（2014）吉民申字第734号民事裁定书。
③ 参见内蒙古自治区赤峰市中级人民法院（2019）内04民再295号民事判决书、云南省保山市中级人民法院（2019）云05民终196号民事判决书。

的意思表示无效。①

对此,笔者同意前一种观点。首先,在此种协议系于被赡养人与赡养人之间所签时,将赡养义务与遗产继承相关联并未侵害被赡养人的利益,而且也符合继承法上权利与义务相一致原则,故其并不具有违法性。其次,在协议系于多个赡养人之间所签时,由于我国法律并不禁止继承人之间对于遗产分配提前作出约定,只要对被继承人的赡养予以妥当安排,也不应认为其违法。最后,虽然依现行法律规定,放弃继承权的意思表示需在继承开始后遗产分割前作出,但这是针对已经取得的继承权而言;而在继承开始之前,法定继承人针对未来可能获得的继承利益提前放弃,并不为法律或公序良俗所禁止。综上所述,继承型赡养协议并不因其所包含的继承因素而无效。但如前所述,此类协议并不意味着免除了放弃继承权的子女的赡养义务,对于被赡养人而言,在其基于需要而向这些子女提出赡养请求时,他们并不能以协议免除义务为由拒绝。但这些子女可以通过以下途径实施救济:其一,其可以主张协议在事实上已经解除;其二,其可以向协议约定的赡养义务人追偿。

(二)被赡养人的任意解除权

如前所述,在赡养义务人不履行或不适当履行赡养协议,导致协议目的不达时,被赡养人有权解除协议。那么,被赡养人是否可以不以赡养人违约为由而任意解除协议?这涉及法律应否赋予被赡养人任意解除权的问题。所谓任意解除权,即当事人不需要任何理由即可解除合同的权利。这意味着解除权人可以随时摆脱合同的拘束,体现出法律对解除权人所享有的不受合同拘束的利益的认可。笔者认为,对于被赡养人而言,应类推适用《民法典》第933条关于委托合同的规定,赋予其任意解除权。

《民法典》第933条之所以赋予委托人以任意解除权,原因如下。一是委托合同建立在特别的信任关系的基础上,一旦特别信任度降低,委托合同便没有存续的必要。而显然,只有委托人才能够评估该特别信任度是否降低。

---

① 参见新疆维吾尔自治区昌吉回族自治州中级人民法院(2020)新23民终518号民事判决书。

二是对于个人事务的处理，委托人享有不受合同绝对拘束的利益。①赡养协议虽非委托合同，但其内容不独包括支付赡养费，也包括生活照料等人身性给付义务，其与委托合同极为接近。被赡养人对个人事务的托付也建立在其对赡养人信任的基础上，而随着时间的流逝，这份信任是否存在也只有被赡养人才能够评价。是故，对于此类赡养协议而言，被赡养人的意愿应当得到绝对的尊重，赡养人同意或签订协议的目的并不仅仅是满足生存，更重要的是从赡养人处获得精神上的关怀和温暖，这一目的与婚姻家庭法的立法精神高度契合，应当得到法律的认可。而这一目的是否实现，端赖被赡养人的感觉，如果赡养人的行为没有让老人感受到应有的关心和孝心，进而对赡养人的赡养在内心不予认同的话，不能强制被赡养人受领给付，而应允许被赡养人解除赡养协议。

上述结论对于一般赡养协议而言固无问题，但能否适用于分家析产型赡养协议或继承型赡养协议，在司法实践中则存在分歧。有的法院持否定态度。至于理由，或者认为在赡养人依协议履行了相应义务的情形下，被赡养人不能任意解除协议；②或者认为在被赡养人没有证据证明存在法定解除事由的情形下，不能任意解除协议；③或者认为在未经法定程序撤销或解除协议的情形下，被赡养人不能以另定遗嘱的方式否定协议的效力。④也有法院持肯定态度，认为即使赡养人未违反赡养协议，但赡养协议具有人身属性，协议能否继续履行应充分尊重被赡养人的意愿与感受，因此若被赡养人要求解除协议，应予支持。⑤对此，笔者认为，继承型赡养协议与分家析产型赡养协议的确不同于一般赡养协议，因为在此两种协议中，赡养人系以承担全部或大部分赡养义务为条件获得在分家析产或将来的遗产分配中分得较大财产份额的权利，从而免除或减轻了其他赡养义务人应承担的义务，故此种协议实际上不仅为被赡养人的利益，也为赡养人的利益而存在。在赡养人已依协议履行

---

① 朱虎：《分合之间：民法典中的合同任意解除权》，《中外法学》2020年第4期。
② 参见河南省郑州市中级人民法院（2019）豫01民终2004号民事判决书、北京市第三中级人民法院（2019）京03民终14800号民事判决书。
③ 参见贵州省黔南布依族苗族自治州中级人民法院（2021）黔27民再11号民事判决书。
④ 参见山东省烟台市中级人民法院（2019）鲁06民终2706号民事判决书。
⑤ 参见辽宁省大连市中级人民法院（2021）辽02民终5838号民事判决书、北京市第三中级人民法院（2019）京03民终14800号民事判决书。

赡养义务的情形下，如果赋予被赡养人任意解除权，无疑会影响赡养人的信赖利益和期待利益。但两利相衡，考虑到此种协议的最终目的与一般赡养协议并无不同，被赡养人的意愿同样应当受到尊重，故仍应赋予赡养权利人任意解除权。但无论在何种情形下，赡养人均不享有任意解除权，这是由赡养义务的法定性所决定的。

但需要指出的是，在上述赡养协议的情形下赋予被赡养人任意解除权，亦应考虑对约定赡养人的利益保护。虽然赡养是法定义务，但一味强调赡养人的义务而忽视对其利益考量，将导致赡养人与被赡养人以及与其他赡养义务人之间的利益失衡，其结果对被赡养人并非有利。故对于赋予被赡养人任意解除权而产生的利益失衡，也应当有一定的矫正机制。这可以从以下两个方面进行。首先，如果被赡养人对分家析产协议反悔，或者通过另立遗嘱、变卖、赠与等行为处分了协议约定应由赡养人将来继承的特定财产，应允许赡养人解除协议，赡养事宜应当重新协商确定。其次，在非因赡养人过错而协议解除的情形下，赡养人已经支付的赡养费应由其他赡养义务人共同分担。

第四节 意定监护协议的制度构造

与其他身份关系协议相比，意定监护协议具有一定的特殊性。这不仅是因为当事人之间不一定具有亲属关系，更是因为"意定"和"监护"的双重色彩使意定监护协议的制度设计面临着尊重被监护人的自我决定权与保护其利益的角力。[①] 如何平衡这一角力值得深入探讨。需要指出的是，我国的意定监护协议体系包括成年意定监护协议、具有监护资格的人之间签订的监护协议以及父母为子女所签订的监护协议等。在上述协议中，成年意定监护协议具有鲜明的"为己"特色，属于"自主监护协议"。其他意定监护协议则均具有"涉他"性质。鉴于成年意定监护在《民法典》颁布后引发的广泛关注及理论争议，本节主要围绕成年意定监护协议的制度构造展开论述，所得结论原则上对于其他意定监护协议也可适用。

---

① 王玮玲、李霞：《论双重属性下意定监护人的确立规则》，《南京社会科学》2021年第10期。

一　成年意定监护协议法律属性的界定

比较法上对成年意定监护协议法律属性的认识不尽一致。在美国和英国，所谓的"意定监护制度"称为持续性代理权制度（美国）或永久性代理权制度（英国），二者实际上是一种通过设立代理关系保护未来失能委托人的工具，其核心即代理权的授予。设立该制度的主要目的是避免监护导致的对被监护人自主权的过分剥夺，因此其是一种规避或替代监护的简便方法。[①]

在德国，与意定监护相关的制度称为"预防性代理权"，就内容而言，其与英国、美国的持续性或永久性代理权制度具有一定的相似之处，核心是也是代理权的授予，但《德国民法典》对此种代理权行使在许多方面作了与法定照管人制度相同的限制，[②] 而且也要设监督人以监督代理人，这使此种代理人相当于照管人。

在日本，根据其1999年《意定监护契约法》，所谓意定监护契约，是指委托人与受托人协商确定，在本人将来因精神上的障碍而辨识能力不足时，将自己的生活、疗养看护以及财产管理等事务的全部或者部分委托给受托人，并同时授予相应代理权的合同。[③] 受托人并非单纯的合同当事人，其在协议生效后即成为意定监护人，故日本的意定监护是与法定监护并列的一种监护模式。但就意定监护人的权限范围而言，其仍然主要是委托代理权。

在我国台湾地区，根据其2019年于"民法"中增设的意定监护制度，所谓意定监护，即由本人依与受任人的协议选定监护人的监护设立方式。由此可见，我国台湾地区对意定监护协议的定位主要是依当事人的意愿确立监护人的方式，除法律另有规定和协议另有约定外，此种监护人在监护事务的范围、监督、职责等方面与法定监护人受到相同的制约。这使意定监护协议具有了委托与监护的双重性质。与日本相比，我国台湾地区对于意定监护协议更加强调其在自主选择监护人方面的意义，委托的内容并未限制在代理权的

[①] 王竹青主编《美国持续性代理权和成年人监护制度立法及法律适用》，知识产权出版社，2016，第179、153页。

[②] 参见《德国民法典》第1901条之1第1~3款、第5款，第1904条第1~5款，第1906条第1款、第3~5款。

[③] 李霞：《意定监护制度论纲》，《法学》2011年第4期。

授予上。

从《民法典》第33条的规定来看，所谓意定监护协议，是当事人双方就未来监护人的选任而达成的合意，这与我国台湾地区"民法"上的表述极其相似。就此而言，《民法典》的意定监护协议制度并未采取英美法上的纯粹的委托代理合同或代理权授予模式，也未采取以代理权授予为核心的德国模式，而是采取了同时确立委托关系和监护人的日本及我国台湾地区模式。换言之，意定监护人不仅仅是受托人或代理人，更是监护人，而意定监护与法定监护均属于监护体系的一部分。因此，《民法典》的意定监护协议具有委托合同和监护的双重属性。①

二 成年意定监护协议的签订及生效

（一）缔约当事人的适格性

从保护委托人利益的角度出发，法律有必要对意定监护人的任职资格作出规定，对于不适格者应禁止其作为意定监护人。②借鉴日本《意定监护契约法》以我国台湾地区"民法"的规定，对此项适格性应从消极的方面予以限制，主要包括以下几个方面：一是受托人不具有完全民事行为能力或被宣告失踪；二是受托人与委托人或其近亲属存在诉讼争议；三是受托人存在欺诈委托人、明显行为不端等明显不适格或不利于委托人的情事；四是受托人与委托人存在利益冲突，例如受托人为起草协议的公证人、律师，为委托人医疗养护所在的医疗机构或其工作人员等；五是作为社会组织的受托人被注销或被宣告破产（或已进入破产程序或清算程序等）。在委托人丧失行为能力而由法院确定监护人时，法院应对受托人的适格性予以审查，对于依有关事实足以认定其具有不适格事由者，意定监护协议不产生效力。

（二）意定监护协议可得约定的内容

关于意定监护协议可得约定的内容，学者们的认识不尽一致。有的学

---

① 王玮玲、李霞：《论双重属性下意定监护人的确立规则》，《南京社会科学》2021年第10期。
② 费安玲：《我国民法典中的成年人自主监护：理念与规则》，《中国法学》2019年第4期。

者认为，协议可以就监护事务的全部或部分作出约定，并就委托事项授予代理权。①也有学者认为，协议的核心是概括代理权限的授予；②还有学者认为，意定监护协议的核心内容是监护人的确立。③对此，笔者认为，虽然从《民法典》第33条的规定来看，意定监护协议的内容主要是监护人的选任，但如果认为协议的内容仅限于此，则此项制度的价值无疑将大打折扣。事实上，我国民法典并未对协议的内容作特别规定，这就存在广泛的自主设计空间。协议不仅可以确定意定监护人的选任，也可以就监护事务、代理权授予、监护人的权利义务等作出约定。④其中核心是监护事务及代理权授予。

首先，关于监护事务。其应当既包括财产事务，也包括生活事务。财产事务一般包括管理被监护人的财产、保管相关物品以及申领被监护人的退休金、救济金、工资等，生活事务一般包括安排被监护人的生活、住院、医疗等事宜。⑤值得注意的是，虽然英国、美国、德国、日本等允许当事人仅就部分事务授权，但我国台湾地区"民法"对此未设明文，有学者认为，所谓委任事项，乃将来契约发生效力时全部的监护事务，而非部分。⑥笔者认为，允许当事人仅就部分事务进行委托会导致很多法律问题。例如，如果协议所给予的代理权的范围不够大，那么委托人日后丧失行为能力时，就其未赋予代理权的事务，一般需要再行启动法定监护程序，这无疑使监护制度复杂化。相较之下，我国台湾地区学者的解释更为可采。

其次，关于代理权授予。在将委托事务理解为全部事务的前提下，当事人选任的是监护人，而监护人的职责之一即代理被代理人实施民事法律行为，因此，监护人选任本身就包含授予代理权的意思，即使在协议中未明

---

① 李霞：《意定监护制度论纲》，《法学》2011年第4期。
② 李国强：《成年意定监护法律关系的解释——以〈民法总则〉第33条为解释对象》，《现代法学》2018年第5期。
③ 最高人民法院民法典贯彻实施工作领导小组主编《中华人民共和国民法典婚姻家庭编继承编理解与适用》，人民法院出版社，2020，第200页。
④ 王玮玲、李霞：《论双重属性下意定监护人的确立规则》，《南京社会科学》2021年第10期。
⑤ 李国强：《成年意定监护法律关系的解释——以〈民法总则〉第33条为解释对象》，《现代法学》2018年第5期。
⑥ 戴东雄：《成年人之意定监护与法定监护——从立法院与法务部增订意定监护契约之草案谈起》（下），《法令月刊》2017年第10期。

确，也应当予以承认，在解释上可以认为其是概括代理权的授予。但为保护被监护人的利益并避免纠纷的发生，对下列事项需要明确授权：其一，护养疗治等人身方面的代理权；其二，购置或处分房屋、投资以及赠与大额财产等重大财产事项的代理权。

（三）意定监护协议签订及生效的程序控制

1. 意定监护协议的公证

关于意定监护协议的形式，《民法典》第33条仅仅规定了"书面形式"，而从比较法的角度来看，日本[①]和我国台湾地区[②]均规定应以公证的形式为之。此外，英国的永久性代理权制度也要求在公共监护办公室登记，并由证人签名证实其在场见到委托人与代理人签名。[③]在笔者看来，上述关于意定监护协议形式的严格要求值得肯定，因为监护无论对被监护人还是对监护人都可谓利害关系重大，过于简单的形式要求不利于引起当事人的重视，也不利于保护被监护人的合法权益。鉴于公证所具有的证明效力以及在判断委托人是否有判断能力方面的优势，有必要将公证作为意定监护协议的成立要件。

2. 意定监护协议的启动

从《民法典》第33条的规定来看，受托人的监护职责自委托人"丧失或部分丧失民事行为能力时"开始履行，在解释上应当认为这是意定监护协议生效的时间。问题在于如何确定这一时间。对此，日本《意定监护契约法》第2条第1项规定，意定监护监督人被选任后，意定监护契约生效，而意定监护监督人的选任系由法院负责。我国台湾地区"民法"第1113条之4也规定，法院为监护之宣告时，意定监护契约生效。可见，二者均将法院确认的时间作为协议生效的时间。借鉴上述规定并结合《民法典》第24条，应当认为，《民法典》第33条中的"丧失或部分丧失民事行为能力时"应为法院认定委托人为无民事行为能力人或限制民事行为能力人的判决作出之日。换言

[①] 参见日本《意定监护契约法》第3条。
[②] 参见台湾地区"民法"第1113条之3。
[③] 王竹青主编：《美国持续性代理权和成年人监护制度立法及法律适用》，知识产权出版社，2016，第150页。

之，只有在法院通过特别程序宣告委托人丧失或部分丧失民事行为能力时，意定监护协议才发生效力。

（四）意定监护协议的效力审查

需要指出的是，意定监护协议的生效以其具备有效要件为前提，即使委托人处于行为能力丧失的状态，但意定监护协议存在效力瑕疵事由，则也不能产生相应的法律效力。而意定监护协议效力瑕疵的认定原则上适用民法总则的相关规定，并与其他身份关系协议一样需要特别注意对自主性和内容合法性的审查。但如果有证据证明委托人存在受欺诈、受胁迫、不当影响等意思表示瑕疵情形，由于委托人丧失民事行为能力无法行使撤销权，此时应当类推适用《民法典》关于遗嘱效力的规定认定协议无效。此外，如果协议的内容不具有合法性，例如，将具有身份属性而不得代理的事务（如关于结婚、协议离婚、收养、遗嘱等）约定为可以代理，或协议存在如监护人对因其故意或重大过失而对被监护人造成的损害不承担赔偿责任等明显不利于委托人的内容，则应当认为协议无效。

有必要说明的是，如果意定监护协议中仅仅是有关监护事务内容的条款因违反法律规定或公序良俗而无效，并不当然影响监护人选任条款的效力。① 意定协议的主要目的在于选任监护人，对于监护事项的约定并非协议的必备内容，即使协议未对监护的具体事务予以明确，意定监护人也仍需依法律的规定履行监护职责，但导致协议无效的内容使监护人的适格性存在不确定性（如监护人有骗取被监护人财产的重大嫌疑），则为例外。

三 成年意定监护协议的终止

（一）成年意定监护协议的解除

关于成年意定监护协议的解除，我国《民法典总则编解释》第11条规定，在意定监护协议生效前，协议的任何一方均可请求解除协议；但在协议生效后，意定监护人无正当理由请求解除协议的，法院不予支持。该条以协

---

① 王玮玲、李霞：《论双重属性下意定监护人的确立规则》，《南京社会科学》2021年第10期。

议生效为界对解除问题采取区别对待的做法值得肯定,但就具体适用而言,尚有以下问题需要厘清。

其一,意定监护协议的解除是否应经诉讼程序。对此,根据日本和我国台湾地区的有关规定,当事人在协议生效前解除协议的,需以公证的方式进行;在协议生效后解除的,则应经法院的许可。①《民法典》对此未设明文。但考虑到监护生效前与生效后对当事人的不同影响,上述规定具有一定的借鉴意义。就此而言,《民法典总则编解释》第11条应当作如下解读:在协议生效前,任何一方均有任意解除权,解除权的行使不需要通过诉讼的方式;但在协议生效后,意定监护人解除协议的请求应经法院的许可。

其二,委托人委任数个意定监护人时,协议如何解除。这里的问题在于,在委托人仅解除部分受托人的委托,或仅部分受托人解除委托时,解除的后果是否会及于整个协议。对此,笔者认为,虽然监护事务的分工与可期待的顺利合作是各受托人缔约时考量的因素,但是,一个受托人退出合同或监护关系并不必然导致其他受托人的监护事务无法执行,协议能否继续应由当事人自己决定。因此,在协议生效前,任何一方当事人均有权解除自己与他方当事人之间的协议,其他当事人若认为受到影响,自然也可以行使任意解除权;但若认为不受影响,则协议可以继续存在或由受托人与委托人协商变更。在协议生效后,一个监护人请求解除协议并被法院许可的,只产生其个人退出监护关系的后果,并不必然导致其他监护人的监护关系也自动解除,是否需要解除由其他监护人视情形而定。

(二)其他终止原因

除解除外,其他原因也会导致意定监护协议的终止,如被监护人死亡或重新恢复行为能力,意定监护人死亡或丧失行为能力,作为社会组织的监护人解散、破产或被撤销等。此外,在意定监护人系被监护人的配偶,而当事人离婚的情形下,考虑到婚姻关系的解除可能导致被代理人的权益易受原配偶的侵害,借鉴美国《统一代理权法》第110条第2款第3项的规定,应当认为婚姻关系的解除也构成意定监护协议终止的事由。

---

① 参见日本《意定监护契约法》第9条、台湾地区"民法"第1113条之5。

四 成年意定监护协议的履行及义务违反之救济

(一)成年意定监护协议的履行

意定监护协议之契约及监护的双重属性决定了意定监护人义务的双重性：一方面，其应当依协议履行监护义务；另一方面，其还应当依法律的要求(《民法典》第34条、第35条)履行监护职责。

需要指出的是，由于在意定监护协议生效时，委托人已丧失或部分丧失行为能力，若仅仅依靠监护人自觉履行，恐对被监护人的保护有所不周。为此，德国、日本等国家均设监护监督人，以就近监督监护人执行监护事务，并同时将监护的情况报告给法院，使法院能够对监护人的状况有所了解并借以作出相关决定。但遗憾的是，我国对此未设明文。依据《民法典》第36条关于有权申请撤销监护人资格的主体范围的规定，应当认为，被监护人的近亲属、居委会、村委会、妇女联合会、残疾人联合会、老年人组织、民政部门等均有权对监护人的行为进行监督，这样的规定看似形成了严密的"监督网"，但实际上很容易监督缺位，故仍有必要明确专门的责任机构。鉴于民政部门所具有的社会事务管理职能，应当使其承担起监护监督的职责，但为方便操作，民政部门可以将监督职责委托给村委会、居委会等基层组织，以就近开展监督，切实实现监督的效果。

(二)意定监护人不履行、不当履行或履行不能的法律后果

在意定监护人不履行、不当履行监护或履行不能的情形下，其在构成违约的同时，也可能违反了法定监护职责。故对于上述行为的后果，除《民法典》第34条第3款和第164条所规定的相应民事责任(主要是损害赔偿责任)之外，最为重要的即撤销其监护人资格(《民法典》第36条)。而《民法典总则编解释》第11条进一步将《民法典》第36条作为撤销意定监护人资格的依据，对此应当赞同，但对于该条在意定监护中的具体适用尚应作出符合意定监护协议特性的解释。

第一，关于撤销的事由，主要包括以下三种。一是监护人实施严重损害被监护人身心健康的行为，如虐待、家庭暴力等行为。二是监护人怠于履行职责或者因客观原因无法履行职责。前者如监护人未积极、主动履行监护职

责，后者如监护人被宣告失踪或长期出国等。三是监护人实施其他严重侵害被监护人合法权益的行为。此类行为除了严重侵害被监护人的人格权、财产权等侵权行为，还包括擅自转托、超越协议授予的权限、违反忠实义务实施不利于被监护人的行为等。

第二，在有数个监护人共同或分别执行监护事务的情形下，若全体监护人均存在上述违法行为，则法院应撤销全体监护人的监护资格；如果仅有部分监护人存在违法行为，而其他监护人并无不适任情形的，则仅撤销不适任者即可。①

第三，关于申请撤销的主体。该条第2款中的"其他依法具有监护资格的人"应当作扩张解释，不仅包括被监护人的近亲属，也包括意定监护人。此外，在被监护人具有意思能力的情形下，也应当允许其本人提起撤销之诉。

意定监护人资格被撤销后，应当依法为被监护人确定法定监护人。在仅撤销部分监护人的资格时，其原本承担的监护事务，或由其他监护人执行，或启动法定监护程序由法定监护人执行。

---

① 参见台湾地区"民法"第1113条之6。

结 语

在民法的体系化进程中，法律行为这一概念和制度发挥了重要作用。虽然在理论上法律行为被区分为财产行为和身份行为，但显然，无论是立法还是理论，均将焦点对准财产行为，身份行为在相当长的时间里被人遗忘在角落。这固然有家庭法长期以来游离于民法之外的原因，同时与家庭法特有的价值主导体系也不无关系。然而，在民法法典化且家庭法回归民法的时代，家庭法的相关制度建构在强调价值判断的同时，亦应关注其本身的科学性与体系性，这样才能实质性地融入民法典。而身份行为正是有必要体系化并可以体系化的领域之一。

身份行为是一个学理概念，因此有着多种界定的可能性，虽然学说上多将其限于基本身份行为（即纯粹身份行为），而将具有财产内容的夫妻财产制协议、离婚财产分割协议以及赡养协议等排除在身份行为之外，但身份关系并不排斥财产性内容，而身份上的财产关系具有显著的家庭伦理特征和永久的身份性特性，故从整体属性和核心特质出发，将身份关系协议归入身份行为更为妥当。这样做的意义在于从家庭法的视角来阐释此种行为以及相应的法律规则，以寻找最为妥当的解决纠纷的方案。在上述认识的基础上，"身份行为"这一概念的外延便具有了一定的拓展空间，身份行为既包括以身份结合或解消本身为目的的基本身份行为，如结婚、协议离婚、收养、协议解除收养、任意认领等，也包括以发生身份上具体权利义务变动为目的的衍生身份行为，如婚姻关系协议、父母子女关系协议、收养关系协议、监护关系协议以及监护遗嘱等，还包括作为他人身份行为有效要件的第三人同意等补助身份行为。正是此种具有枝分性和层级性的类型结构为身份行为的体系化提供了可行性。

身份行为的体系化之所以能够证成，除不同类型的身份行为为其提供了可体系化的素材之外，还有两个方面的重要原因。一是法律行为制度的局限性。法律行为作为一个提取合同、结婚、遗嘱等各具体法律行为"公因式"的抽象概念，固然反映了此类行为的核心特征，却不能体现各具体法律行为的个性；而且，法律行为虽然是民法总则中的概念，却是以财产行为特别是债权行为为模型而构建的，这使其许多制度，包括民事行为能力、代理、效力瑕疵的后果等均无法适用或不能完全适用于身份行为。二是身份行为有别于财产行为的独特性。此种独特性有两个表现。一方面，其具有区别于财产行为的技术特点，包括法律效果的身份性，意思表示的非理性、非计算性与高度的人身性，内容的非交易性，意思自治的受限性以及形式上的强制性等。另一方面，其有别于财产行为的制度基础和价值取向，财产行为作为财产法上的行为，以理性人、个人主义以及利己主义为其制度基础，以自由为其基本价值。然而，身份行为身处家庭法，不可避免地受到家庭法整体主义、利他主义的影响，虽然自由为其基本价值，但家庭秩序及利他主义家庭伦理则为其核心价值，而基于婚姻家庭重要的社会功能，所谓的"家庭秩序"蕴含着国家对于家庭模式的理想愿景，这使婚姻家庭中不仅存在着个人利益、家庭利益，也存在着社会公共利益，同时使婚姻家庭法领域的意思自治观念具有了较强的社会化思想。这构成了身份行为制度建构的基础和出发点。

身份行为的上述特性使其理论体系的构建不仅应体现出家庭法的价值功能，亦要关注其内生的逻辑形式。其体系应当是既重价值判断，又重形式理性的内在体系与外在体系相结合的双重体系。在内在体系中，对婚姻家庭领域内公共利益的维护、对身份关系的安定性的追求、对特定利益主体的保护以及对当事人意思自治的尊重等应当成为身份行为制度设计中应予考虑的重要因素。而在外在体系中，鉴于身份行为本身无法成为一个自主、自给自足的体系，故在体系构建上既不能完全脱离法律行为，也应体现其本身的独特性。故身份行为与法律行为在制度层面应当是"和而不同，不同而和"的关系。身份行为体系化路径较为妥当的选择是：通过法律行为制度为身份行为提供一个具有统领意义的理论框架，并为其具体制度设计提供依据和指引；同时，以身份行为的概念和类型为基础，基于内在体系的统摄功能，构建相对独立的逻辑体系和分析框架，以体现出身份行为丰富的个性。在这一路径之下，身份行为的体系化具有以下特点：一方面，这一体系并非单纯的形式逻辑体系，而是融入了价值判断的有机体系；另一方面，鉴于身份行为类型的多样性，这一体系的构建不以绝对统一性为目的，而是追求统一性与多样性的结合，不仅体现身份行为作为"类型"的特性，也体现在这一类型之下各具体身份行为的个性。

就身份行为的理论体系框架而言，应当看到的是，虽然一般认为"法不入家门"，但事实上，国家法律基于维护公共秩序的需要对婚姻家庭的形成、解消乃至生活方式都予以深度干预，如何平衡私人自治与国家干预乃身份行为理论体系构建的核心问题。其内在体系已如前述，主要应当体现出身份行为维护家庭秩序及利他主义家庭伦理的核心价值，以及家庭法特有的保护婚姻家庭、保护家庭弱者以及实现未成年人利益最大化等原则。其外在体系在"骨骼"上由身份行为要件、身份行为能力、身份行为的效力等法律行为的一般制度构成。但就其"血液"而言，则体现出身份行为的独特性，如登记应为身份行为的成立要件，身份行为能力应以意思能力为标准判断，效力瑕疵形态应排除效力待定，效力瑕疵原则上可以补正，无效或被撤销并不均具有溯及力，原则上身份行为不得代理，等等。在这一体系之下，基本身份行为和衍生身份行为的构造又有差异。基本身份行为具有高度的人身属性，并事关身份秩序的稳定，这构成了其制度构造的基础。例如，在效果意思的认定上，创设性身份行为的效果意思应当包含依社会一般观念形成身份上的共同生活的实质意思；在效力瑕疵的认定上，应将是否违反公共利益和身份行为本质作为界定无效身份行为和可撤销身份行为的标准，对于各瑕疵事由应当作出符合身份行为性质的认定，创设性身份行为的无效和撤销不应具有追溯力，解消性身份行为则反之；等等。衍生身份行为则同时具有身份行为和关系契约的特性，其内容并非单纯的财产利益计算，而是充满了对家庭伦理以及与家庭有关的诸多因素的考量，同时也会因家庭权力结构失衡而使当事人不具有实质意义上的平等性和自主性。因此，身份关系协议的制度构造应注重个人自由和权利与家庭利益的平衡，维护婚姻家庭领域内的弱者利益以及公共利益，促进婚姻家庭的和谐发展和社会功能的实现，财产法规则在此领域的适用应当具有谦抑性。这一点对于身份关系协议的解释与漏洞补充、效力瑕疵的认定、情事变更规则的适用以及违约金条款效力的认定等均具有重要意义。

身份行为的体系化以及体系化思维不仅丰富和完善了身份行为本身的理论体系，使家庭法在民法典中的独特地位得以突显，同时也有助于理论及实务中诸多难题的解决。如在基本身份行为领域中虚假身份行为的效力问题、登记程序瑕疵特别是伪造身份或冒名登记情形下身份行为的效力问题、协议离婚被确认无效或被撤销后究竟保护前婚还是后婚问题，以及在衍生身份行为领域婚姻财产协议是否具有物权变动效力问题、夫妻一方的债权人能否针对财产分配不均衡的婚姻财产协议行使撤销权问题、离婚财产分割协议中的约定所有权人能否排除债权人的强制执行问题、夫妻忠诚协议的效力问题、子女抚养协议的司法审查及赡养协议中的任意解除权问题等，均可以经由上述体系通过对现行法进行妥当解释而得出合乎公平正义要求的结论。而在这一意义上，身份行为实际上成为沟通家庭法与民法总则、合同法以及物权法等的桥梁。

需要指出的是，身份行为的体系化的提出固然是法学体系化思维的结果，但并非单纯的逻辑使然，更为重要的是，无论是结婚、离婚、收养、解除收养，还是离婚协议、赡养协议等身份关系协议的签订，均是在家庭内展开的人生活动，它们深深地烙上了家庭的烙印，并关涉着每个人最为真切的生命世界和精神、物质生活，同时也折射着多元婚姻家庭观念的碰撞。而法律对这些行为的态度，实则关乎法律如何对待家庭、如何对待家庭上的私人自治与公共秩序以及如何对待个人与家庭关系的重大问题。无论是立法者，还是民法学人，都应当对此问题予以更深层的思考。我们期待，在民法典的不断成长和发展过程中，这一领域的法律制度会更加完善。毕竟，"唯有关注到身份关系特殊性的立法才是具有生命力的"。①

---

① 李拥军：《我们期待着属于中国的家庭法》，《法制与社会发展》2019年第4期。

主要参考文献

一　中文专著（含中文译著）

1. 黄茂荣：《法学方法与现代民法》，中国政法大学出版社，2001。
2. 吴从周：《概念法学、利益法学与价值法学：探索一部民法方法论的演变史》，中国法制出版社，2011。
3. 许中缘：《体系化的民法与法学方法》，法律出版社，2007。
4. 姚辉：《民法学方法论研究》，中国人民大学出版社，2020。
5. 徐国栋：《民法哲学》（增订本），中国法制出版社，2015。
6. 徐国栋：《民法基本原则解释——诚信原则的历史、实务、法理研究》，北京大学出版社，2013。
7. 王利明：《法律解释学导论——以民法为视角》，法律出版社，2009。
8. 卓泽渊：《法的价值论》（第三版），法律出版社，2018。
9. 张俊浩主编《民法学原理》（修订第三版上册），中国政法大学出版社，2000。
10. 史尚宽：《民法总论》，中国政法大学出版社，2000。
11. 王泽鉴：《民法总则》，北京大学出版社，2009。
12. 朱庆育：《民法总论》（第二版），北京大学出版社，2016。
13. 陈甦主编《民法总则评注》（上下册），法律出版社，2017。
14. 尹田：《民法典总则之理论与立法研究》（第2版），法律出版社，2018。
15. 苏永钦：《寻找新民法》（增订版），北京大学出版社，2012。
16. 杨代雄：《法律行为论》，北京大学出版社，2021。
17. 张作华：《亲属身份行为基本理论研究》，法律出版社，2011。
18. 王雷：《民法学视野中的情谊行为》，北京大学出版社，2014。

19. 于飞：《公序良俗原则研究——以基本原则的具体化为中心》，北京大学出版社，2006。
20. 史尚宽：《亲属法论》，中国政法大学出版社，2000。
21. 余延满：《亲属法原论》，法律出版社，2007。
22. 杨立新：《亲属法专论》，高等教育出版社，2005。
23. 陈棋炎：《亲属、继承法基本问题》，台湾三民书局，1980。
24. 刘征峰：《论民法教义体系与家庭法的对立与融合：现代家庭法的谱系生成》，法律出版社，2018。
25. 童列春：《身份权研究》，法律出版社，2018。
26. 尚继征：《揭开身份的面纱——私法上的身份和身份权利研究》，法律出版社，2014。
27. 蒋月：《婚姻家庭法前沿导论》（第二版），法律出版社，2016。
28. 薛宁兰、谢鸿飞主编《民法典评注：婚姻家庭编》，中国法制出版社，2020。
29. 韩世远：《合同法总论》（第四版），法律出版社，2018。
30. 朱广新、谢鸿飞主编《民法典评注：合同编 通则》（1）（2），中国法制出版社，2020。
31. 王泽鉴：《债法原理》（第二版），北京大学出版社，2013。
32. 谢在全：《民法物权》（修订五版上册），中国政法大学出版社，2011。
33. 王泽鉴：《民法物权》，北京大学出版社，2009。
34. 尹田：《物权法理论评析与思考》（第二版），中国人民大学出版社，2008年。
35. 林秀雄：《夫妻财产制之研究》，中国政法大学出版社，2001。
36. 李霞：《成年监护制度研究——以人权的视角》，中国政法大学出版社，2012。
37. 王葆莳：《德国联邦最高法院典型判例研究·家庭法篇》，法律出版社，2019。
38. 王融擎编译《日本民法条文与判例》（下册），中国法制出版社，2018。
39. 王竹青主编《美国持续性代理权和成年人监护制度立法及法律适用》，知识产权出版社，2016。

40. 〔德〕萨维尼:《当代罗马法体系》(第一卷),朱虎译,中国法制出版社,2010。
41. 〔德〕卡尔·拉伦茨:《法学方法论》,陈爱娥译,商务印书馆,2003。
42. 〔德〕卡尔·拉伦茨:《德国民法通论》(下册),王晓晔等译,法律出版社,2003。
43. 〔德〕迪特尔·梅迪库斯:《德国民法总论》,邵建东译,法律出版社,2000。
44. 〔德〕维尔纳·弗卢梅:《法律行为论》,迟颖译,法律出版社,2013。
45. 〔德〕迪特尔·施瓦布:《德国家庭法》,王葆莳译,法律出版社,2022。
46. 〔日〕我妻荣:《新订民法总则》,于敏译,中国法制出版社,2008。
47. 〔日〕加藤雅信等编《民法学说百年史:日本民法施行100年纪念》,牟宪魁等译,商务印书馆,2017。
48. 〔日〕近江幸治:《民法讲义Ⅰ民法总则》(第6版补订),渠涛等译,北京大学出版社,2015。
49. 〔葡〕威廉·德奥利维拉、弗朗西斯科·佩雷拉·科埃略:《亲属法教程》,林笑云译,法律出版社,2019。
50. 〔法〕弗朗索瓦·泰雷等:《法国债法:契约篇》,罗结珍译,中国法制出版社,2018。
51. 〔瑞〕贝蒂娜·许莉曼—高朴、耶尔格·施密特:《瑞士民法:基本原则与人法》(第二版),纪海龙译,中国政法大学出版社,2015。
52. 〔英〕凯特·斯丹德利:《家庭法》,屈广清译,中国政法大学出版社,2004。
53. 〔英〕约翰·伊克拉:《家庭法和私生活》,石雷译,法律出版社,2015。
54. 〔美〕麦克尼尔:《新社会契约论》,雷喜宁、潘勤译,中国政法大学出版社,1994。
55. 〔美〕哈里·D.格劳斯、大卫·D.梅耶:《美国家庭法精要》(第5版),陈苇译,中国政法大学出版社,2010。
56. 〔美〕玛萨·艾伯森·法曼:《虚幻的平等:离婚法改革的修辞与现实》,王新宇等译,中国政法大学出版社,2014。

二 中文学术论文（含中文译文）

1. 郭明瑞：《人格、身份与人格权、人身权之关系——兼论人身权的发展》，《法学论坛》2014年第1期。
2. 徐国栋：《人身关系流变考》（上），《法学》2002年第6期。
3. 张翔：《论家庭身份的私法人格底蕴及其历史演变》，《法律科学（西北政法大学学报）》2011年第2期。
4. 朱晓峰：《民法家庭概念论》，《清华法学》2020年第5期。
5. 徐国栋：《民法典草案的基本结构——以民法的调整对象理论为中心》，《法学研究》2000年第1期。
6. 马俊驹、童列春：《身份制度的私法构造》，《法学研究》2010年第2期。
7. 段厚省：《论身份权请求权》，《法学研究》2006年第5期。
8. 俞江：《论民法典"家庭法编"的体系构造》，载何勤华主编《民法典编纂论》，商务印书馆，2016。
9. 施慧玲：《民法典亲属编之理想家庭图像：从建构制度保障到宽容多元价值》，《月旦民商法杂志》总第17期（2007年）。
10. 王锴：《婚姻、家庭的宪法保障——以我国宪法第49条为中心》，《法学评论》2013年第2期。
11. 夏吟兰：《民法分则婚姻家庭编立法研究》，《中国法学》2017年第3期。
12. 丁慧：《身份行为基本理论的再认识》，《法学杂志》2013年第1期。
13. 刘征峰：《家庭法中的类型法定原则——基于规范与生活事实的分离和整合视角》，《中外法学》2018年第2期。
14. 韩世远：《财产行为、人身行为与民法典适用》，《当代法学》2021年第4期。
15. 姜大伟：《论〈民法总则〉对亲属身份行为的调整——兼评我国〈民法总则〉相关之规定》，《学术论坛》2017年第5期。
16. 冉克平：《"身份关系协议"准用〈民法典〉合同编的体系化释论》，《法制与社会发展》2021年第4期。
17. 申晨：《民法典婚姻家庭编的回归与革新》，《比较法研究》2020年第5期。
18. 冉克平：《民法典总则的存废论——以民法典总则与亲属法的关系为视野》，载易继明主编《私法》（第15辑），华中科技大学出版社，2008。

19. 姜大伟：《体系化视阈下婚姻家庭编与民法总则制度整合论》，《西南政法大学学报》2018年第4期；
20. 杨晋玲：《民法典总则编与亲属编的关系问题——以法律行为与身份行为的关系为视角》，《中华女子学院学报》2017年第1期。
21. 梁迎修：《方法论视野中的法律体系与体系思维》，《政法论坛》2008年第1期。
22. 谢鸿飞：《民法典的外部体系效益及其扩张》，《环球法律评论》2018年第2期。
23. 李拥军：《我们期待着属于中国的家庭法》，《法制与社会发展》2019年第4期。
24. 徐涤宇：《婚姻家庭法的入典再造：理念与细节》，《中国法律评论》2019年第1期。
25. 方新军：《融贯民法典外在体系和内在体系的编纂技术》，《法制与社会发展》2019年第2期。
26. 赵宏：《基本原则、抽象概念与法释义学——行政法学的体系化建构与体系化均衡》，《交大法学》2014年第1期。
27. 谢鸿飞：《民法典与特别民法关系的建构》，《中国社会科学》2013年第2期。
28. 戴瑀如：《身份行为的特殊性》，《月旦法学教室》总第93期（2010年）。
29. 李洪祥：《亲属法规则财产法化趋向论》，《求是学刊》2016年第4期。
30. 夏江皓：《家庭法介入家庭关系的界限及其对婚姻家庭编实施的启示》，《中国法学》2022年第1期。
31. 唐波涛：《婚姻家庭法的法源规制路径》，载王东主编《中财法律评论》（第十二卷），中国法制出版社，2020。
32. 王雷：《论身份关系协议对民法典合同编的参照适用》，《法学家》2020年第1期。
33. 邓丽：《论民法总则与婚姻法的协调立法——宏观涵摄与微观留白》，《北方法学》2015年第4期。
34. 赵玉：《婚姻家庭法中的利他主义》，《社会科学战线》2018年第10期。
35. 夏吟兰：《婚姻家庭编的创新和发展》，《中国法学》2020年第4期。

36. 冯莉、夏锦文：《论民法典编纂中亲属法的立法价值取向——以亲属法百年变革进程为考量》，《南京社会科学》2019年第12期。
37. 孙宪忠：《中国民法典总则与分则之间的统辖遵从关系》，《法学研究》2020年第3期。
38. 龙翼飞：《编纂民法典婚姻家庭编的法理思考与立法建议》，《法制与社会发展》2020年第2期。
39. 易军：《法律行为生效要件体系的重构》，《中国法学》2012年第3期。
40. 陈自强：《法律行为、法律性质与民法债编》（下），《台湾本土法学杂志》总第6期（2020年）。
41. 张驰：《意思表示构成要素论》，《东方法学》2014年第6期。
42. 杨代雄：《意思表示中的意思与意义——重新认识意思表示概念》，《中外法学》2017年第1期。
43. 常鹏翱：《意思能力、行为能力与意思自治》，《法学》2019年第3期。
44. 孙犀铭：《意思能力的体系定位与规范适用》（上），《交大法学》2019年第1期。
45. 殷秋实：《论法律行为的效力评价体系》，《比较法研究》2017年第6期。
46. 叶名怡：《〈民法典〉第157条（法律行为无效之法律后果）评注》，《法学家》2022年第1期。
47. 殷秋实：《无效行为转换与法律行为解释——兼论转换制度的必要性与正当性》，《法学》2018年第2期。
48. 冉克平：《论意思自治在亲属身份行为中的表达及其维度》，《比较法研究》2020年第6期。
49. 杨立新：《收养行为无效的损害赔偿责任》，《扬州大学学报》（人文社会科学版）2022年第2期。
50. 李永军：《婚姻属性的民法典体系解释》，《环球法律评论》2021年第5期。
51. 马生安：《现象与理论：符号学视角下的行政行为公定力》，《东南法学》2020年第2期。
52. 马忆南：《民法典视野下婚姻的无效和撤销——兼论结婚要件》，《妇女研究论丛》2018年第3期。
53. 申晨：《论婚姻无效的制度构建》，《中外法学》2019年第2期。

54. 徐国栋：《无效与可撤销婚姻中诚信当事人的保护》，《中国法学》2013年第5期。

55. 李昊、王文娜：《婚姻缔结行为的效力瑕疵——兼评民法典婚姻家庭编草案的相关规定》，《法学研究》2019年第4期。

56. 冉克平：《论婚姻缔结中的意思表示瑕疵及其效力》，《武汉大学学报》（哲学社会科学版）2016年第5期。

57. 吕春娟：《无效婚姻损害赔偿制度构建初探——以民法典编纂为契机》，《陕西理工大学学报》（社会科学版）2019年第3期。

58. 金眉：《论通谋虚伪结婚的法律效力》，《政法论坛》2015年第3期。

59. 蔡立东、刘国栋：《司法逻辑下的"假离婚"》，《国家检察官学院学报》2017年第5期。

60. 郭振恭：《论虚伪之身分行为》，《台大法学论丛》1995年第1期。

61. 谢鸿飞：《论创设法律关系的意图：法律介入社会生活的限度》，《环球法律评论》2012年第3期。

62. 张翔：《论效果意思的辨别》，《法律科学（西北政法大学学报）》2019年第6期。

63. 崔建远：《论合同漏洞及其补充》，《中外法学》2018年第6期。

64. 贺剑：《〈合同法〉第54条第1款第2项（显失公平制度）评注》，《法学家》2017年第1期。

65. 戴孟勇：《法律行为与公序良俗》，《法学家》2020年第1期。

66. 夏江皓：《家庭法介入家庭关系的界限及其对婚姻家庭编实施的启示》，《中国法学》2022年第1期。

67. 肖新喜：《论民法典婚姻家庭编的社会化》，《中国法学》2019年第3期。

68. 崔建远：《情事变更原则探微》，《当代法学》2021年第3期。

69. 夏江皓：《情事变更制度在与离婚相关的财产协议中的参照适用——以婚前协议为例》，《法制与社会发展》2022年第1期。

70. 韩强：《违约金担保功能的异化与回归——以对违约金类型的考察为中心》，《法学研究》2015年第3期。

71. 隋彭生：《夫妻忠诚协议分析——以法律关系为重心》，《法学杂志》2011年第2期。

72. 申晨：《〈民法典〉视野下婚内协议的效力认定》，《法学评论》2021年第6期。

73. 石雷：《"优良家风"入法：性质、意涵和适用》，《西南政法大学学报》2021年第2期。

74. 梅夏英、叶雄彪：《婚姻忠诚协议问题研究》，《法律适用》2020年第3期。

75. 陈永强：《夫妻财产归属约定的法理明晰及规则适用》，《中国法学》2022年第2期。

76. 许莉：《夫妻房产约定的法律适用——基于我国约定夫妻财产制的考察》，《浙江工商大学学报》2015年第1期。

77. 刘耀东：《论基于夫妻财产制契约发生的不动产物权变动——非基于法律行为的物权变动解释路径》，《时代法学》2016年第1期。

78. 程啸：《婚内财产分割协议、夫妻财产制契约的效力与不动产物权变动——"唐某诉李某某、唐某乙法定继承纠纷案"评释》，《暨南学报》（哲学社会科学版）2015年第3期。

79. 姚辉：《夫妻财产契约中的物权变动论》，《人民司法》2015年第4期。

80. 冉克平：《夫妻之间给予不动产约定的效力及其救济——兼析〈婚姻法司法解释（三）〉第6条》，《法学》2017年第11期。

81. 叶名怡：《夫妻间房产给予约定的性质与效力》，《法学》2021年第3期。

82. 裴桦：《也谈约定财产制下夫妻间的物权变动》，《海南大学学报》（人文社会科学版）2016年第5期。

83. 龙俊：《夫妻共同财产的潜在共有》，《法学研究》2017年第4期。

84. 贺剑：《夫妻财产法的精神——民法典夫妻共同债务和财产规则释论》，《法学》2020年第7期。

85. 范李瑛：《论夫妻财产制契约所致的物权变动》，《山东社会科学》2016年第5期。

86. 冉克平：《〈民法典〉视域中离婚协议的夫妻财产给与条款》，《当代法学》2021年第6期。

87. 叶名怡：《离婚房产权属约定对强制执行的排除力》，《法学》2020年第4期。

88. 李霞：《协助决定取代成年监护替代决定——兼论民法典婚姻家庭编监护与协助的增设》，《法学研究》2019年第1期。

89. 李霞：《意定监护制度论纲》，《法学》2011年第4期。
90. 李欣：《意定监护的中国实践与制度完善》，《现代法学》2021年第2期。
91. 李国强：《成年意定监护法律关系的解释——以〈民法总则〉第33条为解释对象》，《现代法学》2018年第5期。
92. 费安玲：《我国民法典中的成年人自主监护：理念与规则》，《中国法学》2019年第4期。
93. 王玮玲、李霞：《论双重属性下意定监护人的确立规则》，《南京社会科学》2021年第10期。
94. 王利明：《体系化视野下〈民法典〉婚姻家庭编的适用——兼论婚姻家庭编与其他各编的适用关系》，《当代法学》2023年第1期。
95. 〔德〕恩格斯：《家庭、私有制和国家的起源》，载《马克思恩格斯选集》（第4卷），人民出版社，2012。
96. 〔德〕卡尔·拉伦茨：《私法的重构》，魏曦岚、韦冠鹏译，载张双根等主编《中德私法研究》（2014年·总第10卷），北京大学出版社，2014。
97. 〔美〕凯瑟琳·肖·斯派特：《最近一百年的家庭法：法律从婚姻规制领域不可思议的退出》，张学军译，载梁慧星主编《民商法论丛》（第61卷），法律出版社，2016。
98. 〔美〕玛萨·艾伯森·法曼：《脆弱性与无法避免的不平等》，刘征峰、胡梅译，载夏吟兰、龙翼飞主编《家事法研究》（2019年卷·总第15卷），社会科学文献出版社，2019。

三 学位论文

1. 谢鸿飞：《法律行为的民法构造：民法科学和立法技术的阐释》，中国社会科学院研究生院2002年博士学位论文。
2. 龙御天：《夫妻财产制协议及其效力研究》，安徽大学2019年博士学位论文。
3. 申晨：《论夫妻财产法的自治化》，对外经济贸易大学2018年博士学位论文。
4. 宋夏瀛洁：《论人身法律行为制度——兼论人身法律行为中的意思自治与

国家干预》，中国社会科学院研究生院2017年博士学位论文。
5. 孙良国：《关系契约理论导论》，吉林大学2006年博士学位论文。
6. 唐敏宝：《身分行为之研究——以身分行为之体系化为中心》，台湾政治大学1997年硕士学位论文。

四 外文文献

1. 中川善之助『身分法の总则的课题』岩波書店、1941。
2. 内田贵『民法Ⅳ亲族・相続』（补订版）東京大学出版会、2004。
3. 松久和彦「ドイツにおける夫妇财产契约の自由とその制限」『立命馆法学』4号、2008年。
4. 足立清人「婚姻意思について——身分行为意思论序说」『北星论集』（经）2号、2010年。
5. 朝妻文子「身分行为意思について」『龍谷大学大学院法学研究』11号、2009年。
6. 山畠正男「身分行为の理论」『北大法学论集』（第31卷3—4号）北海道大学大学院法学研究科、1981。
7. 岗林仲幸「身分行为论——中川理论批判と身分行为」『同志社法学』7号、2009年。
8. 泉久雄「身分行为」星野英一编『民法讲座』（第7卷）有斐閣、1988。
9. 平井宣雄「いわゆる『身分法』および『身分行为』の概念に関する一考察」加藤一郎他编著『民法・信託法理论の新たな展开——四宫和夫先生古稀記念论文集』弘文堂、1986。
10. 水野纪子「中川理论—身分法学の体系と身分行为理论—に関する一考察」『民法学と比较法学の諸相』信山社、1998。
11. 中川高男「身份行为意思之考察」『家庭裁判月報』2号、1965年。
12. 本山敦「虚伪の届出と无效な身分行为の转换」『法学教室』总382号、2012年。
13. 三轮まどか「高齢者の意思能力の有无・程度の判定基准——遺言能力、任意后见契约缔结能力をめぐる裁判例を素材として」『横浜法学』3号、

2014年。

14. 熊谷士郎「任意后见契约法10条1项该当性の判断枠組み」『法学』4号、2020年。

15. Frederik Swennen, ed., *Contractualisation of Family Law-Global Perspectives*, Springer International Publishing Switzerland, 2015.

16. Jens M. Scherpe, *Marital Agreements and Private Autonomy in comparative Perspective*, Hart Publishing, 2012.

17. Katharina Boele-Woelki, Jo Miles and Jens M. Scherpe, eds., *The Future of Family Property in Europe*, Intersentia Publishing, 2011.

18. Jonathan Herring, *Relational Autonomy and Family Law*, Springer, 2014.

19. Sharon Thompson, *Prenuptial Agreements and the Presumption of Free Choice Issues of Power in Theory and Practice*, Hart Publishing, 2015.

20. D. Campbell, H.Collins & J. Wightman, eds., *Implicit Dimensions of Contract: Discrete, Relational and Network Contracts*, Hart Publishing, 2003.

21. Marsha Garrison, *Marriage at the Crossroads: Law, Policy, and the Brave New World of Twenty-First-Century Families*, Cambridge University Press, 2012.

22. Kimberly Whaley et al., *Capacity to Marry and the Estate Plan*, Canada Law Book, 2010.

23. K. Zweigert & H. Kötz, *An Introduction to Comparative Law*, Vol. 2, 2nd Edition, trans. by Tony Weir, Clarendon Press, 1987.

24. Brian H. Bix, *The Public and Private Ordering of Marriage*, The University of Chicago Legal Forum, 2004.

25. Sharon Thompson, "Feminist Relational Contract Theory: A New Model for Family Property Agreements," *Journal of Law and Society* 45 (2018).

26. Dana E. Prescott, "The Putative Spouse and Marriage by Estoppel Doctrines: An 'End Run Around Marriage' or Just a Marriage?" *Child and Family Law Journal* 8 (2020).

27. Brian Bix, "Agreements in Family Law," *Minnesota Legal Studies Research*

Paper 12–43（2012）.

28. Janet Halley, "Behind the Law of Marriage（Ⅰ）: From Status/Contract to the Marriage System," *UNBOUND* 6（2010）.

29. Gregory Klass L., "Intent to Contract," *Virginia Law Review* 95（2009）.

30. Thomas, Brian, "Prosecuting Sham Marriage under 18 U.S.C. Sec. 1546: Is Validity of Marriage Material," *Suffolk Journal of Trial & Appellate Advocacy* 11（2006）.

31. Susan Vogt Brow, "The Enforcement of Marital Contracts in the United States, Great Britain, France and Quebec," *Boston College International & Comparative Law Review* 4（1983）.

32. Janet Halley, "What is Family Law?: A Genealogy Part I," *Yale Journal of Law & the Humanities* 23（2011）.

33. Kirsten Widner, "Continuing the Evolution: Why California Should Amend Family Code Section 8616.5 to Allow Visitation in All Postadoption Contact Agreements," *SAN DIEGO L. REV.* 61（2007）.

34. Barbara A. Atwood, "Arital Contracts and the Meaning of Marriage," *Arizon Review* 54（2012）.

35. Law Commission, Mental Incapacity, Report No. 231（1995）, HMSO.

36. Elizabeth S. Scott, Robert E. Scott, "From Contract to Status: Collaboration and the Evolution of Novel family Relationships," *Columbia Law Review* 115（2015）.

37. John De Witt Gregory, *Redefining the Family: Undermining the Family*, The University of Chicago Legal Forum, 2004.

38. Joanna L. Grossman, "Family Boundaries: Third-Party Rights and Obligations with Respect to Children," *Family Law Quarterly* 40（2006）.

39. Camille Carey, "Domestic Violence Torts: Righting a Civil Wrong," *Kansas Law Review* 62（2014）.

后 记

本书是2018年国家社科基金一般项目"民法典编纂背景下身份行为的体系化研究"（18BFX115）的结项成果，经过四年的持续研究，该项目在2022年经全国哲学社会科学规划办公室审核，准予结项，结项等级为良好。其后经过反复修改，如今终于要付梓。这不仅是对国家社科基金的一个交代，也是对四年岁月流逝的一个交代。

我当初之所以选择此题立项，是因为在长期的民法教学和研究中，家庭法与民法各部分的体系衔接逐渐成为个人一个学术兴趣点，并深感身份行为实乃婚姻家庭法回归民法，并实质性融入民法典的重点之所在。最初思考该问题，主要集中于结婚、协议离婚、收养、协议解除收养等纯粹身份行为，及至深入进去，才发现法律行为之奥妙无穷、身份行为之类型多样、家庭法之独具特色、学界实务界之聚讼纷纭均远远超出当初的设想，这使得此项研究虽然饶有趣味，但却困难重重。然而，因为热爱，便不惧艰辛；因为热爱，便不问付出。经过无数次的阅读、思考、推敲、论证，逐渐有了一些较为系统的想法，从最初"独上高楼，望尽天涯路"的迷茫，到后来"蓦然回首，那人却在，灯火阑珊处"的欣喜，最终形成了这本小书。

本书能够完成，深受各方助益与帮助，谨此致谢！

感谢国家社科基金的肯定与资金支持，使我有信心深入对此问题的研究，并在资料搜集、调研、论证等工作的开展上无资金之忧。感谢学校、学院以及领导的大力支持，使我在繁杂的世事中仍能有一安静书桌，摒弃浮躁，潜心治学。感谢本书中所有引用过的著作论文的作者，是他们的智慧给我启发，给我灵感，让我得以站在前辈的肩膀上远眺。感谢我的朋友和同事，是他们的鼓励、督促和帮助给了我前行的力量。感谢编辑丁凡女士，她认真、负责、高效的工作是本书顺利面世的保障。

感谢我的爱人，对我年复一年、日复一日的伏案工作给予了最大的理解与支持，人间至爱，尽在一菜一饭，更别说他作为一个"法盲"，还要担负时不时被我拉着一起探讨法律问题的"重任"。感谢我至爱的母亲，虽然我做的只是一份平凡的工作，但在她心里，却是一份至为神圣的事业，万事恐分我心，电话中亦常询问"你的'身份'完成了吗？"慈母之爱，如涓涓细流，润我心田，促我前行。

感谢民法，对天资愚钝的我"不离不弃"，始终用她的魅力温暖我、影响我、指引我、鞭策我，让我得以领略民法世界的真、善、美，得以享受与她相处时的思辨之乐、研究之乐、写作之乐。

于民法之中，体会人间烟火，也体会诗与远方，不亦乐乎？

笔者才疏学浅，谬误之处在所难免，还请读者不吝赐教。敝人不胜感激！

田韶华

2023年1月28日

图书在版编目（CIP）数据

民法典背景下身份行为的体系化研究 / 田韶华著. -- 北京：社会科学文献出版社，2023.6
ISBN 978-7-5228-1842-9

Ⅰ.①民… Ⅱ.①田… Ⅲ.①民法－法典－研究－中国 Ⅳ.①D923.04

中国国家版本馆CIP数据核字（2023）第097060号

民法典背景下身份行为的体系化研究

著　　者 /	田韶华
出 版 人 /	王利民
责任编辑 /	丁　凡
文稿编辑 /	齐栾玉
责任印制 /	王京美
出　　版 /	社会科学文献出版社·城市和绿色发展分社（010）59367143 地址：北京市北三环中路甲29号院华龙大厦　邮编：100029 网址：www.ssap.com.cn
发　　行 /	社会科学文献出版社（010）59367028
印　　装 /	三河市龙林印务有限公司
规　　格 /	开　本：787mm×1092mm　1/16 印　张：26.5　字　数：428千字
版　　次 /	2023年6月第1版　2023年6月第1次印刷
书　　号 /	ISBN 978-7-5228-1842-9
定　　价 /	98.00元

读者服务电话：4008918866

版权所有 翻印必究